유아교육기관 운영관리

고정곤 · 김재옥 · 양은경 · 이영희 · 이은희 · 장지현 공저

Administration and Management for Early Childhood Programs

양 성 원

머 리 말

가정에서 소위 무릎학교나 모친학교라고 불리던 가정보육이 다인수 학급과 다수의 유아를 대상으로 하는 시설보육으로 전환되면서 어머니들의 사회·경제활동 참여와 자기실현 기회 확대라는 과제를 해결하였으나 기하급수적으로 확대되는 시설보육에는 또 하나의 사회적 문제를 낳는다.

가정보육은 유아 하나만을 대상으로 어머니와 아버지를 비롯하여 조부모 그리고 형제, 자매라는 많은 가정교사들에 의해 유아보육이 집중적으로 이루어져 자연스럽고 효율적이었다.

특히, 가족들의 많은 총애 그리고 익숙해진 가정의 물리적·정신적 환경 속에서 유아들의 제반 특성을 잘 알고 이에 적절히 대처하면서 지도해주는 가족들이 있어서 유아에게는 보육 자체가 즐겁고 행복한 삶의 과정이 되었다. 그러나 유아교육기관이라는 시설에로의 유아보육의 전환은 유아들에게는 대단히 큰 변화로서 이들에게 합리적이며 효율적인 보육을 제공하기 위해서는 특단의 노력이 필요하다.

즉, 유아교육기관이 유아들에게 훌륭한 보육을 제공하기 위해서는 가정과 같은 물리적·정신적 환경을 꾸며줘야 하며 또한 유아교육기관의 운영관리가 합리적으로 이루어져야 한다.

유아교육기관의 운영관리로서는 교육과정 편성·운영, 시설·설비·교구관리, 보육환경조성, 교직원관리 등 수없이 많은 업무들이 복합적으로 작용하고 있으며 이들 업무 하나하나가 보육의 질에 직·간접적으로 영향을 주므로 이들을 효율적으로 운영관리하는 방안에 대하여 부단히 연구해야 한다.

따라서 본서에서는 시설보육기관에서 효율적인 보육에 영향을 주는 다양한 업무에 걸쳐 보육의 질을 제고시키기 위한 운영관리를 어떻게 할 것인가에 초점을 두고 기술하였다.

본서는 모두 6부 18장으로 편성되었다.

제 I 부 유아교육기관 운영관리의 기초에서는 유아교육기관의 운영관리에 대한 학문적인 이해와 유아교육기관 운영에 관계되는 보육관계법 및 보육행정체제, 우리나라의 주요 보육정책 그리고 어린이집보육의 발전과정에 대하여 다루었다.

제Ⅱ부 유아교육기관의 설립 및 취원에서는 유치원과 어린이집 설립과정에 따라 그에 따른 방법과 절차 그리고 구비서류를 안내하고 유치원과 어린이집의 취원 절차에 따른 방법 그리고 학기 초 유아의 이해, 학급편성을 위한 방법 등에 대하여 다루었다.

제Ⅲ부 유아교육기관의 시설·설비 및 교재·교구관리에서는 시설·설비에 대한 개념, 내용, 교육적 가치 등을 비롯한 학문적 이해와 실내 시설·설비방안, 실외 시설·설비방안, 그리고 비품 및 교재·교구의 관리방안에 대하여 다루었다.

제Ⅳ부 교직원의 직무수행 여건관리에서는 인사·복무관리 면에서는 원장과 보육교사의 자격·임면·복무 그리고 업무관리 면에서는 사무관리, 행정(업무)관리, 문서와 재정관리를 다루었으며 또한 보육공동체로서 부모, 교사, 지역사회 간의 협력방안을 다루었다.

제Ⅴ부 보육활동관리에서는 0~2세 어린이집 표준보육과정, 3~5세 누리과정에 대한 이해를 돕고 보육과정의 편성 및 운영방안 그리고 유아의 건강, 식생활(영양), 안전관리방안 등에 대하여 다루었다.

제Ⅵ부 보육과정 평가 및 평가인증에서는 보육과정 평가에 대한 개념적인 이해를 비롯해서 보육과정 평가방법, 일과활동 평가방법을 그리고 유아보육기관의 평가인증 방법에 대하여 다루었다.

이상에서 열거한 내용들은 공히 유아보육기관에서 유아보육의 질 향상에 직·간접적으로 영향을 주는 주요 영역과 내용으로 심도 있게 다루는데 노력하였으나 유아보육기관의 운영관리영역이 너무 방대하여 다루지 못한 영역과 내용이 많아 추후 반응을 검토하여 개정판에서 다루기로 남겨 놓는다.

끝으로 본서 출간을 위하여 물심양면으로 도와주신 양성원 강철원 대표님과 직원들에게 감사드린다.

2018년 8월
대표저자

목 차

제 I 부 유아교육기관 운영관리의 기초

제Ⅱ부 유아교육기관의 설립 및 취원

제Ⅲ부 유아교육기관의 시설 · 설비, 교재 · 교구관리

제 V 부 보육활동관리

제 VI 부 보육과정 평가 및 평가인증

제 I 부

유아교육기관 운영관리의 기초

유아교육기관은 크게 교육부 산하의 유치원과 보건복지부 산하의 어린이집으로 나누어지지만 그 유형을 보면 초·중·고등학교와는 달리 그 유형이 아주 다양하다.
유치원은 '유아교육법'에 의한 국립, 공립, 사립 등 3종, 어린이집은 '영유아보육법'에 의한 국·공립어린이집을 비롯하여 6종으로 아주 다양하며, 또한 유아교육기관별로 발전과정을 비롯하여 감독기관, 재정지원, 교육과정 및 프로그램, 운영체제, 조직문화 심지어는 관련 법령까지도 달라 유아교육기관마다 독자성을 가지고 운영되고 있다.
그러나 유아교육기관이 다양하지만 0세에서 초등학교 취학 전까지의 유아에 대한 교육과 보육을 담당하는 기관으로 공통으로 이해하여야 할 유아교육기관 운영관리의 기초로서 제1장에서는 유아교육기관 운영관리의 이해, 그리고 제2장에서는 유아보육기관 운영에 관계되는 보육관계법과 중요한 보육정책에 대하여 다룬다.

제1장 유아교육기관 운영관리의 이해

유아교육기관을 효율적으로 운영관리하기 위해서는 유아교육기관의 운영관리에 대한 학문적 이해가 먼저 이루어져야 한다.

따라서 제1장에서는 유아교육기관 운영관리의 개념, 필요성, 원리, 영역 및 내용에 대하여 기술한다.

1. 개념

유아교육기관 운영관리의 개념을 이해하기 위해서는 이에 관련된 용어들로서, ① 학교경영과 유치원 운영관리, ② 운영과 관리, ③ 학교경영의 개념을 밝힌 후 이들을 중심으로 하여 종합적으로 유아교육기관 운영관리의 개념에 대하여 밝히기로 한다.

1) 학교경영과 유아교육기관 운영관리

유치원은 유아교육을 목적으로 하는 학교로, 어린이집은 유아보육을 목적으로 하는 시설로 출발하였다.

그러나 유아보육을 목적으로 출발한 시설인 어린이집은 초기에는 시설의 특수성을 고려한 독자적인 보육과정이나 보육 프로그램이 없었기 때문에 자연히 유치원교육과정을 적용하여 유치원식으로 지도함으로써 실제 운영 면에서는 유치원과 같은 개념의 학교로 인식되었다. 그러던 중 최근에는 유치원이나 어린이집이 공통으로 교육과 보육이 통합된 누리과정을 운영함으로써 어린이집도 유치원과 같이 학교경영 범주에 속하며 학교경영 원리에 근거해서 운영되고 있다.

같은 교육기관일지라도 초등학교나 중·고등학교에서는 일반적으로 학교경영이라는 용어가 많이 쓰임에 반하여 유아교육기관에서는 학교경영보다는 운영관리라는 용어를 더 많이 써왔다. 이는 유아교육기관들이 초·중·고등학교와 비교하면 조직이나 규모가 작기 때문에 경영이라는 말 대신 운영관리라는 말을 즐겨 쓴 것으로 본다.

또한 경영과 행정의 관계를 보면 학교경영은 학교 행정이 하나의 학교단위로 이루어질 때 초등학교나 중·고등학교에서 주로 많이 사용되었다. 이러한 상황에서 볼 때 학교경영이란 유아교육기관의 운영관리와 같은 개념이다. 운영관리는 학술적 용어로서보다 유아교육기관이 조직이나 규모 면에서 초·중·고등학교보다 작은 데에서 일상적으로 자주 사용하는 용어이다.

2) 운영(경영)과 관리

운영(경영)관리는 운영과 관리의 합성어로서 먼저 운영(경영)과 관리의 의미를 생각해 보기로 한다. 운영(경영)이란 영어사전에 Operation, Management, administration, conduct로 표기한다.

또한 운영이란 사전적 의미로서는 조직이나 기구, 사업체 따위를 운영하고 경영함, 또는 어떤 대상을 관리하고 운영해 나가는 것을 의미한다(위키백과, 1962).

또한 관리란 영어사전에 Management, control, care, government, official로 표기하며 사전적 의미로는 어떤 일의 사무를 맡아 처리함, 시설이나 물건의 유지, 개량 따위의 일을 맡아서 함, 사람을 통제하고 지휘하며 감독하는 것이다(위키백과, 1962). 위에서 운영과 관리의 영어표현에서 보는 바와 같이 표현이 같음을 볼 때 운영과 관리를 확연하게 구분 짓기는 어려우나 일반적으로 운영이란 정책결정의 최고층의 통제를 의미하고 관리란 그 정책의 집행을 의미하는 중간층으로 이해된다. 특히, 운영이 기관이나 조직 목적을 실현하기 위한 행동을 조정하는 정책결정이라고 한다면 관리는 이를 실현하기 위해 보조적으로 필요한 인적, 물적, 금전적인 것에 대한 조달 및 관리 행위로서 운영과 관리는 서로 상호적 관계를 유지한다. 그러나 경영이 관리보다 상위 개념으로 경영이 관리를 포괄하는 개념으로 이해되기도 한다. 남정걸(1986)은 학교경영과 학교관리를 다음과 같이 구분하고 있다.

첫째, 학교경영이란 교장의 주관적·이상적 관점에서 교육을 전개 운영하는 데 관한 근본적이고 직접적인 배려라면, 학교관리란 객관적, 법규적 관점에서 교육의 조건 내지 상태를 유지하고 정비하는 이차적 배려이다.

둘째, 학교경영이란 경영자의 창의적 기능으로 자주적, 자율적으로 교육의 이념과 목표를 실현하기 위한 교육내용, 그 자체의 운영인데 반해 학교관리는 교육법규 외에 상부지시에 따라 의존적, 타율적으로 학교교육을 운영하는 데 필요한 조건과 시설을 정비 운용하는 것이다.

셋째, 학교를 하나의 경영체로 보아 학교운영의 최고 방침을 결정하는 기능을 학교경영이라고 하고 그 방침에 따라 아동을 교육하는 데 필요한 인적·물적·재정적 자원에 관한 기능이 학교관리이다.

3) 유아교육기관 운영관리의 개념

유아교육기관의 운영관리에 대한 개념을 정리하기 위해 먼저 여러 학자의 견해를 알아보기로 한다.

〈표 I-1〉 학교경영의 개념

학자명	개념
김종철 외 (1991)	단위 학교, 특히 초·중·고등학교에 있어서 교육목표를 설정하고 그것을 달성하기 위한 프로그램 및 인적·물적·기타 지원 조건을 정비·확립하여 목표달성을 위한 계획과 결정 집행과 지도, 통제와 평가 등을 포함하는 일련의 봉사활동을 지칭하며 학교 조직 내에서의 집단적 협동행위를 위하여 효과적으로 지원하는 것을 본질로 하는 작용
김윤태 (1986)	교육목표를 효율적으로 달성하기 위하여 교장과 교직원집단이 협력하여 수행하는 조직적 활동이며 총괄적 작용
문낙진 (1993)	단위학교에서 교장의 자율적·창의적 관점하에 교육목표를 설정하고 그 목표달성을 위한 활동을 지도, 감독하는 일련의 봉사활동으로서 주로 학교의 정책, 방침, 교육과정, 교육방법, 교사의 활동 등에 대한 교직 자체의 전문성에 관한 것을 다룬다.
서정화 외 (1988)	학교의 교육목표를 달성할 수 있도록 제반 자원들을 확보하여 이를 배분하고 조정하며 평가하는 일련의 활동 내지 행위

〈표 I-2〉 유치원 운영관리의 개념

학자명	개념
신화식 외 (2001)	조직체의 목적, 목표를 능률적이고 효과적으로 달성하기 위하여 인적·물적·재정적 조건을 계획, 조직, 제시, 조정, 평가하는 과정

학자명	개념
이인원 외 (2016)	유아교육기관의 존재 이유를 명확히 밝혀 지향하는 방향을 정하는 합당한 목적을 설정하고, 그 목적을 달성하기 위해 필요한 요소, 즉 사람, 교육 프로그램, 사물, 돈, 공간, 시간 등을 효율적으로 기능하도록 계획하고, 조직하고 실행하고 평가하는 일이다.

이상에서 기술된 내용을 중심으로 유아교육 운영관리의 성격을 정리하면

① 유아교육기관 운영관리나 학교경영은 학교 행정이 하나의 단위 학교나 유아교육기관에서 이루어질 때 사용되는 용어로 일반적으로 초·중·고등학교에서는 학교경영으로, 유아교육기관에서는 유아교육기관 운영관리로 사용되나 학교경영이나 운영관리는 같은 개념이다.

② 운영과 관리에서 운영은 정책결정의 최고층으로 통제를 그리고 관리란 입안된 정책의 집행을 의미하는 것으로 운영과 관리는 서로 상보적이다.

③ 유아교육기관 운영관리의 목적은 해당 유아교육기관의 교육 목적을 설정하고 설정된 목표를 구현하기 위한 조직적이며 총괄적인 작용이다.

④ 유아교육기관 운영관리에서 목표 구현 달성을 위한 요소로서는 인적 요소, 물적 요소, 기타 요소들이 있다.

⑤ 유아교육기관 운영관리에서 목표 구현을 위해서는 계획, 실행, 평가의 순환적 과정을 밟는다.

⑥ 유아교육기관 운영관리에서 목표설정은 원장을 비롯한 전 직원의 창의적, 자율적, 협동적, 조직적 활동에 의하며 이 모든 과정이 봉사활동으로 전문성을 지녀야 한다.

⑦ 초·중등학교에서의 학교경영은 학교운영과 학교관리를 포괄하는 개념이다. 특히, 유아교육기관에서는 비교적 작은 규모, 단순한 교육활동, 조금은 미약한 전문성 등의 특수성에 따라 운영관리라는 말을 쓰고 있다.

이상의 성격을 고려하여 유아교육 운영관리란, '교육행정이 하나의 유아교육기관에서 이루어지는 교육 전문활동으로 당해 유아교육기관의 원장이 자율적이며 창의적인 과정인 정책결정과정을 통해 기관이 노리는 궁극적인 목표를 설정하고 그 목표달성을 위해 관련된 여러 가지 요인인 인적·물적·정책적·심리적 요소를 정비 확립하며 계획, 실행 평가의 순환적 과정을 거쳐 유아교육기관의 효율적인 운영과 관리를 포괄하는 교육 행정적 과정'이다.

2. 필요성

어린이집의 전신은 탁아로부터 시작되었다. 즉, 당시에는 부모를 대신하여 유아를 돌보는 일로 유아들을 잘 먹이고 잘 재우고 안전하게 관리하는 것만으로 만족했던 1960년대의 보육시설에 대해서는 운영관리라는 말 대신에 시설관리가 주된 기능이나 역할이었다.

이 시기의 보육시설은 비교적 규모가 적고 또한 보육시설에서 이루어지는 보육활동이 단순하여 보육교사가 아닌 보모가 유아들을 보육하는 데 고도의 전문성을 필요로 하지도 않았다. 그러나 최근에 와서 유아교육기관은 규모가 대형화되고 기하급수적으로 유아교육기관의 수가 급증하였으며 학부모의 다양한 여건과 입장에 따라 다양한 형태의 보육에 대한 요구와 기대를 충족시켜 주기 위한 다양한 보육 프로그램의 요구 등은 유아교육기관으로 하여금 합리적이고 체계적인 운영관리를 요구하고 있고 또한 합리적이며 체계적인 운영관리를 통하지 않고는 보육환경이나 보육 여건의 변화에 대응할 수가 없었다.

과거 보육이 단순히 유아의 돌봄이나 부모의 역할을 대행해주는 한정된 보육활동으로 학부모의 요구나 기대를 충족시켜 줄 수 있었던 보육 초창기에는 운영자가 시설을 운영하면서 합리성이 부족함은 물론 일관성이 없을뿐더러 비체계적이며 전문성도 없었다. 따라서 유아교육기관 운영관리의 필요성을 종합적으로 정리하면,

첫째, 당해 유아교육기관의 교육목표를 원장과 소속직원들이 주도적이며 창의적으로 수립하고 수립된 교육목표를 합리적으로 구현하기 위해서는 유아교육기관 운영관리가 필요하다.

둘째, 유아교육은 국가의 책임으로 국가에서 제시한 다양한 교육정책, 교육시책, 교육과정 및 교육 프로그램을 교육현장에 철저히 반영하고 구현하여 국가가 기대하는 바람직한 미래의 인재를 배양하기 위해서는 유아교육기관 운영관리가 필요하다.

셋째, 국가의 교육정책이나 시책을 수립함에는 유아교육 현장의 실태, 지역사회의 문제, 학부모·유아의 기대와 요구 등을 반영하여 설정되어야 하는데, 이에 관련된 다양한 정보나 자료를 확보하기 위해서는 유아교육기관 운영관리가 필요하다.

넷째, 유아교육기관 운영이 일관성 있고 전문성을 유지하기 위해서는 유아교육기관 운영관리가 필요하다.

다섯째, 합리적인 유아교육기관이 운영관리를 통하여 유아교육기관이 설정한 교육목표를 효율적으로 관리하고 또한 소속직원의 전문성을 계발하여 유아교육기관 종사자에 대한 사회·경제적 지위 향상을 위하여 유아교육기관 운영관리가 필요하다.

3. 원리

유아교육기관을 운영관리하는 데 있어서는 일정한 원리에 따라 이루어져야 한다.

원리란 사전적 의미로는 '법칙 가운데에서도 가장 근본이 되는 것', '사물의 근본이 되는 이치', '행위의 기본'(위키백과)으로서 유아들을 보존하고 교육하는 데 있어서 계획에서 평가에 이르는 전 과정이 일정한 원리에 의해 이루어져야 하는데, 여러 학자가 제시하는 원리를 총괄하면 다음과 같다.

여기에는 타당성의 원리, 민주성의 원리, 효율성의 원리, 안정성의 원리, 과학성의 원리, 지역성의 원리, 전문성의 원리 등 6개 원리로 나누어 기술하기로 한다.

1) 타당성의 원리

타당성이란 사전적 의미로는 '사물의 이치에 맞는 좋은 성질', '어떤 판단이나 사고의 합당한 가치'(위키사전)이다. 타당성은 합목적성을 띤 것으로 유아교육기관의 목적을 구현하기 위한 수단과 방법이 서로 타당하여 괴리가 없어야 한다. 타당성이 없으면 시간적·금전적 낭비를 초래하게 된다.

예를 들면, '애정이 깃든 생활지도를 시행한다.'라는 교육목표를 설정해 놓고 타임아웃, 토큰시스템 등의 협동수정기법을 사용하는 경우는 타당성의 원리에 어긋난다.

2) 민주성의 원리

민주성이란 사전적 의미로는 '국민이 권력을 가지는 동시에 권리를 행사하는 성향을 보이는 특성'(다음사전)으로 유아교육기관의 교육목표 설정을 비롯하여 경영계획수립, 실천, 평가 등 유아교육기관 경영의 제반과정과 진행에 다른 기관이나 다른 사람의 지배나 관여가 없이 당해 유아교육기관의 원장을 비롯한 전 직원이 주체적으로 참여함을 의미한다.

각종 직원회의를 비롯한 각종 위원회를 통하여 아이디어와 지혜를 모아 계획, 실천, 평가의 과정을 밟아 운영한다. 예를 들면 '민주적인 의사결정을 장려한다.' 해놓고 원장이 그때그때 모든 문제를 단독으로 결정하고 지시, 명령하는 운영형태는 민주성의 원리에 어긋난다.

3) 효율성의 원리

효율성의 원리란 사전적 의미로는 '들인 대가나 노력에 비하여 훌륭한 결과를 얻을 수 있는 기능이나 성질'(다음사전)을 말하는 것으로 이것을 효율성의 원리라고도 한다.

유아교육기관의 운영관리뿐만 아니라 크고 작은 모든 사업에서도 최소한의 경비와 노력을 통하여 최대한의 성과를 거두려고 노력한다. 다시 말하면, 유아교육을 수행하는 과정에서 최소한의 인적·물적 자원과 시간, 재정 등을 투입하여 교육목표 구현의 극대화를 이루자는 것이다. 그러나 효율성의 효과를 제고시키기 위하여 구성원들의 민주적 과정과 절차 등이 무시되는 민주성의 원리를 저해해서는 안 된다. 예를 들면, 선생님들의 전문성을 계발시킨다고 밤늦게까지 교원연수를 진행하는 경우는 효율성에 어긋나는 경우이다. 교원들이 정시에 출퇴근할 수 있는 한정된 시간 범위 내에서 교원연수를 효율적으로 실시해야 한다.

4) 안정성의 원리

안정성이란 사전적 의미로는 '바뀌거나 흔들리지 않고 편안한 상태를 유지하는 성질'(다음사전)이다. 유아교육기관의 모든 시책과 계획은 장기적인 안목에서 수립되고 계속성과 일관성이 유지되어야 한다.

상황에 따라서 또는 원장의 생각대로 모든 시책이나 계획을 임의로 계획하거나 수정하거나 폐기함이 없이 일관성 있게 운영되어야 한다. 그러나 사회와 시대의 변화는 수용할 줄 알아야 한다. 시대나 사회의 변화에 민감하게 대처하는 것이 적응성의 원리로서 안정성의 원리와 적응성의 원리는 서로 대응되는 개념이다.

예를 들면, 학부모의 퇴근 시간에 맞추어 운영해오던 종일제 프로그램을 날씨가 추워 난방비가 과다하게 지출된다고 하여 이제까지 실시해오던 종일제 프로그램을 중단하는 것은 안정성의 원리에 어긋난다.

5) 합리성 원리

합리성이란 사전적 의미로는 '이치나 논리에 합당한 성질'이며 반면에 불합리성이란 '어떤 대상이 내포하고 있는 이치에 맞지 않는 성질'로서 합리성과 효율성을 통해서만 이 사회가 발전할 수 있듯이 유아교육기관에서 유아교육기관이 설정한 목표를 실현하기 위해서는 운영활동 하나하나가 합리적이어야 한다. 합리성의 원리를 과학성의 원리라고도 한다. 따라서 유아교육기관에서 당면하는 과제나 문제는 과학적 과정과 논리적 절차에 따라 해결되어야 한다. 따라서 운영활동을 수행함에서의 활동의 순서와 기준이 있어야 한다.

예를 들면, 산촌지역 유아교육기관에서 유아들에게 도시문화를 체험시키기 위하여 먼 곳에 있는 대도시에 수학여행을 계획하는 일은 유아의 신체·심리적 발달 상황으로 볼 때 합리적이지 못하다.

6) 지역성의 원리

지역성이란 사전적 의미로는 '일정한 지역에만 있거나 그 지역에서만 공통으로 나타나는 특유의 성질'(다음사전)로서 지방성으로도 불리는데 지역성의 원리는 유아교육기관이 위치하고 있는 지역사회의 특성을 고려하여 유아교육기관을 운영하는 것을 말한다.

지역성의 원리를 사회화의 원리라고도 하는데, 지역사회의 과제를 유아교육기관에 끌어들여 해결해줌으로써 지역사회에 공헌하거나 지역사회 내의 각종 자원이나 자료들을 유아교육에 활용하는 것도 지역성의 원리에 속한다. 예를 들면, 농촌지역 유아교육기관에서 농번기에 원내에 시급한 과제가 있다고 해서 부모회를 소집하는 사례는 지역성의 원리를 무시하는 처사이다. 이런 경우에는 교육통신으로도 가능한 일이다.

7) 전문성의 원리

전문성이란, '한 분야에 장기간에 걸쳐 교육과 훈련을 통해 축적된 지식과 기술을 가지고 해당 특정 직종에서 전 생애를 통하여 종사함으로써 그 일을 전문적으로 잘 처리함'(고정곤 외, 2016)을 말한다. 특히, 유아교육기관에 종사하는 원장이나 교사들은 전문적인 지식과 기술을 가지고 유아교육기관에서 이루어지는 모든 교육활동을 처리해야 한다. 전문성이 결여된 원장은 유아교육기관을 운영할 때 시행착오를 일으키거나 비능률적인 방법으로 운영함으로써 유아교육기관이 설정한 목표를 효율적으로 구현할 수 없다. 또한 전문성이 결여된 교사가 유아를 잘못 지도하여 바람직한 성장 발달을 저해했다면 해당 유아에게는 평생 지울 수 없는 치명적인 상처를 주게 된다. 예를 들면, 어떤 유아가 활동실 내에서 뛰어다니고 소리를 지르고 친구들을 괴롭힌다고 해서 꾸짖고 나무라고 윽박지르고 처벌하는 교사는 전문성이 결여되었기 때문이다. 이런 경우, 전문화된 교사는 왜 그런 행동을 하는가에 대한 이유를 찾아내고 부모와 상담을 통하여 그 원인과 대책을 협의하여 비지시적인 방법으로 지도하게 된다.

4. 영역 및 내용

유아교육기관 운영관리의 영역 및 내용이 무엇이어야 하는가에 대하여 생각해 보기로 한다.

유아교육기관 운영관리영역 및 내용은 당해 유아교육기관에서 설정한 교육목표와 목표구현에 직접적으로 영향을 주는 인적·물적·심리적·재정적 내용이 될 수 있다. 합리적이며 타당한 목표가 설정되고 설정된 목표 구현에 직결되는 영역과 내용이 선정되어야 한다. 우선 여러 학자가 제시한 영역 및 내용을 정리해 보기로 하자.

〈표 I-3〉 유아교육기관 운영관리영역

학자명	영역 및 내용
강길수 외(1973)	① 장학의 일, ② 학교경영조직과 운영, ③ 인사의 관리, ④ 시설의 관리, ⑤ 재정의 일, ⑥ 사무관리, ⑦ 지역사회관계의 일
김종철(1983)	① 경영목표영역, ② 교육 프로그램영역, ③ 교직원 인사와 인간관계, ④ 학생 지도영역, ⑤ 시설·재무·사무 등의 관리영역

학자명	영역 및 내용
문낙진(1993)	① 교육목표 설정, ② 교육과정 운영, ③ 학생관리, ④ 교직원의 인사관리, ⑤ 경영조직의 편성, ⑥ 교내장학, ⑦ 시설관리, ⑧ 재정관리, ⑨ 사무관리, ⑩ 학교와 지역사회관계
서정화 외(1988)	① 교육과정 운영, ② 학생생활지도, ③ 교직원 및 인사관리, ④ 교내장학, ⑤ 사무관리, ⑥ 시설 및 매체관리, ⑦ 재무관리, ⑧ 대외관계
이인원 외(2016)	① 교직원관리, ② 원아관리, ③ 교육과정관리, ④ 시설 · 설비관리, ⑤ 교재 · 교구관리, ⑥ 재정관리, ⑦ 문서관리, ⑧ 지역사회 및 학부모관리, ⑨ 기관 평가관리

위 학자들의 견해를 참고하여 유아교육기관 운영관리영역을 크게 교육과정 운영과 교육과정 운영지원의 2개 영역으로 분류하였다.

교육과정 운영영역에는 ① 교육과정 편성 및 운영, ② 교수 · 학습지도, ③ 생활지도, ④ 교육행사지도, ⑤ 교원 연수, ⑥ 기관 및 학급 경영 평가 등이다.

교육과정 운영지원영역은 ① 교직원관리, ② 유아관리, ③ 원 · 학급 사무 및 문서관리, ④ 시설 · 설비, 교재 · 교구관리, ⑤ 환경구성관리, ⑥ 재정관리, ⑦ 대지역사회 협력관리 등이다.

위 유아교육기관 운영관리 2개 영역에 대한 구체적인 내용은 다음과 같다.

1) 교육과정 운영영역

교육과정 운영영역은 당해 유아교육기관에서 설정한 교육목표를 구현하기 위해 유아에게 직접적으로 가해지는 교육활동이다. 세부적인 내용은 다음과 같다.

(1) 교육과정 편성 및 운영

① 교육과정 편성 과정 및 절차의 준수, ② 교육과정 운영계획 수립, ③ 누리과정 운영계획 수립, ④ 누리과정의 지역화, ⑤ 연간 · 월간 · 주간계획 수립, ⑥ 교육과정 운영계획에 따른 지도, ⑦ 누리과정 지도계획에 따른 지도, ⑧ 현장관찰학습지도, ⑨ 유 · 초등연계교육, ⑩ 지역사회자원 활용학습 등

(2) 교수 · 학습지도

① 다양한 유아 주도 활동 전개, ② 주제 중심의 통합적 교수 · 학습지도, ③ 시청각 교재 및 자료의 활용학습, ④ 수업연구 및 연구수업, ⑤ 학부모 수업참관 및 수업참여, ⑥ 일일활동계획안 작성활용, ⑦ 누리과정 5대 영역의 특질을 고려한 지도 등

(3) 생활지도

① 집단생활지도, 부적응아 지도계획 수립, ② 기본생활습관지도, 청결지도, ③ 건강·안전생활지도, ④ 사회적 행동지도, ⑤ 부적응아지도, ⑥ 원아관찰기록 등

(4) 교육행사지도

① 연간교육행사계획 수립

② 주요 교육행사지도

ㄱ. 테마식 현장체험학습, ㄴ. 유아캠프, ㄷ. 생일축하회, ㄹ. 재롱잔치, ㅁ. 전 유아 시상의 날 운영, ㅂ. 전통놀이 한마당 등

(5) 교원연수

① 개인주도 연수

ㄱ. 교수-학습방법 개선, ㄴ. 보육과정편성 및 운영연수, ㄷ. 자기역량강화

② 기관주도연수

③ 연수기관 주관 연수 참여 등

(6) 기관 및 학급경영평가

① 학급경영평가, ② 유아교육기관 경영평가, ③ 일일 일과 활동평가, ④ 유아평가 등

2) 교육과정운영 지원영역

교육과정 운영지원영역이란 당해 유아교육기관에서 설정한 교육목표를 구현하기 위하여 계획된 교육과정이 효율적이며 합리적으로 운영 될 수 있도록 이를 지원해주는 또 다른 교육과정영역이다.

예를 들면, 재정관리에서 적절한 예산의 배분 및 활용 등은 당해 유아교육기관의 교육목표 구현에 간접적으로 영향을 준다. 세부적인 내용은 다음과 같다.

(1) 교직원관리

① 교직원인사

ㄱ. 신규채용, ㄴ. 승진, ㄷ. 승급, ㄹ. 전직, ㅁ. 전보, ㅂ. 강임, ㅅ. 복직 등

② 교직원 복무

ㄱ. 복무, ㄴ. 상벌, ㄷ. 훈련, ㄹ. 근무평점, ㅁ. 보수, ㅂ. 복지, ㅅ. 담임배정, ㅇ. 업무분담 등

(2) 유아관리

① 원아모집, 반 편성, 그룹 짓기, ② 입-퇴원, ③ 출-결석 정리, ④ 가정환경조사, ⑤ 생활기록부 정리 등

(3) 원 · 학급사무 및 문서관리

① 원 · 학급사무

〈표 I-4〉 원 · 학급사무

구분	번호	사무	내용
학급 사무	1	표 부류의 기록 정리 사무	생활기록부, 출석부, 신체검사부, 구강검사부, 생활통지부
	2	보고류의 통계처리 사무	출석 월말 통계 자료, 신체검사 통계 자료
	3	학습지도에 관한 사무	교육과정계획, 연간계획, 월간계획, 주간계획, 일간계획, 성적 처리부
	4	조사 · 검사 · 관찰에 관한 사무	유아조사, 가정조사, 환경조사, 지역조사, 체질 · 체격검사, 성격검사, 흥미검사, 지능검사, 소시오그램, 유아 관찰기록, 일일관찰기록, 사례연구, 학급경영안, 학급일지, 가정통신
유치원 사무	5	유치원 경영 일반에 관한 사무	가정통신사무, 유치원어린이활동사무, 학예활동 · 경영활동에 관한 사무, 직원협의회 사무, 부모회 운영사무
	6	유치원 비품 · 교구관리 보관에 관한 사무	유치원문고사무, 교실비품관리사무, 운동용구, 청소용구, 시청각 교구학습자료, 게시전시품, 책상, 걸상, 보건시설, 정서순환시설 등 사무
	7	유치원 사무 분담에 의한 사무	교무분장에 의한 사무, 지역사회발전에 관한 사무
	8	교사 연구에 관한 사무	교육연구, 연구발표, 수업연구, 유치원사무분장에 의한 활동연구 사무

② 문서(공문서)관리

ㄱ. 문서접수, ㄴ. 문서작성, ㄷ. 문서발송

(4) 시설 · 설비, 교재 · 교구관리

① 시설 · 설비관리

ㄱ. 교실, 강당, 유원장, 화장실, 조리실 등 주요시설의 유지, 관리, 보수 등

ㄴ. 제반시설의 냉·난방, 조명, 안전관리 등

ㄷ. 실내외 흥미영역의 자료 확보

ㄹ. 유원장의 놀이기구 확보 및 주기적인 안전점검

② 교재·교구관리

ㄱ. 교재·교구, 시청각 기교재의 구입·제작·보수·활용 등

ㄴ. 교재·교구 활용

ㄷ. 교재·교구 자료실 설치 운영

(5) 환경구성관리

① 활동실 내 기구·비품 배치의 안전성, 활용성 고려

② 흥미영역설비 및 활용의 적정

③ 활동실 공간 구성

(6) 재정관리

① 예산편성, 예산결산의 적정, ② 교육비 수납, ③ 회계장부기록, ④ 수입지출의 명확한 관리, ⑤ 기부금 및 보조금관리, ⑥ 감사 등

(7) 대 지역사회 협력관리

① 교사와 학부모 간의 협력

ㄱ. 학부모와의 원활한 의사소통

가. 안내책자, 나. 가정통신문, 다. 뉴스레터, 라. 홈페이지, 마. 게시판, 바. 생활안내장, 사. 전화, 아. 이메일, 자. 부모의 참여수업, 수업참관, 부모교육 등

ㄴ. 학부모의 교사에 대한 협력

가. 어린이집 운영위원회 참여, 나. 교육정보제공

다. 자원봉사(교재·교구제작, 행사 도와주기, 보조교사 등)

라. 학부모 자원 활용(주제활동 지도교사, 전문분야의 지식과 기술지원 받기) 등

② 교사와 지역사회 간의 협력

ㄱ. 어린이집에서 지역사회에 대한 협력

가. 어린이집 개방, 나. 다양한 프로그램 운영, 다. 지역사회 내 과제해결, 라. 지

역사회기관시설 활용안내 등

ㄴ. **지역사회에서 어린이집에 대한 협력**

가. 지역사회자원 활용학습(견학, 지역사회인사 초빙학습, 지역사회 자료 활용학습, 지역사회시설 체험 학습)

나. 지역사회의 기관 및 시설에서의 협력 등

5. 과정

유아교육기관 운영관리과정이란, 유아교육기관이 어떠한 경로나 절차를 밟아 운영관리를 해야 하는가 하는 문제이다.

유아교육기관이 교육목표를 설정하고 설정된 교육목표 구현을 위해 노력하고 그 성과가 어느 정도 도달하였는가를 평가하는 일련의 과정이 합리적이고 과학적이어야 한다. 이와 같은 과정은 비단 교육기관뿐만 아니라 사회의 모든 조직이나 기관에서도 적용되어야 함은 재론의 여지가 없다. 일반적으로 계획, 조직, 지시, 조정, 평가의 5단계 또는 계획, 실천, 평가의 3단계 모형이 있는데, 본서에서는 한국교육개발원이 제시한 3단계 모형을 유아교육기관 현장의 특수성을 고려, 재구성하여 기술하기로 한다.

1) 계획단계

한국교육개발원 3단계 모형의 계획단계에서는 문제규명, 목표 및 방침 설정, 활동계획, 조직계획, 평가계획 수립 등 계획 수립의 순차성을 제시하고 있으나 이러한 일련의 과정은 결국 일선 유아교육기관에서는 기관의 교육과정계획이나 운영계획을 세우는 일로서 유아교육기관에서는 대체적으로 다음과 같은 과정이나 절차를 밟는다.

① **유아교육기관 운영 실적 및 실태 분석**(전년도 12월~1월)

전년도 유아교육기관 운영계획에 의거 교육실적을 분석하여 문제점을 찾고 유아, 학부모, 교원, 지역 실태 등을 분석하여 나타난 결과를 신학년도 유아교육기관 운영계획 수립에 반영한다. 분석할 내용은 일반적으로 다음과 같다.

ㄱ. 유아교육기관 운영 실적 : 전년도 운영실적

ㄴ. 유아교육기관 실태 : 교원, 유아, 학부모의 요구, 특수성, 전통 등

ㄷ. 지역사회 실태 : 지역사회의 교육적 요구, 산업, 문화, 지역적 과제 등

② 상부기관의 교육정책 분석

교육부나 시·도 교육청 또는 보건복지부나 시·도청에서 역점으로 추진하는 사업이나 강조점이 무엇인가를 분석하여 당해 유아교육기관 교육목표, 경영목표, 경영방침, 주요 사업선정에 반영할 수 있도록 정리한다.

③ 교육목표 및 경영목표·경영방침 설정

유아교육기관 운영 실적 및 각종 실태와 상부기관의 교육정책 분석 결과를 참고하여 당해 유아교육기관의 교육목표 및 방침을 수립한다. 교육목표 및 방침을 설정할 때에는 다음 사항들이 고려되어야 한다.

ㄱ. 원장의 경영 비전과 방향, 경영관을 충분히 반영해야 한다.

ㄴ. 교육목표는 장기적 안목에서 유아들이 궁극적으로 도달해야 할 인간상을 구체적으로 진술해야 한다.

ㄷ. 경영목표는 교육목표 달성을 위한 수단적·실천적 방안(조건, 수단, 목표치 등)으로 교육목표별로 1~2개 정도로 설정하여 기술하기도 한다.

ㄹ. 경영방침은 경영목표가 더욱 구체화된 수단으로 교육목표별로 1~2개의 경영방침을 설정할 수 있다.

④ 교육목표 구현 사업 검토 및 선정

지금까지의 유아교육기관 경영 실적, 각종 실태 분석, 교육부, 시·도 교육청 또는 보건복지부 및 시·도청의 교육, 보육정책 분석결과를 참고하여 새로운 사업을 선정하고 또는 전 직원으로부터 이번 학년도에 추진하고자 하는 사업을 제출받아 교육목표별로 일람화하고 발의 교사로 하여금 사업의 목적, 방법, 효과를 중심으로 발표시켜 전 직원의 의견을 종합하고 전년도의 기존 사업에 대한 삭제·첨가·보완하여 신년도 교육목표 구현사업을 확정한다. 그리고 교육목표별 구현사업 중에서 특색사업을 선정한다.

⑤ 운영계획시안 작성

지금까지의 여러 과정을 통해 얻은 사업을 중심으로 유아교육기관 운영계획 시안을 수립한다.

이 단계에서는 다음과 같이 각 분야별로 선정된 사업에 대하여 구체적인 계획을 기술한다. 유아교육기관 운영계획 시안에 들어가야 할 내용은 일반적으로 다음과 같다.

ㄱ. 교육목표별 구현사업 선정 : 기존 사업과 신규 사업을 교육목표별로 분류

ㄴ. 교육과정 운영 : 교육과정 편성・운영계획, 5대 영역 지도계획, 연・월・주별 지도계획, 방과 후 과정 지도계획, 종일반 지도계획, 특별활동 지도계획, 생활 지도계획, 특수아・문제아 지도계획 등

ㄷ. 교육과정 운영 보조계획 : 특기적성 지도계획, 입원 초기 및 수료 예정자 교육, 특수유아 지도계획 등

ㄹ. 교내 장학활동 계획 : 교원 연수, 수업 연구, 연구활동 계획 등

ㅁ. 교육지원・관리계획 : 교육재정 관리, 교육시설 및 교재・교구 관리, 교육도서, 정보화 시설, 교재관리, 사무관리, 학교 안전, 방화관리계획 등

ㅂ. 교육조직 계획 : 교육지도 조직, 교무분장 조직, 운영협의회 조직, 학교운영위원회 조직, 관계기관 조직 등

ㅅ. 평가계획 : 학급 운영평가, 유치원 운영평가, 교원평가, 일일일과평가, 유아평가계획 등

⑥ 유아교육기관 운영계획 전체 협의

유아교육기관 운영계획 시안에 대하여 전 직원이 협의한다.

⑦ 운영계획 최종안 확정

전체 협의를 거쳐 운영계획안을 최종 확정한다.

⑧ 운영계획 윤독회 실시(교원)

유아교육기관 운영계획에 대하여 전 직원 윤독회를 실시하여 업무추진 담당교사를 배정하고 담당 교사별로 세부 추진 계획을 세우도록 한다.

⑨ 유아교육기관 운영계획 설명회(학부모, 운영위원)

학부모, 운영위원들에게 경영계획 설명회를 하고 지원 방안을 마련한다.

위와 같은 과정을 밟아 교육과정(운영계획)의 내용이 정리되면 다음에는 교육과정(운영계획)체제를 구안하여 체제에 맞추어 정리한다.

2) 실천단계

시행(실천)이라 함은 계획된 활동이 착수되는 순간부터 이것이 종료되는 순간까지의 전 과정을 말한다. 위 계획단계에서 작성된 교육과정계획 또는 운영계획은 다음과 같은 절차를 밟아서 1년 동안 시행(실천)하게 된다.

교육개발원 모형에서는 실천단계를 조직편성과 실천활동으로 구분하고 있는데, 현장 적용적 측면에서는 다음과 같은 과정이 이루어진다.

(1) 실천을 위한 조직

① 업무분담

교육과정(운영계획) 내에 계획된 각종 교육활동에 대한 추진 담당교사를 정한다.

② 추진계획

담당한 교육활동 사업별로 추진을 위한 월별, 주별 계획을 수립한다.

③ 예산계획

각 업무별로 소요물품과 소요물품 구매를 위한 예산계획을 세워서 원장의 결심을 받아둔다.

④ 운영조직

업무내용에 따라 업무추진의 효율성을 제고시키기 위한 기획위원회, 운영위원회를 조직한다.

⑤ 사무조직

업무내용에 따라 업무추진의 효율성을 제고시키기 위하여 사무직원의 협조계획을 수립한다.

(2) 실천(실행)

수립된 교육과정 계획(운영계획)을 실천하기 위한 제반조직이 이루어지면 실천(실행)에 들어간다.

실천(실행) 내용은 당해 유아교육기관의 교육과정계획서이나 운영계획서 내에 수립된 내용을 전항에서 밝힌 조직에 의하여 실천이 이루어지는데, 그 내용은 일반적으로 교육과정운영과 교육과정운영 지원활동으로 구분할 수 있다. 그 예를 들면 다음과 같다.

① 교육과정 운영

교육과정 운영에서는 일반적으로 다음과 같은 내용이 모든 유아교육기관에서 공통적으로 이루어진다.

ㄱ. 교육과정 편성 및 운영

ㄴ. 교수·학습지도

ㄷ. 생활지도

ㄹ. 교육행사지도

ㅁ. 교원연수

ㅂ. 기관 및 학급경영평가

② 교육과정 운영지원

교육과정 운영의 효율성을 높이기 위한 교육과정 운영 지원 내용은 대체적으로 다음과 같다.

ㄱ. 교직원관리

ㄴ. 유아관리

ㄷ. 원·학급사무 및 문서관리

ㄹ. 시설·설비, 교재·교구관리

ㅁ. 환경 구성관리

ㅂ. 재정관리

ㅅ. 대 지역사회 협력관리 등이다.

이에 대한 구체적인 내용은 전절 4. 영역 및 내용을 참고하기 바란다.

3) 평가단계

평가단계는 계획 → 실천 → 평가로 이어지는 순환적 과정에서 마지막 과정이다.

즉, 계획단계에서 당해 유아교육기관의 교육과정계획(운영계획)을 수립하고 실천단계에서 교육과정계획(운영계획)에 의해 실천(실행)하고 마지막으로 경영목표에 어느 정도 도달하였는가를 종합적으로 평가하게 된다.

유아교육기관에서는 3가지 유형의 평가가 이루어진다. 즉, 진단평가로서 교육과정계획(운영계획)을 추진하기 전에 추진계획을 세우기 위하여 실시한다.

또한 형성평가(과정평가)는 일정기간 실천과정을 거치면서 각종 경영활동이 정상적으로 이루어지는가 중간 점검과정으로 실시하고 총괄평가는 교육과정계획(운영계획)을 실천한 후 교육목표 도달도를 총체적으로 평가하게 된다.

6. 고려할 점

유아교육기관 교육대상의 다양화, 연소화, 유아교육기관 유형의 다양화, 학부모의 기대나 요구의 다양화, 교육여건의 특수성 때문에 유아교육기관 운영관리 시 고려해야 할 사항이 많다.

다음에서 합리적이며 효율적인 유아교육기관의 운영관리를 위하여 고려해야 할 사항에 대하여 기술한다.

1) 유아교육기관 운영관리과정의 순환성을 중시해야 한다

교육과정(운영)계획을 수립하여 실행한 후 평가를 통하여 교육목표 도달 상황을 확인하고 나타난 문제점을 찾고 문제점이 생기면 다시 제일 앞 단계의 계획 수립에 반드시 반영하여 교육과정(운영)계획을 수립하며 실천 → 평가의 과정으로 이어져간다.

이러한 과정을 부단히 반복적으로 지속함으로써 문제점을 찾아 개선하고 운영함으로써 유아교육기관교육의 효율성을 제고시킬 수 있다.

2) 유아교육기관의 운영관리는 일관성이 있어야 한다

유아교육기관에서는 교육목표를 수립하고 교육목표를 구현하기 위한 일련의 모든 교육활동이 일관성 있게 유지되어야 한다. 일관성이 있다 함은 교육목표와 교육목표 구현을 위한 모든 활동이 지속적이며 영구적이고 계획-실행-평가의 순환적 과정이 부단히 이루어져 기관 운영에 안정감을 주고 학부모들에게 신뢰감을 얻는 일이다.

3) 유아교육기관의 원장은 바른 유아교육관에 기초하여 운영해야 한다

원장은 당해 유아교육기관의 의사결정에 막강한 권한을 가지고 있는 기관 운영의 최종책임자이다. 또한 원장은 민주적인 리더십을 가지고 직원을 관리하며 기관 운영에 따른 계획, 판단, 문제해결 등 전 과정에서 항상 바른 유아교육관에 기초하여 운영되어야 한다.

4) 유아교육기관 운영의 자율성이 보장되어야 한다

유아교육기관의 운영은 지나친 상부관청의 감독, 지시, 명령으로부터 자유로워야 한다. 다시 말하면 당해 유아교육기관의 원장을 중심으로 전 직원이 주도권을 가지고 각 유아교육기관의 여건과 실정을 고려한 운영이 이루어져야 한다. 각 유아교육기관의 원장과 소속직원을 중심으로 그들 모두가 주도권을 가지고 각 유아교육기관의 특성을 고려하여 합리적이며 특색 있게 기관을 운영해야 한다.

5) 유아교육기관 운영의 독자성, 특수성이 고려되어야 한다

국가에서 제시하는 교육이나 보육에 관한 정책 및 시책은 전국의 모든 유아교육기관에서 보편적인 교육이나 보육의 방향을 제시하고 있기 때문에 각 유아교육기관에서는 국가의 정책이나 시책을 근간으로 하여 유아교육기관 나름대로의 독자성과 특수성이 고려된 계획을 수립하여 운영하여야 한다.

6) 교원이 중심이 되는 유아교육기관의 운영이 되어야 한다

유아교육기관에서 계획을 세우고 운영하는 데 있어서 교사의 역할을 최우선적으로 고려해야 한다.

이를 위하여 우선으로

첫째, 민주적인 운영을 통하여 전 교사의 적극적인 참여를 유도하고

둘째, 교사 상호 간의 협력과 좋은 인간관계 형성에 주력하며

셋째, 교사의 처우개선을 통하여 사기를 높여 주는 일 등이 우선으로 고려되어야 한다.

7) 교원의 전문성계발에 주력해야 한다

유아교육기관이 설정한 교육목표를 구현시키는 데는 여러 가지 요인들이 복합적으로 작용하겠지만 그중 교원의 전문성이 가장 중요한 요인이다.

따라서 유아교육기관의 운영에서 교원의 전문성을 계발하기 위한 다양한 방안들을 강구해야 한다.

8) 재정관리의 효율성 및 투명성이 고려되어야 한다

우리나라 유아교육기관의 재정은 영세성을 면치 못하고 있는 실정으로 유아교육기관 운영에 애로가 많다. 그럴수록 재정관리의 효율성과 투명성이 더욱 고려되어야 한다. 재정관리에서 특히 고려할 사항은

첫째, 예산 투입의 적정성이다. 교육과정 운영을 통하여 유아들의 성장발달에 직결되는 사업에 우선으로 투입해야 한다.

둘째, 설립자의 재정투자지원이 있어야 한다.

9) 유아교육기관, 지역사회, 학부모와의 협력적인 관계 조성에 주력해야 한다

지역사회, 학부모는 교육공동체로서 상호 간의 협력과 유대가 원활하게 이루어질 때 유아교육기관의 교육이 더욱 효율성을 도모할 수 있다.

특히, 유아교육기관은 학부모와의 원활한 의사소통과 부모면담을 통하여 유아지도에 관한 다양한 지식과 정보를 제공해주고 부모 또한 어린이집의 운영위원회 참여, 자녀에 대한 정보 제공, 자원봉사, 학부모 지원 활동 등으로 유아교육기관을 지지하는 등 상호 협력적 관계를 맺어 유아교육기관 교육의 효율성을 제고시키도록 노력해야 한다.

제2장

유아교육기관의 보육관계법과 보육정책

유아교육기관은 아동복지의 차원에서 유아의 교육과 보육을 실현하는 기관이다. 특히, 유아교육기관은 2011년 8월 4일부터 개정 시행하는 '영유아보육법' 제4조

① 모든 국민은 영유아를 건전하게 보육할 책임을 진다.

② 국가와 지방자치단체는 보호자와 더불어 영유아를 건전하게 보육할 책임을 지며 이에 필요한 재원을 안정적으로 확보하도록 노력하여야 한다(개정 2013. 1. 23).라고 규정하고 이 규정에 의하여 국민이나 국가로부터 교육과 보육의 역할을 수임받아 수행하게 된다. 따라서 국가가 설정한 법률적 기반과 정부가 보육 욕구를 지닌 유아와 가족의 복지를 위해 설정한 보육정책에 따라 운영해야 한다. 따라서 본장에서 보육관련법과 보육관련법에 기초하여 유아교육기관 운영에서 반드시 반영해야 할 주요 보육정책에 대하여 기술하기로 한다.

1. 보육관계법

1) 보육관계법에 대한 이해

본 절에서는 보육관련법의 개념을 비롯하여 체계, 유형에 대해 생각해보기로 한다.

(1) 개념

보육은 '아동의 전인적 성장과 발달을 지원하며 아동과 부모를 지향하는 사회적 지원체계의 한 형태'로서 이상의 보육을 효율적으로 실시하기 위해서는 법률적 지지나

지원을 받아야 한다.

이와 같이 보육사업을 시행하기 위한 법적 근거를 국가가 마련해주고 국가는 이를 지원·지지하는 의무와 국민은 이 법적 근거에 의하여 보육을 누려야 하는 권리를 갖게 된다. 이렇게 함으로써 영유아는 복지를 보장받고 또한 여성이나 부모는 자녀들을 건전하게 육성하면서 자아실현과 사회적 활동에 마음 놓고 참여하게 된다. 이러한 일련의 관계에서 볼 때 보육관계법이란 '보육사업을 실시하는 데 법적 근거를 제시해주고 지지, 지원하는 데 관계되는 모든 법'을 말하는 것으로 아동의 교육, 보육에 관계되는 상위법을 비롯하여 시행령, 시행규칙 등 모든 법이 여기에 해당한다.

(2) 보육통합법, 보육관계법

보육관계법, 보육통합법이란 법률적 용어가 아니다. '보육관계법', 즉 보육에 관계되는 법에 대하여 이해를 돕기 위해 설명하다보니 상대적으로 보육통합법이라는 반대의 개념을 떠올리게 된다.

우리나라의 법체계에서 보육의 대상은 아동, 청소년, 노인 등 다양한데, 그중 아동의 보육을 비롯한 모든 아동에 대한 사회복지를 하나의 종합적인 법으로 규정하고 통합적으로 체계화된 법률이 아니고 여러 가지 관련되는 법을 통하여 규정하고 실현될 수 있기 때문에 아동보육복지를 실현하기 위해서는 보육에 관련된 다양한 관계법의 구조와 그 특성을 잘 이해해야 한다. 청소년이나 노인의 복지에서도 마찬가지이다.

특히, 보육은 저소득층 맞벌이 가정의 자녀를 보호한다는 차원에서 시작되어 현재는 아동은 물론이거니와 여성, 가족, 고용, 보건, 교육 등의 법과 그 관련성이 매우 높기 때문에 관계법에 대한 이해가 필요하다(이소희, 2005).

(3) 보육관계법의 유형

보육에 관련된 제반 법들은 한 나라의 사회보장기본법에 속하는데, 사회보장기본법의 이념은 한 국가가 사회복지의 개념과 이념을 어떻게 두느냐에 따라 달리 나타난다. 현대사회에서 대부분의 국가는 국민의 기본권 중의 하나인 생존권의 보장에 두고 있다.

우리나라 '사회보장기본법'(법률 제13426호, 2015. 7. 24)의 제2조 기본이념을 '사회보장에 관한 국민의 권리와 국가 및 지방자치단체의 책임을 정하고 사회보장정책의 수립 추진과 관련 제도에 관한 기본적인 사항을 규정함으로써 국민의 복지증진에 이바지하는 것을 목적으로 한다.'라고 규정하고 있으며 사회보장제도로 사회보험, 공공부조, 사회서비스, 평생사회안전망 등 4가지 제도를 제시하고 있는데, 유아보육의 관련법은 그중 사회서비스제도에 속한다.

그리고 보육을 비롯한 모든 사회보장에 관한 다른 법률을 제정하거나 개정하는 경우에는 이 사회보장기본법에 부합되도록 규정하고 있다. 보육관계법을 표로 정리하면 다음과 같다.

〈표 I-5〉 **보육관계법**

유형	법령
보육의 최고 상위법	헌법
보육의 상위기본법	사회보장기본법
보육의 기본법	영유아보육법
보육관련법	• 유아교육진흥법 • 아동복지법 • 의료급여법 • 국민기초생활 보장법 • 장애인복지법 • 모자복지법 • 모부자복지법 • 남녀고용평등법 • 초·중등교육법 • 공무원법 • 유아교육법

보육관계법은 위에 제시한 법 외에도 많이 있다. 그리고 위에 제시된 법에 관련한 시행령, 규칙, 조례 등을 포함하면 이루 말할 수 없이 많다.

이상에서 살펴본 바와 같이 유아보육에 관련된 법이 하나의 통합법으로 이루어지는 것이 아니다. 따라서 다양한 관계법에 의하여 이루어지므로 유아교육기관에서 훌륭한 보육을 시행하기 위해서는 보육관계법에 대한 탐색이 이루어져야 한다.

그중 '헌법'과 '사회보장기본법'은 보육의 상위기본법으로 여타의 모든 법은 상위기본법에 어긋나지 않는 범위 내에서 제정 혹은 개정이 이루어져야 하고 또한 '영유아보육법'은 모든 유아보육의 기본이 되는 법이다.

2) 보육관계법의 내용

본 절에서는 보육관계법으로 전절에서 밝힌 보육기본법과 보육관련법에 대한 내용을 소개하기로 한다.

(1) 보육기본법

① 영유아보육법(시행 2016. 8. 4) (법률 제14597호, 2016. 2. 3 일부개정)

우리나라 보육의 기본법은 '영유아보육법'이다. 따라서 다음에서 '영유아보육법'이

시행되기 전의 시행법령, '영유아보육법'의 입법 배경, '영유아보육법'의 목적, '영유아보육법'의 내용, '영유아보육법' 성과의 순으로 기술하기로 한다.

ㄱ. 영유아보육법 시행 이전의 시행법령

'영유아보육법'이 시행되기 이전 시행법령을 중심으로 시기를 분류하면 다음과 같이 3기로 분류할 수 있다.

가. 제1기(1921~1960)

이 시기에는 보육에 관한 법령이 없었다. 따라서 보육에 관한 정부 차원의 법령이 없이 구호, 구민적 성격으로의 보육이 이루어졌다.

나. 제2기(1961~1980)

최초의 보육관련법으로 '아동복리법'이 제정되어 제도권의 시설로 정부의 지도감독을 받기 시작한다.

다. 제3기(1981~1990)

'유아교육진흥법'이 제정 공포되면서 유아교육기관을 유치원과 어린이집으로 이원화하고 당시의 문교부와 보건사회부가 관장하면서 재정지원을 체계화하였다.

ㄴ. 영유아보육법의 목적

이 법은 보호자가 근로 또는 질병 기타 사정으로 인하여 보호하기 어려운 영아나 유아를 심신의 보호와 건전한 교육을 통하여 건강한 사회성원으로 육성함과 아울러 보호자의 경제적·사회적 활동을 원활하게 하여 가정복지증진에 기여함을 목적으로 한다.

ㄷ. 주요내용

최초의 '영유아보육법'은 1991년 1월 14일(법률 제4328호) 제정 이후 53차에 걸쳐 개정되었으며, 현행 '영유아보육법'은 2016년 8월 4일 시행(법률 제14001호 2016. 2. 3일 부개정)된 것으로 주요내용을 개괄하면 다음과 같다.

가. 보육이념(제3조)

㉠ 영유아의 이익을 최우선적으로 고려하여 제공

㉡ 영유아가 안전하고 쾌적한 환경에서 건강하게 성장할 수 있도록 도모

㉢ 어떤 종류의 차별을 받지 않는 보육

나. 보육정책 조정위원회(제5조)

부처 간의 의견조정을 위하여 국무총리소속으로 보육정책 조정위원회를 운영하고 다음 사항을 심의한다.

㉠ 보육정책의 기본방향에 관한 사항

㉡ 보육에 관한 관계 부처 간 협조사항

㉢ 그 밖의 위원장이 회의에 부치는 사항

다. 육아종합지원센터(제7조)

일시보육서비스를 제공하거나 보육에 관한 정보의 수집·제공 및 상담을 위하여 보건복지부장관 산하에 중앙육아종합지원센터, 시·도 또는 시·군에 지방 육아종합지원센터를 설립·운영

라. 어린이집의 종류(제10조)

㉠ 국·공립어린이집 : 국가나 지방자치단체가 설립 운영하는 어린이집

㉡ 사회복지법인 어린이집 : '사회복지사업법'에 따른 사회복지법인(이하 '사회복지법인'이라 한다)이 설치·운영하는 어린이집

㉢ 법인·단체 등 어린이집 : 각종 법인(사회복지법인을 제외한 비영리법인)이나 단체 등이 설치 운영하는 어린이집으로서 대통령령으로 정하는 어린이집

㉣ 직장어린이집 : 사업주가 사업장의 근로자를 위하여 설치·운영하는 어린이집(국가나 지방자치단체의 장이 소속 공무원을 위하여 설치·운영하는 어린이집을 포함한다)

㉤ 가정어린이집 : 개인이 가정이나 그에 준하는 곳에 설치·운영하는 어린이집

㉥ 협동어린이집 : 보호자 또는 보호자 외 보육직원이 조합(영리를 목적으로 하지 아니하는 조합에 한정한다)을 결성하여 설치·운영하는 어린이집

㉦ 민간어린이집 : 제1호부터 6호까지의 규정에 해당하지 아니하는 어린이집

마. 놀이터 설치(제15조의2)

어린이집을 설치·운영하는 자는 놀이터를 설치하여야 한다. 다음 각 호에 해당하는 어린이집은 제외

㉠ 보육정원 50인 미만인 어린이집

㉡ 100m 이내에 보건복지부령으로 정하는 기준을 충족하는 놀이터가 설치되어 있는 어린이집

바. 어린이집 운영위원회(제25조)

어린이집원장은 어린이집 운영의 자율성과 투명성을 높이고 지역사회와의 연계를 강화하여 지역실정과 특성에 맞는 보육시행을 위해 어린이집 운영위원회를 조직 운영한다.

㉠ 위원수 : 5명 이상 10명 이내

㉡ 위원회구성 : 어린이집원장, 보육교사대표, 학부모대표 및 지역사회인사(어린이집 업무담당자)

㉢ 심의 내용

㉮ 어린이집 운영 규정의 제정이나 재정에 관한 사항

㉯ 어린이집 예산 및 결산의 보고에 관한 사항

㉰ 영유아의 건강, 영양 및 안전에 관한 사항

㉱ 아동학대예방에 관한 사항

㉲ 보육시간, 보육과정의 운영방법 등 어린이집의 운영에 관한 사항

㉳ 보육교직원의 근무환경 개선에 관한 사항

㉴ 어린이집과 지역사회의 협력에 관한 사항

㉵ 보육료 외의 필요경비를 받는 경우, 제38조에 따른 범위에서 그 수납액 결정에 관한 사항

㉶ 그 밖에 어린이집 운영에 대한 제안 및 건의사항

㉷ 횟수 : 연간 4회 이상

사. 부모 모니터링단 운영(제25조의2)

어린이집 보육환경을 모리터링하고 개선을 위한 컨설팅을 하기 위하여 부모, 보육, 보건전문가점검단(10년 이내)을 조직 운영한다. 심의 내용은

㉠ 어린이집 급식, 위생, 건강 및 안전관리 등 운영 상황

㉡ 어린이집 보육환경 개선을 위한 컨설팅

㉢ 그 밖에 보육관련사항으로 보건복지부령으로 정하는 사항

아. 어린이집 평가인증(제30조)

보육서비스의 질적 수준을 향상시키기 위하여 어린이집 설치 운영자의 신청에 따라 어린이집의 보육환경, 보육과정 운영 및 보육 인력의 전문성을 평가하여 해당 어린이집에 대한 평가인증 시행

자. 무상교육(제34조)

국가와 지방자치단체는 영유아보육을 무상으로 하되 그 내용 및 범위는 대통령령으로 정한다.

차. 양육수당(제34조의2)

국가 및 지방자치단체는 어린이집이나 '유아교육법' 제2조에 따른 유치원을 이용하지 않는 영유아에 대하여 영유아의 연령과 보호자의 경제적 수준을 고려하여 양육에 필요한 비용을 지원할 수 있다.

카. 아동수당법 제정

2018년 9월부터 시행되는 아동수당은 아동 양육에 따른 경제적 부담을 경감하고 건강한 성장 환경을 조정함으로써 아동의 기본적 권리와 복지를 증진함을 목적으로 제정하였다. 대상은 만0세~만5세(0~71개월) 아동 중 가구당 소득인정액이 선정기준액 이하이면, 지급금액이 대상 아동 1명당 매월 10만원 또는 일부 가구의 경우 대상 아동 1명당 5만원이 지급된다.

타. 어린이집연합회(제53조)

보육사업의 원활한 추진과 어린이집의 균형적인 발전, 어린이집 간의 정보교류 및 상호협조 증진을 위하여 어린이집 연합회를 설립할 수 있다.

ㄹ. **영유아보육법의 지향점**(성과)

'영유아보육법'이 제정·공포됨에 따라 유아보육현장에서의 성과를 정리해 보면 다음과 같다.

가. 유아교육기관의 유형과 관장 부서가 단순화되었다.

당시의 새마을 유아원이 보건복지부 산하의 어린이집으로 전환하거나, 교육부 산하의 유치원으로 전환하여 결국, 유아교육기관이 유치원과 어린이집으로 단순화되어 국가 차원에서 지도 감독이 단순화되었다.

나. 어린이집의 양적 확충을 기하여 보육 수요를 충족시켜주었다.

당시에 1990년에 1,010개, 2002년에 2만 2,147개로 증대되고 원아 수는 1990년 4만 8,000명에서 2002년에 80만 9,991명으로 증가하는 등 '영유아보육법'은 어린이집의 양적 확충과 취원 원아 수를 기하급수적으로 증가시켰다.

다. '영유아보육법'이 시행되면서 학부모들을 육아와 교육 부담으로부터 해방시켜 직업활동에 전념함으로써 가정경제활동을 도와줌에 물론 학부모들의 자아실현을 도모하는 데도 공헌하였다.

라. 보건복지부에서 어린이집 운영자에 대한 올바른 보육철학과 보육관을 정립시키기 위하여 무자격 원장 해소를 위한 단기 양성과정 설립, 보육시설 평가인증제도 기본계획 수립 등 보육시설의 질적 수준 향상에 주력하여 보육의 질을 향상하는 데 주력하였다.

마. 무상보육실현을 위한 법률적 기반이 조성되어 당시 2001년에 만 5세 기준 5만 명, 2002년에 8만 7,000명으로 전액 무상보육 수혜 유아가 대폭 증가하였다. 그 후 더욱 발전하여 2012년 누리과정 도입으로 3~5세 전 유아에 대한 무상 보육이 실현되었다.

(2) 보육관련법

보육관련법으로 '아동복지법', '국민기초생활 보장법', '한부모가정지원법', '의료급여법', '모자보건법' 등에 대하여 살펴보기로 한다.

① 아동복지법(시행 2016. 9. 23) (법률 14085호, 2016. 3. 22. 일부개정)

ㄱ. 배경

가. 1961년에 제정된 '아동복리법'을 1981년에 '아동복지법'으로 개정한 아동복지의 모법이다.

나. 1961년에 제정한 '아동복리법'은 8·15해방과 6·25전쟁 등 불안정한 사회적 상황에서 발생한 요보호상태의 아동을 보호하기 위하여 제정된 법이다. 그러나 요보호아동 위주의 치료적 대책만으로는 아동을 건전하게 육성할 수 없다는 생각에서 '아동복리법'을 개정하여 '아동복지법'을 제정하였다.

다. '아동복리법'에서는 탁아시설을 요보호아동을 위한 보호시설로 규정하고 있으나 '아동복지법'이 제정되면서 탁아시설을 아동복지시설의 하나로 규정하였다.

ㄴ. 주요 내용

가. 목적(제1조)

아동이 건강하게 출생하여 행복하고 안전하게 자랄 수 있도록 아동복지를 보장

나. 기본이념(제2조)

㉠ 아동은 어떠한 종류의 차별도 받지 않음

㉡ 안정된 가정환경에서 행복하게 자라게 함

㉢ 모든 활동에서 아동이익을 최우선 고려

㉣ 아동은 이 법에 따른 보호와 지원을 받을 권리를 가짐

다. 금지행위(제17조)

누구든지 다음 각 호의 어느 하나에 해당하는 행위를 해서는 안 된다.

㉠ 아동을 매매하는 행위

㉡ 아동에게 음란한 행위를 시키거나 이를 매개로 하는 행위 또는 아동에게 성적 수치심을 주는 성희롱 등의 성적 학대행위

㉢ 아동의 신체에 손상을 주거나 신체의 건강 및 발달을 해치는 신체적 행위

㉣ 아동의 정신건강 및 발달에 해를 끼치는 정서적 학대행위

㉤ 자신의 보호감독을 받는 아동을 유기하거나 의식주를 포함한 기본적 보호, 양육치료 및 교육을 소홀히하는 방임행위

㉥ 장애를 가진 아동을 공중에 관람시키는 행위

㉦ 아동에게 구걸을 시키거나 아동을 이용하여 구걸하는 행위

㉧ 공중의 오락 또는 흥행을 목적으로 아동의 건강 또는 안전에 해로운 곡예를 시키는 행위 또는 이를 위하여 아동을 제삼자에게 인도하는 행위

㉨ 정당한 권한을 가진 알선기관 외의 자가 아동의 양육을 알선하고 금품을 취득하거나 금품을 요구 또는 약속하는 행위

㉩ 아동을 위하여 증여 또는 급여된 금품은 그 목적 외의 용도로 사용하는 행위

라. 아동학대의 예방 및 방지의무(제22조)

국가와 지방자치단체는 아동학대 예방과 방지를 위해 다음 조치를 취하여야 한다.

㉠ 아동학대의 예방과 방지를 위한 각종 정책의 수립 및 시행

㉡ 아동학대의 예방과 방지를 위한 연구·교육, 홍보 및 아동학대 실태 조사

㉢ 아동학대에 관한 신고체제 구축 운영

㉣ 피해아동의 보호와 치료 및 피해아동의 가정에 대한 지원

㉤ 그 밖에 대통령령으로 정하는 아동학대의 예방과 방지를 위한 사항

마. 아동학대 예방의 날(제23조)

매년 11월 19일을 아동학대 예방의 날로 지정하고 1주일을 아동학대예방 주간으

로 정하여 행사 및 홍보 시행

② 국민기초생활 보장법(시행2016. 8. 4) (법률 제13987호, 2016. 2. 3 일부개정)

ㄱ. **배경**

가. '국민기초생활 보장법'은 1961년에 헌법 제5항, 즉 '생활능력이 없는 국민은 법률이 정하는 바에 의하여 국가의 보호를 받는다.'라는 규정에 의하여 제정된 생활보호법의 성격을 계승하여 1999년 새롭게 제정된 법이다.

나. '국민기초생활 보장법'은 모든 저소득층에 대한 기초생활보장으로 사회안전망의 사각지대를 해소하고 수급권자의 권리성을 부각하고 빈곤에 대한 사회적 책임을 강조하며, 자립, 자활을 촉진하는 종합적 빈곤에 대한 대책으로 전환함에 그 제정 의의가 있다(이소희, 2005).

다. 본법과 '영유아보육법'과의 관계는 '영유아보육법' 제28조에 규정된 수급자가 국민기초생활 수급자와 같기 때문이다.

ㄴ. **주요 내용**

가. 목적(제1조)

생활이 어려운 사람에게 필요한 급여를 시행하여 이들의 최저생활을 보장하고 자활을 도움

나. 급여의 기본원칙(제3조)

급여는 수급자가 자신의 생활의 유지 향상을 위하여 그의 소득, 재산, 근로능력 등을 활용하여 최대한 노력하는 것을 전제로 이를 보충·발전시킨다.

다. 급여의 종류(제7조)

㉠ 생계급여

㉡ 주거급여

㉢ 의료급여

㉣ 교육급여

㉤ 장제급여

㉥ 자활급여

수급자의 필요에 따라 제 급여의 일부 또는 전부를 실시한다.

㉠ 생계급여 : 수급자에게 의복, 음식물, 연료 그 밖에 일상생활에 필요한 물품

㉡ 주거급여 : 수급자에게 주거 안정에 필요한 임차료, 수선유지비, 그 밖의 수급품

㉢ 교육급여 : 수급자에게 입학금, 수업료, 학용품비 그 밖의 수급품

㉣ 의료급여 : 각종 검사 및 치료

㉤ 해산급여 : 조산, 분만 전과 분만 후에 필요한 조치와 보호

㉥ 장제급여 : 수급자가 사망한 경우, 사체의 검안, 운반, 화장 또는 매장, 그 밖의 장제조치

㉦ 자활급여

㉮ 자활에 필요한 금품의 지급 또는 대여

㉯ 자활에 필요한 근로능력의 향상 및 기능 습득의 지원

㉰ 취업알선 등 정보 제공

㉱ 자활을 위한 근로기회의 제공

㉲ 창업교육, 기능훈련 및 기술경영지도 등 창업지원

㉳ 자활에 필요한 자산형성지원

㉴ 그 밖에 대통령령으로 정하는 자활을 위한 각종 자원

③ 한부모가족지원법(시행 2016. 12. 20) (법률 14448호, 2016. 12. 20 일부개정)

ㄱ. 배경

가. '한부모가족지원법'은 1989년에 제정된 '모자복지법'을 2002년 12월 12일에 '한부모가족지원법'(모부자복지법)으로 개정되었다.

나. 근대 사회의 급격한 변화는 전통적인 가족형태가 파괴되고 다양화되면서 사별·이혼·유기·별거 등의 사유로 배우자가 없거나 배우자가 정상적인 역할을 수행하지 못하므로 사회 불우소외 계층으로 전락하면서 '모자복지법'이 제정되었으니 '모자복지법'이 '한부모가족지원법'으로 개정되었다.

다. 본법이 2016년 12월 20일에 일부개정되었는데, 그 이유는 한부모가족에 대한 사회적 편견과 차별을 예방하기 위하여 교육부장관은 각급학교에서 한부모가족 관련 교육을 시행하도록 하고 국가와 지방자치단체는 한부모가족지원 관련업무에 종사하는 공무원에게 한부모가정에 대한 이해교육 그리고 한부모가족구성원인 아동, 청소년을 차별해서는 안 된다는 원칙을 명시하기 위함이다.

ㄴ. 주요 내용

가. 목적(제1조)

한부모가족의 생활안정과 복지증진에 이바지한다.

나. 국가의 책임(제2조)

교육부장관과 특별시, 광역자치 시·도, 특별자치도의 교육감은 '유아교육법' 제2조 제2호의 유치원, '초·중등교육법' 제2조 및 '고등교육법' 제2조의 학교에서 한부모가족에 대한 이해를 돕는 교육을 시행하기 위한 시책을 수립 시행하여야 한다.

다. 복지 급여의 내용(제12조)

㉠ 생계비

㉡ 아동교육지원비

㉢ 아동양육비

㉣ 그 밖에 대통령령으로 정하는 비용

그러나 지원대상자가 다른 법령에 의해 지원받는 경우에는 제외한다.

라. 복지자금의 대여

국가나 지방자치단체는 한부모가족의 생활안정과 자립을 위하여 다음의 자금 하나를 지원할 수 있다.

㉠ 사업에 필요한 자금

㉡ 아동교육비

㉢ 의료비

㉣ 주택자금

그 밖에 대통령령으로 정하는 한부모가족의 복지를 위하여 필요한 자금

④ 의료급여법(시행 2016. 8. 4) (법률 제14003호, 1977. 12. 31 제정)

ㄱ. 배경

가. '의료급여법'은 '의료보호법'(시행 1977. 12. 31) (법률 제3076호, 1977. 12. 31 제정)으로 시작하여 2001. 5. 24 법률 제6474호로 '의료급여법'으로 전문개정 2001년 10월 1일부터 시행하게 되었다.

나. '의료급여법'은 생활 유지능력이 없는 자에게 의료보호를 시행함으로써 국민보건의 향상과 사회복지 진흥에 기여함을 목적으로 제정되었다.

다. 우리나라 공공부조제도의 근간은 '국민기초생활 보장법'에 의한 생계보호와 '의료급여법'에 의한 의료보호로서 저소득층의 사회복지증진에 공헌하고 있다.

라. 이 법의 '영유아보육법'과의 관련은 '영유아보육법'에 의해 보육서비스를 무료로 받을 수 있는 자는 동시에 '의료급여법'에 의해 무료로 의료보호도 받을 수 있다.

ㄴ. 주요 내용

가. 수급권자(제3조)

의료급여의 수급권자로 규정하거나 명시된 관련 법률은 다음과 같다.

㉠ 국민기초생활 보장법

㉡ 재해구조법

㉢ 의사상자 등 예우 및 지원에 관한 법률

㉣ 입양 특례법

㉤ 독립유공자 예우에 관한 법률, 국가유공자 등 예우 및 지원에 관한 법률 및 보훈 대상자에 관한 법률

㉥ 무형문화재 보전 및 진흥에 관한 법률

㉦ 북한 탈주민의 보호 및 정착지원에 관한 법률

㉧ 5·18 민주화 운동 관련자 보상 등에 관한 법률

㉨ 노숙인 등의 복지 및 자립지원에 관한 법률

㉩ 그 밖에 생활 유지능력이 없거나 생활이 어려운 사람으로서 대통령령으로 정하는 사람

나. 의료급여의 내용 등(제7조)

의료급여의 내용은 다음과 같다.

㉠ 진찰검사

㉡ 약재 치료 재료의 지급

㉢ 처치·수술과 그 밖의 치료

㉣ 예방·재활

㉤ 입원

㉥ 간호

㉦ 이송과 그 밖의 의료 목적 달성을 위한 조치

⑤ **모자보건법(시행 2017. 6. 3) (법률 제14323호, 2016. 12. 2 일부개정)**

ㄱ. **배경**

가. 어머니의 생명과 건강을 보호하고, 건전한 자녀의 출산과 양육을 도모함으로써 모자보건을 통한 국민보건 향상에 이바지함을 목적으로 1973년 12월 8일에 법률 제2514호(시행 1973. 5. 10)로 개정되어 15회에 걸쳐 개정되었다.

나. '모자보건법'의 '영유아보육법'과의 관련성은 적용대상자로서 포함된다.

ㄴ. **주요 내용**

가. 목적(제1조)

모성 및 영유아의 생명과 건강을 보호하고 건전한 자녀의 출산과 양육을 도모하여 국민보건 향상에 도모

나. 정의(제2조)

㉠ 임산부 : 임신 중이거나 분만 후 6개월 미만의 여성

㉡ 모성 : 임산부와 가임기여성

㉢ 영유아 : 생후 6개월 미만인 사람

㉣ 신생아 : 출생 후 28일 이내의 영유아

다. 모자보건기구의 설치(제7조)

국가와 지방자치단체는 모자 보건사업과 가족계획사업에 관한 사항을 관장하기 위해 모자보건기구를 당해 구역 보건소에 설치·운영한다.

㉠ 임산부의 산전·산후관리 및 분만관리와 응급처치에 관한 사항

㉡ 영유아의 건강관리와 예방접종 등에 관한 사항

㉢ 모성의 생식건강관리와 건강증진 프로그램 개방 등에 관한 사항

㉣ 부인과 질병 및 그에 관련되는 질병의 예방에 관한 사항

㉤ 심신장애아의 발생예방 건강관리에 관한 사항

㉥ 성교육·성상담 및 보건에 관한 지도·교육·연구·홍보 및 통계관리에 관한 사항

라. 영유아 건강관리(제10조)

다음과 같이 보건관리에 대한 조치를 한다.

㉠ 진찰

㉡ 약제나 치료재료의 지급

㉢ 처치 · 수술 · 그 밖의 치료

㉣ 의료시설에의 수용

㉤ 간호

㉥ 이송

2. 보육정책

한 국가의 보육이 활성화되기 위해서는 보육정책이 합리적으로 수립되어야 한다.

또한 한 국가의 보육정책은 법률적 지지와 지원이 뒷받침되어야 활성화된다. 다시 말하면, 훌륭한 보육정책을 구축하기 위해서는 이에 필요한 관계 법률의 제정이나 개정을 전개로 한다.

우리나라의 보육정책은 상위법으로 '헌법'이며 현실적으로 근간이 되는 기본법은 '영유아보육법' 제4조에서 모든 국민은 영유아를 건전하게 보육할 책임을 지며 국가와 지방자치단체는 보호자와 더불어 영유아를 보육할 책임을 지고 필요한 재원을 안정적으로 확보하도록 하고 있어 이 '영유아보육법'에는 보육정책 수립에 근거가 되는 다양한 법조항들이 포함되어 있다. 다시 말하면, 한 나라의 보육을 합리적으로 운영하기 위해서는 합리적인 보육정책이 수립되어야 하고 또한 합리적인 보육정책을 수립하기 위해서는 이를 지지해 주는 관계 법령이 제정 또는 개정되는 등 법률적 지원을 받아야 한다.

1) 보육정책에 대한 이해

(1) 개념

이상에서 밝힌 일련의 과정을 종합할 때 보육정책이란, '정부가 보육욕구를 지닌 아동과 그 가족의 복지를 위해 설정한 방침'이라고 볼 수 있다. 즉, '한 나라의 보육에 관한 국가의 방침'이다.

(2) 복지이념과 보육정책

복지이념은 복지정책에서 기본이 되는, 곧 복지국가를 보는 시각이다.

즉, 한 국가의 복지이념을 어디에 두느냐에 따라 한 국가의 복지정책이 결정되기 마련이다. 따라서 복지 이념에 따라 정책적으로 복지를 실현하고자 하는 기본원리가 결정되고 이 기본원리에 의해 보육정책이 수립되며 이를 지지하고 지원해 주기 위한 관계 법률이 재정 혹은 개정되기 마련이다. 우리나라는 헌법 전문에 자유민주주의 이념을 지향하고 있다. 자유민주주의 이념을 지향하는 나라에서의 복지정책은 제반 보육사업에서 수익자 부담원칙을 지향하고 있기 때문에 소득재원이 있는 일반 소득계층은 수익자 부담의 유료서비스를 받음에 반하여 보육능력이 없는 빈곤계층과 같은 사회적 취약계층이나 저소득계층에 대해서는 국가나 지방자치단체가 무료로 제공하는 보육서비스를 받음으로써 결과적으로는 계층과 관계없이 모든 국민이 똑같은 복지 혜택을 받는 보육정책이 이루어지고 있다.

(3) 보육정책 결정

보육정책의 결정은 흔히 직접적으로는 보육행정을 담당하는 행정부서의 공무원들에 의해 만들어지고 입법부에서 결의의 과정을 밟는 것으로 인식되어 일반 국민은 보육정책 결정에 참여하지 못하고 결과적으로 호악 간에 보육정책을 받아들이는 것으로만 알고 있다.

그러나 최근에는 보육정책 결정에 모든 국민의 요구가 분출되고 이러한 요구를 관철하려는 세력들 간의 갈등으로 주요 보육정책 결정과정에서 어려운 난맥상을 자아낸다. 이렇게 되는 이유는

첫째, 보육정책은 공공성과 사회성을 유지해야 하기 때문이다.

보육은 돈, 지위, 권력을 가진 일부 세력자들의 점유물이 아니고 국민 대 다수의 요구과 기대를 충족시켜 주어야 하는 공공성과 사회성을 지녀야 하기 때문에 모든 국민의 관심사로서 그들의 요구와 기대가 보육정책에 반영되기 때문이다.

둘째, 보육은 수익자 부담원칙에 의해 이루어진다.

자유민주주의 체제의 국가에서는 모든 보육의 재원이 극히 일부의 취약계층이나 빈곤 계층을 제외하고는 수익자 부담원칙으로 이루어지므로 보육수익자로서의 사회적 권리를 갖고 이를 행사하려 한다.

셋째, 보육관련단체 및 전문가들이 증가하고 있다.

보육에 관련된 단체나 전문가들이 증가하고 이들은 또한 많은 지지 세력을 규합하여 자기들의 주장과 이익 추구를 위하여 보육정책 결정에 참여한다.

넷째, 정치적 활동이 분쟁을 유도한다.

인간은 정치적 동물로서 크든 작든, 또는 직·간접적으로 정치적 활동에 참여한다. 또한, 각 정치인들은 이러한 국민의 성향을 이용하여 각 정당별로 보육정책에 대한 공약을 가지고 국민을 규합하여 세력을 만들고 자기들의 공약을 관철하려는 입법과정에서 많은 갈등이 일어난다.

2) 주요 보육정책

다음에서 현행 운영되는 주요 보육정책을 어린이집 설치, 어린이집 운영, 보육교직원의 자격, 보육교직원 관리, 보육교직원 보수교육 및 양성교육, 어린이집 평가인증, 3~5누리과정, 보육예산지원, 육아종합지원센터 등에 걸쳐 보육사업안내서를 중심으로 주요정책에 대하여 기술하기로 한다(보건복지부, 2016).

(1) 어린이집 특별활동 운영

① 정의

보육과정 외에 진행되는 활동 프로그램으로 어린이집 원장·보육교사 등 보육교직원이 아닌 외부 강사에 의해 어린이집 내·외에서 이루어지는 프로그램

② 특별활동 운영규정(영유아보육법 제29조 및 시행규칙 제30조의2)

ㄱ. 운영계획 : 어린이집은 매년 초 특별활동 과목, 비용, 횟수, 시간 등을 포함한 특별활동계획을 마련하여 공개하고 어린이집운영위원회 심의 또는 보호자와의 협의를 거쳐 시행

ㄴ. 정보공개 : 어린이집은 특별활동 과목, 대상연령, 비용, 시간, 업체 등을 보육통합 정보시스템에 공개하여야 함(월 1회)

ㄷ. 보호자 동의 : 특별활동 시행을 위해서는 사전에 부모로부터 동의(요청)서를 받아야 함(영유아보육법 시행규칙 별지 제17호의3 서식)

ㄹ. 대상연령 : 24개월 이상 영유아

ㅁ. 운영시간 : 낮 12시부터 오후 6시까지

ㅂ. 대체 프로그램 운영 : 특별활동에 참여하지 않는 영유아를 위하여 특별활동을 대체할 수 있는 프로그램을 함께 마련하여야 함

ㅅ. 시설의 관리 강화 : 보육교사는 특별활동과정에 대해 모니터링 시행

※ 다만, 특별활동에 참여하지 않는 아동에 대한 보육과정 운영을 우선

ㅇ. 비용 구분 계리 : 특별활동으로 수납하는 비용은 다른 비용과 구분하여 관리하여야 함

ㅈ. 지도·감독 : 시장·군수·구청장은 어린이집의 특별활동 적정 관리방안 준수 여부에 대해 적극적인 관리·감독 시행(법 제41조)

(2) 어린이집운영위원회(법 제25조, 시행령 제21조의2, 시행규칙 제26조)

① 설치 및 운영

ㄱ. 어린이집의 장은 어린이집 운영의 자율성과 투명성을 높이고 지역사회와의 연계를 강화하여 지역실정과 특성에 맞는 보육을 시행할 수 있도록 하기 위하여 부모협동어린이집을 제외한 모든 어린이집에서는 어린이집운영위원회를 설치·운영하여야 함

ㄴ. 어린이집운영위원회는 당해 어린이집의 장, 보육교사 대표, 학부모대표 및 지역사회 인사(직장어린이집의 경우에는 당해 직장의 어린이집 업무담당자)를 포함한 5인 이상 10인 이내로 구성하되, 학부모 대표가 2분의 1 이상이 되어야 함

ㄷ. 운영위원회의 위원장은 보육교직원이 아닌 위원 중에서 호선

ㄹ. 운영위원회의 회의는 분기별 1회 이상 개최하고 전체 학부모를 대상으로 공개를 원칙으로 하며, 회의록을 작성·보관

② 기능

어린이집운영위원회는 다음 각 호의 사항을 심의한다.

ㄱ. 어린이집 운영규정 제·개정에 관한 사항

ㄴ. 어린이집의 예산 및 결산의 보고에 관한 사항

ㄷ. 영유아의 건강·영양, 안전 및 학대예방에 관한 사항

ㄹ. 보육시간, 보육과정의 운영방법 등 어린이집의 운영에 관한 사항

ㅁ. 보육교직원의 근무환경 개선에 관한 사항

ㅂ. 영유아의 보육환경 개선에 관한 사항

ㅅ. 어린이집과 지역사회의 협력에 관한 사항

ㅇ. 보육료 외의 필요경비를 받는 경우, '영유아보육법' 제38조에 따른 범위에서 그 수납액 결정에 관한 사항

ㅈ. 그 밖에 부모 모니터링단의 모니터링 결과 등 어린이집 운영에 대한 제안 및 건의사항

(3) 부모 모니터링단 운영

① 운영목적 및 기능

부모와 보육·보건 전문가가 직접 어린이집의 급식, 위생, 건강 및 안전관리 등 운영상황을 모니터링하여 수요자인 부모의 어린이집 운영 참여를 도모하고, 어린이집에 대해서는 컨설팅을 제공하여 보육서비스의 질을 향상시킴으로써 부모가 믿고 맡길 수 있는 보육 환경을 조성

② 구성 및 운영

ㄱ. 운영 주체 : 시·도지사 또는 시장·군수·구청장(전국 230개 시·군·구)

가. 육아종합지원센터 등에 교육 및 운영 위탁 가능

ㄴ. 구성 : 시·군·구별 10명(부모 및 보육·보건전문가 1 : 1로 구성) 이내로 하되, 어린이집 수 등 지역실정에 따라 조정 가능하며 선정기준은 〈표 I-6〉과 같다.

〈표 I-6〉 모니터링단 선정기준

사업구분	선정요건
보육전문가	• 보육교사 1급 자격 소지자로서 보육현장 근무경력 3년 이상인 자 • 전직 육아종합지원센터 전문요원 또는 컨설턴트로서 경력 1년 이상인 자 ※ 현직 어린이집 및 육아종합지원센터 근무자 제외 • 영유아보육 관련학과 대학(교) 전임강사 이상 등
보건전문가	• 근무경력 3년 이상인 영양사(임상영양사 포함), 간호사, 의사(한의사, 치과의사 포함) • 보건 관련학과 대학(교) 전임강사 이상 등
부모	• 다음 요건 중 한 가지 이상을 충족하고 있는 자 – 현재 어린이집을 이용하는 영유아를 둔 부모 – 어린이집운영위원회에 참여하고 있는 부모
컨설턴트	• 선·현직 육아종합지원센터장 및 평가인증 담당 보육전문요원 • 전직 육아종합지원센터 영양사, 컨설턴트 • 전직 보육교사·원장으로 평가인증 1회 이상 수행자로 인증점수 90점 이상인 자 (보육교사 1급, 보육업무경력 5년 이상인 자)

ㄷ. 모니터링 대상 : 관할 지역 내 모든 어린이집

가. 지역 내 어린이집 중 모니터링을 신청한 어린이집에 대해 우선 시행

ㄹ. 모니터링단 활동 기간 : 3~12월(10개월간)

ㅁ. 모니터링단 교육 : 시·도지사는 관할 시·군·구 모니터링단을 대상으로 모니터링 및 컨설팅에 필요한 현장 및 이론교육을 반드시 1회 이상 시행 후 사업시행하고, 하반기에 1회 이상 보수교육 시행(연 2회 이상 교육)

ㅂ. 모니터링 방법 : 모니터링단은 대상 어린이집 원장과 방문 일정을 사전 협의하고, 방문 시 모니터링 승인서와 신분증을 어린이집 원장에게 제시

가. 급·간식, 위생·안전 및 건강관리 등 어린이집 운영 및 사후관리 적정 여부 모리터링

나. 모니터링 결과 현장에서 컨설팅이 가능한 경우에는 보육·보건전문가가 바로 컨설팅 시행 및 어린이집의 요청이 있거나 심도 있는 컨설팅이 필요한 경우 컨설턴트에 의한 컨설팅 시행

ㅅ. 모닝터링 결과 활용 : 모니터링 결과를 해당 어린이집 운영위원회 심의사항에 포함, 아동학대 등 법위반 행위가 의심될 경우, 즉시 지방자치단체 및 경찰에 통보, 그 외의 경우, 컨설팅을 위한 기초자료로 활용

ㅇ. 모니터링단 평가 : 시·도지사 또는 시·군·구청장은 모니터링 사업 완료 후 모니터링단 대상으로 평가 시행, 다음 연도 모니터링단 선정에 반영

(4) 보육사업 홍보 및 지방보육정책위원회의 운영

① 보육사업 홍보

시·도지사 및 시장·군수·구청장은 방송, 신문, 반상회 등을 통하여 보육사업의 내용 및 정부지원의 내용을 적극 홍보함으로써 주민의 보육시설 이용제고와 보육사업의 효율적인 추진을 도모함

② 지방보육정책위원회의 운영

지방보육정책위원회의 위원은 다음의 사람 중에서 시·도지사 및 시장·군수·구청장이 위촉·임명하되, 각 항의 사람이 1인 이상 포함되어야 하며, 위원의 구성 비율은 다음과 같음

ㄱ. 보호자 대표 및 공인을 대표하는 자 : 전체위원의 100분의 45 이상

ㄴ. 보육전문가 : 전체 위원의 100분의 20 이하

ㄷ. 관계공무원 : 전체 위원의 100분의 15 이하

ㄹ. 어린이집 원장 : 전체 위원의 100분의 10 이하

ㅁ. 보육교사 대표 : 전체 위원의 100분의 10 이하

ㅂ. 시·도지사, 시장·군수·구청장은 동 위원회를 수시로 개최하여 영유아보육에 관한 각계각층의 의견을 폭넓게 수렴하여 보육정책 수행에 반영하는 등 지방보육정책위원회를 실질적이고 효율적으로 운영

(5) 교재·교구비 지원

① 대상시설

ㄱ. 2015년 12월 말 현재 설치·운영 중인 어린이집 중 평가인증을 유지하고 있는 어린이집

가. 직장어린이집 중에서 공공기관 및 고용보험기금에서 운영비를 지원받는 어린이집은 제외

② 지원기준

ㄱ. 개소당 평균 100만 원/연

가. 지방자치단체는 예산범위, 지원시점의 어린이집 현원 및 평가인증 시기 등을 감안하여 지원기준을 조정하여 지원 가능

③ 구입대상 품목

영유아보육(쌓기놀이활동, 소꿉놀이활동, 미술활동, 언어활동, 수·과학활동, 음률활동 등)에 필요한 교재·교구를 구입

④ 지원절차

ㄱ. 각 시설에서는 보육통합정보시스템을 통하여 시장·군수·구청장에게 교재 교구비 지원을 신청하여야 하며, 교재·교구 구입영수증 등 교재·교구 구입을 증빙할 수 있는 서류를 별도 보관하여 시장·군수·구청장의 제출 요구 시 제출하여야 함

가. 시장·군수·구청장은 지도점검 시 교재·교구비 지원이 적정하게 집행되었는지를 확인하고 지원기준을 위반하였거나 허위로 보조금을 신청한 경우에는 교재·교구비 지원액을 전액 환수

ㄴ. 시·군·구에서는 어린이집으로부터 교재·교구비 연중 지원 신청을 받아 지원할 수 있음(12월에 일괄 신청 및 일괄지원지양)

(6) 농촌 보육교사 특별근무수당 지원

① 목적

농촌지역 어린이집 보육교사 처우 개선으로 보육서비스의 질 제고

② 지원내용

농촌 등에 소재하는 어린이집의 보육교사에게 개인별 월 11만 원의 특별근무수당 지원

③ 지원대상

ㄱ. 농촌 지역에 소재하는 어린이집에 근무하는 것으로 임면 보고된 보육교사(특수교사, 치료사 포함)

가. 어린이집에서 반을 맡고 있는 담임교사로 월 15일(실 근무일수) 이상 근무한 자에게 지급(주당 근로시간 30시간 이상)

나. 원장이 매일 보건복지부 보육통합정보시스템(CIS)을 통하여 신청한 보육교사

ㄴ. 육아보육지원센터에 채용된 대체교사는 농촌지역 어린이집에서 월 15일 이상 실 근무한 경우 지원 가능

ㄷ. 지원 제외 : 보육교사를 겸직하고 있는 원장 및 대표자, 보육교사 보조

④ 지급방식

ㄱ. 원장이 매일 보육통합정보시스템으로 신청하면 시·군·구에서 매월 7일까지 보육교사 개인별 통장으로 직접 지급

가. 원장은 보육교사가 15일 이상 근무한 것을 확인한 후 신청

나. 시·군·구에서는 익월 7일까지 집행하되, 12월분은 23일까지 신청하고 12월 말까지 집행

다. 해당 월에 신청하지 못한 자에 대해서는 2개월 이내 소급 신청(신청월 포함 3개월)

라. 보조금을 부당하게 수령(집행)한 경우에는 보조금 회수 및 지원 대상에서 제외

⑤ 지원 형태

ㄱ. 지원기준 : 지방재정 자립도에 따라 차등지원

가. 국고 40~60%, 지방비 40~60%

(7) 육아종합지원센터 설치 운영

① 정의

보육 및 양육에 관한 정보의 수집·제공 및 보육교직원·부모상담 등을 제공하기 위하여 보건복지부장관과 지방자치단체의 장이 설치·운영하는 육아지원 기관(법 제7조)

② 사업목적

ㄱ. 지역사회 내 육아지원을 위한 거점기관으로서 어린이집 지원·관리 및 가정양육 보호자에 대한 맞춤형 지원

가. 보육컨설팅, 교직원 상담 및 교육 등 어린이집 지원 기능과 부모에 대한 상담 및 교육 일시, 보육서비스 제공 등 가정양육 지원 기능의 지역 내 One-stop 육아지원서비스 제공

〈표 I-7〉 육아종합지원센터 기능

구분	종전	영유아보육법 개정(2013. 12. 5~)
명칭	보육정보센터	육아종합지원센터
기능	(어린이집 지원) • 보육 관련 정보수집·제공, 교재·교구 대여, 보육교직원 상담 등	(어린이집 지원) 종전과 같음 • 보육컨설팅, 보육 관련 정보수집·제공, 교재·교구 대여, 보육교직원 상담 등 (가정양육 지원) • 부모교육·상담, 영유아의 체험·놀이공간 제공, 일시보육서비스 등

③ 명칭

ㄱ. (국문) 중앙육아종합지원센터
중앙육아종합지원센터장
(영문) Central Support Center for Childcare

ㄴ. (국문) 시·도명 시·군·구명 육아종합지원센터
시·도명 시·군·구명 육아종합지원센터장
(영문) 시·도명 시·군·구명 Support Center for Childcare

④ 설치근거

ㄱ. 영유아보육법 제7조 및 시행령 제12조

ㄴ. 지방자치단체 조례

⑤ 설치자

ㄱ. 중앙육아종합지원센터는 보건복지부장관이 설치·운영(법 제7조)

ㄴ. 지방육아종합지원센터는 특별시장·광역시장·특별자치시장·도지사·특별자치도지사(이하 "시·도지사"라 한다) 및 시장·군수·구청장 설치·운영

가. 보건복지부장관 및 시·도지사와 시장·군수·구청장은 필요한 경우, 영아·장애아보육 등에 관한 육아종합지원센터를 별도로 설치·운영할 수 있음

나. 시·도지사와 시장·군수·구청장은 시·도 육아종합지원센터와 시·군·구 육아종합지원센터를 통합하여 설치·운영할 수 있으며, 비용은 상호합의에 따라 정함

ㄷ. 시·도지사는 관할 시장·군수·구청장이 육아종합지원센터를 활성화할 수 있도록 필요한 조치를 마련하여야 함

가. 재정 여건 등으로 자체 육아종합지원센터 설치가 어려운 시·군·구의 경우 인근 5개 이내 시·군·구가 공동으로 이용할 수 있는 거점형 육아종합지원센터를 설치·운영할 수 있음

나. 이 경우 센터의 위치, 운영비용 부담비율 및 기타 운영세부기준 등은 시·군·구 간의 합의에 따라 정하되, 합의가 어려울 경우 시·도지사가 교통여건 등 접근성, 보육수요자 수 등을 감안하여 조정에 의해 결정

⑥ 시설 설치기준

ㄱ. 입지조건

가. 이용수요·보건·위생·급수·안전 등을 충분히 고려하고, 대중교통수단으로 접근이 용이한 부지에 설치하여야 함

나. 영유아의 신체적·사회적 안전에 위험하다고 판단되는 시설(폐기물처리 시설, 유흥업소, 전염병원 등) 인근에 입지하지 않도록 하여야 함

다. 어린이집, 사회복지시설, 공공시설과 복합하여 설치할 수 있으며 별도의 사무실을 확보하여야 함. 단, 설치비 국고보조 선정 육아종합지원센터는 타 목적으로 운영 중인 시설 등과 별도로 설치함

ㄴ. 구조 및 설비기준

육아종합지원센터의 기능을 효율적으로 수행할 수 있도록 자료실, 상담실 및 교육실 등 필요한 시설을 설치(시행령 제12조)

〈표 I-8〉 육아종합지원센터 공간 및 시설 '예시'

<table>
<tr><th>유형
내용</th><th>가정양육지원</th><th>어린이집지원</th><th>기관운영지원</th></tr>
<tr><td rowspan="2">실내</td><td>수유실, 육아정보 나눔터, 실내 놀이터, 일시보육실, 장난감 대여실 등</td><td>어린이집 교구·교재 대여실, 보육교직원 상담실 등</td><td rowspan="2">사무실, 자료실(비품보관실), 양호실, 창고, 업무공간, 기계실, 보일러실, 전기실 등</td></tr>
<tr><td colspan="2">안내데스크, 프로그램 놀이실, 다목적용 강당, 교육실, 도서관, 상담실, 치료실, 휴식공간, 세면실, 화장실 등</td></tr>
<tr><td>실외</td><td colspan="3">주차장, 놀이터, 다용도 체험놀이터, 옥상 등</td></tr>
</table>

건물구조, 임시보육실, 화장실, 놀이기구, 비상재해대비시설 등은 영유아의 안전과 이용에 편리하게 설계·시공되어야 함

⑦ 직원 기준

ㄱ. 육아종합지원센터장은 상근이 원칙(시행령 제14조)

가. 비상근(겸직)인 시·군·구 육아종합지원센터장의 근무경력은 근무기간의 5할만 인정

ㄴ. 육아종합지원센터 직원은 상근을 원칙으로 하고, 최소 상근 직원 수를 준수하여야 함

가. 중앙육아종합지원센터는 상근 직원 최소 10인 이상

나. 시·도 육아종합지원센터는 상근 직원 최소 5인 이상

다. 시·군·구 육아종합지원센터는 상근 직원 최소 4인 이상

라. 육아종합지원센터장 및 직원의 센터근무경력 및 호봉산정의 인정범위는 「2016년도 어린이집 보육교직원 근무경력」 기준 및 관련 업무 경력에 따름

㉠ 육아종합지원센터의 장은 국고보조어린이집 원장에, 보육전문요원은 국고보조어린이집의 보육교사에 준하여 호봉 산정 기준을 적용하여 근무경력 인정

㉡ 육아종합지원센터 전산원, 행정원 등의 관련업무경력은 공무원 8급 호봉산정 기준을 준용함

제 3 장 어린이집 보육행정

한 국가의 유지 발전을 위해서는 훌륭한 정책과 시책을 수립하는 일과 기수립된 훌륭한 정책과 시책을 합리적이며 효율적으로 시행하는 일이 중요하다. 또한 이들은 행정과정을 통하여 이루어진다. 행정에 있어서 가장 기본적인 개념의 하나가 조직이다. 조직이란 간단히 말해서 합의된 목적 수행을 촉진하기 위하여 인원을 적절히 배분하는 일로서 국가의 보육정책이나 시책 또한 유아교육기관의 대상 유아나 부모들에게 공급되기까지는 많은 행정조직을 거치게 된다.

1. 보육행정체계

우리나라의 보육행정체계는 다른 부서, 즉 교육, 건설, 산업, 고용노동, 여성가족, 교통, 해양 수산 등의 부서들의 행정체계와 다를 바 없다.

즉, 중앙행정조직과 지방행정조직, 기초단체행정조직을 거쳐 대상유아나 부모에게 전달되는데, 이들 행정체계가 민주적이고 효율적으로 운영되어야 국가의 보육정책이나 시책이 대상유아나 부모에게 바르고, 신속하고, 편리하게, 전달되는 것이다. 이상에서 설명한 행정체계를 그림으로 제시하면 [그림 Ⅰ-1]과 같다.

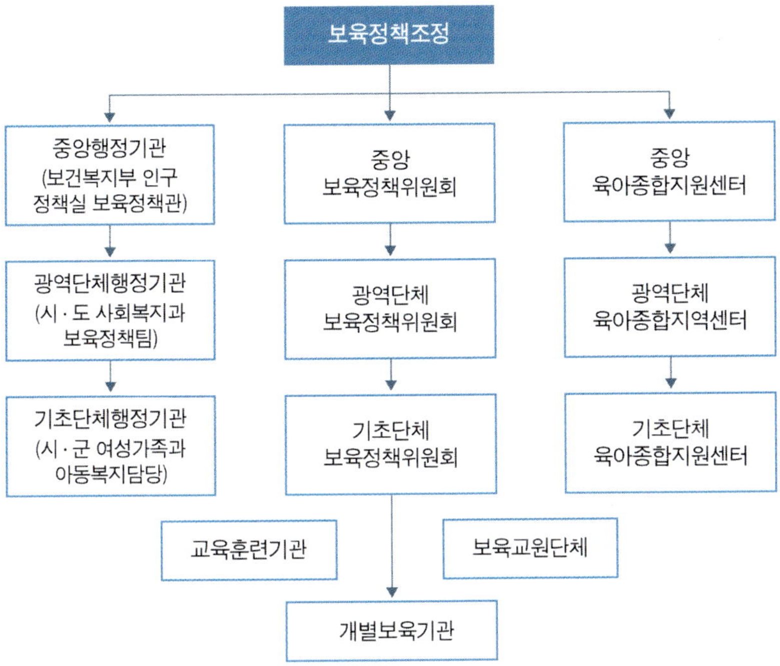

〈그림 Ⅰ-1〉 보육행정체계

2. 보육행정기구 및 단체

1) 중앙·광역단체, 기초단체 행정기관

[그림 Ⅰ-1] 보육행정체계에서 보는 바와 같이 보육행정기관의 중앙에는 보건복지부 인구정책실 내에 보육정책관이 있고 시·도에는 사회복지과 내에 보육정책 팀이 있으며 시·군에서는 여성가족과 내에 아동복지담당으로 이어지는 계선 조직에 의하여 국가의 보육정책이나 시책이 현장 유아교육기관이나 대상 유아, 학부모에게 전달되고 또한 일선 유아교육기관이나 유아, 학부모들의 건의사항도 이런 조직을 통하여 중앙부서에 전달된다.

중앙행정기관과 광역단체 행정기관 보육담당 부서의 명칭은 동일하나 기초단체의 보육담당 부서는 시·군 기구조직에 따라 보육담당부서의 명칭이 다를 수도 있다.

각 기관별 주요업무를 표화하면 〈표 Ⅰ-9〉와 같다.

〈표 I-9〉 행정기관별 담당 주요 업무

행정기관별	담당주요업무
보건복지부 인구정책실 보육정책관	• 보육사업의 장기적 발전계획 • 보육시설 설치인가 · 신고 · 운영에 관한 규정 • 하급기관 지도 감독 • 보육비용의 산정 • 보육시설 종사자 훈련 • 교육 · 장학지도 • 보육 프로그램 개발 • 교재 · 교구
시 · 도 사회복지과 보육정책팀, 시 · 도 여성가족과 아동복지 담당	• 보육시설의 설치 · 휴지 · 폐지에 관한 업무 • 보육시설 지도감독 • 보육비용의 보조업무 • 보육정보센터 • 각종 통계자료 • 증빙서류발급 • 중앙부처의 위임업무

2) 보육정책조정위원회

(1) 근거

'영유아보육법' 제5조(보육정책조정위원회)에 의거 조직 · 운영

(2) 조직

① 위원장을 포함하여 12명 이내의 위원으로 조직

② 위원장 : 국무조정실장

ㄱ. 위원 : 기획재정부차관, 교육부차관, 보건복지부차관, 고용노동부차관 및 여성가족부차관

ㄴ. 보육정책조정위원회에서 추천하는 자

가. 보육계, 유아교육계, 여성계, 사회복지계, 시민단체 및 보호자를 대표하는 자 각 1명

(3) 목적

보육정책에 관한 관계 부처 간의 의견을 조정하기 위하여 국무총리 소속으로 둠

(4) 심의 · 조정내용

① 보육정책의 기본방향에 관한 사항

② 보육 관련 제도개선과 예산지원에 관한 사항

③ 보육관련 제도개선과 예산지원에 관한 사항

④ 그 밖에 위원장이 회의에 부치는 사항

3) 보육정책위원회

(1) 중앙보육정책위원회

① 근거

'영유아보육법' 제6조(보육정책위원회), '영유아보육법' 시행령 제6조, 제7조, 제8조, 제9조, 제10조의2, 제11조에 의거 설립 운영

② 조직

ㄱ. 위원장 1명, 부위원장 1명을 포함한 20명 이내의 위원으로 조직

ㄴ. 위원장 : 보건복지부 차관

ㄷ. 위원

가. 보육전문가, 어린이집의 원장 및 보육교사 대표, 보호자대표 또는 공익을 대표하는 자 중에서 보육부장관이 위촉하는 사람

나. 보건복지부에서 보육정책을 담당하는 3급 공무원 또는 고위 공무원단에 속하는 일반직 공무원

③ 심의사항

ㄱ. 법 제11조에 따른 보육계획 및 이영 제19조 제2항에 따른 연도별 시행계획의 수립에 관한 사항

ㄴ. 법 제29조에 따른 어린이집 평가인증제도에 관한 사항

ㄷ. 법 제30조에 따른 어린이집 평가인증제도에 관한 사항

ㄹ. 그 밖의 보육 관련 업무의 위탁 등 보육에 관하여 위원장이 회의에 부치는 사항

(2) 지방보육정책위원회

① 근거

'영유아보육법' 제6조(보육정책위원회), '영유아보육법' 시행령 제6조, 제7조, 제8조, 제9조, 제10조의2, 제11조에 의거 설립·운영

② 조직

ㄱ. 위원장 1명, 부위원장 1명을 포함한 15명 이내의 위원으로 조직

ㄴ. 위원장, 부위원장은 위원들 중에서 호선으로 결정

ㄷ. 위원은 보육전문가, 어린이집 원장 및 보육교사 대표, 또는 공익을 대표하는 자, 관계공무원(지방의회 의원 제외) 중에서 지방보육정책위원회가 속하는 지방자치단체의 장이 위촉하거나 임명

ㄹ. 위원의 구성 비율

가. 보호자대표 및 공익을 대표하는 자 : 전체 위원의 100분의 45 이상

나. 보육전문가 : 전체위원의 100분의 15 이하

다. 관계공무원 : 전체위원의 100분의 15 이하

라. 어린이집 원장 : 전체 위원의 100분의 10 이하

마. 보육교사대표 : 전체 위원의 100분의 10 이하

③ 심의사항

ㄱ. 법 제11조에 따른 보육계획 및 이영 제19조 제2항에 따른 연도별 시행계획 수립에 관한 사항

ㄴ. 법 제12조 및 제24조 제2항에 따른 공립어린이집의 설치 및 운영 위탁이 관한 사항, 다만 공립어린이집 운영 위탁에 관한 사항 중 보건복지부령으로 정하는 바에 따라 지방보육정책심의위원회의 심의를 생략할 수 있는 사항은 제외한다.

ㄷ. 법 제21조 제2항 제2호에 따른 교육훈련시설의 지정에 관한 사항

ㄹ. 법 제23조 제1항 및 제23조의2 제1항에 따른 보수교육의 심사 위탁에 관한 사항

ㅁ. 법 제38조 따른 어린이집 이용자가 납부할 보육료 등에 관한 사항

ㅂ. 법 제52조에 따른 도서·벽지·농어촌지역 등의 어린이집 설치기준 및 보육교직원의 배치 기준에 관한 사항

ㅅ. 그 밖에 비율에 관하여 위원장이 회의에 부치는 사항

4) 유아종합지원센터

'유아교육법' 제7조(육아종합지원센터)에 의거 영유아에게 제26조의2에 따른 일시 보육 서비스를 제공하거나 보육에 관한 정보의 수집 · 제공 및 상담을 위하여 중앙육아종합지원센터를 특별시장, 광역시장, 특별자치사장, 도지사, 특별자치도지사가 설치하고 시장 · 군수 · 구청장은 지방육아종합지원센터를 설치 · 운영한다.

(1) 조직(영유아보육법 제7조 육아종합지원센터)

① 중앙육아종합지원센터 : 보건복지부장관이 설치
② 지방육아종합지원센터 : 특별시장, 광역시장, 특별자치시장, 도지사, 특별자치도지사가 설치
③ 기초단체육아종합지원센터 : 시장 · 군수 · 구청장이 설치

(2) 기능(영유아보육법 시행령 제13조(육아종합지원센터의 기능))

다음 각 호의 기능을 수행한다.

① 일시보육 서비스의 제공 : 1의2, 보육에 관한 정보의 수집 및 제공
② 보육 프로그램 및 교재 · 교구의 제공 또는 대여
③ 보육교직원에 대한 상담 및 구인 · 구직 정보의 제공
④ 어린이집 설치 · 운영 등에 관한 상담 및 컨설팅
⑤ 장애아보육 등 취약보육에 대한 정보의 제공
⑥ 부모에 대한 상담 · 교육
⑦ 영유아 부모 및 보육교직원에 대한 영유아 학대예방교육
⑧ 그 밖에 어린이집 운영 및 가정양육지원 등에 관한 필요한 사항

(3) 위원의 자격요건(영유아보육법 시행령 제15조)

① 보육교사 1급 자격을 가진 사람
② '사회복지사업법'에 따른 사회복지사 1급 자격을 취득한 이후 보육업무에 3년 이상 종사한 경력이 있는 사람

5) 보육교원단체

보육교원단체는 한국어린이집 총연합회, 전국공공서비스 노동조합 보육분과, 유아교육위원회 등이 있다.

(1) 한국어린이집 총연합회

① 연혁

ㄱ. 1992년에 설립

ㄴ. '영유아보육법' 제53조에 의거 설립된 보건복지부 소속 법정단체

② 목적

보육사업의 원활한 추진과 보육시설의 균형적인 발전, 보육시설 간의 정보교류와 상호협조, 증진

③ 대상

어린이집 종사자(원장 및 교사)

④ 조직

16개 광역시·도 연합회와 보육시설 종류별로 분과위원회를 둠

⑤ 주요사업

ㄱ. 보육정보자료수집 및 간행물 발간

ㄴ. 대정부건의

ㄷ. 보육욕구조사

ㄹ. 보육정보센터 운영

ㅁ. 영유아권익 보호 등

(2) 전국공공서비스 노동조합 보육분과

① 연혁

ㄱ. 1986년 2월 : 지역사회 탁아소 연합회로 발족

ㄴ. 1997년 7월 : 한국보육교사회로 개칭

ㄷ. 2007년 7월 : 전국공공서비스 노동조합 보육분과로 전환

② 목표

현직 보육교사의 권익을 대변하는 유일한 단체

③ 대상 및 조직

ㄱ. 대상 : 보육교사

ㄴ. 조직 : 각 시·도별로 지부 구성

ㄷ. 회원 수 : 2,450명

④ 주요 활동

ㄱ. 아동의 인권보장 및 바람직한 보육 권리 실현을 위한 제반활동

ㄴ. 보육교사들의 사회적 지위 향상 및 권익실현을 위한 활동

ㄷ. 생활임금 쟁취

ㄹ. 보육공공성 강화

(3) 유아교육위원회

전국교직원 노동조합(전교조) 산하단체로 유치원교사의 권익보호와 각종 연수 프로그램과 정보자료 제공을 목적으로 조직·운영하고 있다(권영례 외, 2015).

제4장 어린이집보육의 발전과정

어린이집보육의 발전과정을 어린이집에 관련된 법령 공포시기와 어린이집의 명칭의 변경 그리고 관장 부처의 변경 내용에 따라 다음과 같이 5단계로 나누어 기술하기로 한다.

(1) 제1기(1921~1968년) 최초의 어린이집이 생긴 해를 기준으로 '아동복리법'이 생기기 이전, 즉 보육에 관한 정부 차원의 법률이 없이 구호, 구빈적 성격으로서의 보육이 이루어진 초창기, 즉 보육의 여명기

(2) 제2기(1961~1980년) 최초의 보육관련법으로 '아동복리법'이 제정되어 제도화의 시설로 정부의 지도·감독을 받기 시작한 시기부터 '유아교육진흥법'이 제정 공포되기 직전까지, 즉 보육의 전환기

(3) 제3기(1981~1990년) '유아교육진흥법'이 제정 공포된 후부터 '영유아보육법'이 제정되기 직전까지, 즉 보육의 진흥기

(4) 제4기(1991~2003년) '영유아보육법'이 제정·공포된 후부터 '영유아보육법'이 전면 시행되고 영유아보육업무가 보건복지부에서 여성복지부로 이전되고 '영유아보육법'이 개정되기 직전까지, 즉 보육의 정착기

(5) 제5기(2004년~현재) '영유아보육법'이 개정되어 보육의 다양화와 질적 수준 향상을 위한 국가의 공적 책임이 강화된 시기, 즉 보육의 선진화기의 순으로 기술하기로 한다.

1. 제1기(1921~1960) : 보육의 여명기

제1기(보육의 여명기)는 '아동복리법'이 생기기 전, 즉 정부 차원의 법률이 없이 극히 일부의 독지가에 의해 보육이 이루어지던 시기로서 어린이집 교육의 발전과정을 법령, 어린이집 설립, 운영방향을 중심으로 기술한다.

1) 법령

이 시기에는 보육에 관한 괄목할 만한 법령이 없다. 법령이 없다 함은 국가적인 차원에서 보육에 관한 장려나 지침이 없이 탁아소를 설립한 기관이나 민간인의 보육철학이나 자의적인 판단에 따라 어린이집, 탁아소가 운영된다는 것이다.

그러나 국가에서 제정한 법령은 없었으나 이미 설립된 탁아소를 지도·감독하기 위한 후생시설요강을 시달하였다.

2) 보육시설

(1) 우리나라 보육사업은 1921년 태화기독교사회관이 처음으로 유아를 위한 구제사업의 일환으로 보육 프로그램을 개설하였다.

(2) 1926년 부산공생탁아소 외 대구의 은총탁아소가 설립되었고 1937~1941년 사이에 인보관(서부, 용강, 성동, 영등포인보관)이 설립되었다. 또한 1936년에는 평양에 '전매국 탁아소'라는 직장탁아소가 설립되었는데, 이것이 직장탁아소의 시초이다.

(3) '후생시설요강'이 발표되면서 6·25전쟁으로 인한 전쟁고아나 미아 등 요보호아동에 대한 수용시설이 사회 탁아소(1955)가 설립되면서 1960년에 탁아소가 24개소로 확대되었다.

3) 운영방향

(1) 대부분의 보육시설이 민간이나 외국의 원조에 의해 이루어졌고 이러한 보육시설의 증대에 따른 국가 차원의 지도·감독체제만 구축되었다.

(2) 이 시기에는 유아를 위탁하고 보호하고 양육한다는 의미의 '탁아'라는 용어가 보편적으로 사용되었다.

(3) 이 시기의 보육사업은 전시·전후의 위급한 상황에서 사후처리적이고 구호적인 차원에서 아동보호사업으로 고아원과 별 차이가 없었다. 즉, 시대적 요청에 따라 임시 구호적이며, 빈곤가정의 유아에 대한 구빈적 성격이 강하였다.

(4) '후생시설운영요령'(1952. 10)이 발표되기 전까지는 보육사업은 사회사업시설로서 일본구호령에 명시되어 있고, 특히 극빈자녀를 위한 구빈적 성격이 강하였다.

2. 제2기(1961~1980) : 보육의 전환기

제2기(보육의 전환기)는 최초의 보육 관련법인 '아동복리법'이 제정 공포되면서 보육이 제도권의 사업으로 전환되고 '유아교육진흥법'이 제정되기까지로서 이 시기의 어린이집 보육의 발전과정을 법령, 어린이집 설립, 운영방향에 대하여 기술하기로 한다.

1) 법령

1950년대까지 주변유아에 대한 구호적, 구빈적 성격을 띤 보육시설은 1961년 '아동복리법'이 제정 공포되면서 보육시설이 국가의 정책 속에서 제도권 시설로 정부의 지도·감독을 받게 된다.

(1) 아동복리법(1961. 12. 30)

① 법률 제정의 시대적 상황

1960년대 국가의 경제개발정책에 따른 산업화가 취업모를 증가시켜 취업모 자녀의 보육문제가 사회적 문제로 대두됨에 따라 이에 대한 개선책이 절실하였다.

② 목적

보호자가 근로 또는 질병으로 인하여 양육하여야 할 아동을 보호할 능력이 없을 경우에 보호자의 위탁을 받아 그 아동을 입소하여 보호한다.

③ 주요 내용

이 법에 의해 구호 사업적 성격을 띠던 탁아소는 아동복리증진을 위한 법정시설로 정부의 지도·감독을 받았다. 이 법에서는 탁아시설의 설치기준, 직원배치기준, 탁아기간, 보육 내용 등을 규정하였다.

(2) 아동복리법 시행령(1968. 3. 14)

① 시행령 제2조 제9항(무인가 탁아시설 임시조치령)

민간설립의 보육시설 증설을 꾀하였으나 1977년 어린이집 수가 기하급수적으로 증가하자 1977년 2월 24일 폐기하였다. 따라서 어린이집 수의 증가가 둔화되었다.

2) 보육시설

'아동복리법'이 제정·공포되고(1961) 이에 근거하여 '아동복리법 시행령' 제2조 제9항에 근거한 '무인가 탁아시설 임시조치령'을 공포하면서 1960년대 24개에 불과했던 보육시설이 1971년에 464개소, 1976년에는 607개소로 이와 같이 어린이집 수가 급증한 것은 '아동복리법시행령'(1968. 3. 14) 제2조 제9항(무인가 탁아시설 임시조치령)의 영향으로 어린이집 수가 급증하였으나 1977년 2월 24일 시행령이 폐기됨에 따라 어린이집 신설이 둔화되기도 하였다.

이와 동시에 '탁아소'를 '어린이집'으로 고쳐 부르도록 지시(1968. 12. 5 아동 1485-30479)하였다.

어린이집이란 이름 그대로 어린이가 자기 집에서처럼 놀고, 배우고, 사랑받는 곳이며, 이러한 생활을 하는 가운데 자라고 친구를 사귀는 곳이라는 뜻이 함축되어 있다(주정일, 1981).

(1) 어린이집

'아동복리법'이 제정·공포됨으로써 어린이집의 양적 증가는 물론 관장부서인 당시 보건사회부에서 시설비 보조금, 인건비 및 운영보조금 등이 약간 보조되었다. 탁아소에서 어린이집으로 명칭의 변경은 수적 증가뿐만 아니라 탁아소와 같은 단순보호기능에서, 교육기능을 강화하는 계기가 되었다. 따라서 학부모들에게 어린이집에 대한 매력이 증가하였다. 특히, 어린이집이 유치원과 같은 기능을 수행함으로써 학부모들에게는 매력적인 유아교육기관으로 등장하게 된 것은 '한국어린이집협회'가 조직되고 보육을 위한 다양한 활동을 전개한 공과가 크다. '한국어린이집협회'는 시설 종사자들 간의 상호친목은 물론 자질향상을 꾀하는 다양한 세미나를 주관하고 '어린이집' 계간지 발간, 어린이집 운영 방향 제시에 노력한 바가 크다.

(2) 농번기 탁아소

농번기 탁아소는 4H 여성지도자나 4H 클럽 여성부원들이 농촌어린이 보육을 위하여 1960년 초반부터 자발적으로 자원 봉사자로 이 사업에 참여하였다.

또한 농촌진흥청에서도 농번기 보육사업을 생활 개선 사업의 일환으로 1963년부터 전개하였다. 이 사업이 활발하게 전개될 수 있었던 이유는 1966년 경향신문사에서 창간 20주년 기념사업으로 농촌 아기의 집(탁아소) 세우기 운동을 후원해주었기 때문이다. 본 사업에 참여한 부모는 새마을 청소년 회원(4H 여성회원)이 79%, 새마을 부녀회원이 9%이었다. 1967년에는 농번기 탁아소가 1,959개소 설립되고 농촌진흥청에서 그 해부터 탁아소에서 일하는 보모들에 대한 교육을 실시하였다.

(3) 새마을 협동 유아원

1981년 3월 새마을 협동유아원이 새마을 사업의 일환으로 도시 영세민 지역과 농어촌 부모들의 바쁜 일손을 도와주고 아동들의 안전과 보호 등 건전한 성장, 발달을 도모하기 위해 발족하였다.

보육내용은 지역의 실정에 따라 2~3세의 영아반과 4~8세의 유아반으로 구분하여 운영하며, 보육시간은 1일 4~5시간을 원칙으로 하여 계절과 지역실정에 따라 융통성 있게 운영하였다.

3) 운영방향

(1) 국가 차원의 보육관련 법령인 '아동복리법'이 최초로 제정 · 시행됨으로써 보육사업이 종전의 구빈적이며 구호적인 보육의 성격은 벗어나 아동의 복리를 증진시키고 아동의 복리를 보장하기 위한 방향으로 그 성격이 변화되는 등 국가 차원의 보육의 방향이 정립되어 보육사업이 활성화되었다.

(2) '아동복리법'이 제정 · 공포됨에 따라 보육시설의 설치기준, 직원배치기준, 보육

기간, 보육 내용이 구체적으로 제시됨으로써 보육 보편화의 기틀이 마련되었다. 또한 1968년 3월 14일 '미인가 탁아시설 임시조치 요령'을 공포하여 민간 설립의 보육시설 증설을 유도하여 보육기관과 보육대상이 기하급수적으로 증가하였다.

(3) 다양한 형태의 보육기관, 즉 어린이집, 농번기탁아소, 새마을 협동유아원 등이 출현하여 다양한 보육시설에서 유아보육이 이루어졌으며, 특히 농번기탁아소, 새마을 협동유아원을 자율적으로 조직 운영하여 도시영세민과 농어촌 부모의 바쁜 일손을 돕는 등 다양한 형태의 보육이 이루어지고 이들을 지도·감독하는 관계기관 또한 다양하였다.

(4) 경제발전정책에 따른 여성인력을 산업현장에 투입함에 따라 자녀보육이 절실하고 6·25전쟁 돌발과 부모의 보호가 미치지 못한 사회적 여건에 따라 기아, 부랑아 등의 증가는 자연적으로 미인가 탁아시설 임시조치 요령이 발표되는 등 보육시설의 양적 확대가 촉진되었다.

3. 제3기(1981~1990) : 보육의 진흥기

제3기는 '유아교육진흥법'이 제정·공포된 후부터 '영유아보육법'이 제정되기 직전까지 보육의 진흥기로서 이 시기의 법령, 어린이집 설립, 운영방향에 대하여 기술하기로 한다.

1) 법령

(1) 유아교육진흥법(1982. 12. 31 법률 제3634호)

이 시기에는 '유아교육진흥법'이 제정·공포됨으로써 유아교육의 활성화에 공헌헌다. 이 법에 의하여 유아교육기관을 유치원과 유아원으로 이원화하고 정부의 행정지원 및 재정지원을 체계화하였다.

① 제정의 배경

1980년 제5공화국이 출범하면서 복지국가 건설의 국정 이념을 수립하고 유아교육 진흥을 위한 시책 수립이 가속화된다.

1982년 1월 25일 '유아교육의 문제점과 보완 대책'에 대한 대통령의 지시에 의해 1982년 3월 26일에 관계 부처의 협의를 거쳐 '유아교육진흥종합계획(유아교육진흥통합교육)'을 확정시켰다. 이어 1982년 12월 31일에 '유아교육진흥법'이 제정·공포되어 유아교육진흥을 가속화하기 위한 법적 근거로 보육을 유아 보호와 교육을 포함하는 통합적 개념으로 확대시키는 법률적 기반을 조성하였다.

② 목적

유아에게 좋은 환경을 마련하여 심신의 충실을 기함과 아울러 무한한 잠재력을 신장하게 함으로써 장차 건강한 인격을 가진 국민으로 성장하여 개인으로서 행복을 누리고, 나아가 그들의 역량을 국가 발전에 기여하게 하기 위하여 유아교육과 보육의 진흥을 목적으로 한다.

(2) 남녀고용평등법(보건사회부, 1987. 12. 4)

1980년대 중반부터 여성인력의 산업화의 기여에 따라 유아보육이 사회적으로 이슈화되면서 보육의 문제가 국가나 사회 전체의 공동 책임으로 인식되면서 '남녀고용평등법'이 제정·공포되어 '직장 탁아제' 도입의 법적 근거가 마련되었다.

2) 보육시설

(1) 1959년 이후 보건사회부에서 관장하던 어린이집 629개소, 1963년 이후 농촌진흥청에서 설치·운영하던 농번기유아원, 농번기탁아소 382개소, 1981년 이후 내무부에서 관장해온 새마을협동 유아원 263개소, 민간 유아원 38개소 중에서 유치원으로 전환된 유아교육시설을 제외한 모든 유아교육시설을 새마을 유아원으로 명칭 변경과 함께 주무부서도 내무부로 이관되었다(유가효 외, 2000).

(2) 이 시기에 설립된 기타 유아교육기관

① 공단 근로자를 위한 탁아소

'남녀고용평등법'이 제정·공포되면서 탁아소가 개설되었는바 3개 시범 탁아소와 12개의 직장 탁아소가 설치되었다.

② 88탁아소

서울특별시가 1988년 9월 13일 영세민 밀집지역 33개소에 88탁아소 140개를 설립하여 저소득층 영세민의 생활 안정을 도모하였다.

③ 지역탁아소

민간인이 법적 근거 없이 저소득층이 기거하는 달동네에 약 200여 개소의 지역탁아소를 설치 운영하였다.

(3) 운영상황

이 시기에는 '유아교육진흥법'이 제정·공포되면서 유아교육 운영상황이 크게 변화된다. 그 내용을 정리하면 다음과 같다.

① 지금까지 다양한 형태의 유아교육기관, 즉 보건사회부에서 관장하던 어린이집, 농촌진흥청에서 설치 운영하던 농번기 탁아소, 내무부에서 관장하던 새마을 협동 유아원, 민간인이 운영하던 민간 유치원 등 모든 유아교육기관이 새마을 유아원으로 명칭 변경과 함께 내무부가 주무부서가 되어 관장한다.

② 지금까지 보건사회부, 농촌진흥청, 내무부 등 다양하게 분리되어 관장하던 지도 자체가 내무부가 주무부서가 되어 새마을 유아원의 지도체제가 내용별로 분산하여 관장하게 된다. 즉, 시설확충과 운영관리는 내무부에서, 교사양성, 장학자료, 교재·교구 개발은 교육부에서, 아동급식 및 보건위생은 보건복지부에서 관장하는 등 새마을 유아원의 지도체제가 분산되었다. 그러나 이러한 지도체제는 오래 가지 않았다.

③ '유아교육진흥법'은 새마을 유아원에서 종일반을 운영할 수 있는 기틀을 마련해 주어 맞벌이 부부나 취업여성에 대한 배려가 되기는 하였으나 종일반의 운영시간이 짧으며 맞벌이 부부나 취업여성의 근로시간과 맞물려 실효를 거두지 못한다. 또한 '유아교육진흥법'이 제정·공포되어 취원 유아가 급증하면서 유아교육의 보편화를 위한 기틀이 형성된다. 이로 인하여 5세 취원율이 1980년에 7.5%에서 1986년에 57%의 획기적인 양적 증가를 가져 왔다.

④ '유아교육진흥법'이 제정·공포되면서 종전의 탁아 중심의 보육에서 보호와 교육을 포함하는 통합적 개념으로 확대하는 계기가 마련되었다. 이로 인하여 새마을 유아원에 대한 내무부, 교육부, 보건복지부의 분담 지도체제가 이루어지고 새마

을 유아원이 당초 설립 취지에 벗어나 반일제 운영, 유치원식 운영을 가속화시키어 맞벌이 부부, 취업모의 육아 부담을 완전히 해소하는 데 실패하였다.

⑤ 이 시기에 새마을 유아원의 계속적인 양적 확대에도 불구하고 보육수요를 충족시키지 못하고 새마을 유아원의 유치원식 지도로 인한 저소득층 맞벌이 부부의 보육비 부담을 덜어 주지 못하였다. 유아교육기관의 부족은 학부모의 보육수요를 충족시키지 못하는 상황에서 각종 학원에도 유치원식으로 운영하면서 유아보육이 또 다른 사회적 문제를 야기시켰다.

4. 제4기(1991~2003) : 보육의 정착기

제4기(보육의 정착기)는 '영유아보육법'이 제정·공포되면서 '영유아보육법'에 의한 새마을 유아원의 보육이 바람직한 정착을 시도하는 시기로서 이 시기의 법령, 유아교육기관, 운영 방향에 대하여 약술하기로 한다.

1) 법령

(1) 영유아보육법(1991. 1. 14, 법률 제4328호)

① 제정의 배경

1987년 12월 4일 '남·녀 고용평등법' 제정·공포를 통한 '직장 탁아제'의 도입, 1989년 9월 19일 '아동복지법 시행령'을 개정하여 1982년에 삭제되었던 보육시설의 설치·운영의 부활, 1990년 1월 15일 '탁아시설 설치·운영 규정(보건사회부 훈령 제586호)' 제정 등으로 유아교육시설의 확충을 유도하였다. 그러나 사업의 관장 부서가 내무부, 노동부, 교육부, 보건사회부 등으로 다양화되고 시설 설치 또한 주체가 법인으로 되는 등 효율적인 보육사업 추진이 어려웠다. 따라서 별도의 입법과 주관부서의 일원화가 절실하였다. 이와 같은 정부의 적극적인 움직임은 각계각층의 전폭적인 지지 속에서 1991년 1월 14일에 '영유아보육법'을 제정하여 유아보육의 활성화를 위한 새 전기를 구축한다.

② 목적

이 법은 보호자가 근로 또는 질병, 기타 사정으로 인하여 보호하기 어려운 영아 및 유아들의 심신의 보호와 건전한 교육을 통하여 건강한 사회성원으로 육성함과 아울러 보호자의 경제적, 사회적 활동을 원활하게 하여 가정 복지 증진에 기여함을 목적으로 한다.

③ 주요 내용

'영유아보육법'에는 제1장 총칙(1~5조), 제2장 보육시설의 설치(6~14조), 제3장 보육시설의 운영(15~20조), 제4장 비용(21~25조), 제5장 보칙(27~30조), 제6장 벌칙(31~32조), 부칙(1~7조)으로 구성되고 이에 따라 '영유아보육법 시행령'(1991. 8. 1 대통령령 제13444호)과 '영유아보육법 시행세칙'(1991. 8. 8 보건사회부령 제876호)이 제정·공포되었으며 그 후 수차례에 걸쳐 개정을 하여 왔다.

2) 유아보육기관

(1) '영유아보육법'이 시행됨에 따라 지금까지 '유아교육진흥법'에 의거 운영해오던 새마을 유치원을 내무부, 교육부, 보건사회부의 3부장관의 합의하에 1993년까지 교육부 산하 유치원으로 전환하거나 보건복지부 산하 보육기관인 어린이집으로 전환하도록 함으로써 결국, 유아교육기관은 교육부의 '교육법'에 의한 유치원과 보건복지부의 '영유아보육법'에 의한 어린이집의 두 가지 형태의 보육기관으로 운영된다.

(2) 정부의 보육시설 확대정책에 따라 1995~1997년까지 보육사업 확충 3개년 계획을 수립하여 추진하고 1994~1995년 국민연금융자제도를 마련하여 토지나 재산을 소유한 어린이집 설립 희망자에게 보육시설 설립비를 저리로 대여해 줌으로써 어린이집의 수가 확대된다. 이렇게 하여 1990년에 1,010개, 2002년 2만 2,147개로 증대되고 또한 유아 수도 1990년에 4만 8,000명에서 2002년에는 80만 991명으로 증가되었다(보건복지부, 2003).

3) 운영상황

(1) '영유아보육법'이 공포되면서 보호자가 근로 및 질병, 기타 사정으로 인하여 보호와 교육을 동시에 시키고 보호자의 사회·경제적 활동을 돕는 데 주력하여 생

산활동과 자아실현을 도모하는 데 공헌하였다.

(2) '영유아보육법' 시행으로 보육시설의 양적 확충에 공헌하여 학부모의 보육수요를 충족시키는 데에는 성공하였으나 질적 수준은 이에 따르지 못하였다. 따라서 보건복지부에서는 어린이집 운영자의 올바른 보육철학과 보육관을 정립시키기 위하여 무자격 원장 단기 양성교육을 통해 무자격 원장을 해소하고 또한 2003년 1월 '보육시설 평가인증제도 준비 기본계획'을 발표하여 보육시설의 질적 수준을 향상시키기 위하여 국가가 평가지표를 제시하고 제시된 기준에 의거 보육의 질이 개선될 수 있도록 지도·감독하게 되었다.

(3) 무상보육의 기틀이 형성되어 만 5세 유아에게 2001년 5만 명에서 2002년 8만 7,000명(전액무상)이 대폭 증가하였으며 이 제도는 더욱 발전하여 2012년 누리과정 도입으로 3~5세 전 유아에 대한 무상보육으로 이어진다.

5. 제5기(2004~현재) : 보육의 선진화기

'영유아보육법'이 제정·공포된 후 유아교육의 정착기를 지나 2004년 '영유아보육법'의 개정에 따른 다양한 변화가 이루어졌다. 이 시기부터 현재에 이르기까지의 법령, 유아교육기관, 운영상황에 대하여 시술한다.

1) 법령

(1) 영유아보육법, 영유아보육법 시행령 개정

'영유아보육법'이 51회에 걸쳐 개정되었으나 최종적으로는 2016년 2월 3일 최종개정되었고(2016. 8. 4 시행) 또한 '영유아보육법 시행령'이 45회에 걸쳐 개정되었으나 최종적으로는 2016년 12월 30일에 개정(2017. 1. 1 시행)되었다. 법률개정으로 보육서비스의 다양화와 질적 수준 향상, 보육에 대한 공적 책임 강화를 통해 보육사업이 더욱 발전할 수 있는 계기가 마련된다. 특히, 위 법률에 의하여 보육의 질적 수준 개선을 위한 시책으로

① 평가인증제 도입 ② 표준보육과정개발
③ 원장의 국가자격증제 도입 ④ 보육시설 설치 사전상담제 운영
⑤ 정부의 보조금 확대
⑥ 보육인력의 처우개선 등이 이루어질 수 있는 기틀이 마련되었다.

2) 보육시설

보건복지부는 2017년 10월 17일 개정된 '영유아보육법'에 근거하여 모든 영유아나 영유아 부모는 어떤 차별을 받지 않고 공평하게 보육되어야 한다는 보육이념을 바탕으로 이를 실현하기 위하여 시·군·구에 보육정책위원회, 보육정보센터를 운영하여 보육시설의 확대 및 질적 관리에 주력하게 된다.

특히, 도시 저소득주민 밀집주거지역 및 농어촌 지역 등 취약지역에 우선적으로 국·공립 보육시설과 직장 보육시설 설치를 확대하였다.

3) 운영내용

(1) 영유아보육업무주관 부처 이전

정부에서 영유아보육업무주관 부처가 상황에 따라 바뀌는데, 이럴 때마다 관계법령에서 새로운 정책이나 시책을 수립할 수 있는 근거를 마련하여 유아보육을 활성화시키게 된다.

이 시기에는 정부조직법으로 2004년 6월 12일 영유아보육업무가 보건복지부에서 여성부로 이관 운영하다가 2008년에는 새 정부가 들어서면서 정부조직법이 개편되면서 여성가족부에서 보건복지부로 다시 이관되었다. 새 정부의 보건복지부에서는 보육정책을 영유아 중심보육, 국가책임보육, 수요자의 요구에 맞는 보육서비스 제공, 국·공립보육시설 확충을 통한 보육서비스 등의 질적 수준 향상에 주력하게 된다.

(2) 보육시설 보육인증제도 실시

① 개념

보육시설의 질적 수준을 향상시키기 위하여 국가가 제시하는 평가지표를 기준으로 보육시설의 현재 운영상황 및 보육서비스의 수준을 점검하고 진단하는 질적 수준 관

리시스템이다.

② 운영개요

보육시설 보육인증제도는 제4기에서 이미 기본계획이 수립되었다.

ㄱ. 2004년 10월 : 보육시설 평가인증 시범운영을 위하여 한국여성개발원에 '보육시설 평가인증 사무국'을 설치하여 관련업무를 추진하였다.

ㄴ. 2006년 1월 : 보육시설 평가인증업무가 '한국여성개발원'에서 '육아정책개발센터'로 이관되어 업무 내용이 보다 구체화되었다.

ㄷ. 2005년 : 보육시설 평가인증제도를 전 보육기관에 적용하기 전에 몇몇의 어린이집에서 시범적으로 운영하였다.

ㄹ. 2006년 : 2006년부터 보육시설 평가인증제도를 전 보육시설에 단계적으로 실시하였다.

(3) 원장의 국가자격증제도 도입

과거 보육교사 또는 원장의 자격기준은 보육 및 아동 관련학과 대학의 졸업증서나 보육교사교육원의 수료증서만 있으면 자동적으로 자격증을 대신하는 자격인정제도였으나 2005년 4월에 '영유아보육법'의 제정으로 '자격 인정제'가 폐지되고 '국가자격 인정제도'로 바뀌었다. 따라서 어린이집원장 및 보육교사 자격증은 자격기준이 해당되는 자가 제출한 관련서류를 근거로 보건복지부장관이 자격을 검증하여 국가자격증을 교부하는 제도로서 보건복지부장관이 위탁한 '보육시설 종사자 자격검정위원회'가 관장하여 자격증의 존엄성을 제고시키고 있다.

(4) 표준보육과정, 누리과정 제정

2005년 여성가족부가 '표준보육과정'을 연구, 개발하고 2006년 11월 10일 '영유아보육법 시행규칙' 제30조 관련 '표준보육과정령'을 개정하고 2007년 1월 3일 최초의 '표준보육과정의 구체적 보육 내용'(여성가족부고시 제2007-1호)을 고시하기에 이르렀다. '표준보육과정'이 고시됨에 따라 2007년부터 2세 미만 보육과정, 2세 보육과정, 3~5세 보육과정이 보육현장에 적용되어 왔다. 그런데 2011년 5월 2일, 국무총리 주재로 어린이집과 유치원에서 이원화로 운영되던 '표준보육과정'과 '유치원교육과정'을 통합한 공통과정을 제정하겠다고 발표하였다. 이로 인해 어린이집의 개정 '표준보육과정' 고시는 잠시 유보되었고, 최초의 어린이집·유치원 공통과정인 '5세 누리과정'과 연계하여 '3~4세 연령별 누리과정'을 확대한다는 도입계획이 발표되었다. 2012년 3월부터 '5세 누리과정'과 '3~4세 연령별 누리과정'이 개발되어 2012년 7월에 고시되었고 동시에 기존의 '5세 누리과정'이 개정되었다(보건복지부고시 제2012-82호). 어린이집 0~5세 영유아의 연속적 경험과 발달적 연계를 위하여 '0~1세 보육과정', '2세 보육과정'을 개정하였다.

(5) 정부의 보조금 확대

보육에 대한 국가책임이 강화됨에 따라 정부의 보육시설에 대한 보조금이 확대되고 또한 이를 투명하게 관리하기 위해 개정된 '영유아보육법'에 의해 부정한 방법으로 보조금을 수령 또는 유용하는 경우, 어린이집 원장의 자격정지 및 자격 취소가 가능하도록 하였다.

이 외에도 보육시설 운영위원회를 설치하여 보육시설 운영의 책임성과 투명성을 강화하고 보육시설설치 상담제를 운영하여 보육시설설치에 따른 민원을 해소하였다.

제 II 부

유아교육기관의 설립 및 취원

유아교육기관 중 유치원은 '유아교육법' 제8조(유치원의 설립 등)에 의거 대통령령이 정하는 바에 의해 시설・설비를 갖추어 시・군 교육청의 인가를 받아 설립하고, 동법 제12조(학년도 등)에 의거 3월 1일에 개원하도록 되어 있다.
또한 어린이집은 '영유아보육법' 제12조에 의거 국・공립어린이집, 그리고 동법 제13조에 의거 국・공립어린이집을 제외한 모든 어린이집은 동법 제15조 어린이집 설치기준을 갖추어 시장・군수・구청장의 인가를 받아 3월 1일에 개원하게 된다. 따라서 제1장에서는 유치원의 설립절차에 따라 그에 따른 방법과 요령을 안내하고, 제2장에서는 어린이집의 설립절차에 따라 그에 따른 방법과 요령을 중심으로 기술한다.

제1장 유아교육기관의 설립

유아교육기관 중 유치원은 '유아교육법'에 의해 시·군·구 교육청에서 그리고 어린이집은 '영유아보육법'에 의해 시·군·구청에서 인가를 받아 설립한다. 두 기관이 설립에 대한 기본적인 절차는 동일하나 인가하는 관할청에서 요구하는 설립에 따른 서류와 세부적인 절차에 다소 차이가 있어 유치원과 어린이집으로 구분하여 설립절차에 따른 방법과 구비서류 등에 대하여 기술하기로 한다.

1. 유치원의 설립

유아교육법 제7조(유치원의 구분)에서는 유치원을

① 국립유치원 : 국가가 설립·경영하는 유치원

② 공립유치원 : 지방자치단체가 설립·경영하는 유치원, 설립주체에 따라 시립유치원과 독립유치원으로 구분할 수 있다.

③ 사립유치원 : 법인 또는 개인이 설립, 경영하는 유치원 등으로 구분된다.

그리고 '유아교육법' 제9조(유치원의 병설), '초·중등교육법' 제2조에 따라 초등학교에 병설유치원을 병설할 수 있고 또한 '유아교육법' 제16조(외국인 유치원)에 의거 국내에 체류 중인 외국인의 자녀를 교육하기 위하여 외국인 유치원을 설치할 수 있다. 그중 국·공립유치원, 초등학교 병설유치원은 국가나 지방자치단체가 유아교육에 대한 연구 및 시범적 운영 그리고 지역적 특성을 고려하여 특정 주민의 자녀교육을 위해서 설립한다. 또한 설립 및 운영에 따른 소요 경비 일체를 국가나 지방자치단체가 부담하므로 유치원 경영에 하등의 어려움이 없으나 사립유치원은 법인 또는 개인이 설립・운영에 따른 경비를 모두 책임지는 실정으로 설립에서부터 다각도로 설립의 타당성을 충분히 검토해서 설립추진을 진행해야 한다.

1) 설립의 법률적 근거

사립유치원의 설립은 '유아교육법' 제8조(유치원의 설립 등), '유아교육법 시행령' 제9조(사립유치원의 설립인가 신청 등) 그리고 '고등학교 이하 각급 학교 설립・운영규정' 제15조 및 동법 시행령 제2조 내지 제55조에 의하여 대통령령이 정하는 설립기준을 갖추어야 한다. 사립유치원 설립은 교육감의 설립인가를 받아야 하며 폐쇄 또는 중요한 사항을 변경하고자 할 때도 교육감의 승인을 받는다.

2) 설립절차

사립유치원 설립을 원하는 사람은 다음과 같은 절차를 밟아 설립 추진을 진행한다.

〈표 II-1〉 유치원 설립 절차

설립절차	담당	
	교육청	설립희망자
① 유치원 설립 결심		○
② 사전상담	○	
③ 유치원 위치 및 부지 선정		○
④ 유치원 설립계획 승인 신청서 제출		○
⑤ 유치원 설립계획 승인 여부 통보	○	
⑥ 유치원 설립인가 신청		○
⑦ 유치원 설립인가 심사 및 통보	○	
⑧ 유치원 개원 및 개원상황 보고		○

위 설립절차에 따른 방법과 요령에 대하여 간단히 기술하기로 한다.

(1) 유치원 설립결심(설립희망자)

사립유치원을 설립하여 유아교육에 헌신하겠다는 의지를 굳히기는 그리 쉽지 않을 것이다.

오랜 기간 동안 많은 고민을 하기 마련이다. 이는 막대한 재정이 소요되고 또한 실제 운영 면에서도 많은 애로가 예견되기 때문이다.

유치원 설립 희망자가 유치원 설립에 대한 결심을 하기까지에는 우선적으로 다음의 사항들이 검토되어야 한다.

① 유치원 설립목적을 분명하게 정립해야 한다.
유치원 설립목적이 분명히 정립되어야 앞으로 설립의 방향이 뚜렷하게 설정되고 설립과정이 탄력을 받는다. 돈을 벌어서 먹고 살기 위해서이다. 또는 유아교육을 통하여 사회에 봉사하기 위해서이다 등 다양한 목적이 있을 수 있다. 전 항의 돈을 벌기 위한 목적이라면 다른 투자처에서 생산되는 이익과 비교 검토해 보아야 한다.

② 우수한 기존의 유치원을 방문하여 정보를 입수한다.
전국 각지에서 시범적으로 운영하는 다수의 사립유치원을 방문하여 운영상황을 검토하고 운영자로부터 유치원 운영에 대한 전반적인 정보와 자료를 입수한다. 특히, 설립희망자가 가지고 있는 설립목적의 타당성은 물론, 재정, 인사, 관련기관의 지원상황 등에 대하여 알아본다.

③ 본인이 설립하려는 유치원 시설의 설립모형 그리고 운영방안을 정리하여 유아교육전문가, 유아교육행정가, 유아교육기관 운영자, 유아교사, 학부모 등 다양한 계층 관계자들의 의견을 청취한다. 만일에 교사에 대한 사전 정보가 없이 유치원을 설립했다가 교사들이 낮은 보수로 인한 잦은 이직을 경험한다면 예상치 못했던 교사 관리상의 스트레스를 받을 수도 있다.

④ 유치원 설립 및 운영에 관련된 각종 법규, 규정, 기준 등에 대한 연구를 철저히 해 둔다. 유치원 설립 및 운영에 관련되는 법률은 아주 다양하다. 관련 법률을 찾아서 충분한 검토가 있어야 한다. 모든 유치원은 법률적 근거에 의해 설립되고 운영되기 때문이다.

(2) 사전상담(교육청)

유치원 설립희망자는 교육청 담당자와 해당지역에 유치원을 설립할 수 있는가를 협의한다. 해당 교육지원청에서는 해당 시를 여러 개의 지역으로 나누어 3년 주기로 유아취학수요조사를 실시하여 파악된 취원 예상 유아 수를 고려하여 해당 지역 내에 유치원을 설립할 수 있는지 확인해 준다. 그리고 유치원 설립준비로서 다음에 이어지는 유치원 설립계획 승인을 신청하는 바 이에 대한 안내를 받는다.

관할 교육지원청에서는 아래 유치원 설립계획 승인 신청안내 자료에 의거 설명해준 후 안내서를 유치원 설립 희망자에게 교부하도록 되어 있다. 유치원 설립계획 승인 신청안내서는 다음과 같으며 교부된 안내서를 참고하여 유치원 설립계획 승인신청서를 작성하게 된다.

〈표 II-2〉 **유치원 설립계획 승인신청 안내**

<table>
<tr><td>사무 내용</td><td colspan="4">교육지원청 관내에 유치원 설립의 인가를 받기 전에 신청하는 민원입니다.</td></tr>
<tr><td rowspan="3">민원인이 해야 할 사항</td><td>① 구비서류</td><td colspan="3">1. 교지확보계획 1부
2. 교사건축계획 1부
3. 소유경비조달계획 1부
4. 재산명세 및 재산확보계획 1부
5. 설립자가 법인인 경우
가. 정관 1부, 이사회회의록 사본 1부
6. 특성화중학교, 특성화고등학교 등의 학교를 설립하고자 하는 경우
가. 학교헌장 1부
7. 신원진술서(대상자) 1부
8. 성범죄 조회동의서(대상자) 1부
9. 교육환경평가서 1부
- 교육환경평가 검토 신청서를 생활·건강지원과에 별도로 신청해야 함</td></tr>
<tr><td>② 제출서</td><td>행정지원과</td><td>③ 수수료</td><td>없음</td></tr>
<tr><td>④ 기타</td><td colspan="3"></td></tr>
<tr><td rowspan="4">행정 기관이 해야 할 사항</td><td>① 주무부서</td><td>행정지원과</td><td>② 최종결재</td><td>교육장</td></tr>
<tr><td>③ 처분청</td><td>교육장</td><td>④ 처리기간</td><td>신청을 받은 날로부터 2월 이내</td></tr>
<tr><td>⑤ 관련법규</td><td colspan="3">유아교육법 제8조
유아교육법 시행령 제9조
학교보건법</td></tr>
<tr><td>⑥ 심사기준</td><td colspan="3">학교시설·설비 기준내 확보 여부
학교보건법상 저촉 여부
건물, 토지의 설립자 소유 여부</td></tr>
</table>

처리 과정	신청(민원인) → 접수(행정지원과) → 검토 및 학교환경정화구역조사(행정지원과, 교육지원과) → 현지확인 → 결재 → 통보(민원인)
유의 사항	• 유치원 자격원장 임용 의무화 • 교사 및 교지는 설립자의 소유이어야 함(고등학교 이하 각급 학교 설립・운영규정) • 납입금 : 인근 사립유치원 수준으로 책정 • 신청시기 : 매년 3월 31일까지 • 승인 후 개원예정일 6월 이전까지 설립인가신청서 제출 → 기한 내 제출할 수 없을 때 연기신청서 제출(2년 이내에 설립인가 재신청) • 개교예정일 : 계획서 제출일로부터 3년 이내

(3) 유치원 위치 및 부지선정(설립희망자)

유치원 설립 희망자가 유치원 설립계획을 구체화하기 전에 가장 먼저 해야 할 일은 유치원을 어느 지역에 설립할 것인가?를 결정하고 해당지역 내에서 부지를 선정하는 일이다. 유치원의 위치와 부지가 선정되어야 다음에 이어지는 설립계획에 따라 업무를 진행시킬 수 있기 때문이다. 유치원의 위치와 부지선정에서 특히 고려할 점은

첫째, 해당교육지원청과 협의하여 유아취학수요조사결과 유치원을 설립할 수 있는 지역인가를 확인한다.

둘째, 인근에 기존의 유아교육기관이 있는가?

셋째, 교통은 편리한가?

넷째, 등하원상 어려운 장애물은 없는가?

다섯째, 인근에 유아교육이나 유아들을 해할 요소는 없는가?

여섯째, 건축 도중 민원의 소지가 없는가?

일곱째, 구입에 소요되는 예산은 감당할 수 있는가? 등에 걸쳐 검토해야 한다.

(4) 유치원 설립계획 승인신청서 제출(설립희망자)

유치원을 설립하고자 하는 자는 '고등학교 이하 각급 학교 설립・운영 규정' 제15조 제2항 및 동법 시행규칙 제2조, 제3조의 규정에 의거 설립인가 신청 전에 유치원 설립계획 승인신청서를 매년 3월 31일까지 제출하여 유치원 설립계획 승인을 받아 두어야 한다. 다음에서 유치원 설립계획 승인신청서 서식을 제시한다.

고등학교 이하 각급 학교 설립 · 운영 규정 시행규칙 [별지 제1호 서식]

〈표 II-3〉 유치원 설립계획 승인신청

접수번호	접수일	처리기간 2개월

<table>
<tr><td rowspan="3">설립자</td><td rowspan="2">성명</td><td>한글</td><td rowspan="2">생년월일(법인등록번호)</td></tr>
<tr><td>한자</td></tr>
<tr><td>등록기준지
주소</td><td colspan="2">(전자우편주소 :)</td></tr>
</table>

<table>
<tr><td rowspan="10">신청
내용</td><td colspan="2">종류</td><td></td><td></td><td></td><td></td><td></td><td></td><td></td></tr>
<tr><td colspan="2">명칭</td><td></td><td></td><td></td><td></td><td></td><td></td><td></td></tr>
<tr><td colspan="2">위치</td><td></td><td></td><td></td><td></td><td></td><td></td><td></td></tr>
<tr><td colspan="2">개교예정일</td><td></td><td></td><td></td><td></td><td></td><td></td><td></td></tr>
<tr><td rowspan="6">학
생
정
원</td><td rowspan="3">유치원</td><td>구분</td><td>만 3세</td><td>만 4세</td><td>만 5세</td><td>만
3 · 4세</td><td>만
4 · 5세</td><td>계</td></tr>
<tr><td>학급 수</td><td></td><td></td><td></td><td></td><td></td><td></td></tr>
<tr><td>학생 수</td><td></td><td></td><td></td><td></td><td></td><td></td></tr>
<tr><td rowspan="3">유치원
이외의 학교</td><td colspan="2" rowspan="2">계열별</td><td colspan="2" rowspan="2">학과</td><td colspan="3">학생 정원</td></tr>
<tr><td>입학정원</td><td colspan="2">총정원</td></tr>
<tr><td colspan="2"></td><td colspan="2"></td><td></td><td colspan="2"></td></tr>
</table>

고등학교 이하 각급 학교 설립 · 운영 규정 제15조 및 같은 규정 시행규칙 제2조에 따라 학교설립계획 승인을 위와 같이 신청합니다.

년 월 일

신청인(설립자) (서명 또는 인)

전라북도○○교육지원청교육장 귀하

<table>
<tr><td>신청인(설립자)
제출서류</td><td>1. 교지확보계획 1부
2. 교사건축계획 1부
3. 소요경비조달계획 1부
4. 재산명세 및 재산확보계획 1부
5. 설립자가 법인인 경우
가. 정관 1부, 이사회회의록 사본 1부
6. 특성화중학교, 특성화고등학교 등의 학교를 설립하고자 하는 경우
가. 학교헌장 1부
7. 신원진술서(대상자) 1부
8. 성범죄 조회동의서(대상자) 1부</td><td>수수료
없음</td></tr>
</table>

	9. 교육환경평가서 1부(교육환경평가 검토 신청서를 생활·건강지원과에 별도로 신청해야함)	
담당공무원 확인사항	1. 설립자가 사인(私人)인 경우 : 주민등록표 초본(주민등록증으로 확인 가능한 경우 주민등록증의 제시로 갈음할 수 있음) 2. 설립자가 법인인 경우 : 법인 등기 사항증명서	

행정정보 공동이용 동의서

본인은 이 건의 업무처리와 관련하여 담당 공무원이 「전자정부법」 제36조제1항에 따른 행정정보의 공동이용을 통하여 위의 담당 공무원이 확인사항을 확인하는 것에 동의합니다. * 동의하지 않는 경우에는 신청인이 직접 관련 서류를 제출해야 합니다.

신청인(설립자) (서명 또는 인)

(5) 유치원 설립계획 승인 여부 통보(교육청)

위와 같은 안내서에 의거 유치원 설립희망자가 유치원 설립계획 승인신청서를 제출하면 관계 교육지원청에서는 아래와 같은 요령으로 검토한 후 유치원 설립계획 승인서를 민원인에게 통보한다. 그리고 다음 유치원 설립인가신청에 대한 안내서를 교부한다.

설립계획승인서는 아래와 같은 관점에서 검토한다.

① 설립계획서 제출(매년 3월 31일까지)

법인을 새로 설립하여 유치원을 경영할 때에는 유치원 설립계획서와 법인 설립허가신청서를 함께 제출

② 명칭의 적합성, 타당성

ㄱ. 국립, 공립 및 사립의 구분을 유치원에 붙일 수 없음

ㄴ. 기존의 유치원 명칭과 중복 또는 혼동되지 않아야 함

ㄷ. 통상의 사회윤리에 어긋나지 않고 일반적으로 거부감이 없는 명칭이어야 함

③ 위치의 적합성, 타당성

ㄱ. 풍치 보안림 해제, 산림훼손 및 농지전용 등이 가능하여야 함

ㄴ. 원사의 안전, 방음, 환기, 채광, 소방, 배수 및 학생의 통학에 지장이 없는 곳에 위치하여야 함

④ 유치원시설·설비확보계획의 실현가능성

교지, 체육장 확보계획, 원사건축계획, 시설·설비확보계획, 수익용 기본재산 확보계획 등을 추진하기 위한 소요경비조달계획이 확실해야 함

⑤ 경비와 유지방법의 적정성

ㄱ. 유치원 운영에 따른 경비의 산출 그리고 확보방안이 적절해야 한다.

유치원 설립계획 승인신청서가 접수되면 다음과 같은 처리절차를 밟아 처리한다.

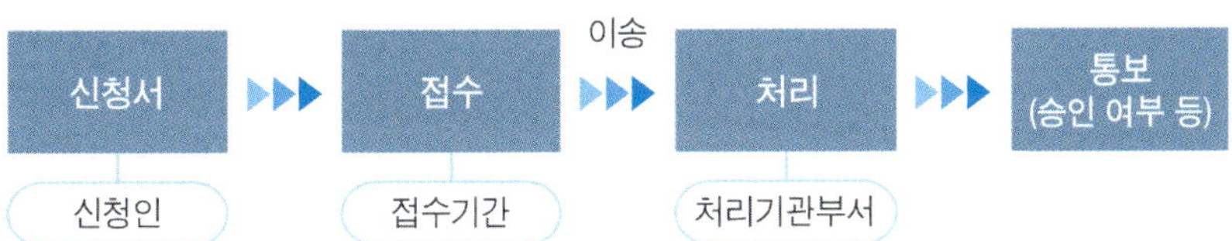

〈그림 Ⅱ-1〉 처리절차

관계교육지원청에서는 위와 같은 절차를 밟아 처리한 후 유치원 설립인가 신청안내서를 민원인에게 교부한다.

(6) 유치원 설립인가 신청

유치원 설립계획승인을 받은 유치원 설립희망자는 제반시설을 설비한 후 '유아교육법' 제8조 및 동법시행령 제9조, '고등학교 이하 각급 학교설립·운영규정 시행규칙' 제2조, 제4조의 규정에 의거 유치원 설립인가 신청서를 관할교육청에 제출한다. 유치원 설립인가 신청서의 서식은 다음과 같다.

〈표 Ⅱ-4〉 유치원 설립인가 신청서

<table>
<tr><th colspan="2">접수번호</th><th>접수일</th><th>처리기간 2개월</th></tr>
<tr><td rowspan="4">설립자</td><td rowspan="2">성명</td><td>한글</td><td rowspan="2">생년월일(법인등록번호)</td></tr>
<tr><td>한자</td></tr>
<tr><td>등록기준지</td><td colspan="2"></td></tr>
<tr><td>주소</td><td colspan="2">(전자우편주소 :　　　　　　)</td></tr>
<tr><td rowspan="2">신청내용</td><td>종류</td><td colspan="2">[ ] 유치원, [ ] 초등학교, [ ] 중학교, [ ] 고등학교
[ ] 공민학교, [ ] 고등공민학교, [ ] 고등기술학교
[ ] 기타(이에 준하는 각종학교)</td></tr>
<tr><td>명칭</td><td colspan="2"></td></tr>
</table>

<table>
<tr><td></td><td colspan="3">위치</td><td colspan="7"></td></tr>
<tr><td></td><td colspan="3">개교예정일</td><td colspan="7">(전화번호 :)</td></tr>
<tr><td rowspan="6"></td><td rowspan="6" colspan="2">학생정원</td><td rowspan="3">유치원</td><td>구분</td><td>만 3세</td><td>만 4세</td><td>만 5세</td><td>만3 · 4세</td><td>만4 · 5세</td><td>계</td></tr>
<tr><td>학급 수</td><td></td><td></td><td></td><td></td><td></td><td></td></tr>
<tr><td>학생 수</td><td></td><td></td><td></td><td></td><td></td><td></td></tr>
<tr><td rowspan="3">유치원
이외의
학교</td><td colspan="2" rowspan="2">계열별</td><td colspan="2" rowspan="2">학과</td><td colspan="3">학생정원</td></tr>
<tr><td colspan="2">입학정원</td><td>총정원</td></tr>
<tr><td colspan="2"></td><td colspan="2"></td><td colspan="2"></td><td></td></tr>
</table>

「초 · 중등교육법 시행령」 제3조(유치원의 경우 「유아교육법 시행령」 제9조제1항) 및 고등학교 이하 각급 학교 설립 · 운영 규정 시행규칙 제4조에 따라 학교설립인가를 위와 같이 신청합니다.

년 월 일

신청인(설립자) (서명 또는 인)

○○○도○○교육지원청교육장 귀하

<table>
<tr><td>신청인(설립자)
제출서류</td><td>1. 학칙(유치원의 경우 유치원 규칙) 1부
2. 교사(체육장을 포함한다)의 평면도 1부
3. 시설설비조서 및 교재 · 교구 확보현황 1부
4. 설립자가 사인(私人)인 경우
가. 경비의 지급 및 변제능력에 관한 서류 1부
5. 설립자가 법인 경우
가. 출연금에 관한 서류 1부
6. 유치원의 경우 : 해당 유치원의 장으로 임용될 사람에 대하여
가. 자격증명에 필요한 서류 1부
나. 신원진술서(대상자) 1부
다. 성범죄 조회동의서(대상자) 1부
7. 유치원을 제외한 고등학교 이하 각급 학교의 경우
가. 경비와 유지방법 1부
나. 병설학교 등을 둘 때에는 그 계획서 1부
8. 인가 후 보충할 시설의 연도별 보충계획 1부
9. 연도별 교육시설 · 설비확보계획에 관한 이행상황보고서 1부
10. 학교설립계획서를 제출하지 않는 경우
가. 교육환경평가서 1부
나. 정관 및 이사회회의록 사본 각 1부(법인인 경우)</td><td rowspan="2">수수료
없음</td></tr>
<tr><td>담당공무원
확인사항</td><td>1. 교지에 대한 지적도, 토지대장 및 토지등기부등본
2. 교사에 대한 건축물대장(일반/집합) 및 건물등기부등본
3. 설립자가 사인(私人)인 경우 : 주민등록표 초본(주민등록증으로 확인 가능한 경우 주민등록증의 제시로 갈음할 수 있음)
4. 설립자가 법인인 경우 : 법인 등기사항증명서</td></tr>
</table>

(7) 유치원 설립인가 통보(교육지원청)

유치원 설립 희망자가 유치원 설립인가 신청을 하면 관련자료와 시설·설비상황을 검토하여 유치원 설립인가서를 유치원 설립 희망자에게 통보한다. 특히, 아래와 같은 법적요건 구비사항과 유치원시설·설비 및 교재·교구조서를 확인해야 한다.

① 법적요건

ㄱ. 설립자자격 : 법인 또는 사인으로서 신원조사결과 이상이 없는 자

ㄴ. 학교환경위생정화구역적용 : '학교보건법' 제5조 및 제6조 1항 및 동법시행령 제4조 제2조항에 의거 정화구역안에 금지 대상업소(유흥업소, 숙박업소, 기타 유해 업소)가 없어야 함

ㄷ. 건축물용도 : '건축법 시행령' 제14조 6항(별도 1의 10)에 의한 교육연구시설이어야 함

ㄹ. 시설·설비 : '고등학교 이하 각급학교 설립·운영규정'에 의함

ㅁ. 교사 및 교지의 소유주체 등

가. 교사 및 교지는 당해 학교를 설립·경영하는 자의 소유이어야 하며, 교지 안에는 설립주체 외의 자가소유하는 건축물을 둘 수 없다.

나. 유치원 교육에 직접 사용하는 재산(교사, 교사용대지, 체육장, 교구 등)은 매도하거나 담보에 제공할 수 없다.

다. 임대 유치원은 설립인가 불허한다.

ㅂ. 시설의 제한

가. 최소한 2학급 이상 설치할 수 있는 시설(소수학급규제, 부실운영 예방) 신규유치원인가는 일정 지역 외 취원대상아수, 기존유치원 및 어린이집 정원 등을 분석하여 시설이 부족한 경우에 한하여 적정규모의 유치원 설립 가능 → 교육지원청담당부서와 사전협의 필요

나. 지하층은 설립불가

다. 건물 옥상 활용금지 : 옥상에 체육장(유원장) 또는 수영장 설치 불가

라 3층 이상 유치원 설립은 익제함, 단, 3층을 실내 체육시설 또는 자료실, 교무실 등으로 사용할 경우 가능(유사시 대피할 수 있는 시설확보조건)

ㅅ. 정원에 대한 유치원 면적 책정은 40명 이하일 때는 5N, 41명 이상일 때는 80 + 3N 으로 한다. 예를 들어, 정원이 100명인 유치원의 면적은 $80 + 3 \times 100 = 380m^2$ 이

상이 되어야 한다(이인원 외, 2016).

② 유치원 설립인가기준, 시설·설비 및 교재·교구확인

아래 서식에 의한 유치원 설립인가기준, 시설·설비 및 교재·교구 확보상황을 확인한다.

〈표 Ⅱ-5〉 유치원 설립인가기준

구분	내용	비고
위치	【 학교보건법 제6조 제1항 및 동법 시행령 제3조 】 • 학교 환경위생정화구역 내 유흥업소, 숙박업소 등 유해업소가 없을 것 – 절대정화구역 : 유치원 출입문으로부터 직선거리 50m – 상대정화구역 : 유치원 경계선으로부터 직선 거리 200m까지의 지역 중 절대정화구역을 제외한 지역	
교사	【 고등학교 이하 각급 학교 설립·운영 규정 제3조(교사) 】 • 교사의 일반조건 : 각급 학교의 교사(교실, 도서실 등 교수·학습활동에 직·간접적으로 필요한 시설물)는 교수·학습과 보건위생에 적합해야 함 • 교사의 기준면적 *N=원아 총정원 = 5N(정원 40명 이하) = 80+(3×N) (정원 41명 이상) • 유치원 건축물의 용도 : 교육연구시설(유치원)	
교사용 대지	【 고등학교 이하 각급 학교 설립·운영 규정 제4조(교사용 대지) 】 • 교사용 대지의 기준면적 건축관련법령의 건폐율 및 용적률에 관한 규정에 따라 산출 = 건축면적*(100/건폐율) • 교지 = 교사용 대지 + 체육장	
체육장	【 고등학교 이하 각급 학교 설립·운영 규정 제5조(체육장) 】 • 옥외체육장은 배수가 잘되거나 배수시설을 갖춘 곳에 위치해야 함 • 기준면적 – 40명 이하 : $160m^2$ – 41명 이상 : $120 + Nm^2$ • 교내에 실내 체육시설이 있는 경우 실내체육시설 바닥면적의 2배를 체육장 면적에서 완화하여 적용할 수 있음 • 옥상에 유아교육시설(유원장, 수영장 등) 설치 불가 • 벽과 지붕이 없는 옥상은 실내 체육시설이 아님	
어린이 활동 공간	• 어린이활동공간을 신축, 증축, 수선한 경우 그날로부터 30일 이내 어린이 활동 공간 확인검사를 마쳐야 함(확인검사절차 및 확인섬사 면제대상 등은 붙임의 어린이 활동 공간 환경보건 업무지침 참조)	

〈표 Ⅱ-6〉 유치원 시설 · 설비 및 교재 · 교구조서

가. 시설 · 설비현황　　　　○○유치원 (○○학급　○○명 정원기준)

<table>
<tr><th colspan="2">구분</th><th>시설 · 설비적용기준</th><th>기준</th><th>보유</th><th>비고</th></tr>
<tr><td rowspan="3">교지</td><td>교사용 대지 ①</td><td>• 건축관련법령의 건폐율 및 용적율에 관한 규정에 따라 산출한 면적 (건축면적/건폐율)</td><td>m^2</td><td>m^2</td><td></td></tr>
<tr><td>옥외 체육장 ②</td><td>• 학생 수별 기준면적
-40명 이하 : 160m^2(약49평)
-41명 이하 : (120+N)m^2</td><td>m^2</td><td>m^2</td><td></td></tr>
<tr><td colspan="2">교지 합계 (①+②)</td><td>m^2</td><td>m^2</td><td></td></tr>
<tr><td colspan="2">교사</td><td>• 학생 수별 기준면적
-40명 이하 : (5N)m^2
-41명 이하 : (80+3N)m^2</td><td>m^2</td><td>m^2</td><td></td></tr>
<tr><td colspan="2" rowspan="3">교사내부환경</td><td>• 조도(책상면) : 300럭스 이상</td><td>300Lux</td><td>Lux</td><td></td></tr>
<tr><td>• 소음 : 55데시벨 이하</td><td>55dB 이하</td><td>dB</td><td></td></tr>
<tr><td>• 온도 : 섭씨 18도 이상 28도 이하</td><td>18℃ 이상
28℃ 이상</td><td>℃</td><td>냉 · 난방시설 보유</td></tr>
<tr><td colspan="2">급수시설</td><td>• 원아 20명당 1개 이상</td><td>개</td><td>개</td><td></td></tr>
<tr><td colspan="2">온수공급시설</td><td>• 원당 1개 이상</td><td>개</td><td>개</td><td></td></tr>
</table>

※ 관계법령 : 고등학교 이하 각급 학교 설립 · 운영규정

※ 교사용 대지와 체육장의 면적은 각각 독립적인 면적확보 필요

위와 같이 심사기준과 시설 · 설비 및 교재 · 교구조서를 확인하고 이상의 조건이 충족되고 개원에 이상이 없으면 유치원 설립인가를 유치원 설립 희망자에게 통보한다.

(8) 유치원 개원 및 개원상황 보고

유치원을 개원하고 개원상황을 관할교육지원청에 보고한다.

2. 어린이집 설립

어린이집이란 보호자의 위탁을 받아 영유아를 보육하는 기관으로 '영유아보육법' 제10조에 어린이집의 유형을 ① 국 · 공립어린이집, ② 사회복지법인어린이집, ③ 법인 ·

단체어린이집, ④ 직장어린이집, ⑤ 가정어린이집, ⑥ 부모협동어린이집, ⑦ 민간어린이집 등의 7종으로 어린이집을 설립하려는 자는 '영유아보육법 시행규칙' 제9조 [별표 1]에서 정하는 설치기준을 갖추고 관할 시장, 군수, 구청장에게 어린이집인가신청서를 제출하여 인가증을 발부받아 설립해야 한다.

1) 설립의 법률적 근거

어린이집 설립인가의 근거는 '영유아보육법' 제13조 제1항과 제14조 제1항, 그리고 동법 시행규칙 제5조에 의거 설립하게 된다.

〈표 II-7〉 관계법령내용

관계법률	내용
영유아보육법 제13조 (국·공립어린이집 외의 어린이집의 설치) 제1항	① 국·공립어린이집 외의 어린이집을 설치·운영하려는 자는 특별자치도지사·시장·군수·구청장의 인가를 받아야 한다.
영유아보육법 제14조 (직장어린이집의 설치 등) 제1항	① 대통령령으로 정하는 일정규모 이상의 사업장의 사업주는 직장어린이집을 설치하여야 한다.
영유아보육법 시행규칙 제5조 (어린이집의 설치인가 등) 제1항	① 법 제13조 제1항 및 법 제14조 제1항에 따라 어린이집의 설치인가를 받으려는 자는 별지서식 제4호 서식의 어린이집 인가신청서(전자문서를 포함한다.)를 첨부하여 관할자치 도지사·시장·군수·구청장에게 제출하여야 한다.

2) 설치 절차

어린이집 설립을 원하는 자는 다음과 같은 절차를 밟아 설립 추진한다.

〈표 II-8〉 어린이집 설립절차

설립절차	담당	
	시·군·구청	설립 희망자
① 어린이집 설립결심		○
② 사전상담	○	
③ 어린이집 위치 및 부지선정		○

설립절차	담당	
	시 · 군 · 구청	설립 희망자
④ 어린이집 인가신청서 제출		○
⑤ 설립예정 어린이집 현지 확인	○	
⑥ 인가증 교부	○	
⑦ 사업자등록신청	관할 세무서 ○	
⑧ 어린이집 개원 및 개원 상황보고		○

위 설립절차에 따른 방법과 요령에 대하여 간단히 기술하기로 한다.

(1) 어린이집 설립결심(설립 희망자)

어린이집 설립결심요령은 유치원 설립결심을 참고하기 바란다.

(2) 설립 전 상담(시 · 군 · 구청)

어린이집 설립희망자는 어린이집 설립 전에 관할 시 · 군 · 구청 관계자와 상담해야 한다. 또한 관할 시 · 군 · 구청 관계자는 어린이집 설립희망자에게 상담을 해 주도록 시행규칙으로 규정되어 있다.

영유아보육법 시행규칙 제4조의2(어린이집의 설치 전 상담)

법 제13조 제1항 및 제14조 제1항에 따라 어린이집을 설치하려는 자는 해당지역의 보육수용 등 지역적 여건과 어린이집 설치기준 등에 대하여 관할 특별자치도지사 · 시장 · 군수 · 구청장(자치구의 구청장을 말한다. 이하 같다)과 미리 상담할 수 있다. 이 경우, 관할 특별자치도지사 · 시장 · 군수 · 구청장은 이에 적극 협조하여야 한다.

(3) 위치 및 부지선정(설립희망자)

어린이집 설립희망자는 어린이집 위치 및 부지를 선정해야 한다.

어린이집 설립에서 가장 기본이 되는 일이 부지를 선정하는 일이며 여타의 일은 상황적으로 이루어지도 된다. 특히, 전항의 관할청관계자와의 어린이집 설치 전 상담을 통하여 설립이 가능한 지역 내에서 선정해야 하며 기타 자세한 내용은 유치원 설립의 관계항을 참고하기 바란다.

(4) 어린이집인가 신청서 제출

어린이집 설립계획 승인을 받은 후 인가신청서를 제출하도록 되어 있으나 어린이집은 '영유아보육법 시행규칙' 제5조에 의거 관계자료를 첨부하여 어린이집인가신청서를 바로 제출한다. 어린이집인가신청서의 서식은 다음과 같다.

〈표 Ⅱ-9〉 어린이집인가신청서

<table>
<tr><td colspan="3">접수번호</td><td colspan="3">접수일</td><td colspan="3">처리기간 14일</td></tr>
<tr><td rowspan="3">신청인</td><td colspan="4">성명(대표자)</td><td colspan="4">주민등록번호</td></tr>
<tr><td colspan="4">법인 · 단체명</td><td colspan="4">전화번호</td></tr>
<tr><td colspan="8">주소</td></tr>
<tr><td rowspan="3">어린이집 개요</td><td colspan="3">명칭</td><td colspan="2">어린이집 종류</td><td colspan="3">전화번호</td></tr>
<tr><td colspan="8">소재지</td></tr>
<tr><td>어린이집원장</td><td>성명</td><td colspan="2"></td><td>주민등록 번호</td><td colspan="3"></td></tr>
<tr><td>보육정원</td><td>총인원
명</td><td>1세 미만
명</td><td>1~2세 미만
명</td><td>2세
명</td><td>3세
명</td><td colspan="3">4~5세
명</td></tr>
<tr><td rowspan="3">시설 · 설비</td><td colspan="3">보육실
m²</td><td colspan="2">조리실
m²</td><td colspan="3">목욕실
m²</td></tr>
<tr><td colspan="3">화장실
m²</td><td colspan="2">놀이터
m²</td><td colspan="3">사무실
m²</td></tr>
<tr><td colspan="3">양호실
m²</td><td colspan="2">대지
m²</td><td colspan="3">기타
m²</td></tr>
<tr><td>직원</td><td colspan="2">총인원
명</td><td colspan="2">보육교사
명</td><td>영양사
명</td><td>조리원
명</td><td colspan="2">기타
명</td></tr>
<tr><td>예산</td><td colspan="3">총인원
명</td><td colspan="2">지출액
원</td><td colspan="3">비고</td></tr>
<tr><td colspan="9">'영유아보육법' 제13조 제1항, 제14조 제1항 및 같은 법 시행규칙 제5조 제1항에 따라 보육시설의 설치인가를 신청합니다.

년 월 일

신청인 성명 또는 날인

○○○도 ○○시청 귀하</td></tr>
</table>

〈첨부서류〉

① 법인의 정관 및 출연금 등에 관한 서류(법인인 경우만 해당된다)

② 단체의 회칙 또는 규약(단체인 경우만 해당된다)

③ 임대차계약서(부동산을 임차하는 경우만 해당된다)

④ 어린이집의 구조 면적이 표시된 평면도와 시설 및 설비 목록

⑤ 어린이집 원장의 자격을 증명하는 서류

⑥ 보육교직원 채용계획서

⑦ 어린이집운영계획서(운영경비와 유지방법을 포함한다)

⑧ 경비의 지급 및 변제능력에 관한 서류(설립자가 개인인 경우만 해당한다)

⑨ 인근놀이터 이용계획서(영유아 50명 이상의 어린이집으로서 옥외 놀이터나 옥내 놀이터를 설치하지 않는 경우만 해당한다)

⑩ '전기사업법 시행규칙' 제38조에 따른 전기안전점검확인서 및 '도시가스사업법 시행규칙' 제25조 및 '액화석유가스의 안전관리 및 사업법 시행규칙' 제29조에 따른 정기검사증명서

⑪ '소방용품의 품질관리 등에 관한 규칙' 제5조에 따른 현장처리물품의 방염성능 검사성적서 및 방염성능검사 확인 표시

⑫ 시설유형별 특수어린이집으로 지정을 받으려면 다음과 같은 지정신청서를 제출하여야 한다.

- 특수어린이집 지정신청서(장애아전담, 장애아동전담, 시간연장, 휴일, 방과후)
- 영아·장애아전담어린이집지정신청서

(5) 설립예정 어린이집 현지확인(시·군·구청)

① 설립상황의 현지 확인

어린이집인가 신청서를 접수한 시·군·구청에서는 설립예정 어린이집의 설치 상황에 대한 현지확인을 한다.

설치상황의 현지확인은 '영유아보육법 시행규칙' 제9조(어린이집 설치기준 등) 법 제15조에 따른 '어린이집의 설치기준'(법 제15조의2부터 법 제15조의4까지에 따른 놀이터, 비상재해 대비시설 및 폐쇄회로 텔레비전의 설치기준을 포함한다)은 [별표 1]과 같다.

따라서 [별표 1] 내에서 제시된 시설·설비 내용은

ㄱ. 보육실 ㄴ. 조리실

ㄷ. 목욕실 ㄹ. 화장실

ㅁ. 놀이터 ㅂ. 급배수시설

ㅅ. 비상재해 대비시설 ㅇ. 폐쇄회로 텔레비전

ㅈ. 그 밖의 실내 설비 등으로 구분하여 설치기준을 상세히 제시하고 있으며 제시된 기준에 의하여 현장 확인을 하게 된다. 다음에서 이들 기준에 대하여 개략적으로 제시한다.

어린이집의 설치기준

1. 어린이집의 입지조건

가. 보육소요, 보건 · 위생 · 급수 · 안전 · 교통, 환경 및 교통편의 고려
나. 위험시설로부터 50m 이상 떨어진 장소
다. '건축법 시행령' 표 1에 따라 어린이집을 설치할 수 있는 장소

1의2 어린이집 재산 요건

가. 토지 · 건물의 소유권, 전세권 등에 대한 부채 비율이 100분의 50 미만
나. 협동어린이집은 보호자 또는 보호자, 보육교직원을 합하여 11명 이상 출자

2. 어린이집의 규모

가. 국 · 공립어린이집 : 상시 11명 이상
나. 직장어린이집 : 상시 5명 이상
다. 사회복지법인어린이집, 법인 단체 등 어린이집 및 민간어린이집 : 상시 21명 이상
라. 가정어린이집 : 상시 5~20명
마. 협동어린이집 : 상시 11명 이상

3. 어린이집의 구조와 설비 기준

가. 일반기준
1) 구조와 설비는 영유아의 특성을 고려
2) 어린이집은 하나의 건물에 설치
3) 시설면적은 영유아 1인당 4.29m^2 이상 확보해야 하며, 다음의 설비를 해야 함

가) 보육실
① 반별 정원을 고려하여 별도로 구성된 공간
② 건물 해당층 4면의 100분의 80 이상이 지상에 노출, 해당 층 출입구의 하단이 지표면으로부터 1m 이내인 층(이하 '1층'이라 한다)에 설치
③ 영유아 1명당 2.64m^2 이상 확보
④ 보육실에는 자유선택놀이에 필요한 교재 · 교구 확보
⑤ 환기, 채광, 조명, 온도, 습도가 적절히 유지 · 관리
⑥ 바닥 난방시설 설비

나) 조리실
① 채광, 기계 환기시설, 방충망 설치, ② 위생적인 취사 및 조리시설 설비
③ 같은 건물 내 조리실은 공동사용이 가능, ④ 같은 건물에 집단 급식소가 있는 경우, 공동사용이 가능

다) 목욕실
① 난방, 미끄럼방지 장치, 샤워설비, 세면설비 및 냉·온수시설, 수도꼭지는 온도 조정 및 고정 가능, 보육실과 인접한 공간에 설치

라) 화장실
① 미끄럼방지 장치(바닥)
② 세정장치, 수도꼭지 : 냉·온수의 온도 조정 및 고정 가능시설
③ 수세식 유아용 변기 설치, 보육실과 인접한 공간에 설치

마) 놀이터
① 영유아 1명당 $3.5m^2$ 이상 규모로 옥외놀이터 설치(12개월 미만 영아만을 보육하는 어린이집 제외)
② 옥외놀이터 모래밭에는 대근육놀이기구 1종을 포함하여 놀이기구 3종 이상 설치
③ 옥외놀이터설치가 어려운 경우, 옥외놀이터를 설치하거나 인근의 놀이터를 사용할 수 있음
④ 옥내놀이터 설치
㉠ 소음·분진·폭발·화재위험성이 없고, 조명·채광·환기·온도·습도가 적정
㉡ 보육실로부터 5층 이내에 설치, 아동용 손잡이레일설치로 안전성 고려
㉢ 건물 내의 실외공간에 설치하는 경우, 울타리나 보호난간을 1.5m 이상으로 설치, 또한 재질은 부식·파손이 없고 위험에 노출되지 않음
㉣ 건물 2층 이상에 설치하는 경우, 비상재해 대비시설 설비
㉤ 놀이터, 놀이기구 및 어린이용품 등은 '품질경영 및 공산품 안전 관리법' '어린이놀이시설 안전 관리법' 및 '환경보건법'에서 정한 기준 준수

바) 급배수시설
① 상수도 또는 간이상수도에 의하여 먹는 물을 공급하는 경우에는 직접 수도꼭지에 연결하여 공급
② 지하수를 음용수로 사용하는 경우, 저수조 등의 시설을 경유하여 사용
③ 더러운 물 빗물 등의 배수설비

사) 비상재해 대비시설
① 비상재해에 대비한 시설설비(소화용 기구, 비상구설치)
② 비상시 양 방향으로 피난할 수 있고 각층별 출구 및 피난시설 설치
③ 어린이집이 설립된 층별 위치에 따른 비상재해 대비 시설 설치
④ 그 밖의 소방시설의 설치는 '소방시설 설치·유지 및 안전관리에 관한 법률 시행령' 제15조에 따름
⑤ 가스를 사용하는 경우 '도시가스사용법', '액화석유가스의 안전관리 및 사업법'에서 정한 규정에 따름
⑥ 그 밖이 비상재해대비시설설치에 관한 구체적인 기준은 복지부장관이 정함

아) 폐쇄회로 텔레비전
① 보육실 등의 촬영, 영상구현, 영상정보의 녹화·저장할 수 있도록 설비
② 사각지대의 발생을 최소화할 수 있도록 설치(보육실, 공동놀이실, 놀이터 및 식당, 강당에 각각 1대씩 설치)

③ 일정한 방향을 지속적으로 촬영할 수 있도록 설치
④ 임의 조작이나 녹음기능이 있도록 설치하지 못함
⑤ 고해상도(HD(High Definition))급 이상의 성능 보유
⑥ 60일 이상 저장할 수 있는 용량을 갖춘 저장장치
⑦ 안내판 설치
- 폐쇄회로 텔레비전 설치 목적
- 폐쇄회로 텔레비전 설치장소, 촬영범위 및 촬영시간
- 관리자의 성명 및 연락처

⑧ 기타사항은 '개인정보 보호법' 및 '정보통신공사업법'의 관련 내용을 준용

자) 그 밖의 실내 설비 기준
① 안전한 장소에 비상약품 및 간이의료기구 구비
② 비상구를 제외한 모든 출입문, 창문은 안쪽에서 잠기지 않고 밖에서 쉽게 열 수 있으며 출입문 및 창문 가장자리에 손끼임 방지 고무 패킹이나 완충장치 설비
③ 돌출형방열기(라디에이터) 그리고 여타 온열 기능은 영유아에게 직접 닿지 않게 설비
④ 책상, 의자 등 가구의 모서리에 보호 장치 설비
⑤ 보육실 내의 교구장 수납장 등은 안전을 고려하여 설비
⑥ 보일러설비, 뮤즈박스(두꺼비집), 화기, 소독수, 살충제, 조리실의 칼 · 가위 · 포크 · 랩 등은 유아의 손에 닿지 않게 설비
⑦ 내부(벽, 천장)의 마감 재료는 준불연재료 또는 난연재료를 사용함

나. 장애아 전문 어린이집(장애인 12명 이상 보육)에서는 다음의 시설 및 설비를 해야 함
1) 어린이집 시설은 장애아 1인당 7.83m^2 이상, 보육실은 장애아 1인당 6.6m^2 이상의 면적확보하고 비장애아와 함께 보육하는 경우 어린이집의 시설면적은 비장애아 1인당 4.29m^2를 이상 보육실은 2.64m^2 이상의 면적을 확보해야 함
2) 강당, 놀이실 등 집단 활동실은 문턱이 없어야 하고 휠체어, 보행기의 출입에 장애가 없어야 함
3) 출입구는 비상재해 시 대피가 쉽도록 복도 또는 넓은 공간에 직접 연결되고 시각장애아를 위한 점자블록이나 유도 장치를 설비함
4) 옥외 피난계단의 유효 폭은 0.9m 이상이어야 함
5) 회전문과 자재문(문턱이 없이 양방향으로 열리는 문)은 금하고 자동문 설치 시 문의 개폐시간은 3초 이상을 확보함
6) 휠체어에 앉은 영유아가 문의 손잡이를 잡을 수 있게 설계
7) 계단 외에 엘리베이터 또는 기울기 1/12 이하의 경사로 설치

다. 장애아 3명 이상을 보육하는 장애아 통합 어린이집은
1) 2층 이상의 시설에는 엘리베이터, 적어도 한 곳 이상은 1/12 기울기의 경사로 설치
2) 출입구는 비상재해 시 대피가 용이하도록 복도 또는 넓은 공간에 직접 연결시키고 시각장애아를 위한 점자 블록이나 유도 장치 설치
3) 복도, 문, 화장실은 휠체어 출입 가능하게 설치
4) 옥외 피난 계단의 유효 폭은 0.9m 이상

② 법적 요건 구비

또한 어린이집 설립 시에는 다음과 같은 법적 요건을 충족시켜야 한다.

ㄱ. **보육수요파악**

이용권역 내(보육대상 아동 수×보육소요율)(기준일 : 매년 1월 1일) '보육수요율'이란 6세 미만의 취학 전 영유아 수를 기준으로 현재 어린이집을 이용하는 아동과 향후 어린이집을 이용할 것으로 추계되는 아동의 비율을 의미함

〈표 II-10〉 **보육수요율**

지역	영아	유아
대도시	30.2%	42.2%
중·소도시	31.5%	43.9%
읍·면	42.5%	63.8%

ㄴ. **입지조건**

'영유아보육법 시행규칙' [별표 1]의 어린이집 입지조건 중 위험시설에 대한 사항

가. 어린이집은 보육수요, 보건, 위생, 급수, 안전, 교통, 환경 및 교통편의 등을 충분히 고려하여 쾌적한 환경을 갖춘 부지를 선정해야 한다.

나. 어린이집은 위험시설로부터 50m 이상 떨어진 곳에 위치하여야 한다. 위험시설이란 「주택 건설기준 등에 관한 규정」 제9조 제3항 각 호의 시설을 말한다.

다. 어린이집은 '건축법 시행령' [별표 1]에 따라 건축물의 용도가 소유자 시설이어야 한다. 다만, 영유아 20명 이하를 보육하는 직장어린이집, 부모협동어린이집 및 국·공립어린이집(제40조 제1항에 따른 지역에 설치된 어린이집으로서 같은 조 제2항에 따라 특별자치도지사·시장·군수·구청장이 지방보육정책위원회의 심의를 거친 국·공립어린이집에만 해당된다)은 가정어린이집을 설치할 수 있는 곳에도 설치할 수 있다.

라. '영유아보육법령' 및 '건축관계법령', '소방관계법령', '장애인, 노약, 임산부 등의 편의증진에 관한 법률', '장애인차별금지법', '어린이놀이시설안진관리법', '다중 이용시설 등의 실내공기 질관리법', '환경보전법' 등 어린이집 인가 관련 법령 등 각종 규정 준수 여부

마. 원장의 자격 결정 여부, 보육교직원 확보 여부 ※ '영유아보육법 시행령' 제21조 [별표 1] 및 동법 시행규칙 제10조 [별표 2]

(6) 인가증 교부

전항의 설립예정 어린이집에 대한 현지 확인을 통해 모든 조건이 충족되면 관련 해당 시·군·구청으로부터 인가증을 교부받아 당해 어린이집의 일정한 장소에 게첨한다.

(7) 사업자등록 신청

인가증이 교부되면 보육행정에 필요한 관할세무서에서 사업자등록을 신청하여야 한다. 고유번호증이 발급되는 즉시, 어린이집전용통장을 개설하고, http://childcare.mw.go.KR을 링크하여 e-보육사용자가입 신청을 한 후 관할 시·군·구 보육담당부서에 전화하여 승인요청을 해야 한다.

(8) 개원 및 개원상황 보고

전항의 절차가 마무리되는 대로 개원하고 개원상황을 해당 시·군·구청 보육담당관에게 보고한다.

제2장

유아교육기관의 취원

유아교육기관을 새로 설립하였거나 기존의 유아교육기관에서는 학기 말이나 학기 초에는 학부모 입장에서는 취원 그리고 유아교육기관의 입장에서는 원아모집을 하게 된다.

본장에서는 원아를 모집해서 신학기 유아교육이 정상적으로 이루어질 때까지의 과정에 따른 업무로서 원아모집, 입원준비, 유아의 이해, 학급편성, 입학식 등의 방법과 절차에 대해 다룬다.

1. 원아모집

유아교육기관을 운영하는 데 있어서 가장 큰 과제는 원아를 모집하는 일이다.

적정수준의 원아가 모집되지 않는다면 이는 바로 해당 유아교육기관의 세입부족으로 이어져 재정결핍으로 유아교육기관 운영에 막대한 지장을 준다. 따라서 각 유아교육기관에서는 원아모집을 위하여 다양한 방법을 활용하는데, 그중 대표적인 활동이 홍보활동이다. 그리고 일정기간 홍보를 한 다음 원아를 선발하게 된다. 다음에서 원아신빌을 위한 홍보와 원아선발방법에 대하여 기술하기로 한다.

1) 홍보

원아모집을 위해서 각 유아교육기관에서는 다양한 방법으로 홍보를 하게 된다. 이 홍보는 유아교육기관의 원아 모집에 직접적인 영향을 주는 활동으로 다음에서 이에 대하여 자세히 생각해 보기로 하자.

(1) 홍보의 개념

홍보란 사전적 의미로는 '조직과 공중의 쌍방향의사소통을 통해 우호적인 관계를 형성하는 것'으로 영어로는 Public information, Publicity, Public relations(P.R)로 표기한다.

위 정의에서 보는 바와 같이 홍보가 일방적인 의사소통으로 기관의 지식이나 정보를 제공하는 것이 아니다. 홍보물을 접하는 상대와의 쌍방향적 의사소통으로 홍보물을 접하는 학부모 또는 지역사회인들에게 어떤 행동의 변화를 일으키어 유아교육기관의 운영에 어떠한 형식으로든 직·간접적인 영향을 줄 수 있는 의사가 전달되는 성격을 가진다.

(2) 홍보의 목적

유아교육기관에서 이루어지는 홍보는 원아모집을 위해서만 이루어지는 것이 아니고 당해 유아교육기관에서 이루어지는 전반적인 교육의 방향을 소개함으로써 다음과 같은 목적을 기대한다.

즉, 당해 유아교육기관의 교육철학, 목표, 방법을 안내함으로써

첫째, 학부모로 하여금 유아교육기관 선택에 대한 정보를 제공한다(원아모집).

둘째, 학부모로 하여금 유아지도에 관한 정보를 입수하여 유아지도의 효율성을 도모한다(유아지도의 효율성 제고).

셋째, 학부모 및 지역사회로부터 유아교육기관과의 협력적이며 상호적인 관계를 유지하여 지역사회의 센터로서의 역할을 한다(지역사회의 센터 기능 수행).

(3) 홍보의 방향

유아교육기관에서 이루어지는 홍보는 학부모와 지역 사회인을 대상으로 이루어진다. 또한 홍보물을 접하는 사람이나 지역사회인들의 직업, 학력, 문화 수준이 달라 이들 모두에게 유아교육기관에서 의도하는 바가 바르게 전달되기 위해서는 다음과 같은 사항들이 고려되어야 한다.

① 거짓이 없어야 한다.

② 이해하기 쉽게 제작되어야 한다.

③ 간단명료하게 제작되어야 한다.

④ 유아교육기관의 특수성을 부각시키는 데 주안점을 둔다.

⑤ 기관의 홍보는 연중 이루어져야 한다.

(4) 홍보 시기

홍보 시기는 홍보 내용, 홍보방법에 따라 달라질 수 있으나 일반적으로 홍보 시기는 다음과 같다.

① 원아모집에 관한 홍보는 매년 11월~익년 1, 2월까지 TV, 라디오, 전단지, 포스터, 현수막, 게시판, 생활전단지, 우편물 등으로 한시적으로 한다.

② 인터넷으로 하는 경우, 특히 기관의 기본적인 정보, 운영철학, 운영목표, 운영방침, 주요 프로그램의 특성 및 방법, 역점교육시책, 교육방법 등은 연중 탐재해둔다.

③ 주요 교육・행사안내 등은 인터넷, 인쇄매체를 통하여 해당 시기에 맞추어 기재하여 기관의 홍보는 물론, 교육의 효율성을 도모한다.

(5) 홍보방법

홍보방법은 전항에서 밝힌 홍보방향에 따라 크게 부모교육을 통한 홍보, 홍보매체를 통한 홍보, 가정방문을 통한 홍보 등 3가지 유형을 생각할 수 있다.

① 부모교육을 통한 홍보

부모교육을 통한 홍보는 가장 현장적이며 실천적이고 또한 설득력이 있는 홍보방법이다.

그러나 부모 소집이 어렵다는 단점도 있다. 부모교육을 통한 홍보는 부모들을 유아교육기관에 직접 초청하여 일상적으로 이루어지는 교육활동을 참관시키고 기타 주요한 교육활동을 비디오, 슬라이드나 파워포인트 등 다양한 매체를 통하여 홍보하는 방법이다. 물론, 원아모집 안내나 모집절차를 인쇄물로 제작하여 배부하여야 한다. 특히, 미취원 유아모의 원아 취원 유도에 더욱 효과적이다.

② 홍보매체(홍보물)를 통한 홍보

홍보매체(홍보물)란 관청이나 회사 등에서 사업의 계획이나 활동상황 등을 대중들에게 널리 알리기 위하여 제작한 문서나 서류, 방송매체, 유아교육기관 홈페이지 개설, 인터넷 등을 활용하여 이루어진다.

ㄱ. 인쇄매체

인쇄매체의 특성은 기록성과 정확성이다. 인쇄매체는 오랫동안 보전할 수 있으며 비교적 제작비용이 적게 드나 활용성은 아주 높다.

인쇄매체에는 신문, 잡지, 전단지, 포스터, 게시판, 현수막, 마을 게시판, 우편물,

안내책자, 생활정보지 등 다양하다. 또한, 비용을 절감하기 위하여 유치원연합회 혹은 어린이집연합회 공동으로 포스터, 플래카드, 안내책자 등을 제작하여 활용할 수도 있다.

ㄴ. 방송매체

TV나 라디오와 같은 방송매체는 호소력과 집중력이 강하여 학부모나 사회인들에게 홍보하는 데 아주 효과적이다.

그러나 방송매체를 통한 홍보는 경제적 부담이 너무 과중하여 개별 유아교육기관의 홍보매체로는 적절하지 않다.

따라서 특정지역의 유치원연합회나 어린이집연합회 단위로 이루어질 때 소요경비를 공동으로 부담하기 때문에 다른 여타의 홍보매체보다 경제적일 수도 있다.

ㄷ. 인터넷

인터넷은 최근에 와서 유아교육기관의 홍보매체로 활용성이 높아져 간다.

인터넷은 연령에 상관없이 모든 계층의 사람들이 생활의 필수 도구로 상용하기 때문이다.

특히, 인쇄매체나 방송매체는 정보의 필요 유무와 관계없이 불특정다수에게 일방적으로 제공되지만 인터넷은 필요로 하는 사람만이 적극적으로 정보를 찾아 활용할 수 있다는 장점이 있다. 특히, 인터넷을 활용하는 경우에는 홈페이지를 구축해야 한다.

③ 가정방문을 통한 홍보

교직원이 취원 예비부모가정을 직접 방문하여 홍보하는 방법이다.

이 방법은 이해 해당사자 간의 만남을 통한 홍보로써 대단히 효과적이다. 다음 사항이 고려되어야 한다.

첫째, 가정의 피해를 주지 않는 시간을 택해야 한다.

둘째, 예비부모와 사전약속을 하고 진행한다.

셋째, 핵심사항만 전달하고 구체적인 내용은 유인물로 대체한다.

(6) 홍보 내용

홍보 내용은 어떠한 방법으로 홍보하느냐?, 즉 부모교육을 통해하느냐?, 홍보매체를 통해서 하느냐?, 가정방문을 통해서 하느냐?에 따라 다르고 홍보매체를 통해 하는 경우에도 인쇄매체, 방송매체 등의 성격에 따라 그 내용이 달라질 수 있다. 예를 들면, 플래카드나 포스터로 하는 경우에는 핵심이 되는 내용만을 압축하여 제시하고 전단지나 안내책 자료를 활용하는 경우에는 많은 내용을 포함시킬 수 있다.

또한, 내용 면에서 해당 유아교육기관의 운영철학, 유아교육관, 교육활동 내용을 홍보하느냐?, 유아모집에 관한 내용을 홍보하느냐?에 따라 수록 내용이 달라질 수 있으나 위 2가지 유형의 홍보는 일 년 내내 이루어지도록 해야 한다. 주요 홍보 내용은 다음과 같다.

① 원아모집을 위한 홍보 내용

원아모집을 위한 홍보 내용에는 모집대상 유아, 교육(보육)시작, 수업료(보육료), 학급당 인원, 그 외 학부모들이 궁금해 하는 점을 홍보한다.

② 평상시 홍보 내용

평상시 홍보 내용으로서는 해당 유아교육기관의 교육(보육)철학, 유아교육관, 교육(보육)방침을 기본으로 하여 교육(보육)활동과 운영의 독자성이나 차별성을 부각시키는데 노력해야 하는데, 그 내용을 정리하면 다음과 같다.

ㄱ. 기관의 기본적인 정보

기관의 명칭, 전화번호, 홈페이지 주소, 찾아오는 길, 교통편 안내 등

ㄴ. 기관운영철학, 교육(보육)목표, 교육(보육)방침

ㄷ. 주요교육(보육) 프로그램의 특성 및 운영방법

ㄹ. 기관의 역점 교육시책 및 방법

ㅁ. 교육(보육)시설 및 교직원 현황

ㅂ. 학부모들이 궁금해 하는 사항 등을 중심으로 홍보한다.

2) 원아선발

유아교육기관의 원아선발은 원아모집 공고 → 원서 교부 및 접수 → 입원대상자선발 통보 → 입학금 등 납입금 납부 → 입원대상자 확정 순으로 이루어지는데, 원아 선발절차는 모집인원의 결정, 선발시기, 선발절차, 선발 시 유의점 등에 대하여 기술하기로 한다.

(1) 모집인원 결정

원아선발을 위해서는 모집인원을 결정해야 한다. 모집인원은 유아교육기관 설립인가 시 정원이 책정되어 있는 바 이 정원을 근거로 모집 인원을 결정한다. 따라서 원아선발은 기관의 정원, 학급 편성을 고려하여 연령별 모집인원이 결정된다. 연령별 학급구성은 관할청에서 실시한 수요자 조사를 토대로 정하는 것이 바람직하다. 따라서 반 편성은 고정적으로 하는 것보다는 지역의 실정에 맞게 탄력적으로 운영해야 한다. 만약에 3세의 수요가 많다면 3세 모집 비율을 더 늘리는 방법이 좋다. 모집인원은 유아교육기관의 정원에 기초해야 하며 또한 유아교육기관의 유아 정원은 상황에 따라 증원 또는 감원을 관계기관에 신청할 수 있다.

(2) 선발시기

원아선발은 학기가 3월에 시작되므로 대개 12월에서 익년 1, 2월 사이에 이루어지는데, 최근에 와서 원아모집 경쟁이 심화됨에 따라 선발시기가 앞당겨져 11월이나 10월부터 선발하는 기관도 있다. 원아선발은 유아교육기관의 인기도에 따라 한 번에 선발되는 기관이 있는가 하면 정원에 미달되는 경우, 수개월 동안에 걸쳐 선발하기도 한다.

유아교육기관에 따라 결원이 생기면 그때그때 선발하기도 하는데, 유아교육기관의 프로그램이 1년 단위로 운영되기 때문에 프로그램의 시작과 종료 시기를 고려하여 시작할 때 선발하고 종료될 때 졸업을 시키는 시스템을 갖추는 것이 바람직하다.

(3) 선발방법

원아선발방법은 유치원과 어린이집에는 다소 차이가 있다.

① 원아선발

유치원의 원아모집은 시 · 도교육청, 어린이집의 원아모집은 시 · 도청의 지시를 따른다. 일반적으로 새 학년도 시작 전까지 마무리되어야 하므로 12~2월 중에 이루어진다.

ㄱ. 사립유치원은 거주지 제한을 받지 않으나 초등학교 병설유치원은 초등학교 1학년 입학생 모집과 같이 일정지역 내 거주자로 한정하여 모집할 수 있다.

ㄴ. 병설유치원이나 사립유치원 원아모집 시 정원이 초과되는 경우에는 현장추첨을 통하여, 병설유치원의 경우 나이가 많은 유아부터 선발하기도 한다. 그러나 세종시와 충청북도에서는 2017년부터 온라인 추첨방식을 도입하고 있다.

유치원의 원아 선발절차를 그림으로 표시하면 다음과 같다.

〈그림 Ⅱ-2〉 유치원의 원아 선발절차

어린이집 원아선발 시 입소 우선순위는 다음과 같다.

ㄱ. '국민기초생활 보장법'에 따른 수급권자(법정)

ㄴ. '모부자복지법' 제5조에 의한 보호대상자의 자녀(모부자)

ㄷ. '국민기초생활 보장법' 제24조 규정에 의한 차상위 계층의 자녀(차상위)

ㄹ. '장애인복지법' 제2조의 규정에 의한 장애인 중 여성가족부령이 정하는 장애 등급 이상의 해당자 자녀(장애부모)

ㅁ. 아동복지시설에서 생활 중인 유아(복지시설)

ㅂ. 맞벌이, 한부모, 조부모가정(맞벌이·결손)

ㅅ. 저소득층 보육료 지원 대상 영유아 중 기타 저소득층(3층, 4층)의 영유아(기타 저소득)

ㅇ. 입양된 영유아(입양아)

ㅈ. 세 자녀 이상 가정의 영유아(3자녀)(영유아보육법 제28조와 시행규칙 제29조)

그러나 '고용정책기본법' 제21조 제2항의 규정에 의하여 고용촉진시설을 설치·운영하는 시설의 장은 근로자의 자녀가 우선적으로 어린이집을 이용하도록 규정하고 있어 직장어린이집의 경우는 예외로 한다.

(4) 선발 시 유의점

초등학교는 의무교육으로 되어 있어서 해당 초등학교에서는 학구 내 학생 전원을 수용하는 선발정책으로 되어 있어 별로 어려움이 없으나 중·고등학교 이상에서는 선발 원칙이 엄격하게 적용되고 있다. 유아교육기관에서도 정원이 초과되는 유아교육기관에서는 선발기준을 준수하는 등 유아를 선발하는 데 유의할 점이 많다.

① 선발의 기준, 원칙 등을 취원 안내서에 명기하여 안내하고 선발과정에서 철저히 이행하여야 한다.

② 선발의 기준, 원칙을 모든 학부형들에게 동일하게 적용하여 고정성과 신뢰성을 확보한다.

③ 모집정원이 초과되어 추첨으로 이루어지는 경우, 추첨이 공정하고 추첨진행에 따른 혼란을 최소화하도록 유의한다.

④ 추첨에서 탈락한 학부모에 대한 대책도 강구해야 한다.
⑤ 유아교육기관에서는 입학금을 납부해야 입학이 확정되므로 입학금 납부 및 입학 포기 시 환불방법을 확실히 안내하고 명확하게 이행해야 한다.
⑥ 선발된 유아나 학부모들에게 오리엔테이션이나 유아교육기관의 예비체험을 통해 유아교육기관 적응교육을 실시한다.
⑦ 선발된 유아나 학부모에게 입학식에 따른 제반 준비 안내서를 사전에 작성하여 당일 교부한다.

2. 유아의 이해

입원준비과정으로 입원예정인 유아에 대하여 많은 정보와 자료를 입수하여 이해해야 한다. 유아에 대한 이해는 진단평가를 통하여 이루어지는데, 진단평가는 가정에서 제출한 입원관련 서류, 전 담임이 작성한 관련 조언자료, 학부모 상담, 설문조사, 신입원아 오리엔테이션 등 다양한 방법으로 수집·분석·종합하고 그 결과를 활용하여 유아지도에 임해야 한다.

1) 입원관련서류를 통한 유아의 이해

입원원서를 통하여 가족상황, 입원 전 경력, 과거 병력, 신체발달상황, 형제관계 및 형제의 유치원 이수 또는 재원 상황, 유아의 발달특성, 유아교육기관의 교육에 대하여 교사가 알고 싶은 내용, 부모의 건의사항 등을 알 수 있다.

2) 전 담임을 통한 유아의 이해

전 담임교사가 작성한 유아관련서류 또는 면담을 통하여 유아의 발달상황, 특이사항에 대한 다양한 정보를 입수할 수 있다. 특히, 전 담임이 작성한 생활기록부, 건강기록부, 학급경영부, 전년도에 제작한 포트폴리오나 작품 등을 충분히 검토해야 한다.

3) 부모상담을 통한 유아의 이해

학기 초에는 교사가 유아를 유심히 관찰하여 관찰결과를 가지고 부모와 직접 상담이나 전화상담을 통하여 많은 정확한 정보를 얻을 수 있다.

4) 다양한 설문조사를 통한 유아의 이해

설문을 통한 이해 내용으로는 생활습관, 학습습관 등이 있다. 생활습관 이해를 위한 설문지의 예를 들면 다음과 같다.

입원원서의 '예'

○○○○학년도 ○○어린이집 입원원서
접수번호(0000－) 만 3세반(00.1－00.12),
만 4세반(00.1－00.12), 만 5세반(00.1－00.12)

※ 아래 굵은 선 안의 내용은 필수 기재 사항입니다. 번거로우시겠지만 꼭 기재해 주세요.

<table>
<tr><td rowspan="10">인적 사항</td><td rowspan="2">성명</td><td colspan="2">(한글)</td><td>성별</td><td>주민등록번호</td><td rowspan="4">사진(반명함판)</td></tr>
<tr><td colspan="2">(한자)</td><td></td><td>－</td></tr>
<tr><td rowspan="2">주소</td><td colspan="4">우편번호 :</td></tr>
<tr><td colspan="4">전화번호 : 집－일반전화 : 전화 :
휴대폰－ 부 : 모 :</td></tr>
<tr><td colspan="2">관계
구분</td><td colspan="2">부</td><td>모</td><td>기타사항</td></tr>
<tr><td rowspan="5">가족 사항</td><td>성명</td><td colspan="2"></td><td></td><td rowspan="5"></td></tr>
<tr><td>생년월일</td><td colspan="2"></td><td></td></tr>
<tr><td>학력</td><td colspan="2"></td><td></td></tr>
<tr><td>직업</td><td colspan="2"></td><td></td></tr>
<tr><td>종교</td><td colspan="2"></td><td></td></tr>
<tr><td rowspan="2">입원 전 경험</td><td colspan="6">년 월부터 년 월까지</td></tr>
<tr><td colspan="6">년 월부터 년 월까지</td></tr>
<tr><td>병력</td><td colspan="6"></td></tr>
<tr><td>신체</td><td colspan="6">키 ( )cm, 몸무게 ( )kg</td></tr>
<tr><td>형제</td><td colspan="6">형제 자매의 동시 입학(재원) 여부 : 이름( ) 연령( )</td></tr>
<tr><td colspan="7">교육비 반환받을 수 있는 계좌번호 은행 : 계좌번호 : 예금주 :</td></tr>
<tr><td colspan="7">담임교사에게 알리고 싶으신 내용이나 건의하고 싶으신 내용을 적어 주시면 유아지도에 적극 반영하겠습니다.</td></tr>
<tr><td colspan="3">자녀의 발달적 특성이나 성격에 대해서 담임교사에게 알려 주고 싶으신 내용</td><td colspan="4"></td></tr>
<tr><td colspan="3">어린이집 교육 운영 전반에 대해서 희망하시는 점이나 건의하고 싶으신 내용</td><td colspan="4"></td></tr>
</table>

유아 생활습관 설문지

습관의 종류	다음 중에서 해당되는 사항에 모두 V표 해 주십시오.	
1. 식사습관	① 혼자서 먹는다. ( ) ② 좋아하는 음식만 먹는다. ( ) ③ 한 곳에 앉아서 먹는다. ( )	먹여 줘야 한다. ( ) 골고루 먹는다. ( ) 식사 중 돌아다니면서 먹는다. ( )
2. 수면습관	① 스스로 잔다. ( ) ② 혼자서 잔다. ( ) ③ 일찍 잔다. ( ) ④ 일어나는 시간이 규칙적이다. ( )	재워 줘야 한다. ( ) 부모님과 잔다. ( ) 늦게 잔다. ( ) 일어나는 데 힘들어 한다. ( )
3. 배설습관	① 대변을 혼자서 해결한다. ( ) ② 소변을 혼자서 해결한다. ( ) ③ 소변을 자주 보는 편이다. ( )	도와줘야 한다. ( ) 도와줘야 한다. ( ) 소변을 가끔 본다. ( )
4. 언어습관	① 존댓말을 잘 사용한다. ( ) ② 의사표현을 적극적으로 한다. ( ) ③ 문장을 읽을 줄 안다. ( ) ④ 발음이 정확한 편이다 . ( )	존댓말을 가끔 사용한다. ( ) 수줍어한다. ( ) 간단한 단어를 읽을 줄 안다. ( ) 발음이 분명치 못하다. ( )
5. 친구관계	① 친구를 잘 사귄다. ( ) ② 또래 또는 연상의 친구가 많다. ( ) ③ 동성 친구하고만 논다. ( )	내성적이어서 주로 혼자 논다. ( ) 또래 또는 연하의 친구가 많다. ( ) 이성 친구와도 잘 논다. ( )
6. 성격	① 고집이 세다. ( ) ② 샘이 많다. ( ) ③ 능동적이다. ( ) ④ 끈기가 있다. ( ) ⑤ 친구를 잘 도와준다. ( )	원만한 편이다. ( ) 이해심이 있는 편이다. ( ) 수동적이다. ( ) 끈기가 부족하다. ( ) 다른 친구 일에 관심이 없다. ( )
7. 기본생활	① 세수를 혼자 한다. ( ) ② 양치질을 스스로 한다. ( ) ③ 옷을 자기 마음대로 골라 입는다. ( ) ④ 정리정돈을 잘한다. ( )	도움이 필요하다. ( ) 도움이 필요하다. ( ) 옷을 주는 대로 입는다. ( ) 뒷정리에 소홀한 편이다. ( )

5) 신입원아 오리엔테이션을 통한 유아의 이해

신입원아 오리엔테이션은 어린이집교사가 신입원아들과의 공식적인 만남이다.

여기에는 신입원아, 재원 원아, 신입생 부모가 동석하도록 한다. 오리엔테이션의 형식은 다양하나 일반적으로 신입원아, 재원 원아, 학부모가 소그룹으로 나누어 종이 접기와 같은 작업활동을 하거나 간단한 수업을 전개하면서 신입원아의 행동특성에 대해 관찰하여 그 결과를 기억해 두었다가 유아지도 및 부모면담자료로 활용한다.

6) 학부모 오리엔테이션

신입원아 오리엔테이션이 원아에 대한 이해를 목적으로 이루어진다면 부모 오리엔테이션은 유아의 입원 준비를 위해 실시하는 것이다. 부모 오리엔테이션은 어린이집 안내책자를 비롯하여 다양한 유인물을 제작하여 학부모들에게 입원 준비에 따른 내용을 안내하게 된다. 유인물에 수록할 내용은 다음과 같다.

(1) 어린이집 현황(교원, 시설, 교재·교구, 기타)
(2) 어린이집 운영목표 및 방침
(3) 어린이집의 특색
(4) 일과활동시간표, 일과활동 운영방식
(5) 행사계획
(6) 수업료의 금액 및 징수 절차
(7) 차량 운행방법
(8) 건강·안전에 대한 유의점
(9) 간식 및 점심시간과 차림표
(10) 부모교육, 부모참여 운영계획
(11) 원아 복장과 소지품에 관한 사항
(12) 학습활동을 위한 준비물
(13) 경축일, 생일축하, 야외학습 등 특별한 행사계획과 이에 따른 준비물
(14) 기타 필요한 사항

3. 학급편성

인간은 조직 속에서 생활한다. 한시도 조직을 떠나서는 살아갈 수 없다.

유아들이 가정이라는 조직을 떠나 최초 섭하는 사회적 조직으로는 유아교육기관이라는 조직을 만나고 그 속에 들어가서는 학급이라는 조직 그리고 학습의 효율성을 높이기 위해 학습조직을 만나게 된다. 또한 이러한 조직들은 유아들이 선택하거나 사회·심리적인 면에서 자연발생적으로 형성된 조직이 아니고 교사들에 의해 인위적으

로 편성시킨 조직으로서 이러한 조직을 편성함에 있어서 교사가 미리 알아두어야 할 내용을 중심으로 기술하기로 한다.

1) 학급의 개념

학급의 정의에 대하여 논하기 전에 학급의 일반적인 성격에 대하여 생각해 보자.

첫째, 학급은 교사에 의하여 인위적으로 편성된 조직이다.

둘째, 학급은 교육적 목적을 실현하기 위하여 여러 개의 집단으로 구분한 것이다.

셋째, 학급은 동일연령, 동일 수준의 유아들로 구성된다.

넷째, 학급은 동질성과 개인차가 함께 공존하는 집단이다.

다섯째, 학급은 뚜렷한 목표를 지닌 목적사회 집단이다.

여섯째, 학급은 교사의 지도 아래 있는 집단이다.

일곱째, 학급은 사회적·심리적 집단이다.

이상의 성격을 종합하면 학급이란 '유아교육기관에서 교육목적을 실현하기 위해 교사의 지도 아래 구성원들 간의 동질성과 개인차가 공존하는 사회적·심리적이며 인위적으로 편성된 교육활동의 기본 단위이며 기본적 학습장면'이다.

2) 학급편성의 원리

학급편성이란 유아교육기관의 교육목적을 구현하기 위하여 일정한 기준과 원칙에 의하여 학급을 편성하는 일로 학급편성은 다음과 같은 원리에 의해 이루어져야 한다.

(1) 전인적 발달의 원리

교육이란 원천적으로 지·덕·체가 겸비된 전인(whole person)을 육성하는 활동이다. 따라서 학급편성에서도 유아들의 신체운동·건강, 의사소통, 사회관계, 예술경험, 자연탐구능력의 균형적인 지도를 통해 전인적 발달을 도모해야 한다.

(2) 개인차의 원리

유아들은 그들의 흥미, 성격뿐만 아니라 신체적·탐구적·언어적·정신적·사회적 발달 정도가 다르며, 또한 그들의 가정배경이나 문화, 가치관 등이 달라 그들의 요구나 기대 또한 다를 수밖에 없다. 따라서 이와 같이 극심한 개인차의 문제를 고려하여 학급을 편성해야 한다. 즉, 유아 개개인의 개인차를 인정해주고 그들의 개성과 특수성을 도모할 수 있어야 한다.

(3) 사회화의 원리

유아교육기관은 유아들의 사회화를 위한 최초의 공식적인 조직이고 또한 학급은 유아들이 사회생활을 하는 가장 작은 조직이다. 그러나 이 조직 속에서 유아들은 유아 상호 간의 원활한 상호교류작용을 통하여 사회적 규범, 사회적 질서, 인간관계 기술, 기본생활습관 등을 학습하면서 사회적 존재로서 성장해 나간다.

유아교육기관의 학급조직 내에서 유아들 간의 상호작용을 통하지 않고는 사회적 학습이나 사회성을 배양시킬 수 없다.

(4) 다양성의 원리

다양성의 원리는 개인차의 원리와 같은 개념이다. 학급구성원들 간에는 동질성과 이질성이 함께 공존하는 집단이다. 신체, 탐구, 언어, 정서, 사회적 발달 면에서 유사성이 있는가 하면 또한 개별성이 존재한다. 동질성이나 유사성이 있는 과제는 집단지도로, 그리고 이질성과 개별성이 있는 과제는 개별지도를 통해 해결하는 등 집단 구성의 다양성과 함께 지도방법의 다양성을 동시에 추구해야 한다.

(5) 역동성의 원리

역동성의 원리란 집단이 힘차고 활발하게 움직이는 성질로서 학급집단을 역동적으로 항상 정체됨이 없이 움직여야 한다. 유아 상호 간에는 아무렇지도 않은 듯 보이지만 상호 간에 사랑하고 아끼고 협동하고 때로는 경쟁하고 우애하는 마음을 서로 주고받는 심리적·정서적 움직임이 있어야 한다. 그리고 학습시간에는 교사와 유아 간에 학습활동이 활발히 이루어져야 하며 놀이시간에는 즐거움을 서로 주고받으면서 마음껏 뛰놀고 움직이면서 협동과 우애심을 키워나간다.

(6) 효율화의 원리

효율화의 원리는 유아교육뿐만 아니라 사회의 모든 조직이나 단체활동에서 기대하는 원리이다.

학급을 편성하는 일은 크게는 당해 유아교육기관에서 기대하는 교육목표 구현을 비롯하여 유아의 사회성, 정서감, 신체적 발달, 언어적 발달들이 효율적으로 이루어질 수 있도록 학급이 편성되고 운영되어야 한다.

3) 학급편성의 기능

학급은 유아교육기관의 기초적 단위집단으로서 유아들에게는 인격 형성의 장이며 교사들에게는 교육 실천의 장이다. 또한 학급이란 유아들의 배움의 장소로서 그리고 생활의 장소로서 그들의 인생에서 가장 어린 시절의 대부분을 보내는 곳이다. 학급의 기능을 교사와 유아의 입장에서 생각해보기로 하자.

(1) 교사의 입장에서

① 교사가 자기 학급에 소속된 유아들의 유아교육에 대하여 전적인 책임을 지고 유아에 대한 이해, 연구, 관리, 지도 등에 연속성을 갖는다.

② 학습과 생활지도에 적절한 인원, 공간, 교재·교구가 확보되어 유아교육의 효율성을 도모할 수 있다.

(2) 유아의 입장에서

① 학급 안에서 한정된 담임교사와 밀착되어 모델링함으로써 담임교사의 모든 행동과 가치를 학습할 수 있다.

② 한정된 유아들 간의 활발한 상호작용을 통하여 사회성, 소속감, 사회적 습관과 태도 등을 학습할 수 있다.

③ 학급에 소속된 동일 수준의 유아들 간에 비교, 경쟁, 모델링을 통하여 자신의 성장·발달을 도모하고 자기정체감, 긍정적 자아개념이 형성될 수 있다.

④ 교사로 하여금 자기 자신의 특성과 요구, 기대에 따른 개별지도를 받음으로써 자기성장을 꾀할 수 있다.

⑤ 교사는 부모를 대신하여 자신의 요구를 해결해 주는 지지자로서 심리적·정서적 안정을 준다.

4) 학급편성방법

이상에서 밝힌 학급편성이 노리는 목적을 극대화시키기 위해서는 학급을 합리적으로 편성해야 한다.

'유아교육법 시행령' 제13조에서 학급편성방법을 규정한 것도 학급편성방법이 유아교육의 효율성에 미치는 영향이 지대하기 때문이다. 다음에서 학급편성방법으로 학급편성의 유형, 학급의 규모, 학급의 이름, 기타 고려할 점 순으로 기술한다.

(1) 학급편성의 유형

학급편성방법은 동질학급 편성방법과 이질학급 편성방법이 있다.

동질학급편성은 유아의 연령, 성, 능력, 지역, 계층, 인종 등으로 구분하여 편성하는 방법이고, 이질학급편성은 유아의 연령, 성, 능력, 지역, 계층 및 인종을 적절히 혼합하여 편성하는 방법이다.

그러나 실제로 학급을 편성하는 데 있어서 이상에 열거한 제반사항을 모두 고려하여 편성하기란 그리 쉽지 않다.

따라서 '유아교육법 시행령' 제13조와 법 제12조 제3항에 따라 '유치원의 학급편성은 같은 연령으로 한다. 다만, 원장은 교육과정의 운영상 특히 필요한 경우에는 혼합연령으로 학급을 편성할 수 있다.'라고 규정하고 있다. 그러나 요즈음 농촌지역 유아교육기관에서는 원아 수가 적어 불가피하게 혼합연령으로 편성할 수밖에 없는 설정이다.

① 동일연령반 편성

동일연령반 편성은 나이가 1년 미만의 유아들로 편성하는 방법으로 동일 연령반 편성 시 장·단점은 다음과 같다.

ㄱ. 장점

가. 교사가 지도계획을 세우고 학습활동을 진행하는 데 용이하며 교사의 경력에 관계없이 누구나 지도할 수 있다.

나. 유아 상호 간의 비교를 통하여 자신의 결점, 부족함을 쉽게 발견하여 이에 적절한 보완지도가 용이하다.

ㄴ. 단점

동일연령이라 할지라도 성장, 발달에 극심한 차이가 생기는 경우, 우수한 유아는 우월감, 부진한 유아는 좌절감을 가질 수도 있다.

② 혼합연령반 편성

혼합연령반은 연령이 다른 유아들로 편성되는 학급을 말한다. 혼합연령반의 장·단점은 다음과 같다.

ㄱ. 장점

가. 나이가 많은 유아가 어린 유아의 학습·생활에 도움을 줄 수 있다.

나. 같은 반에 형, 누나, 동생, 오빠가 있어 가정적인 분위기가 조성되어 화목한 학급생활이 이루어진다.

ㄴ. 단점

가. 유아들 간에 갈등이 생기는 경우, 나이가 많은 유아는 어린 유아에게 세력적 행사를 가할 수 있다.

나. 유아가 이질적으로 편성됨으로써 유아지도계획 수립 및 지도에 어려움이 많다.

(2) 학급규모

학급의 규모란 학급의 크기를 말하는 것으로 1학급을 몇 명의 유아로 구성하느냐에 관한 문제로 학급규모는 유아교육의 질에 직접적으로 영향을 준다.

학급규모에 대하여 일관된 의견은 없으나 몇 가지 사례를 제시한다.

① 유치원의 경우, 2007년 개정교육과정에서는 학급편성에 관한 세부사항을 시·도 교육청에서 작성하여 그 기준을 지역교육청과 유치원에 권고하도록 되어 있다. 따라서 2010년의 경우, 일반적으로 다음과 같은 학급규모를 권장하고 있다.

〈표 Ⅱ-11〉 교사 1인당 담당 유아 수

연령	5세	4세	3세
유아 수	28~30명	25~28명	15~18명

② 어린이집의 경우는 '영유아보육법' 제52조 및 시행규칙 제17조(보육교직원의 배치), '영유아보육법 시행규칙' 제10조 [별표 2]에서는 아래와 같이 보육교사 1인당 영유아 수를 다음의 기준으로 편성하도록 하고 있다.

〈표 II-12〉 보육교사 1인당 담당유아 수

연령	교사 1인당 담당유아 수
만 1세 미만	3인
만 1세 이상 만 2세 미만	5인
만 2세 이상 만 3세 미만	7인
만 3세 이상 만 4세 미만	15인
만 4세 이상 만 5세 미만	20인
취학 아동 장애아	20인 3인(장애아 9명당 보육교사 1인은 특수교사 자격증 소지자이어야 함)

위와 같이 유치원과, 어린이집의 학급규모를 제시하고 있으나 여건에 따라 아래와 같이 탄력적으로 운영해야 한다.

첫째, 각 유아교육기관 별로 실내외 공간 면적, 시설, 교재·교구 및 교사의 수나 경력을 고려하여 편성한다.

둘째, 각 유아교육기관의 설립철학, 교육목표 구현에 따른 독자적인 특정 프로그램 운영에 적절하게 편성해야 한다.

(3) 학급의 명칭

학급의 명칭은 다음과 같은 점을 고려한다.

첫째, 편성된 학급의 명칭은 원아들이 기억하거나 부르기 쉬우며 호감을 줄 수 있는 이름이 좋다(예 : 기린반, 토끼반, 나비반 등).

둘째, 편성된 학급의 명칭은 아름답고 고상하며 긍정적이고 미래지향적이면 더욱 좋다(예 : 사랑반, 믿음반, 지혜반, 창의반 등).

(4) 담임배치

담임배치에서는 다음 사항을 고려한다.

첫째, 교사의 희망을 최대한 고려한다.

둘째, 신규교사는 원아 수를 적게, 경력이 있는 교사에게는 유아 수를 늘린다.

셋째, 육아 경험이 있는 교사에게는 배변이나 이유식과 같은 돌봄이 필요한 어린 연령의 영유아를 담당하게 한다.

(5) 고려할 점

학급을 편성할 때 동일연령반이나 혼합연령반 중 어떠한 유형의 학급을 편성하든 간에 다음 사항이 고려되어야 한다.

① 생년월일, 성별, 가족사항, 이전 연령에서의 발달상황 등을 고려하여 배치한다.
② 능력이 좀 떨어지는 유아, 편식으로 점심지도가 까다로운 유아, 공격성이 강한 유아, 특수아, 외국인 자녀 등이 한 학급에 편중되지 않도록 한다.
③ 유아교육기관의 교육연령, 학급 수, 학급크기 등을 고려하여 당초에 유아를 모집해야 한다.
④ 실내의 공간면적과 시설 및 교재·교구의 확보상황을 고려해야 한다.
⑤ 일반적으로 나이가 적거나 비정상적인 원아일수록 나이가 많거나 정상적인 원아보다 원아의 비율이 낮아야 한다.

4. 입학식

입학식은 유아들이 가정생활에서 최초의 유아교육기관생활로 전환되는 시기이다. 따라서 유아들은 어린이집에 대한 희망과 신비감 그리고 초조함에 쌓여 있다. 따라서 유아들에게 희망과 꿈을 심어주며 평생을 통해 좋은 추억이 될 수 있는 입학식이 되도록 노력한다.

1) 방침

(1) 신입유아·재취학유아 및 학부모가 모두 참석하도록 한다.
(2) 유아가 어린이집 입학식에 잘 적응할 수 있도록 진행한다.

2) 입학식 진행 순서

(1) 교사는 경쾌한 음악 테이프, 이름표, 단상, 마이크, 태극기, 식순, 안내문 등을 준비한다(내용은 예비소집 유인물 참조).

(2) 등원한 유아들과 학부모들은 식이 진행되는 장소로 이동한다.

(3) 입장할 때 입구에서 유아들에게 이름표를 달아준다.

(4) 입학식을 식순에 따라 진행한다.

(5) 입학식이 끝난 후 유아는 각 반 담임과 교실로 이동하여 담당교사와 활동한다.

다음에서 생활안내서를 소개한다. 생활안내서에 대하여 학부모들에게 철저히 주지시켜 신입원아의 어린이집 적응교육을 실시한다.

생활안내

1. 일과 운영시간 안내

어린이집 일과는 등원 및 놀이 계획하기, 자유선택활동, 대·소집단활동, 휴식, 평가 및 귀가 등 다양한 활동으로 운영한다.

시간	활동	
08:30 ~ 09:50	등원 및 인사 나누기	
	자유선택활동	놀이계획, 언어, 수, 과학, 음률, 적목, 조작, 역할, 조형, 중점교육활동
09:50 ~ 10:00	정리정돈, 화장실 다녀오기	
10:00 ~ 10:10	우유급식	
10:10 ~ 10:30	선택활동 평가 및 이야기 나누기	
10:30 ~ 11:00	대·소그룹활동(신체활동, 동극, 작업, 노래, 게임 등)	
11:00 ~ 11:40	조형활동 및 창의성 교육	
11:40 ~ 12:50	점심식사, 음악 감상, 자유선택활동	
12:50 ~ 13:50	실외활동, 대·소그룹활동(동화, 동시 감상)	
13:50 ~ 14:00	평가 및 귀가지도	

2 등·하원 시의 교통안전지도

가. 통학차량 이용 등하원

1) 지정된 장소에서 시간을 잘 지켜 탑승해 주시고 정해진 시간에 원아가 나와 있지 않을 경우, 다음 운행시간에 지장이 있으므로 5분 일찍 나와서 기다려 주시기 바랍니다.

2) 결석 등의 사정으로 차량을 이용하지 않을 경우에는 어린이집이나 기사에게 미리 연락해 주시기 바랍니다(오전 8시 이전, 기사 전화번호 안내).

3) 원아들의 안전을 위하여 보호자께서 반드시 어린이집 버스에 승차시켜주시고 줄을 서서 기다리는 습관을 길러 주시기 바랍니다.

4) 항상 정해진 장소에서 승·하차를 할 수 있도록 해주시기 바랍니다.

나. 도보 등하원

1) 안전하게 어린이집에 도착할 수 있도록 학부모님께서 도와주시기 바랍니다.

2) 자녀들의 교육활동에 지장을 주지 않도록 정해진 시간에 등원시켜 주시기 바랍니다.

3. 안전과 위생

가. 안전사고 및 질병의 발생 시에는 '비상연락 및 응급처치 동의서'의 절차에 따라 응급처치가 이루어집니다.

나. 안전을 위해 계획에 따라 각각의 안전훈련(교통, 화재, 지진, 성교육, 유괴 등)이 실시됩니다.

다. 안전공제회 보험은 어린이집에서 전체적으로 가입합니다.

4. 학부모 자원 봉사활동 안내

어린이집 활동에 직접 참여하면서 원아들의 발달에 도움을 줄 수 있고 생활에 새로운 활기를 느낄 수 있는 자원봉사활동에 참여하실 학부모님을 모집합니다. 관심이 있으신 학부모님께서는 안내문 내용을 잘 읽어보시고 참여 여부를 알려 주시기 바랍니다.

학기 초 준비물

☺ 준비물은 3월 ○일(○)까지 모두 준비해주시기 바랍니다.

① 실내화
② 칫솔, 치약
③ 여벌의 옷, 산책용 모자

★ 모든 준비물에 이름을 반드시 표기해 주십시오.

제 III 부

유아교육기관의 시설 · 설비, 교재 · 교구관리

시설 · 설비란 교육시설로서 당해 유아교육기관에서 설정한 교육목표를 효율적으로 구현하기 위하여 기본적이며 지속적으로 지원하고 활용할 수 있도록 설치된 모든 물리적 환경을 말하며 또한 교재 · 교구란 유아의 교육활동에 직접적으로 활용되는 교육소재로서 이 두 가지 물리적환경은 교육의 효율성에 직접적으로 영향을 줌으로서 교육적으로 시설 · 설비 및 교재 · 교구를 확보하고 관리해야 한다. 따라서 제 III부에서는 3개장으로 구분하여 제1장에서는 시설 · 설비에 대한 개념, 내용, 교육적 가치 등을 비롯하여 학문적인 이해를 돕고, 제2장에서는 실내 시설 · 설비 방안, 제3장에서는 실외 시설 · 설비방안 그리고 제4장에서는 비품 및 교재 · 교구의 관리 방안 등에 대하여 다룬다.

제 1 장 시설 · 설비의 이해

유아교육기관에서 시설 · 설비는 유아교육의 효율성을 높이는 데 직접적인 영향을 준다. 또한 유아교육기관의 시설 · 설비는 초등학교나 중 · 고등학교와는 다른 특수성이 많다. 그래서 학부모들은 일차적으로 시설 · 설비가 좋은 유아교육기관을 선호하기 마련이다. 따라서 시설 · 설비의 실제에 앞서 시설설비에 대한 학문적 접근으로 개념, 내용, 교육적 기능 등을 다루어 유아교육기관에서 시설 · 설비를 하는 데 있어서 그 방향과 방안을 제시하는 데 주안점을 두고 기술한다.

1. 시설 · 설비의 개념

시설 · 설비라는 말은 시설과 설비의 합성어로 흔히 설비를 시설 속에 포함시켜 사용하기도 한다. 사전적 의미로서 시설이란 '도구, 기계, 장치 따위를 베풀어 설비함, 또는 그런 시설' 그리고 설비란 '필요한 것을 베풀어서 갖춤, 또는 그런 시설'로 정의하고 있다(국어사전).

흔히 유아교육기관 현장에서는 유아교육기관의 교육시설이라는 용어를 많이 활용하면서 교육시설에 시설과 설비를 포함시켜 말하기도 한다.

따라서 유아교육기관의 교육시설 또는 유아교육기관의 시설 · 설비란 '당해 유아교육기관에서 설정한 교육목표를 효율적으로 구현하기 위해서 기본적이며 지속적으로 지원하고 활용할 수 있도록 설치된 모든 물리적 환경'을 말한다.

2. 시설 · 설비의 내용

시설과 설비를 구분하여 말할 때 시설이란 건물 및 건물 내의 현관, 복도, 활동실(교실)과 부속실 그리고 실외놀이터, 사육장 등과 같이 건물 내 · 외에 고착되어 갖추어진 물리적 환경을 의미하며 설비는 유아의 교육과 보육기능을 수행하기 위해 시설과 관련되어 필요한 책상, 의자, 선반, 가구, 교재 · 교구 등과 같은 물리적 요소의 총체이다. 이를 표화하면 다음과 같다(신화식 외, 2010).

〈표 Ⅲ-1〉 유아교육기관의 시설 · 설비

구분			내용
시설	외부 시설		대지, 광장, 외부출입문, 현관, 실외놀이터, 창고, 식물재배지 및 정원, 동물 사육장, 실외 화장실
	건물 시설	실내 공간	활동실, 유희실, 사무실, 양호실, 조리실, 식당, 화장실, 세면실, 교사실, 교재실, 상담실
		내부 시설	급수, 배수, 위생, 조명, 냉 · 난방시설, 소방시설
설비	교재 · 교구		각 영역별 교재 · 교구, 실외놀이기구, 시청각 기자재
	비품		책상, 의자, 교재 · 교구 정리장, 선반, 사무가구 및 비품, 가전제품, 위생기구, 소방기구, 냉 · 난방기구

3. 시설 · 설비의 교육적 기능

시설 · 설비는 유아들의 교육환경 또는 학습 · 생활조건이다.

교육환경이란 인간에게 어떤 행동을 유발하게 하며 인간의 여러 특성을 형성하게 하는 힘을 가지고 다양한 기능을 수행하게 하는 교육적 여건으로 특히 유아교육기관 내의 시설 · 설비가 갖는 교육적 기능은 대단히 크다.

또한 유아들은 유아교육기관이라는 한정된 교육적 공간에서 하루 대부분의 시간을 보내는 공간으로 유아교육기관의 생활이 가정생활과도 같은 것이다.

그러므로 유아교육기관 내의 시설 · 설비는 단순히 물리적 존재가 아니라 유아들의

성장 · 발달에 끊임없이 작용하여 정신적인 영향을 주는 공간으로서 시설 · 설비의 교육적 기능을 정리해보면

첫째, 각종 시설 · 설비는 시설 · 설비가 지니고 있는 독자적인 기능을 발휘하여 유아의 성장 · 발달을 도모한다.

둘째, 각종 시설 · 설비는 유아들의 인지적 성장을 돕는 교수적 기능을 갖는다.

셋째, 각종 시설 · 설비는 유아들의 원내 생활에 다양한 편익을 제공한다.

넷째, 각종 시설 · 설비는 활동실을 정서적이고 생동감 있는 분위기를 조성해준다.

다섯째, 각종 시설 · 설비는 유아들이 안정감을 갖게 하고 안전생활을 도모한다.

여섯째, 각종 시설 · 설비를 유아들이 공동으로 사용함으로써 유아들 간의 상호작용을 통해 사회성, 준법성, 인간관계기술을 터득시킨다.

4. 시설 · 설비의 특성

유아교육기관의 시설 · 설비가 초 · 중 · 고등학교의 시설 · 설비와는 성격 면에서 많은 차이가 있다.

이는 유아교육에 대한 철학적 관점, 유아관, 유아기의 발달적 특성, 유아교육의 이념과 방향 그리고 유아교육이나 보육에 대한 학부모나 유아의 요구와 기대 등에 차별성이 있어 이러한 제반요인이나 조건들을 충족시켜 줘야 하기 때문이다.

먼저 유아교육기관의 시설-설비의 특성에 대하여 기술하기 전에 초등학교의 시설 · 설비의 특성을 들여다보자.

초등학교는 높은 벽돌담이나 울타리로 둘러싸인 넓은 운동장과 여러 층의 커다란 본관건물, 강당, 식당 등 부대 건물이 있다.

커다란 본관 건물은 어김없이 긴 복도에 이어 여러 개의 창문이 달린 교실이 늘어서 있고 양쪽에 출입문이 있다. 사각형 모양의 교실 전면에는 칠판, 교탁, 시청각 교구 등이 놓여 있으며 아동용 책상과 걸상이 전면을 향하여 일정한 간격으로 배열되어 있고 교실 측면이나 뒷면에는 게시판이 설치되어 다양한 아동 작품이 게첨되고 관상용 화분이 놓여져 있는데, 이러한 모습은 예나 지금이나 하나도 변함이 없다. 이런 구조적이며 단조롭고 평면적인 교실구조에 비하여 유아교육기관의 활동실은 비구조적

이어서 융통성과 변화성이 있으며 입체적이고 아기자기하며 따뜻하고 포근한 느낌이 든다.

다음에서 유아교육기관의 시설 · 설비의 특성에 대하여 알아보자.

1) 전체적인 분위기

유아교육기관은 가정과 같은 분위기이다. 또한 유아가 가정에서 사회교육기관으로는 처음으로 접하는 시설기관으로 유아들이 겪는 트라우마를 최소화시키기 위하여 가정과 같은 분위기를 조성해줘야 한다. 가정과 같은 분위기가 조성되는 시설 · 설비로는 첫째, 유아들이 가지고 놀 수 있는 다양한 놀이기구들이 활동실과 실외 유원장에 준비되어 있고 화장실, 세면장, 카펫, 방석, 개인 사물함, 소파 등의 가구나 비품 등 유아 생활에 필요한 편익시설이 설비되어 있다. 둘째, 유아들이 대단히 활동적이어서 늘 위험성에 노출되어 있으므로 시설 · 설비에서 유아의 안전을 최우선으로 하고 있고 유아들이 신체적 · 정서적으로 안정감을 갖고 편안하게 생활할 수 있도록 가정과 같은 편안하고 안락한 분위기를 조성해 주고 있다.

2) 실내 시설 · 설비

첫째, 실내공간은 밝고 아늑하면서도 놀이활동을 할 수 있는 다양한 흥미영역이 설치되어 선택에서 평가에 이르기까지 모든 활동이 유아들이 주도적으로 이루어지도록 설비되어 있다.

둘째, 다양한 교재 · 교구가 풍부하여 유아들은 교사가 중심이 되어 주도하는 설명위주의 학습을 탈피하여 유아 중심의 오관을 통한 체험학습을 할 수 있도록 교재 · 교구가 설비되어 있다.

셋째, 수시로 비품과 실비를 이동시켜서 활동실 공간의 크기나 무양에 변화를 줄 수 있고 작업대나 의자를 수시로 이동시켜 학습공간에 융통적으로 변화를 줌으로써 유아들에게 많은 신비감과 호기심을 유발한다.

넷째, 모든 시설 · 설비 · 비품이 유아의 눈높이에 맞춰 진열 · 배치, 또는 게첨되고 유아의 능력으로 이동이 가능하도록 설비되는 등 시설 · 설비가 유아 중심적이다.

3) 실외 시설 · 설비

실외 시설 · 설비는

첫째, 흙, 잔디, 모래, 시멘트 등으로 다양하게 유원장이 구성되고 거기에 그네, 미끄럼틀, 시소 등 고정 놀이시설과 자전거, 공놀이를 할 수 있는 공간이 확보되어 있거나 물놀이 영역, 목공놀이 영역, 모래놀이 영역 등 실외 흥미영역을 설치하기도 한다.

둘째, 각종 자연물을 재배하고 다양한 가축을 사육하는 등 유아들에게 동 · 식물의 성장과정을 관찰할 수 있는 시설 · 설비물들이 많아 유아가 직접적으로 체험하는 활동 공간으로 구성되어 있다.

4) 건물

건물은 대개의 경우 1, 2층으로 아담하게 설계되고 화려한 색으로 채색되어 유아교육기관임을 즉각적으로 확인할 수 있다.

5. 시설 · 설비의 법적 기준

전항에서 밝힌 바와 같이 시설 · 설비가 갖는 기능은 아주 다양하고 막중하므로 모든 유아기관에서 유아교육활동에 필요한 기본이 되는 표준으로 시설 · 설비의 법적 기준을 제시하여 최소한의 설비를 의무화하고 있다. 다음에서 유치원의 시설 · 설비 기준과 어린이집의 시설 · 설비 기준에 대하여 기술하기로 한다.

1) 유치원의 시설 · 설비기준

유치원의 시설 · 설비 기준은 '고등학교 이하 각급 학교 설립 · 운영 규정'에 다음 표와 같이 제시하고 있다.

〈표 III-2〉 유치원 시설 · 설비 기준

구분	기준
교사	원아 수 40명 이하 5Nm^2 원아 수 41명 이상 80+3Nm^2
교사용 대지	건축 관련 법령의 건폐율 및 용적률에 관한 규정에 따라 산출한 면적
체육장	원아 수 40명 이하 160m^2 원아 수 41명 이상 120+Nm^2
교지	교사용 대지와 체육장 면적을 합한 용지로서 교사의 안전, 방음, 환기, 채광, 소방, 폐수 및 학생의 통학에 지장이 없는 곳
교구	교구의 종목 및 기준은 시 · 도교육감이 정하여 고시
급수 · 온수 공급시설	수질검사 결과 위생상 무해하고 온수를 공급할 수 있는 시설을 갖추어야 한다.

2) 어린이집의 시설 · 설비기준

어린이집 시설 · 설비기준은 '영유아보육법 시행규칙' 제9조와 관련한 [별표 1]에 명시되어 있는데, 그 내용을 요약하면 다음과 같다.

〈표 III-3〉 어린이집의 시설 · 설비기준

구분	시설기준
1. 어린이집의 입지조건	• 보육수요 · 보건 · 위생 · 급수 · 안전 · 교통 · 환경 및 교통편의 고려 • 위험시설로부터 50m 이상 떨어진 곳 • 건축법 시행령 [별표 1] 준수
2. 어린이집의 규모	• 국 · 공립어린이집 : 상시 영유아 11명 이상 • 직장어린이집 : 상시 영유아 5명 이상 • 사회복지법인의 어린이집, 법인 · 단체 등 어린이집 및 민간어린이집 : 상시 영유아 21명 이상 • 가정어린이집 : 상시 영유아 5명 이상 20명 이하 • 협동어린이집 : 상시 영유아 11명 이상 ※ 정원은 총 300명을 초과할 수 없음
3. 어린이집 구조 및 설비기준	• 일반기준 1) 보육실 (1) 해당층 4면의 80% 이상이 지상에 노출 (2) 해당층 주출입구의 하단이 지표로부터 1개 이내인 층에 설치 (3) 영유아 1명당 2.64m^2 이상의 공간 확보 (4) 흥미영역에 필요한 교재 · 교구 확보 (5) 환기 · 채광, 조명, 온도 및 습도의 유지 · 관리 2) 조리실 (1) 채광, 기계 환기 시설, 방충망 설치

<table>
<tr><th>구분</th><th>시설기준</th></tr>
<tr><td>3. 어린이집 구조 및 설비기준</td><td>(2) 위생적인 취사 및 조리
3) 목욕실
(1) 난방, 미끄럼 방지 장치, 샤워 · 세면 설비, 냉 · 온수 온도조절
(2) 보육실과 인접한 공간
4) 화장실
(1) 바닥은 미끄럼 방지 장치 (2) 냉 · 온수 조정 및 고정
(3) 수세식 유아용 변기
5) 놀이터
(1) 영유아 1명당 3.5m^2 이상 규모의 옥외놀이터 설치
(2) 모래 밭
6) 급배수 시설
(1) 저수조 경유하지 않고 직접 수도꼭지에 연결 공급
(2) 배수 설비
7) 비상재해 대비 시설
(1) 비상구 설치, 비상구 유도등
(2) 양방향 피난 가능
8) 폐쇄회로 텔레비전
(1) '개인정보 보호법 시행령' 제3조 제1호에 따른 장치
(2) 상시 지속적 촬영
(3) 조작기능, 녹음기능 보유
(4) 고해상도(HD(High Definition)급 이상
(5) 60 이상 저장용량
(6) 폐쇄회로 설치안내판 설치
9) 그 밖의 시설
(1) 비상 약품 및 간이의료기 배치
(2) 고무패킹 완충장치 설치
(3) 온열기 사용 시 보호장치 설치
(4) 각종 기구모서리 보호 장치
• 장애인 12명 이상 보육하는 장애인 전문 어린이집은 '장애인 · 노인 · 임산부 등의 편의 증진 보장에 관한 법률'에서 정한 시설 및 설비 외 시설
1) 어린이집의 시설은 장애인 1명당 7.83m^2 이상, 보육실은 장애인 1명당 6.6m^2 이상 확보
2) 문턱 없는 통로
3) 출입구는 비상재해 시 대피 가능
4) 옥외 피난계단의 유효 폭은 0.9m 이상
5) 휠체어에 앉은 유아가 문의 손잡이 잡기 가능
6) 계단 외 엘리베이터 또는 기울기 1/12 이하
• 장애아 3명 이상 보육하는 장애아 통합어린이집
1) 엘리베이터 설치, 1/12기울기 경사로 1곳 설치
2) 비상재해 시 대피 가능
3) 복도 문 화장실 휠체어 출입 가능
4) 옥외 피난 계단의 유효폭은 0.9m 이상</td></tr>
</table>

6. 시설 · 설비의 입지조건

유아교육기관을 설립하는 경우, 제일 중요한 일이 유아교육기관 시설·설비를 위한 부지를 선정하는 일이다. 부지를 선정할 때는 다음에 제시되는 사항들이 충분히 고려되어야 한다.

1) 관계법령에 하자가 없는 지역

택지 개발사업이나 대규모 아파트를 건립하는 경우에는 단지 내에 유아교육기관 전용 부지를 공급하거나 건축까지 해서 공급하는데, 그렇지 않은 경우, 자연녹지나 일반주거지로 되어 있는 토지를 유아교육기관 설립 부지로 용도를 변경해서 설립할 수 있다. 이런 경우, 관계 기관에서 실시한 취원 예정 유아 수 판단자료를 확인하여 설립가능 지역인가를 확인한 후 '건축법 시행령' [별표 1] '도시계획시설의 결정, 구조 및 설치에 관한 규칙', '고등학교 이하 각급 학교 설립·운영규정'상 하자가 없는 곳인가를 검토한다.

2) 지역적 조건(환경)

부지가 위치하고 있는 지역적 조건(환경)을 검토해야 한다. 검토의 관점은 다음과 같다.

(1) 지역적 조건이 좋지 않은 지역

① 인근(도시지역 500m, 기타 지역 1,000m 이내)에 기존 유아교육기관이 있는 지역

② 교통 혼잡, 소음, 진동, 매연, 주유소 등 인화, 폭발 등의 위험지역

③ 태풍, 돌풍, 강설, 수해, 산사태 등 자연 재난 취약지역

④ 부유층 다수 거주지역

⑤ 부유층과 영세민이 반반 섞여서 거주하는 지역

⑥ 경사지, 저지대 등 재해발생 우려지역

⑦ 공장, 쓰레기장, 유해가스, 매연, 먼지, 소음이 있거나 풍기가 문란하고 소란한 지역

(2) 지역적 조건이 좋은 지역

① 취원 예상 유아 수를 고려해 볼 때 인근에 유아교육기관이 없거나 적은 지역
② 통학이 위험하거나 지장이 없는 지역
③ 교통이 빈번한 도로, 철도 등이 관통하지 않은 지역
④ 일조, 통풍, 배수가 잘 되는 지역
⑤ 주변에 녹지 등 차단 공간이 있는 지역
⑥ 부모의 직장 그리고 자녀들이 수학하는 초 · 중 · 고등학교와 가까운 지역
⑦ 아파트, 개인주택 등 밀집지역
⑧ 토목공사비가 적게 들고 전기, 가스, 정원, 공원 등의 지역적 자원을 활용하기 용이한 지역
⑨ 등하원 중 관찰할 수 있는 자연물, 농작물 등이 많은 지역
⑩ 주변에 문화기관, 사적지, 명승지 등 교육시설이 있는 곳

3) 면적, 지형, 지질

(1) 면적

① 면적은 건물, 실외놀이 공간, 주차 공간, 조경을 할 수 있는 공간, 시설확장과 건물 증축을 위한 충분한 부지
② 기준면적은 건물 최하층 면적의 2.5배 이상
③ 대지의 면적은 원사의 3배 이상 확보

(2) 지형

① 정방형에 가까우면서도 동서가 긴 곳
② 평탄하면서도 약간의 변화가 있는 곳
③ 겨울에는 햇볕이 잘 들고 여름에는 통풍이 잘 되며 습기가 적은 남향인 곳

(3) 지질

① 배수가 잘되고 토질이 좋아서 나무나 꽃 재배가 용이한 곳
② 지반이 튼튼하며 건물의 붕괴 위협이 없는 곳
③ 건강이나 위생상 좋지 않은 오염물질이 섞이지 않은 곳

7. 시설 · 설비 시 고려할 점

시설 · 설비가 교육적 기능을 제대로 발휘하여 당해 유아교육기관이 노리는 교육목표를 실현시키기 위해서는 시설 · 설비가 합리적으로 설치 · 운영되어야 한다. 따라서 다음에서 합리적인 시설 · 설비를 위해 고려할 점에 대하여 기술한다.

1) 유아 중심성

유아교육기관의 모든 시설이나 설비를 유아들이 활용하는 것을 전제로 해서 이루어져야 한다. 따라서 유아들의 발달 수준, 흥미와 요구 등을 고려하여 그들의 심미감, 미적 감각, 호기심을 자극할 수 있어야 한다.

2) 안정성

유아교육기관의 모든 시설이나 설비는 유아는 물론, 소속직원 그리고 내방자들의 안전을 보장할 수 있도록 구조, 재질, 유해물질 등 안전을 해치는 모든 요인을 예방, 방지, 차단할 수 있어야 한다.

3) 경제성

대부분의 유아교육기관이 재정상 어려움을 겪는 상황에서 경제성에 대한 고려는 필수적이다. 시설 · 설비에 비용이 적게 들어야 한다. 또한 각 유아교육기관에서는 예산투자의 우선순위를 정하고 우선순위에 따라 예산을 집행함은 물론, 최소의 경비투자를 통하여 최대의 효과를 거양하도록 시설 · 설비 투자의 경제성을 고려해야 한다.

4) 융통성

시설 · 설비를 설치할 때는 융통성 있게 활용할 수 있도록 설치한다. 예를 들면, 활동실 공간을 어떤 때는 넓게, 어떤 때는 좁게 활용할 수 있도록 활동실 내 각종 비품의 이동을 용이하게 하고 흥미영역의 수도 조정하여 운영하는 등 시설 · 설비가 고정적이 아니고 상황에 따라 변화될 수 있게 융통성이 있어야 한다.

5) 효율성

시설 · 설비활동의 효율성을 극대화할 수 있도록 시설 · 설비의 특성에 따라 적절한 장소에 배치하고 또한 시설 · 설비의 구조도 시설 · 설비가 기대하는 목표에 접근할 수 있도록 설계 · 제작되어야 한다.

6) 심미성

유아교육기관 내의 시설 · 설비가 유아들의 정서에 미치는 영향은 아주 크다. 일차적으로 적절한 채색으로 시각적 유인성이 있어야 하고 아름다워야 한다.

7) 유목적성

유아교육기관 내의 모든 시설과 설비는 하나하나가 뚜렷한 목적을 가지고 설치되어야 한다. 어떤 시설이나 설비의 목적이 뚜렷하지 못하면 활용성이 낮아 방치하거나 결국에는 철거 또는 파기하게 된다.

예를 들면, 실외유원장이 좁아 놀이기구가 많지 않은데도 실외창고를 크게 건립하는 경우도 이에 속한다.

8) 다목적성

하나의 시설이나 설비는 여러 가지 목적으로 사용될 수 있도록 설계되고 제작되어야 한다. 실외 유원장에 설치된 원두막은 그늘이 생겨 휴식공간이지만 그 안에서 점토놀이나 목공놀이 공간으로 활용할 수 있고 융판의 뒷면에 윷놀이판을 붙여 윷놀이를 즐길 수도 있다.

9) 적절성

유아교육기관 내의 모든 시설이나 설비는 시설이나 설비가 기대하는 목적 구현이 극대화될 수 있도록 시설·설비가 적절해야 한다.

그중 유아교육기관 위치의 적절성은 제일 중요하다. 여러 시설이나 설비는 상황에 따라 철거, 보수, 개·폐할 수 있으나 유아교육기관의 위치는 그러하지 못한다. 행정상의 편의, 비용, 통학, 위험개소, 지역사회, 학부모, 유아의 기대나 요구 등 다각도로 분석하여 선정해야 한다.

10) 변화성

활동실은 상황에 따라 쉽게 변화가 이루어질 수 있도록 시설·설비가 고려되어야 한다.

활동실 내의 비품에 바퀴를 달아 쉽게 이동시켜 활동공간을 좁게 또는 넓게 변화시킬 수 있고 흥미영역 수의 분리·통합을 통하여 활동실 공간에 변화를 줄 수도 있다.

다양한 변화는 유아들의 생각과 학습방법 그리고 유아 간의 상호작용의 질을 변화시킨다.

제 2 장 실내 시설 · 설비

유아교육기관의 시설 · 설비는 대체적으로 실내 시설 · 설비와 실외 시설 · 설비의 두 유형으로 구분된다. 실내 시설 · 설비는 주로 활동실 내에 설치된 것으로 유아교육활동에 직접적으로 활용되고 실외 시설 · 설비는 실내 시설 · 설비로서는 성취할 수 없는 교육적 성과를 거양하기 위하여 실외에 설치하며 이런 실외 시설 · 설비는 실내 시설 · 설비와 연계적이며 연속적으로 설치된다. 그리고 유아교육기관의 주요 시설 · 설비는 대부분이 실내에 설비되어 유아교육활동에 직접적으로 활용된다. 따라서 본장에서는 실내의 기본시설, 실내의 기본설비, 환경설비, 흥미영역설비, 실내 공간구성의 방향에 대하여 기술하기로 한다.

1. 실내 기본시설

실내 기본시설이란 어떠한 유형의 유아교육기관이든 간에 필수적으로 설치해야 하는 시설로서 다음에서 유아용 시설과 성인용 시설로 구분하여 기술한다. 유아용, 성인용으로 구분하는 것은 유아와 성인 중에서 누가 더 많이 활용하느냐 하는 측면에서 편의상 구분한 것이다.

1) 유아용 시설

유아용 시설에서는 출입구 및 현관, 활동실(보통교실), 유희실, 교구실, 낮잠 또는 휴식을 위한 방, 양호실, 화장실, 주방(조리실), 자료실(교재 · 교구실) 등에 걸쳐 기술하기로 한다.

(1) 출입구 및 현관

출입구와 현관은 당해 유아교육기관을 방문하는 사람들이 처음 접하는 장소로 기관의 첫인상을 좌우한다. 그리고 하루의 일과 중에서는 학부모와 교사가 처음으로 만나며 또한 교사는 등원하는 유아들을 맞이하고 학부모는 유아들을 교사에게 인계하면서 유아에 대한 새로운 정보를 제공하는 장소로 다양한 교육적 의의를 지닌다. 따라서 유아교육기관의 출입구와 현관은 다음과 같은 조건을 갖추어야 한다.

① 원지 선정 시 고려할 점

유아교육시설을 설립할 때 원지의 출입구역 선정 시 고려할 사항은 다음과 같다.

ㄱ. 교통이 빈번한 통로로 향하는 곳은 피해야 한다.

ㄴ. 경사지나 어두운 모퉁이는 피해야 한다.

ㄷ. 출입구는 실내와 실외 활동장소가 연결되도록 하고 유아들의 활동 장소로 활용되도록 하는 것이 좋다.

ㄹ. 출입구는 자동차 출입이 가능하도록 하고 하나로 하는 것이 좋다(임재택, 1998).

② 일반적인 조건

ㄱ. 현관은 처음에 기관을 방문하는 방문객에게 기관에 대한 개략적 이해를 도울 수 있도록 기관의 연혁, 기관현황, 교육방침, 중요행사 등을 안내할 수 있도록 기관 게시판을 설치한다.

ㄴ. 학부모나 유아들에게 교육활동 진행에 따른 다양한 안내 사항을 게첨한다.

ㄷ. 교사가 유아들의 건강을 확인하고 학부모로부터 유아에 대한 정보를 입수할 수 있는 학부모와의 간단한 상담 장소가 되어야 한다.

ㄹ. 현관에는 신발장과 실내화, 우천 시 우산꽂이를 비치한다.

ㅁ. 많은 사람이 동시에 출입하므로 문과 바닥은 안전관리에 유념한다(투명하고 단단한 유리, 잘 미끄러지지 않는 바닥 등).

ㅂ. 활동실과 가까우며 현관에서 활동실과 실외가 보여야 한다.

ㅅ. 신체장애아도 출입이 가능하도록 계단이 없는 경사로여야 한다.

(2) 활동실(보육실)

활동실(보육실)은 유아교육기관에서 유아들의 학습과 생활의 공간으로 하루 생활의 대부분을 보내는 장소로 가장 핵심이 되는 중요한 공간이다.

활동실(보육실) 설비 시 고려할 점은 다음과 같다.

① 면적

면적은 유치원의 경우, '고등학교 이하 각급 학교 설립 · 운영규정' 제3조 제2항 관련 [별표 1]에 규정된 바 일반적으로 유아 1인당 3.5m^2(1평) 정도를 확보해야 한다.

② 창문

유아들의 시력을 보호하기 위하여 커튼이나 블라인드를 설치하여 채광의 강도를 조절한다.

③ 방위

활동실의 방향은 서쪽보다는 남쪽이나 동쪽이 좋다. 북쪽은 냉방시설이 되어 있지 않은 더운 나라에서 선호한다.

④ 소음방지

소음은 학습이나 생활에서 저해로운 요소이다. 커튼, 깔개, 방음벽, 천장의 재료, 이중창, 칸막이, 이동 비품이나 기구에 대한 고무 끼우기 등으로 소음을 최소화시킨다.

⑤ 바닥

ㄱ. 위생적이고 청소하기 용이하며 소음을 줄여주고 따뜻한 느낌을 주는 재료로 설비한다.

ㄴ. 활동하기 편리하고 안전사고를 예방할 수 있도록 습기가 없고 탄력성이 있는 재료를 사용한다.

ㄷ. 질감이 좋은 나무나 양탄자, 탄력성이 있는 비닐이나 리놀륨 혹은 고무나 플라스틱 타일을 깔기도 한다.

⑥ 천장

천장은 소음을 줄여주고 높이에 따라 여러 가지 비품을 배열할 수 있어 심미적 즐거움을 주어야 한다.

ㄱ. 활동실의 천장은 3~3.4m의 범위 내에서 부분적으로 높이를 달리 한다. 천장의 높이에 따라 여러 가지 비품이나 기구를 배열하여 구성하는 게 좋다.

ㄴ. 천장의 높이가 너무 낮으면 교사의 키가 너무 크게 보여 아이들에게 위압감을 주고, 너무 높으면 허전하고 싸늘한 느낌을 준다.

⑦ 벽면

벽면은 소음제거 그리고 다양한 자료의 게첨, 전시를 통해 정서적 심미감과 학습 · 생활지도의 효율성을 제고시키는 역할을 한다.

ㄱ. 벽면이 많으면 소음을 줄여주는 장점이 있으나 벽면 구성의 다양성을 제한하는 단점이 있어 가급적 고정된 내 · 외 벽면은 적은 것이 좋다.

ㄴ. 실내의 벽면은 소음을 줄이기 위하여 벽면에 방음재료를 사용하고 외부 벽면에는 실내의 통풍, 환기, 난방, 채광, 소음 등을 통제할 수 있도록 설비한다.

ㄷ. 벽면의 색상을 다양하게 하여 심미감과 안정감을 도모한다.

⑧ 문

문은 실외에서 이루어지는 활동을 관찰하고 실내의 조명을 조절할 수 있으며 또 출입문은 실내와 실외를 연결해 준다.

ㄱ. 창문은 유아들이 밖을 내다 볼 수 있게 충분히 낮아야 하고 직사광선이나 명암을 조절할 수 있게 불투명한 유리로 한다.

ㄴ. 출입문은 쉽게 여닫을 수 있게 가볍고 안전해야 한다.

ㄷ. 출입문은 밖으로 열리게 해야 하며 자동으로 잠기거나 안팎으로 열리도록 하는 것은 피한다.

(3) 유희실

유희실은 동적인 놀이나 대집단활동에 그리고 눈이 오거나 우천 시 유원장을 대신하여 활용되는 공간이다.

① 눈이 오거나 비가 올 때 유원장의 역할을 하므로 다양한 체육기구를 비치한다.

② 유희실 가까운 곳에 화장실, 손 씻는 곳, 물 마시는 곳이나 놀이기구를 수납할 수 있는 설비가 있어야 한다.

③ 유희실 바닥은 탄력성이 좋고 소음이 없으며 청소하기 쉬운 재질로 꾸민다.

④ 많은 유아교육기관에서 바닥에 카펫을 까는 경우가 많은데, 세균이 번식할 우려가 있으니 설치하지 않거나 설치하는 경우, 수시로 햇볕에 말려 위생적 처리에 신경을 쓴다.

(4) 낮잠 또는 휴식을 위한 방

낮잠 또는 휴식은 유아 건강을 위해 필수적인 활동이다. 특히, 종일반 운영이 보편화됨에 따라 낮잠 또는 휴식을 위한 방의 설치는 필수적이다.

① 낮잠을 잘 수 있는 별도의 공간을 확보하는 것이 좋다. 여기에는 매트나 담요 등이 한 곳에 준비되어 교사의 번거로운 노력을 줄일 수 있고 가정과 같은 안락감을 줄 수도 있다.

② 낮잠을 위한 별도의 공간 확보가 어려운 경우에는 활동실에 낮잠을 위한 공간을 함께 마련하거나 바로 옆 반일반 활동실을 낮잠실로 이용할 수도 있다.

③ 낮잠실은 커튼을 설치하여 햇볕을 차단하거나 조명의 밝기, 수면에 알맞은 온도를 조절할 수 있다.

④ 어린 영아들이 낮잠을 잘 때 수면 중 질식, 침대에서 떨어지는 사고를 예방할 수 있는 설비를 해야 한다.

⑤ 낮잠에서 깬 유아는 옆 활동실에서 자기활동을 자기 주도적으로 하도록 지도한다.

(5) 화장실

화장실은 유아들이 배변과 씻기를 하는 공간으로 배변습관과 청결습관을 동시에 배울 수 있는 생활공간이다.

① 화장실은 모든 활동실에서 접근이 편리한 곳에 두어 유아 혼자서 출입이 가능하도록 한다.

② 화장실 바닥은 청결, 보건 위생에 주력하고 미끄럼 방지시설을 하거나 출입문 턱을 제거하여 안전관리에 유념한다.

③ 화장실 창문은 환기시설을 하여 통풍과 채광이 잘 되도록 하고 남아용, 여아용으로 구분할 필요가 없다.

④ 화장실은 낮은 칸막이를 설치하고 안에서 문이 잠기지 않도록 장치해야 한다.

⑤ 변기의 수는 유아 8~10명에 1개 정도로 하며 크기는 유아용이어야 한다.

⑥ 세면대의 수는 유아 8~10명에 1개 정도로 설비하며 그 높이는 유아의 키에 알맞아야 한다.

⑦ 세면대 물은 따뜻한 물과 차가운 물을 동시에 사용할 수 있게 하고 적당한 높이에 거울과 수건을 걸어둔다.

(6) 주방(조리실)

다양한 영양식을 급식하여 유아들의 신체 · 건강관리에 주력해야 한다.

① 주방은 밝고 통풍이 잘되고 청결하며 환기가 잘되어야 하고 유아의 놀이영역과는 떨어져 있어야 한다.

② 주방에는 전열기, 냉장고, 냉 · 온수시설, 싱크대, 조리대, 식자재 보관시설, 조리기구, 식기류 등을 준비한다.

③ 조리사들은 위생복이나 앞치마, 모자를 착용하여 요리, 배식 시 청결을 유지한다.

(7) 양호실

유아들의 예기치 않은 발병의 경우, 안정시키고 휴식을 하며 간단한 처방을 위한 시설이다.

① 양호실에는 몇 개의 침대와 간단한 구급약품, 유아 놀이 기구를 준비한다.

② 양호실은 활동실에 인접하여 완전히 격리되지 않으며 조용하고 아늑한 분위기를 조성해 주어야 한다.

③ 양호실에는 별도의 화장실을 설비한다.

(8) 자료실(교재 · 교구실)

유아는 교재 · 교구와의 상호작용을 통하여 학습이 이루어진다. 교재 · 교구 없이 언어에만 의존하는 유아학습은 생각할 수 없다. 따라서 유아교육활동에 필요한 교재 · 교구를 비롯한 여러 가지 학습자료를 체계적으로 보관하고 활용해야 한다.

① 자료를 보관할 때는 주제별, 영역별, 날짜별, 사용빈도별로 체계적으로 분류하여 보관한다.

② 교재 · 교구대장과 교구활용대장을 비치 활용한다.

③ 교재 · 교구나 학습자료를 보관하는 보관장은 이동이 가능하도록 바퀴가 달린 것이 좋다.

2) 성인용 시설

성인용 시설에는 사무실, 부모대기실, 휴게실, 교사실, 관찰실 등이 있다. 이에 대하여 다음에서 자세히 기술하기로 한다.

(1) 사무실

사무실은 시설 운영에 필요한 행정 사무를 처리하는 곳이다.

① 공간이 좁은 경우에는 사무실과 교사실을 병용하기도 한다.

② 사무실에는 사무처리에 필요한 책장, 서류장, 컴퓨터, 복사기, 기타 사무용 비품 등을 설비한다.

③ 사무실에는 자녀들의 업무관계로 학부모들이 많이 찾게 되므로 좌석 준비 및 음료수를 늘 준비시킨다.

(2) 교사실

교사실은 활동실 다음으로 교사들이 많이 머물면서 유아지도에 따른 모든 업무를 처리하는 공간이다.

① 교사실은 유아지도를 위한 수업계획, 교재・교구제작, 교사회의 및 연수를 위한 공간으로 이를 위한 컴퓨터, 서류장, 책상, 의자, 사무용 비품, 작업대, 회의용 탁자, 참고자료 등을 늘 비치한다.

② 장금장치가 있는 교사 개인 소지품 보관장, 사물함, 옷장, 옷걸이 등을 설비한다.

③ 교사 휴식을 위한 편안한 소파와 음료수를 마시는 데 필요한 기구와 재료를 겸비한다.

(3) 부모대기실

유아교육기관에는 학부모를 비롯하여 유아교육기관에 다양한 용무가 있어 오는 방문객이 많다. 이들이 업무를 보기 전에 편안하고 안전하게 대기할 수 있는 공간으로 부모대기실(부모, 방문객을 위한 공간)이 필요하다. 특히, 부모대기실에는 교사와 다른 학부모와 유아지도에 관한 상담 내용을 자연스럽게 청취할 수 있어 자기 자녀 지도를 위한 상담자료로도 활용할 수 있어 더욱 좋다.

① 학부모나 방문객이 간단한 차나 음료를 마실 수 있도록 개수대, 소파, 전화기를 설치해 둔다.

② 기관 홍보용 자료나 유아교육에 관련된 참고자료를 비치해 두고 벽에도 유아활동자료 등을 게첨해 주어 기관과 유아 이해를 돕는다.

③ 독립된 하나의 공간으로 유아들이 놀이공간으로 들어가는 통로상에 설치한다.

④ 기관의 진입부나 사무실, 교사실과 연결되도록 하고 모든 학부모들이 쉽게 이용

할 수 있도록 한다.

(4) 유아관찰실

학부모들이 유아들의 학습활동 상황을 관찰하여 자녀의 성장, 발달을 확인하고 지도 계획을 수립하는 데 필요한 다양한 정보를 얻을 수 있다.

① 유아들의 학습활동을 관찰하고 기록할 수 있도록 일방경(one way glass)과 책상, 걸상을 비치한다.

② 유아관찰실은 아늑하고 조용하며 교사와 상담, 부모대기 및 상담실로도 사용할 수 있다.

③ 유아의 작품이나 부모교육자료를 비치해 둔다.

④ 실·내외 활동을 모두 관찰하기에 적절한 장소에 설치한다.

(5) 휴게실

휴게실은 교직원의 휴식과 부모상담을 위해 설치된다. 따라서 성인들이 편안히 쉴 수 있는 안락의자, 방석, 탁자, 간단한 음료를 접대할 수 있는 설비를 한다.

2. 실내 기본설비

실내에 기본시설이 아무리 잘 설치되었다 할지라도 당해 시설이 기대하는 기능을 최대한 발휘하기 위해서는 시설에 따른 설비가 합리적으로 이루어져야 한다. 이 설비에는 실내 설비와 환경설비로 구분할 수 있다.

모든 시설에는 각 시설의 효능성을 높이기 위한 설비가 이루어져야 시설이 본래의 기능을 발휘할 수 있기에 유치원의 각 시설에 대한 설비기준을 '고등학교 이하 각급학교 설립·운영 규정'에 의거 각 시·도교육청 고시로 제시하고 있는바 다음에서 서울시교육청 고시 2010-5호에 의한 실내 설비기준을 참고로 제시한다.

〈표 Ⅲ-4〉 실내 기본 설비기준

<table>
<tr><td rowspan="20">교실</td><td>① 유아용 책상</td><td></td><td rowspan="2">급당 정원이 20명 이내인 경우 2조(8인용) 가능</td></tr>
<tr><td>② 유아용 의자</td><td></td></tr>
<tr><td>③ 교구장</td><td></td><td></td></tr>
<tr><td>④ 책꽂이</td><td></td><td></td></tr>
<tr><td>⑤ 유아용 사물함
(옷, 신발, 개인소지품 보관 가능)</td><td></td><td>분리형도 가능</td></tr>
<tr><td>⑥ 깔개(카펫)</td><td></td><td></td></tr>
<tr><td>⑦ 다목적 칠판(융판, 자석칠판,
화이트 보드 칠판 겸용)</td><td></td><td></td></tr>
<tr><td>⑧ 유아용 게시판</td><td></td><td></td></tr>
<tr><td>⑨ 벽걸이 시계</td><td></td><td></td></tr>
<tr><td>⑩ 거울</td><td></td><td></td></tr>
<tr><td>⑪ 청소도구(보관함)</td><td></td><td>권장</td></tr>
<tr><td>⑫ 교육용 컴퓨터</td><td>멀티미디어급</td><td>권장</td></tr>
<tr><td>⑬ 교육용 프린터</td><td></td><td>권장</td></tr>
<tr><td>⑭ 스피커</td><td></td><td>권장</td></tr>
<tr><td>⑮ 냉 · 난방시설</td><td></td><td>권장</td></tr>
<tr><td>⑯ 공기청정기</td><td></td><td>권장</td></tr>
<tr><td>⑰ 가습기</td><td></td><td>권장</td></tr>
<tr><td>⑱ 환풍기</td><td></td><td></td></tr>
<tr><td>⑲ 유아용 침구</td><td></td><td rowspan="2">1인당 1(⑲⑳은 종일반 운영)</td></tr>
<tr><td>⑳ 이불장</td><td></td></tr>
<tr><td rowspan="10">교무실</td><td>① 교사용 책상, 의자</td><td></td><td></td></tr>
<tr><td>② 교사용 책장</td><td></td><td></td></tr>
<tr><td>③ 교사용 사물함</td><td></td><td>권장</td></tr>
<tr><td>④ 캐비닛 및 옷장</td><td></td><td>권장</td></tr>
<tr><td>⑤ 교사용 게시판(월중행사표)</td><td></td><td></td></tr>
<tr><td>⑥ 자료장</td><td></td><td></td></tr>
<tr><td>⑦ 서류보관함</td><td></td><td></td></tr>
<tr><td>⑧ 약장</td><td></td><td></td></tr>
<tr><td>⑨ 전화기</td><td></td><td></td></tr>
<tr><td>⑩ 팩스</td><td>보조기구 포함</td><td></td></tr>
</table>

	⑪ 복사기		
	⑫ 코팅기		
	⑬ 스캐너		권장
	⑭ 종이재단기		
	⑮ 컴퓨터(사무용)		
	⑯ 프린터(사무용)		
	⑰ 방송시설		권장
	⑱ 신장계		
	⑲ 체중계		
	⑳ 유아용 침대(보건용)		
급식실	① 싱크대(개수대, 조리대, 가스대, 레인지후드 포함)		
	② 냉장고		
	③ 주방용 도구 일체		
	④ 급 · 간식 소독기		
	⑤ 식기 소독기		권장
	⑥ 전자레인지		권장
기타	① 청소기		
	② 정수기		
	③ 세탁기		
	④ 교구보관시설(자료실)		권장
	⑤ 샤워시설		⑤는 종일반 운영의 경우

3. 환경설비

유아교육기관에서의 환경설비는 주로 유아들의 건강 · 위생 · 양호 등에 치중하여 설비한다. 환경설비에서는 조명 · 채광 · 소음, 창문, 바닥, 교실의 벽, 냉 · 난방 및 환기, 급수전에 한하여 기술하기로 한다. 일부는 실내 기본시설에서 언급된 바 있으니 이는 시설과 설비가 완전히 분리하여 생각해 볼 수 없는 성격이기 때문이다.

1) 채광 · 조명 · 소음

(1) 채광

채광이란 창이나 문을 통해 햇빛을 받아들이는 것, 즉 햇빛의 효과를 말하는 것으로 햇빛은 자연광이다. 활동실에는 자연광을 충분히 받아 활동실 내의 조명도를 유지하여 환하게 하기 위함이다. 채광에 영향을 주는 요인은 창문의 넓이, 높이, 채광문의 유무, 태양의 고도 등에 따라 좌우된다. 따라서 자연 채광을 충분히 받기 위해서는 창가까이에서 햇빛을 차단하는 장치를 제거하고 벽에 창을 내어 햇빛을 받을 수 있는 면적을 넓힌다.

(2) 조명

조명이란 각종 광원을 이용하여 어떤 목적을 가지고 특정의 장소를 밝게 하는 작용이나 기능으로 야간이나 어두운 곳에서 환경을 밝게 하기 위하여 활용한다. 따라서 자연 채광만으로 밝기가 충분하지 못하면 인공조명 설비를 통하여 밝기를 조절해야 한다.

① 날씨가 흐리거나 비오는 날을 위하여 활동실 내에 반드시 조명시설을 설비해야 한다.

② 천장은 빛의 70%를 반사하고 벽면 빛의 50%를 반사할 수 있도록 무광택이고 밝은색으로 처리한다.

③ 조명 시 유아들의 시력 보호와 활동에 집중력이 훼손되지 않도록 유의한다.

(3) 소음

소음은 불규칙하게 뒤섞여 불쾌하고 시끄러운 소리로서 이를 방지하기 위한 적절한 소음 방지 처리를 해야 한다.

① 바닥에 카펫이나 리놀륨을 깐다.

② 벽면과 천장에는 방음재료를 이용한다.

③ 책상, 의자, 가구 등의 소음을 줄이기 위해 다리에 고무나 헝겊을 부착한다.

④ 식탁이나 책상은 보자기를 씌운다.

⑤ 주방의 소음 방지를 위해 문을 만든다 등이다(임재택, 1988).

2) 창문

모든 건물에서 창문은 필수적인 설비로서 창문의 기능은 채광, 환기, 방음, 온도조절기능을 하므로 이들 기능을 충족시켜 줄 수 있도록 설비하여야 한다. 그리고 유리파손으로 인한 안전사고에 대해서도 배려하여야 한다.

(1) 채광

채광만을 생각한다면 창문을 많이 달면 좋으나 방음, 온도조절, 미관, 벽의 견고성 등을 고려해야 되므로 무조건 창을 많이 낼 수도 없다. 다만, 교실의 크기에 따라 창문의 크기를 고려해야 한다.

(2) 환기

환기를 위하여 실외놀이시설과 인접한 벽은 가능한 남향으로, 그 전면에는 창을 내는 것이 좋다.

(3) 방음 및 온도 조절

① 이중창으로 하며 창문의 면적은 바닥면적의 1/5 내지 1/4 정도가 적절하다.

② 높이는 유아가 바닥에 서서 밖을 내다보기에 편한 높이로서 영아반은 50~60cm, 유아반은 60~70cm가 적절하다.

(4) 안전

① 유리창이 쉽게 파손되지 않게 특수유리를 사용한다.

② 창이 너무 투명하고 너무 넓고 낮게 설치되면 파손의 위험이 있다.

③ 창턱은 벽면에서 너무 튀어나오지 않아야 한다.

3) 바닥

바닥은 유아들이 유아교육기관에 있는 시간 동안에는 취침시간만을 제외하고는 늘 발로 딛고 다니므로, 특히 탄성, 견고성, 안전성, 관리, 방음 등에 신경을 써야 한다.

① 탄성이 있어 유아들이 넘어지거나 미끄러져도 다치지 않게 질감이 좋은 나무나 양탄자를 깔거나 탄력성이 있는 비닐이나 리놀륨 혹은 고무나 플라스틱 타일을 깐다.

② 바닥에 카펫을 까는 경우 안정되고 소음 처리에 좋으나 다양한 병균이 서식할 우려가 있으니 위생처리에 신경을 써야 한다.
③ 유아들이 활동하기에 편리하고 안전사고를 예방할 수 있도록 습기가 없으면서 탄력성이 있는 재질을 사용한다.
④ 흥미영역에 따라 블록 활동, 책보기, 듣기 영역에는 카펫, 물감이나 물이 쏟아질 우려가 있는 영역은 바닥 등을 이에 대비하여 적절하게 설비한다.

4) 교실의 벽

교실의 벽이 많으면 소음, 방열처리에 도움을 주나 상대적으로 벽면의 환경 구성에 장애를 준다.

① 벽면에는 흡음재를 사용하여 말소리가 울리지 않게 한다.
② 벽에 있는 게시판은 유아 눈높이에 맞게 설치하여 유아가 제작한 작품이나 학습 안내자료들을 유아들이 직접 붙이고 뗄 수 있는 표면재료를 활용한다.
③ 카세트나 컴퓨터 등을 활동실 어느 곳에서든지 상용할 수 있도록 전원을 교실 벽의 여러 곳에 설치하고 콘센트는 반드시 덮개를 덮어 안전에 유의한다.
④ 벽면의 색상을 고려하여 심미감과 안정감을 갖도록 한다.

5) 냉 · 난방

사람이 살아가는 데는 적절한 온도가 유지되어야 한다. 따라서 적절한 온도 유지가 어려운 야외는 제외하고 모든 시설 내에서는 냉 · 온방 기구를 통하여 생활하는 데 최적한 온도를 유지해주어야 한다. 따라서 활동실 내에서 냉 · 온방시설은 필수적인 시설이다.

① 적절한 실내온도는 20~22℃를 유지하는 것이 좋고 여름철에는 28℃ 내외가 좋으며 습도는 50~65%를 유지해야 한다.
② 과학활동영역이나 일정한 장소에 온도계와 습도계를 설치해 두는 것이 좋다.
③ 유아교육기관에서 난방은 중앙집중식 난방이 바람직하다.
④ 활동실 바닥은 바닥에 난방용 파이프를 묻어놓은 패널 히팅(Panel heating)으로 하는 것이 좋고 냉방을 위하여 에어컨이나 선풍기를 준비한다.

4. 실내 공간구성

유아교육기관 활동실은 흥미영역을 중심으로 교재·교구 그리고 각 흥미영역에 따른 환경구성물이 요소 요소에 전시 또는 게첨되어 있다. 따라서 벽면과 천장공간을 어떻게 구성하느냐에 따라 유아의 학습효율성과 교실의 아늑하고 부드러운 정서적 분위기가 달라진다.

1) 교실 공간구성의 원리

① 교실공간의 환경은 하나하나가 유아 학습의 효율성을 제고시키는 데 도움이 되어야 한다.

② 교실공간의 환경은 아늑하고 부드럽고 아름답게 구성되어야 한다.

2) 교실 공간구성의 실제

교실공간의 기본적인 환경구성물로서 출석카드판, 게시판(알림판), 요일·날짜·날씨판, 생일판, 역할안내판, 관찰시설물, 유리창 작품, 매달 것, 학급 현황, 여러 가지 환경 아이디어 등에 걸쳐 설비 및 구성요령에 대하여 기술한다.

(1) 출석카드판

① 제작요령

ㄱ. 40cm × 60cm의 베니어판에 흰 종이를 붙이고 사진과 이름이 쓰인 주머니를 유아 수만큼 제작한 다음 베니어판에 일정한 규격을 유지하여 부착시킨다.

ㄴ. 출석카드판은 출입구 안쪽에 고정시킨 후, 그 앞에는 낮은 책상을 놓는다.

ㄷ. 출석카드를 제작하여 출석카드판 앞 책상 위의 상자에 놓아둔다. 출석카드는 출석카드 주머니에 들어갈 수 있는 크기로 단단한 골판지를 잘라 사진과 이름을 써 넣어 코팅 처리한다.

② 활용요령

등원하면서 자기 출석카드를 찾아 자기 출석주머니에 넣어 둔다.

(2) 게시판(알림판)

유아용 게시판(우리들)과 부모용 게시판(알림판)으로 나누어 제작 활용한다.

① 제작요령

50cm×80cm 베니어판 위에 부직포를 붙이거나, 가는 철사에 집게를 매달아 출입구 옆 벽이나 복도에 부착시킨다.

② 활용요령

ㄱ. 우리들 : 주제와 관련된 사실이나 그림을 색지로 배지를 붙인 자료, 동화책을 읽고 난 느낌, 친구에게 보내는 편지, 우리 집 이야기, 생일을 맞는 유아이름 등 다양하게 제작하여 곤충핀으로 꽂아 고정시키거나 집게에 물려둔다.

ㄴ. 알림판 : 어린이집 행사, 견학협조 안내, 유아활동, 부모교육안내, 주간학습안내, 학습활동에 따라 부모가 준비해 주어야 할 일, 도우미 활동 안내 등을 곤충핀으로 꽂아 고정하거나 집게에 물려둔다.

(3) 요일 · 날짜 · 날씨판

대개 어린이집에서는 요일, 날짜와 날씨판을 별도로 설치하여 요일, 날짜를 이해시키고, 날씨에 대한 이해와 관찰기록을 유도한다. 2개의 판을 별도로 각각 설치하면, 많은 벽면 공간을 차지하고 제작하기도 힘들기 때문에 요일 · 날짜 · 날씨판을 병합 설치하여 운영한다.

① 제작요령

ㄱ. 날짜, 날씨판을 자석판이나 융판으로 제작하여, 자석으로 된 숫자나 날씨카드를 제작하거나, 부직포 또는 사포지 숫자나 날씨카드를 제작한다.

ㄴ. 날짜, 날씨판을 벽에 걸어두고 바로 밑 책상에 날짜카드와 날씨카드를 놓아둔다.

② 활용요령

날짜와 날씨기록 역할 담당 유아가 아침에 등원하면서, 해당 날짜와 날씨 표시 카드를 찾아 해당란에 꽂아놓게 한다.

(4) 생일판

유아들의 생일을 표시한 생일판을 제작하여 활용한다.

① 제작요령

ㄱ. 베니어판에 생일 달력을 제작하여 걸어둔다.

ㄴ. 유아의 이름과 사진이 붙은 카드를 생일판 밑에 놓아둔다.

② 활용요령

해당 날짜에 생일을 맞은 유아의 사진을 걸어둔다.

(5) 역할 안내판

유아들에게 역할을 안내하여 자기 역할을 정해진 기간에 착실히 수행하도록 한다.

① 제작요령

ㄱ. 글자카드를 넣을 수 있는 봉투카드를 제작하여 다음에 역할명과 역할을 나타내는 그림을 그린다.

ㄴ. 봉투카드를 제작하여 베니어판에 부착시켜 벽에 걸어둔다.

ㄷ. 수량은 역할 수대로 한다. 예를 들면, 새 먹이 주는 유아, 달팽이 먹이 주는 유아, 화분 물 주는 유아, 붕어 먹이 주는 유아, 날씨카드 바꾸는 유아 등을 들 수 있다.

② 활용요령

ㄱ. 역할을 안내받은 유아는 자기 역할을 충실히 수행하도록 한다.

ㄴ. 각 역할에 대한 수행방법을 사전에 철저하게 주지시킨다.

(6) 관찰시설물

교실 측면(햇볕이 잘 드는 쪽)에 관찰 시설물을 설비한다.

① 설비 및 활용요령

ㄱ. 식물재배 : 싹 틔우기와 재배가 용이한 식물을 선정하여 3월 하순경에 씨를 뿌린다. 주로 덩굴을 감고 올라가는 식물이 유아들에게는 더욱 효과적이다. 용기는 흙이 좀 많이 담기는 꽃 박스를 이용한다. 거름흙을 구입하여 일반 밭흙을 섞어서 써도 좋다. 그리고 식물 이름과 모양, 씨 뿌린 날짜, 관찰해야 될 내용을 색지를 이용하여 제작한 뒤 코팅하여 꽂는다. 관찰일지는 모양을 그림으로 그리고 간단한 글로 나타낸다.

ㄴ. 관상용 식물재배 화분 : 씨앗이 싹트고 자라서 꽃을 피우고 열매를 맺는 '식물

의 자람'을 관찰하고자 할 때 학습자료로 활용할 수 있다. 특히, 도시 유아들에게 농작물이나 우리나라의 야생초를 심어 가꾸는 것이 더욱 교육적이다.

가. 무 : 3월에 큰 무를 심어두면 잎이 나고 꽃대가 올라와 4, 5월에 무꽃이 핀다.

나. 할미꽃 : 할미꽃을 재배하면서 유아들에게 할미꽃 전설을 이야기해 준다.

다. 덩굴식물 : 수세미, 오이, 콩, 나팔꽃 등을 심으면 5~7월에 보리가 핀다.

(7) 유리창 작품

유리창을 이용하여 작품을 게시한다.

① 제작 및 활용요령

유리창도 교실환경 구성공간으로 활용할 수 있다. 매달 것을 만들어 걸거나 모둠별로 분담해 꾸미기 활동을 할 수 있다. 특히, 유리창은 투명하므로 이것을 이용한 독특한 환경을 구성할 수 있다.

ㄱ. 나팔꽃 : 색종이를 접어서 나팔꽃을 만들고 한지를 말아서 줄기를 만든다.

ㄴ. 가로수 : 색 한지를 찢어 붙인다. 접착은 딱풀로 한다.

ㄷ. 매달아 키우기 : 그늘진 넝쿨을 매달아 키우면서 관찰시킨다.

(8) 매달 것

학년 초에 간단히 매달 작품 게시대를 설치해 두면 일 년 동안 편리하게 활용할 수 있다.

① 우산살 이용 : 천장에 못을 하나 박아 노끈으로 내렸다 올렸다 할 수 있게 장치한다.

② 대들보 이용 : 접착 테이프로 붙인다.

③ 나뭇가지 이용 : 나뭇가지 끝에 지점토를 붙여두면 그것만으로도 아름답다.

(9) 학급현황

원아 수, 원의 특색, 원훈, 원아 사진 등을 중심으로 학급 현황을 제작, 액자에 넣어 출입구 위에 걸어 두어 처음 학급에 들어오는 사람에게 학급의 현황을 개략적으로 이해할 수 있게 한다.

5. 실내 흥미영역 설치

1) 영아반(0~2세) 실내 흥미영역 설치

쾌적한 보육공간과 적절한 놀잇감이 갖추어진 보육실을 정비하는 것은 어린이집의 보육의 질을 가름한다고 볼 수 있다. 이와 같은 영아의 욕구를 충족시켜 주기 위하여 보육실에는 흥미영역을 설치하게 된다. 제3차 어린이집 표준보육과정 교사용 지침서를 중심으로 흥미영역 설치방안을 기술하기로 한다(제3차 어린이집 표준교육과정 교사용 지도서, 2014).

(1) 0~1세 영아를 위한 흥미영역 설치

0~1세 영아를 위한 흥미영역은 실내에는 일상생활영역과 실내 흥미영역을, 실외에는 실외 흥미영역을 구성한다.

① 일상생활영역

일상생활 영역별	구성방향	유의점
1. 개인 사물함	• 영아의 겉옷, 여벌복, 기저귀 가방, 개인소지품이나 일과 중 만든 물건을 정리 보관 • 가능한 보육실 내 또는 입구 가까운 곳에 수첩 비치 : 교사와 부모의 의사소통	• 영아의 이름과 사진을 부착 • 선반으로 대체할 수 있음 • 아래쪽에 바구니 설비
2. 휴식영역	• 조용한 곳에 안락함과 부드러움을 느낄 수 있는 공간 • 교사가 관찰하기 쉬운 곳 • 영아가 자유롭게 이용할 수 있는 휴식공간 설비 • 인형이나 애착물을 비치 • 모빌을 설치하거나 음악을 제공할 수 있는 카세트 비치	• 놀이공간 중 의사소통영역을 이용할 수 있음 • 너무 폭신한 바닥깔개나 침구류 사용금지 • 낮잠 자는 시간 차이에 따른 개별지도
3. 수유영역	• 0~1세 영아의 발달특성을 고려하여 위생적이며 편안한 수유 및 식사를 위한 공간 확보 – 예) 성인에게 안기어 수유하는 상태에서 우유병 혼자 잡고 마시기 • 소독된 우유병과 젖꼭지를 충분히 확보 • 영아의 이유식과 식사를 위한 보육실에 낮은 책상 비치	• 우유는 냉장고에, 분유는 건조하고 서늘한 곳에 보관 • 식탁에 앉아 혼자 먹기 가능한 경우에는 낮은 책상에서 소집단으로 식사하기 지도

일상생활 영역별	구성방향	유의점
4. 기저귀 갈이 영역	• 영아의 언어발달을 촉진하기 위한 교사와의 언어적 상호작용 기회의 확대 • 영아의 휴식공간 가까이에 따뜻한 공간으로 설비 • 영아 눕히기에 적당한 크기, 청소하기 쉬운 마감재를 사용한 매트 사용 • 폐기용 비닐과 휴지통 준비 • 수납장이나 선반을 비치 • 영아를 위한 화장실을 안전하게 구성, 수건, 물비누 비치 • 변기의 청결 유지, 배변훈련	• 음식 준비하는 곳에서 떨어진 곳에 배치 • 기저귀 가는 동안 영아가 탐색할 수 있도록 거울이나 모빌 설치 • 화장실, 청소용품, 소독제 보관의 안정성 고려

② 놀이영역

놀이영역 구분	구성방향	유의점
1. 신체영역	• 일상생활을 통해 자연스럽게 다양한 대근육활동을 할 수 있는 환경으로 구성 • 영아의 움직임 발달을 고려한 안전하면서도 도전적인 환경 제공 • 오르고, 내리고, 타고, 밀고, 뛰고, 길 수 있는 시설과 설비	• 공간구성에서 안정성 배려
2. 언어영역	• 출입구, 화장실, 피아노 등과 떨어진 곳 : 조용하고 밝은 곳 • 교사와 언어적 상호작용이 가능한 곳 • 교사와 함께 책을 읽을 만한 공간 확보 • 감각책, 그림책, 인형, 그림, 사진자료 비치 : 언어적 상호작용 • 영아와 교사에게 편안한 느낌을 경험하는 아늑한 분위기를 느끼는 공간으로 구성	• 책꽂이는 책의 앞면을 볼 수 있도록 정리 • 책이나 자료 사용 후 영아가 정리하는 습관 갖기 지도 • 자연 조명이 잘되는 밝은 곳, 아늑한 분위기를 위해 적절한 조명
3. 감각 및 탐색영역	• 풍성한 감각적 경험을 형성할 수 있도록 다양한 재질과 형태의 놀잇감을 제공 • 영아의 발달에 맞추어 놀잇감의 종류를 선별 제공 • 누워 있는 영아–모빌, 딸랑이 비치 • 앉거나 이동하는 영아–쌓기상자, 통 안에 모양 맞추어 넣기, 작동에 따라 소리 나는 놀잇감 비치 • 손과 눈의 협응과 소근육발달–소근육 조작 경험을 시킬 수 있는 기구배치	• 밝은 색상, 대비가 분명한 것, 단순한 디자인, 두드러지는 특징이 있는 것, 사람 얼굴 모양을 갖춘 놀잇감 비치 • 모든 자료의 청결성, 안정성 고려 • 삼킬 수 있는 작은 기구나 자료 제거
4. 역할 및 쌓기 영역	• 초보적 수준의 역할놀이를 통한 자기표현 기회 제공 • 가상놀이나 역할놀이를 할 수 있는 놀잇감 제공 • 영아의 창의적 표현을 북돋을 수 있는 공간 준비 • 다양한 재질과 크기의 쌓기 놀잇감 준비	• 영아가 삼킬 수 있는 작은 자료 제거 • 제공하는 자료의 청결성, 안정성 고려

언어영역

탐색영역

쌓기 영역

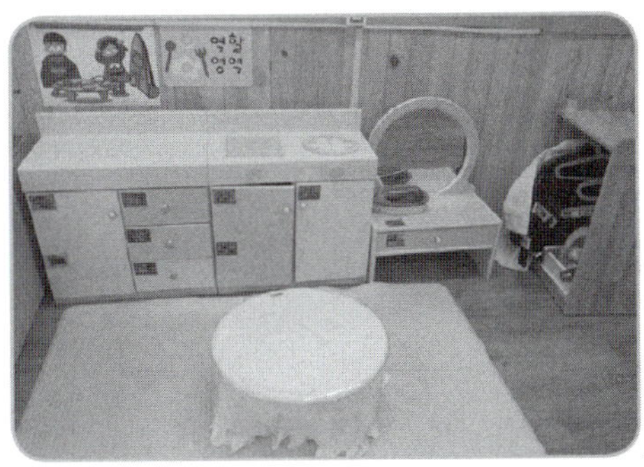

역할영역

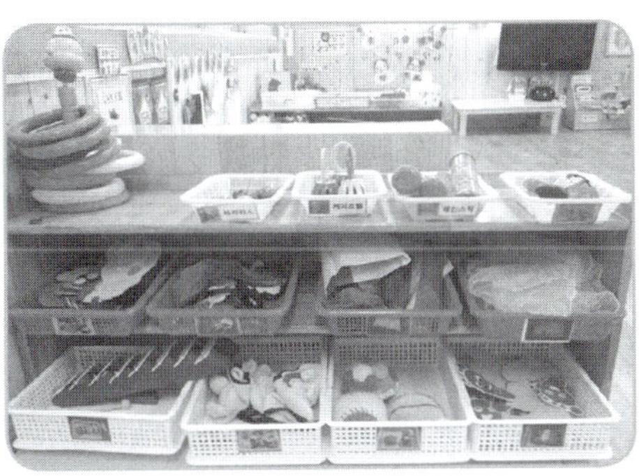
음률영역

미술영역

〈그림 Ⅲ-1〉 놀이영역(만 1세)

(2) 2세 영아를 위한 흥미영역 설치

2세 영아를 위한 흥미영역은 실내에 일상생활영역과 실내 흥미영역으로 구성한다.

① 일상생활영역

일상생활 영역별	구성방향	유의점
1. 개인사물함	• 영아의 여벌옷, 비품 등 개인용품을 보관, 정리하기 위하여 설치 • 보육실 내 또는 입구 가까운 곳에 설비하여 물품, 정리가 용이하게 함 • 사물함이나 개인 서랍에 영아의 이름과 사진 부착 • 부모와의 의사소통을 위한 수첩 비치	• 영아 스스로 옷을 입고 벗고 정리할 수 있도록 지도 • 자기 것에 대한 소유감을 갖도록 지도 • 영아가 쉽게 이용할 수 있도록 설비
2. 휴식영역	• 조용한 곳에 아늑함과 부드러움을 느낄 수 있도록 구성 • 다른 활동영역과는 분리된 조용하고 편안한 휴식공간으로 구성 • 교사가 쉽게 영아를 늘 관찰할 수 있는 곳에 설치 • 영아가 선호하는 인형이나 애착물 비치	• 휴식공간을 별도로 마련하기 힘든 경우에는 의사소통을 위한 영역을 이용하여 휴식을 취함
3. 간식 및 식사영역	• 간식 및 식사시간-교사와 또래 간의 의사소통, 상호작용의 기회 제공 • 안전하고 쉽게 닦을 수 있는 재질의 바닥과 도구를 준비 • 보육실 내 낮은 책상 배치-영아의 식사와 간식 • 간식과 식사를 위한 책상은 놀이공간에서 떨어진 곳에 배치 • 간식 전후에는 물휴지나 행주로 책상을 닦음	• 또래 영아가 소집단으로 함께 식사할 수 있는 식사 공간 확보 • 낮은 조리대와 급식대 배치-자율배식
4. 화장실	• 영아를 위한 화장실은 안전하게 구성 • 바닥에 미끄럼 방지처리 • 수건, 물비누 비치-손 씻기 • 화장실에서 변기 사용하는 방법, 세면대에서 손 씻는 순서와 방법들을 사진이나 그림으로 안내-자조기술 배양 • 유아용 변기 비치, 아동용 변기 • 성인용 변기의 경우, 유아용 변기뚜껑 올려놓기	• 영아가 접근하기 쉽게 구성 • 집과 같은 느낌-조명, 큰 거울 비치 • 냄새 제거를 위한 환기시설-대 · 소변의 실수 대비 • 청소용품, 소독제는 영아에 대한 안전성 고려

② 실내 흥미영역

놀이영역 구분	구성방향	유의점
1. 신체영역	• 움직임에 대한 욕구가 강한 시기 • 대근육활동영역 설치–신체의 움직임이 민첩함, 신체활동을 즐김 • 오르고, 내리고, 타고, 밀고, 뛰고, 길 수 있는 시설 설비 • 보육실 내에 다른 활동에 방해되지 않게 대근육활동 기구 비치	• 바깥놀이가 어려운 날에는 실내에서 대근육활동을 포함한 신체활동을 할 수 있도록 보육실공간 이용
2. 언어영역	• 말하고, 듣고, 읽고, 쓰는 의사소통의 기회를 충분히 경험할 수 있도록 공간과 놀잇감 배치 • 교사, 또래와의 언어적 상호작용 경험 제공 • 교사가 책을 읽어줄 수 있는 공간 확보 • 그림책, 사진책, 포스터, 동시판, 노래판, 팸플릿, 전단지, 메뉴판을 준비하여 문자와 친해질 수 있도록 돕기 • 벽면에 칠판을 걸고 전지를 붙여주고 분필, 크레파스, 색연필, 사인펜을 비치하여 끄적거리기 활동 격려 • 카세트와 녹음기, 마이크 설비하여 말하기와 듣기 경험 확장	• 책꽂이는 책의 앞면을 볼 수 있도록 정리 • 책이나 자료 사용 후 제자리에 정돈하도록 시설 비치 • 자연 조명이 잘되는 곳, 적절한 조명할 수 있는 곳에 설치 • 언어영역을 잘 꾸며 휴식영역으로 사용할 수 있음
3. 감각 및 탐색영역	• 손의 소근육발달이 정교해지는 시기–다양한 조작놀이 제공 • 자연물, 소형 블록, 구슬 꿰기 등 영아가 정교하게 손을 이용할 수 있는 경험 제공 • 퍼즐이나 분류활동을 돕는 자료 제공 • 낮은 교구대에 바구니나 쟁반에 놀이기구를 담아둠 • 실내에서 기를 수 있는 동물(거북이, 달팽이, 토끼 등)이나 식물, 주변의 다양한 자연물을 관찰할 수 있는 공간 확보	• 놀잇감은 영아의 눈높이에 맞추어 비치 • 영아가 삼킬 우려가 있는 작은 놀잇감 사용 금지 • 자료를 보관하는 교구대 바닥에 놀잇감의 사진 부착–유아가 정리하기가 편리함
4. 역할 및 쌓기 영역	• 가족과 관련된 역할놀이 선화–가족놀이, 아기놀이를 위한 놀잇감 제공 • 친구 배려, 놀잇감 공유능력 부족–분쟁의 소지 사전 예방–충분한 양의 쌓기 놀잇감 준비	
5. 미술영역	• 세면대나 출입구가 가까운 곳에 배치–활동적이며 물이 필요 • 끄적거리고, 찢고, 오리고, 자르고, 붙이고 활동 격려–탐색능력, 대근육 및 소근육 조절능력, 협응력 배양 • 표현활동 격려–평면적 조형활동(그리기, 찍	• 삼킬 염려가 있는 작은 자료 비치 금지 • 책상 위나 바닥에 비닐 등의 깔개 깔기 • 제공자료의 위생, 안전성 고려 • 미끄러지지 않게 준비–물, 물감

	기), 입체적 조형활동(꾸미기, 붙이기, 판화) • 명화나 아름다움을 감상할 수 있는 공간 확보, 사진은 영아 눈높이에 맞춰 게첨	에 의한 미끄러움
6. 음률영역	• 영아는 자신의 요구에 따라 악기를 이용하여 소리를 내보며 음악을 통해 자신의 감정을 표현하는 경험을 갖게 함 • 여러 가지 음악을 들으면서 그 속에 담긴 감정을 느껴 볼 수 있게 함	• 예술적인 경험을 할 수 있도록 여러 가지 매개체(악기, 음악테이프, 리본, 스카프, 의상 등)를 준비 • 벽에 큰 거울 비치-움직임 관찰

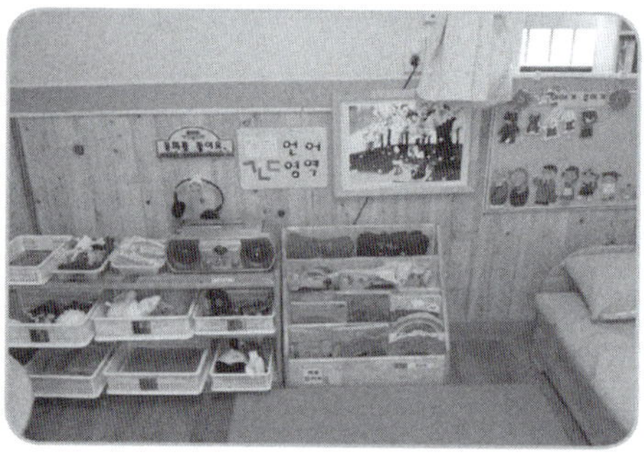

언어영역

탐색영역

쌓기 영역

역할영역

음률영역

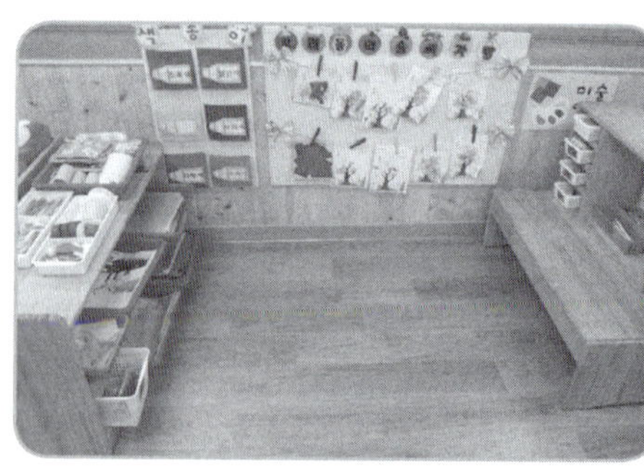

미술영역

〈그림 Ⅲ-2〉 실내 흥미영역(만 2세)

2) 유아반(3~5세) 실내 흥미영역 설치

어린이집의 보육실은 영유아가 하루 생활 중 대부분의 시간을 보내는 공간이다. 단순히 물리적인 존재로서의 기능뿐만 아니라 영유아의 신체 및 정서발달에 영향을 주기 때문에 안정감을 느낄 수 있도록 가정과 같이 아늑하게 꾸며야 한다.

3~5세 유아 보육실 구성에서 흥미영역 설치방침 및 요령에 대하여 기술한다.

(1) 실내 흥미영역 설치방침 및 요령

실내 흥미영역은 다음과 같은 사항을 고려하여 설치하여야 한다.

① 분리대, 이동식 교구 정리장, 책꽂이, 책상, 의자 등을 사용하여 흥미영역을 분리 구성하되 수시로 변화시킨다.

② 정적 활동영역과 동적 활동영역이 서로 떨어져 있도록 배치한다.

③ 기능적으로 분리 배치하여 활동이 편리하도록 한다.

④ 활동 내용에 따라 관련 활동영역에 인접하여 배치한다.

⑤ 교육 내용과 계절, 유아의 흥미에 따라 수시로 변형이 가능하도록 구성한다.

⑥ 교사가 유아활동상황을 한눈에 관찰할 수 있도록 개방적으로 구성한다.

⑦ 물, 전기가 필요한 활동영역 배치에 신경을 쓴다.

⑧ 주제와 유아발달단계에 따라 해당 활동영역의 교재와 교구를 수시로 첨가하거나 교체하여 정비한다.

⑨ 유아의 연령이 어리거나 교실이 비좁을 때는, 합칠 수 있는 영역을 병합 정비한다.

(2) 실내 흥미영역의 설치요령

실내 흥미영역별 설치요령은 다음 표와 같다.

〈표 III-5〉 실내 흥미영역별 설치요령

실내 흥미 영역별	설치요령
1. 언어활동 영역	1) 책읽기, 이야기 듣기, 말하기, 글씨 쓰기 등을 할 수 있게 시설과 자료를 설비함 2) 햇볕이 잘 들어 밝고 소음이 없는 곳에 설치함 3) 카펫을 깔아 주고 쿠션을 만들어 책을 볼 수 있는 아늑한 분위기를 조성함 4) 주제에 맞게 책꽂이의 책을 수시로 교체함 5) 손인형, 손가락인형, 막대인형, 그림자인형으로 인형극을 하고, 녹음테이프를 넣어 헤

실내 흥미 영역별	설치요령
	드폰을 쓴 채 동화를 들을 수 있게 설비함 6) 고무자석, 그림자료를 붙여가며 이야기를 꾸밀 수 있게 설비함 7) 듣기 책상에는 카세트와 조작 순서도, CD와 테이프를 함께 제시함
2. 수학활동 영역	1) 수의 기초개념, 시 · 공간개념, 그래프활동, 무게 재기, 길이 재기, 비교, 분류, 서열화 등의 수학적 활동에 전념할 수 있는 조용한 공간에 설비함
3. 과학활동 영역	1) 관찰, 실험, 측정도구 및 기타 과학 위주로 설비함 2) 동물, 식물재배가 가능한 햇빛이 잘 들고 물 공급이 원활한 공간에 설비함 3) 여러 가지 꽃씨나 채소류, 농작물의 싹을 틔우고 물을 주고 재배하면서 관찰할 수 있는 시설 · 기구 설비 4) 과학적 정보 습득을 위한 도서 정비함 5) 주제에 따라 과학 실험을 할 수 있는 다양한 자료 준비함 6) 수학활동지, 관찰일지, 과학활동 기록지를 모을 수 있는 수 · 과학 파일 비치함 7) 동물사육, 곤충사육시설은 실내에 최대한 설비하고 어려운 경우, 실외 흥미영역에 설비함 8) 화분에 다양한 식물을 재배할 수 있도록 창쪽에 시설을 설비함
4. 쌓기 활동 영역	1) 교실 중앙에 설비하여 다른 영역과 연계가 잘 이루어지도록 함 2) 교실의 구조에 따라 블록에 의한 소음을 피하기 위해 교실 코너나 출입문 옆에 설치할 수 있음 3) 여러 가지 블록들을 이용하여 구성물을 만들 때 소음을 제거하기 위해 카펫이나 매트 깔기 4) 주제에 따라 함께 사용할 수 있는 소품도 그때그때 제시함 5) 유아가 제작한 작품을 전시할 수 있는 공간을 확보함 6) 주제에 따라 교사가 만든 소품을 제시할 수 있는 공간을 확보함
5. 역할활동 영역	1) 조형영역, 블록영역과 이웃되게 배치하나 과학, 수학, 조작영역과는 멀리 떨어져야 함 2) 일상생활 역할놀이이기 때문에 유아에게 알맞은 크기의 가구, 싱크대, 테이블, 의자, 거울을 비치하고 주제에 따라 필요한 소품은 낮은 선반에 비치함 3) 안락한 분위기가 조성될 수 있도록 천장에 캐노피를 달아 주고 침대나 침대 대용의 쿠션, 이불, 베개를 배치함 4) 다양한 역할놀이를 할 수 있는 충분한 공간을 확보함
6. 조작활동 영역	1) 조용한 놀이가 이루어지는 정적 영역이므로 과학영역에 인접하여 설치함 2) 바닥에 카펫을 깔아 낮은 책상에 앉아서 활동하도록 함 3) 플라스틱 바구니를 준비하여 조작놀이자료를 구분하여 담아 놓고 바구니가 교구장에 넉넉히 들어갈 수 있을 만큼 커야 함
7. 음률활동 영역	1) 유아가 편안하게 생각에 따라 움직일 수 있는 공간 확보 2) 소음을 줄일 수 있게 바닥에 카펫 깔기 3) 조용한 활동이 이루어지는 영역을 옆에 설치(쌓기 영역) 4) 다양한 악기를 정비하되 일시에 전부 제시하지 않고 필요에 따라 하나씩 더 첨가함 5) 입으로 부는 악기는 알코올로 소독함

실내 흥미 영역별	설치요령
	6) 카세트 조작기술은 안내문으로 제시함 7) 감상 후 느낌을 기록할 수 있는 그리기, 쓰기, 도구를 정비함 8) 신체를 표현할 수 있는 도구나 소품을 비치함
8. 조형활동 영역	1) 물이 있는 세면대 근처에 설치하고 역할영역과 인접해도 좋음 2) 작업용 책상과 의자, 이젤 등을 설치해 두어야 함 3) 밀가루 반죽, 손가락 그림을 그릴 수 있게 책상용 비닐 커버, 유아용 작업복을 준비함 4) 입체작품, 평면작품, 종이 접기 작품을 전시 혹은 게첨할 수 있는 공간을 확보함 5) 재료수납용 재료상을 준비함 6) 색종이 접기 책상은 별도로 준비함 7) 작품 미완성 시 보관할 바구니를 준비함 8) 작품 전시 후 느낌을 쓰거나 그릴 수 있는 필기용구를 준비함

언어영역

수활동영역

과학활동영역

쌓기 활동영역

역할활동영역

조직활동영역

음률활동영역

조형활동영역

〈그림 III-3〉 실내 흥미영역

제3장 실외 시설 · 설비

실외 시설 · 설비는 유아활동실이 포함된 건물 밖의 실외에 설치된 실외 시설 · 설비로서 실외유원장 또는 운동장, 놀이터, 실외흥미영역 등 여러 가지 명칭으로 불린다. 실외 시설 · 설비는 놀이의 성격상 실내에 설치할 수 없는 설비로서 비교적 규모가 크고 사용반경이 넓으며 또한 동 · 식물을 직접 사육 · 재배할 수 있도록 설치하는 데 넓은 공간을 확보해야 한다.

특히, 동 · 식물을 직접 사육 · 재배함으로써 자연친화적인 체험의 기회를 제공하기도 한다. 실외 시설 · 설비는 실내 시설 · 설비와 상보적 기능을 하면서 유아교육의 효율성을 제고시키는 데 중요한 역할을 한다.

1. 교육적 기능

실외 시설 · 설비의 교육적 기능을 종합적으로 정리하면

(1) 실외 시설 · 설비는 실내 시설 · 설비기능의 보완적이며 연속적이고 연계적인 기능을 한다. 즉, 실외 시설 · 설비는 실내 시실 · 설비로는 학습이 어려운 내용을 보완해 주는 시설로 설비하여 실내 학습의 보완적 · 연속적 · 연계적인 활동이 이루어지도록 한다.

예를 들면, 실내 학습에서 영상자료나 그림자료를 통하여 개미들의 일하는 모습을 학습하였다면 유원장에 나가 개미들이 일하는 모습은 물론, 개미집 모양을 직접 관찰하는 등 실내 학습의 보완적이며 연속적이고 연계적인 학습을 유도하여 상위 수준 학습의 성취를 이끈다.

(2) 실외 시설 · 설비는 정서적이며 심미적인 즐거움을 준다. 실외 시설 · 설비는 크고 작은 나무와 꽃종류, 흙, 돌, 모래, 잔디, 시멘트 등 다양한 종류로 만들어진 바닥, 동물과 식물, 농작물 등 적절히 안배된 공간, 평평하거나 높거나 낮은 지형, 흥미영역별로 분류된 학습공간 등은 정서적이며 심미적인 즐거움을 준다.

(3) 대근육발달, 심호흡 등 건강관리에 좋은 영향을 준다. 각종 놀이기구가 설비된 유원장에서 놀이기구를 활용하여 다양한 놀이를 하고 활발하게 뛰어놀며 대자연 속에서 심호흡을 하고 흙, 돌, 모래, 잔디, 시멘트 등 다양한 재료로 만들어진 바닥에서 바닥의 성격에 따른 활동을 함으로써 실내에서는 실시하기가 어려운 운동으로 대근육을 발달시키고 맑은 공기 속에서 심호흡을 하며 건강관리를 할 수 있다.

(4) 관찰 · 사육 · 재배활동을 통하여 과학적 탐구력을 배양시킬 수 있다. 유원장 내의 각종 자연물이 사철 변하는 모습을 관찰할 수 있고 또한 다양한 동물, 꽃, 채소들의 사육 · 재배과정의 계속적인 관찰을 통해 성장 · 변화과정을 이해하여 과학적 탐구력을 배양시킬 수 있다.

2. 공간의 입지조건

실외 시설 · 설비를 위한 실외 공간은 유아교육활동을 전개하는 데 적절한 입지조건을 갖추어야 한다.

1) 위치

실외 공간의 적절한 입지조건은

(1) 실외공간은 유아들의 활동에 대한 지도 · 감독이 용이하도록 건물에 가려져서는 안 된다.

(2) 실외 공간은 하루 종일 밝고 햇빛이 비치는 건물의 남쪽에 위치하는 것이 좋다.

(3) 실외 공간은 실내와 연결되어 유아들이 자유롭게 출입을 할 수 있어야 한다.

(4) 실외 공간에 화장실이나 식수대를 설치하여 유아들이 실외 활동을 하다가 실내

화장실에 들어갈 필요가 없도록 한다.

(5) 실내와 실외 공간 간에 지형의 차이가 있는 때는 경사진 길이 되도록 한다.

(6) 출입구는 시멘트나 아스팔트를 깔아 흙이나 모래가 실내에 묻어 들어가지 않게 한다.

2) 면적

실외 공간의 용도별 적절한 면적은

(1) 유아교육기관의 전체 실외 면적 가운데서 1/3은 모래놀이나 미술활동을 위한 조용한 활동공간으로 조성하고 나머지 2/3는 그네 타기, 달리기, 자전거 타기 등 활동적인 놀이공간으로 조성한다(Decker, 1976).

(2) 유치원의 경우 유원장의 기준면적은 원아 40명 이하인 경우 160m^2이며, 41명 이상인 경우는 120±Nm^2이다('고등학교 이하 각급 학교 설립 · 운영 규정' [별표 2]).

(3) 어린이집의 경우, 실외공간(놀이터)의 기준면적은 영유아 1인당 2.5m^2 이상을 확보하고 모래밭 및 놀이시설 3종 이상 설치해야 한다('영유아보육법 시행규칙' 제7조에 관련된 [별표 2]).

3) 울타리

(1) 울타리는 교사가 유아들을 지도 · 감독하기 용이하고 안전을 고려하여 유아들에게 안정된 느낌을 갖도록 설치한다.

(2) 울타리는 유아들의 안전에 문제가 없는 한 유아들의 활동모습이 밖에서 보일 수 있도록 낮은 담장이나 철망 또는 키가 작은 조경수로 된 생울타리가 좋다.

4) 바닥

실외 공간의 바닥은 다양한 활동을 하는 데 편리하도록 목적에 따라 다양한 재질로 설비한다. 즉, 실외 공간의 1/2~2/3 정도는 잔디를 심고 화단이나 재배공간은 흙으로 메워 나무나 채소를 가꾸고 놀이시설 주변은 모래나 쿠션이 있는 재질로 깔으며 자전거 길이나 통로는 보도블록, 시멘트나 아스팔트를 깔아 배수가 잘 되게 한다.

3. 실외 흥미영역 설치

실외 흥미영역을 0~1세, 2세, 3~5세별로 구분하여 설치요령에 대하여 기술하기로 한다.

1) 0~1세 영아 실외 흥미영역 설치

0~1세 영아는 신체조절능력이 미숙하여 다른 연령에 비해 바깥놀이가 자유롭지 못하다. 그러나 바깥놀이터는 영아가 날씨의 변화와 자연현상을 감각적으로 경험할 수 있는 공간이며, 0~1세 영아가 직접 참여하지 않더라도 다른 연령의 영유아들의 놀이를 관람할 수 있는 흥미로운 공간이다.

실외환경은 동적인 영역과 정적인 영역으로 구분하여 배치한다. 동적인 영역에서는 걷기 전 영아를 위한 유모차나 걷기 시작한 경우에는 붕붕차 등 영아의 발달 수준에 맞추어 바깥놀이를 위한 놀잇감도 준비한다. 영아는 교사와 함께 미끄럼틀과 그네, 시소 등의 놀잇감을 경험할 수 있다. 정적인 영역에서는 휴식하기나 물놀이, 모래놀이 등을 할 수 있도록 실외 흥미영역을 구성한다.

2) 2세 영아 실외 흥미영역 설치

바깥놀이터는 영아가 날씨의 변화와 자연현상을 감각적으로 경험할 수 있는 공간이다. 영아를 위한 실외 환경은 영아의 신체 크기에 적합한 공간을 확보하고, 발달단계에 따라 지각력과 개별 활동을 고려하여 구성한다. 영아가 다양한 바닥소재와 흥미로운 시야, 소리, 냄새 등을 경험할 수 있도록 배려한다.

실외 환경은 동적인 영역과 정적인 영역으로 구분하여 배치한다. 동적인 영역에는 바퀴 달린 놀잇감이나 세발자전거 등을 이용하기 위한 단단한 바닥재 공간이 필요하며 미끄럼틀과 그네, 시소 등의 놀잇감을 배치해도 좋다.

정적인 영역에서는 휴식을 위한 공간과 더불어 영아가 만지고 탐구할 수 있도록 잔디, 모래, 돌, 흙, 물 등의 탐색공간을 포함하여 영역을 구성할 수 있다. 놀잇감 보관을 위한 보관창고가 필요할 수도 있다. 외부 차량이나 사람들로부터 영아를 보호할 수 있도록 배려하고, 안전을 위해 놀이 상황을 교사가 한눈에 파악하고 필요시에 도울 수 있도록 공간을 구성한다.

3) 3~5세 실외 흥미영역 설치

실외 흥미영역은 놀이터, 실외 놀이터, 운동장, 실외 놀이장 등 여러 가지 명칭으로 불리고 있으나, 일반적으로 실외 놀이터라는 용어가 가장 많이 사용되고 있다. 어린이집은 흥미영역 설치를 의무화하고 있기 때문에 실내에 설치할 수 없는 흥미영역은 실외에 설치하여 영유아교육의 효율성을 제고시킬 수 있도록 실외 흥미영역 설치에도 관심을 가져야 한다.

(1) 실외 흥미영역 설치방침

① 실외 흥미영역은 실내 흥미영역을 발전적으로 이어 실내에 설치할 수 없는 설비와 기구를 중심으로 설치한다.

② 실외 흥미영역은 대근육 놀이기구뿐만 아니라 공간의 위치와 넓이를 고려하여 각 흥미영역별로 다양한 설비와 기구를 설치한다.

③ 실외 흥미영역은 다양한 활동성 외에 자연친화적이고 심미적인 즐거움을 주어 지루하지 않게 설치한다.

④ 실외 흥미영역은 다양한 활동성이 수반하는 설비와 기구를 설치하므로 유아의 안전성을 고려하여 설치한다.

⑤ 실외 흥미영역은 고가의 다양한 설비와 기구가 설치되므로 연차계획을 세워 점차적으로 확보해 나가야 한다.

⑥ 실외 흥미영역에서는 영유아의 자유분방한 신체활동이 이루어지므로 안전시설 정비가 겸비되어야 한다.

(2) 실외 흥미영역의 설치

3~5세 실외 흥미영역 설치요령 및 구비해야 할 시설 · 기구는 다음과 같다.

〈표 III-6〉 실외 흥미영역 설치요령 및 시설 · 기구

실외 흥미 영역별	설치요령	설치시설 및 기구
1. 개방영역	1) 아무것도 없는 넓은 공간 한쪽에 모래놀이기구, 잔디밭을 설치함 2) 전 공간을 사토 후 모래놀이영역, 잔디밭을 조성함	① 잔디밭 ② 모래장 ③ 기타

실외 흥미 영역별	설치요령	설치시설 및 기구
2. 그늘영역	1) 다양한 크기의 관목 및 포도덩굴 등의 휴식공간, 동화 듣기, 극화놀이를 할 수 있는 모래, 물놀이 시설을 설치함 2) 관목 · 포토덩굴, 등나무 묘목을 심어 가꿈	① 관목, 포도덩굴 재배 ② 모래놀이 기구 ③ 물놀이 기구 ④ 극화놀이 기구 ⑤ 기타
3. 지붕영역	1) 비 오는 날에는 사용 가능한 목공놀이대, 그림 그리기, 과학실험, 소꿉놀이, 구성 놀이대를 설치함 2) 건물에 연결통로를 만들고 실외 활동과 연결된 영역별 활동을 실외에서 자유롭게 할 수 있게 함	① 정자 ② 움집 ③ 커다란 나무 ④ 목공놀이대 ⑤ 기타
4. 흙영역	1) 진흙놀이나 땅따먹기놀이, 다양한 흙놀이를 할 수 있도록 설치함 2) 땅을 팔 수 있는 작은 삽이나 곡갱이를 비치함	① 작은 삽 ② 곡갱이 ③ 깔개 ④ 기타
5. 모래놀이 영역	1) 여러 가지 모래놀이 도구를 비치함 2) 1년에 한 번씩 모래를 소독하고 다양한 놀이 기구를 비치함	① 모래밭 ② 모래놀이 도구(체류, 삽류, 땅파기 도구, 모양 만들기 도구, 측량기기, 물뿌리개), 모형 보조자료(손수레, 자동차류, 동물류, 사람류 등) ③ 기타
6. 물놀이 영역	1) 물놀이 도구를 비치함 2) 바닥은 딱딱하고 물기가 빨리 마르게 설치하고 놀이기구를 비치함	① 물놀이 시설 ② 물놀이 도구(양동이, 호스, 물 뿌리개, 주전자, 물레방아 등) ③ 물놀이 정리함 ④ 연못 ⑤ 기타
7. 자연생태 영역	1) 식물재배장, 샘, 울타리, 화단, 덤불, 정원을 설치함 2) 텃밭에서 식물재배를 할 수 있도록 설치함	① 식물 재배장(수경재배, 화분, 식물 재배 등) ② 기타
8. 동물사육 영역	1) 식물 · 동물 사육, 울타리, 화단이 정비된 정원을 설치함	① 동물 사육장(토끼장, 새장, 닭장 등)
9. 목공놀이 영역	1) 목공놀이 소도구를 설치함 2) 나무와 연장을 사용하는 데 편리하도록 공간을 넓게 구성하고 놀이 소도구를 구입 비치함	① 목공놀이대 ② 목공놀이 정리함 ③ 목공놀이 도구(톱, 나사, 자, 망치, 못, 판자, 거친 모래종이, 조임쇠, 드라이버, 스티로폼, 코르크, 꺾쇠, 못그릇 등) ④ 기타

실외 흥미 영역별	설치요령	설치시설 및 기구
10. 대근육 운동 영역	1) 대근육에 필요한 고정놀이기구를 설치함 2) 눈에 띄기 쉽고 감독이 용이한 장소에 시소, 그네, 평균 오름대를 설치함	① 미끄럼틀 ② 그네 ③ 구름다리 ④ 터널 ⑤ 흔들 사다리 ⑥ 망 오름대 ⑦ 정글짐 ⑧ 밧줄타기 ⑨ 시소 ⑩ 복합놀이기구
11. 창작 놀이 기구 보관 영역	1) 이동식 놀이기구 및 놀이기구 부대시설의 안전한 관리	① 이동식 놀이기구 및 놀이기구 부대시설을 보관할 창고 ② 놀이기구 수리기구 및 훼손방지를 위한 각종 화학약품

(3) 실외 흥미영역 시설 · 기구 설비 및 설치상의 유의점

① 시설 · 기구 설비 및 설치 면

ㄱ. 놀이시설 · 기구는 활용하는 영유아의 연령에 따라 놀이에 대한 흥미와 호기심을 자극하기에 적절한가?

ㄴ. 놀이시설 · 기구는 활용의 다양성이 높아서 영유아가 다양한 신체적 활동을 할 수 있는가?

ㄷ. 영유아가 창의적으로 활용할 수 있는 시설 · 기구인가?

ㄹ. 영유아가 다목적 놀이를 할 수 있는 융통성이 있는 시설 · 기구인가?

ㅁ. 영유아의 공간관계 개념을 이해시킬 수 있는 시설 · 기구인가?

ㅂ. 여러 가지 동물, 나무나 꽃을 사육 · 재배할 수 있도록 흥미영역의 시설 · 기구가 적절히 설비 · 비치되었는가?

ㅅ. 흥미영역의 놀이시설 · 기구를 자유롭게 선택할 수 있도록 배치되었는가?

② 안전 · 건강 면

ㄱ. 놀이시설 · 기구는 튼튼한가?

ㄴ. 추락 위험이 있는 곳은 모래와 같이 탄력성 있는 자료로 바닥을 처리하였는가?

ㄷ. 그네의 발판은 부드러운 재질로 되어 있는가?

ㄹ. 그네는 영유아가 뛰어다니고 바퀴 달린 놀잇감을 타는 길에서 충분히 떨어져 있는가?

ㅁ. 높은 놀이시설 · 기구에는 영유아의 추락 사고를 방지하기 위한 난간이 설비되어 있는가?

ㅂ. 놀이시설 · 기구는 안전하게 잘 관리되고 있는가?

ㅅ. 놀이영역은 매일 점검하고 시설 · 기구가 계속적으로 보완 · 유지되고 있는가?

4) 기타 시설 · 설비

전절에서 연령별로 실외 흥미영역 설치요령에 대하여 기술하였다. 그러나 오늘날 전절에서 밝힌 바와 같이 모든 어린이집에서 실외 흥미영역을 설비하기란 실외 공간 확보 및 설비비용이 너무 많이 소요되어 그리 용이한 일이 아니다. 따라서 '영유아보육법 시행규칙' 제7조와 관련한 [별표 2]에 제시된 모래밭 및 놀이시설 3점 이상을 설치해야 한다고 규정한 바 우선적으로 설비해야 하는 놀이시설로서 복합놀이기구, 그네, 시소, 창고에 국한하여 설비요령을 제시하기로 한다.

(1) 복합놀이기구

복합놀이기구는 한정된 공간에서 대상 유아의 연령을 고려하여 그들에게 최대한의 놀이기능을 제공하기 위해 제작된 다목적놀이기구로서 복합놀이기구 설치 시 고려할 사항은 다음과 같다.

첫째, 공간의 크기에 따라 놀이기능의 수를 조정한다. 예를 들면, 공간이 협소한 경우에는 2~3가지, 넓은 공간에는 그 이상의 기능을 지닌 종합 놀이기구를 선정하여 배치한다.

둘째, 유아가 한 놀이기구에서 다른 놀이기구로 안전하고 편리하게 이동할 수 있도록 효율적으로 연결한다.

셋째, 복합놀이기구에 설치해야 하는 놀이기구는 기어오르기, 매달리기, 미끄럼타기, 터널, 놀이집 등을 들 수 있다.

넷째, 오르기 기구의 계단 높이는 15cm 미만이어야 하며 미끄럼틀 역시 90~120cm 범위의 높이를 초과해서는 안 된다. 그리고 복합놀이기구의 최대 높이는 2.5m가 넘지 않게 한다.

(2) 그네

그네는 앞뒤로 흔들기, 높이 올라갔다 내려오기, 빨리 흔들기 등의 움직임을 주로 하여 유아들에게 쾌감을 주며 종합놀이기구의 일부로 연장하여 설치하거나 완전 분리하여 설치할 수 있다. 설치할 때 고려할 점은 다음과 같다.

첫째, 유아에게는 앉아서 탈 수 있는 부드러운 재질의 안장이나 타이머안장이 설비된 그네가 적절하다.

둘째, 그네는 유아의 왕래가 많지 않은 장소 그리고 전, 후, 좌, 우 장애물이 없어야 하며 그네 주위에 타이어나 낮은 울타리로 영역을 표시하여 안전관리에 주력한다.

셋째, 그네의 주변에는 모래밭이나 쿠션이 좋은 재질을 깔아 떨어졌을 때 충격을 흡수하여 안전하게 한다.

넷째, 그네 간에 70cm 이상의 안전거리를 확보하며 또한 그네줄의 쇠사슬 구멍은 유아의 손이 끼지 않도록 8mm 이하로 하고 쇠사슬 구멍이 큰 경우, 고무호스나 플라스틱 보호대를 씌워 안전관리에 유념한다.

다섯째, 유아의 연령에 따라 그네의 높이와 그네 줄의 길이를 조절해야 한다.

(3) 시소

시소는 중앙지지대를 대칭으로 양쪽에 앉아서 서로 반대방향으로 올라가고 내려오는 움직임을 반복하는 놀이기구로 설치할 때 고려할 점은 다음과 같다.

첫째, 시소가 땅에 닿는 부분에 폐타이어를 묻거나 모래를 많이 깔아서 시소가 땅에 닿을 때 충격을 완화해 준다.

둘째, 배수가 잘 되게 하고 습기가 차지 않는 양지 바른 곳이 좋고 더운 날에는 차양시설을 해 둔다.

셋째, 모래밭은 맨 밑바닥에 자갈을 깔고 그 위에 벽돌을 깐 다음 45~60cm 정도의 모래를 덮어서 만든다.

넷째, 모래밭의 모래는 최소한 1년에 한 번씩은 갈아주거나 소독하여 먼지나 더러운 물질이 쌓이지 않게 한다.

다섯째, 모래놀이는 정적 활동으로 동적 활동영역과 떨어져 설비하여 모래놀이에 필요한 용기와 도구를 함께 제공한다.

(4) 창고

창고는 유원장 내의 이동 가능한 놀이기구나 비품을 보관하여 바람, 눈, 비, 먼지 등 자연적 재해로부터 보호하여 놀이기구의 사용기간을 연장시키고 또한 유아들에게 정리정돈의 생활습관을 배양하는 데 효과적이다. 창고를 설립할 때 고려사항은 다음과 같다.

첫째, 창고는 원사와 덧붙여 지을 수도 있으나 유원장의 적절한 장소에 별도의 건물로 지을 수 있다.

둘째, 창고를 설치하는 지역은 경사진 면으로 물이 고이지 않게 한다.

셋째, 창고의 크기는 실외 이동 기구나 비품의 양에 따라 달라질 수 있으나 일반적으로 3.6m × 3m × 2.1m(2.4m) 정도가 적당하며(이영자 외, 2006) 또한 창고의 문은 상하 개폐식이나 여닫이 형태로서 1.8m^2의 크기가 적당하다.

넷째, 창고 내부에는 선반을 설치하고 아랫부분은 넓은 공간을 확보한다.

제 4 장 비품, 교재 · 교구

비품, 교재 · 교구는 유아교육기관에서 교수 · 학습활동을 직 · 간접적으로 돕는 교수 매체이다. 따라서 비품, 교재 · 교구의 지원이 없이는 유아교육이 사실상 불가능하다. 비품, 교재 · 교구가 없는 교육은 운동장 한가운데에서 교사가 유아들에게 공룡의 생김새를 말로만 설명하는 형식으로 학습의 성과를 기대하기 어려워 유아교육에서 비품, 교재 · 교구의 활용은 필수적이다. 다음에서 이들에 대한 개념, 중요성, 선정기준, 배치기준, 활용 및 관리방안 등에 걸쳐 기술하기로 한다.

1. 비품, 교재 · 교구의 개념

비품, 교재 · 교구에 대한 개념을 밝히기란 그리 쉽지 않아 유아교육현장에서는 이들을 혼용하여 쓰기도 하는데, 다음에서 이들 개념에 대하여 생각해보기로 한다.

1) 비품

비품이란 '유아교육기관의 활동실 내에 늘 일정하게 갖추어 두고 쓰는 물품 또는 필요할 때 쓰기 위하여 준비하여 둔 물품'을 말한다. 혹자는 교구 · 비품이라는 용어를 쓰기도 한다. 결론적으로 비품이란 '교육활동을 위하여 활동실에 늘 일정하게 비치 또는 준비된 물품'으로 예를 들면, 책상, 의자, 교구장, 사물함, 심지어 쓰레기통, 빗자루 등이 있으며 이들은 교육활동을 간접적으로 돕는다.

2) 교재

교재와 교구의 구분은 어렵기 때문에 교재를 교구로, 교구를 교재로 혼용하여 사용하기도 한다.

교재란 '학문이나 기예 따위를 가르치거나 배우는 데 필요한 여러 가지 재료'를 말한다. 초 · 중 · 고등학교에서는 당해 교육기관의 교육목표를 구현하기 위하여 교과서를 가지고 지도한다. 이 교과서가 바로 교재이다. 따라서 교재란 '교육목표 구현을 위하여 가르쳐야 할 내용을 학습대상의 수준에 맞게 체계화한 교육소재로서 교과서, 프로그램 지도계획 및 자료, 동화책, 그림, 영상물, 녹음자료, 활자인쇄물 등'을 말한다. 교재는 교육목표 구현에 직접적으로 영향을 준다.

3) 교구

교구란 '교육활동에 사용되는 보조적인 자료나 도구'를 말한다. 교재가 교수 · 학습과정을 성립시키는 직접적인 매개물인 데 반해 교구는 간접적인 매개물이다. 교재는 그 자체 안에 교육적 내용이나 가치를 지니고 있으나 교구는 교재와 같이 활용될 때 교육적 가치를 발휘한다. 교구를 '놀잇감'이라고도 하며 흥미영역에 진열된 각종 자료를 비롯하여 투영기기, 방송기기, 게시판, 칠판, 융판, 인형극 등 아주 다양하다. 교재 · 교구와 같이 합성어로도 쓰인다.

2. 비품, 교재 · 교구의 교육적 가치

비품, 교재 · 교구의 교육적 의의를 정리하면

1) 교육목표 구현을 위한 내용과 방법의 상세화

당해 유아교육기관에서 개발한 다양한 교재, 자료, 계획 및 프로그램 등은 당해 유아교육기관에서 설정한 교육목표구현을 위하여 제작, 계획된 것으로 교육목표 구현을 위한 교육 내용과 교육방법을 상세하게 안내해준다.

2) 유아교육기관에서의 유아 생활의 편익성 도모

유아교육기관에 설비된 비품이나 기구들은 유아들이 활동실에 머무는 동안 그들의 신체 · 건강생활을 도모하고 그들의 생활을 편안하고 안락하며 안전하게 도모해 준다.

3) 학습 내용의 직관화, 구체화

유아들은 사물에 대해 분석적 사고를 통해 이해하기보다 감성적인 지각에 의해 사물의 전체를 직접적으로 파악하고 또한 사물에 대한 구체적인 지식을 얻는다. 이렇게 되기 위해서는 학습 내용을 직관화 또는 구체화시켜 주어야 하는데, 비품 및 교재 · 교구는 이러한 기능을 가지고 있다.

4) 선택적이며 주체적인 활동도모

활동실 내에 다양한 교재 · 교구들 중에서 유아들 스스로가 자신의 취향과 의지에 따라 선택하여 활용함으로써 유아들의 주체적인 활동을 도모하여 자립심과 더 나아가 선택과 책임을 기르는 민주시민 의식을 배양시킨다.

5) 호기심, 흥미유발, 학습의욕 고취

학습활동이 활발하게 이루어지게 하기 위해서는 우선적으로 유아들이 학습 내용에 대하여 호기심을 가지고 접근시킨 후 유아들 스스로가 학습활동에 흥미를 가지도록 유도하면 자연스럽게 학습의욕이 고취됨으로써 학습의 효율성을 도모할 수 있는데, 비품 및 교재 · 교구는 호기심과 흥미유발의 기능을 가지고 있다.

6) 교수부담의 경감

교사가 본시 학습목표를 구현하기 위하여 다양한 학습활동을 전개하는 과정에서 시종일관 언어에만 의존한다면 추상적 사고력이 부족한 유아들은 교사의 언어를 이해하지 못하여 교사가 의도하는 학습목표를 도달시킬 수 없을 것이다. 이때 교수 · 학습활동에서 다양한 교재 · 교구를 활용한다면 학습활동이 구체화되어 직관적으로 이해시킴으로써 학습의 효율성을 도모하여 결과적으로 교사의 교수부담이 경감된다.

3. 비품, 교재 · 교구의 확보

전절에서 밝힌 바와 같이 비품, 교재 · 교구의 가치가 매우 높음에 비해 이를 확보하는 데 많은 경비가 소요되므로 어려움이 많다. 그리고 유아교육에 최적한 비품, 교재 · 교구, 그리고 유아의 연령발달단계를 고려한 비품, 교재 · 교구가 무엇인가를 잘 이해하고 있어야 비품, 교재 · 교구를 확보하고 유아학습에 효율적으로 활용할 수 있다.

1) 설비기준

유치원은 교육부에서 또한 어린이집에는 보건복지부에서 각 기관에서 설비해야 될 비품, 교재 · 교구에 대한 설비기준을 제시하고 있다. 설비기준에서는 교구별로 종류와 소요수량을 제시하는 것으로 설비기준을 제시하는 목적은

첫째, 교재나 교구 자체가 특유의 교육적 가치, 목적, 내용을 내포하고 있으므로 일선 유아교육기관에서 비품, 교재 · 교구의 적극적인 활용을 유도하여 국가수준의 교육이나 보육의 질을 관리하기 위함이다.

둘째, 다양한 검토과정을 거쳐서 선별된 교재 · 교구를 제시해 줌으로써 일선 유아교육기관에서 선정의 어려움을 최소화하고 한정된 예산의 범위 내에서 연차적인 확보계획 수립과 시행에 편리하다.

셋째, 설비기준이 세분화되고 명료화되어 불필요한 교재 · 교구 품목이나 과다수량 구입으로 예산 낭비를 예방할 수 있다.

(1) 유치원

유치원은 유 · 초 · 중 · 고등학교를 포함하는 '고등학교 이하 각급 학교 설립 · 운영규정'(대통령령 제17397호, 2001. 10. 31)에 의거 각 시 · 도 교육청에서 각 지역의 특성에 맞게 설비기준을 제시하고 있다.

특히, 유 · 초 · 중 · 고등학교 등 모든 교육기관이 동일한 규정에 근거하여 설비기준

을 제시하도록 하고 있음은 각 교육기관 간의 교육과정의 연계와 연계된 교육 내용 지도에 필수적인 교재·교구를 제시하는 것으로 교재·교구 간의 연계를 통하여 학교 급별 간 교육의 연계성, 효율성을 도모할 수 있다. 유치원의 교구·교재 설비기준은 지면관계상 약하니 다음에 이어지는 어린이집 비품 및 교재·교구 기준을 참고하기 바란다.

(2) 어린이집

보건복지부 보육사업지침(보건복지부, 1999)에 제시된 어린이집 비품 및 교재·교구 설비기준을 제시한다.

〈표 III-7〉 어린이집 비품 및 교재 · 교구기준

구분	교재 · 교구	소요기준	비고
학습활동 교구	• 이동식 칠판	유아반당 1개	
	• 이젤	유아반당 1개	
	• 교통표지판	시설당 10개	
	• 동식물표본	시설당 4종	
	• 모형시계	시설당 1개	
	• 종합적목	시설당 1조	
	• 우레탄 큰 블록	시설당 1조	
	• 벽돌적목	유아반당 1조	
	• 유니트 블록	유아반당 1조	
	• 끼우기 블록 세트	유아반당 2조	
	• 쌓기 블록 세트	유아반당 2조	
	• 블록 세트 소품	유아반당 3조	
	• 언어놀이자료	유아반당 3조	
	• 퍼즐자료(도형, 수, 색, 등식, 도구, 일상생활 등)	유아반당 3조	
	• 수놀이자료(단추, 바둑알, 열매, 구실 등 10종)	유아반당 1조	
	• 인형극 세트	유아반당 1조	
	• 인형극 틀	시설당 1대	
	• 게임자료세트	유아반당 2조	
	• 카드자료세트	반당 2조	
	• 그림동화책	반당 2질	
	• 학습자료도서	시설당 4질	
	• 측정도구세트(자, 저울, 계량컵, 온도계, 시계, 스포이드 등)	유아반당 1조	
	• 실험 및 관찰도구세트(거울, 자석, 확대경, 지구본, 핀셋, 프리즘, 손전등, 촉각판 등)	유아반당 1조	

구분	교재 · 교구	소요기준	비고
시청각교육 기재	• TV수상	교실당 1개	
	• UTR	시설당 1대	
	• 카세트녹음기(라디오겸용)	유아반당 1대	
	• 사진기	시설당 1대	
	• 컴퓨터(교육용)	시설당 1대	
	• 학습비디오테이프	시설당 3대	
음률활동 교구	• 피아노(또는 소형 전자오르간)	시설당 1대	
	• 트라이앵글	유아반당 3개	
	• 캐스터네츠	유아반당 3개	
	• 탬버린	유아반당 3개	
	• 심벌즈	시설당 1개	
	• 큰 북	시설당 1개	
	• 우드블록	시설당 2개	
	• 소고	유아반당 3개	
	• 마라카스	유아반당 3개	
	• 멜로디언	유아반당 1개	
	• 꽹가리	유아반당 1개	
	• 장구	시설당 1개	
	• 징	시설당 1개	
	• 피리	시설당 1개	
	• 방울	시설당 3개	
	• 단소	유아반당 3개	
	• 리듬막대	유아반당 3개	
실내 놀이 기구	• 실내 시소	시설당 1개	
	• 실내 미끄럼틀	시설당 1개	
	• 고리 던지기	유아반당 1개	
	• 비닐스펀지터널	시설당 1개	
	• 평균대	시설당 1개	
	• 유동마	유아반당 1개	
	• 보행기	영유아반당 1대	
	• 유모차	영아반당 1대	
	• 목공놀이교구 세트(유아용 망치, 유아용 톱, 자키, 공구 세트, 각종 나사 등)	시설당 1조	
	• 특공대	시설당 1조	
	• 모래놀이기구(삽, 체, 모래놀이, 소품 등)	시설당 1조	
	• 물놀이대	시설당 1조	
	• 물놀이기구(양동이, 물뿌리개, 호스 등)	시설당 1조	
	• 인형유모차	영아반당 1개	

구분	교재 · 교구	소요기준	비고
실내 놀이 기구	• 소꿉놀이 의상 세트	반당 1조	
	• 소꿉놀이 인형	반당 2조	
	• 소꿉놀이 생활 비품(그릇, 침대, 식탁, 이불, 베개, 전화, 싱크대, 조리대, 냉장고 등)	반당 1조	
	• 병원놀이 세트(모조의료기구)	반당 1조	
	• 매트(놀이용)	시설당 2조	
	• 트램플린	시설당 1개	
	• 공	유아반당 3개	
	• 후드	유아반당 3개	
	• 줄(줄넘기줄, 밧줄 등)	유아반당 3개	
실외 놀이 기구	(시설당 3종 이상 선택)		
	• 종합놀이대	시설당 1개	
	• 그네	시설당 1개	
	• 미끄럼틀	시설당 1개	
	• 시소	시설당 1개	
	• 철봉	시설당 1개	
	• 구름다리	시설당 1개	
	• 사각정글	시설당 1개	
	• 터널	시설당 1개	
	• 망오름대	시설당 1개	
시설 · 설비	• 유아책상(10인용)	유아반당 2조	
	• 유아의자(1인용)	유아반당 20개	
	• 영아책상(10인용)	영아반당 1조	
	• 다용도의자	반당 2개	
	• 사물함	반당 1개	
	• 교구정리장	유아반당 3개	
	• 완구정리장	반당 1개	
	• 책꽂이	유아반당 1개	
	• 전신거울	시설당 1개	
	• 이불장	반당 1개	
	• 침대	영아반당 2개	
	• 흔들침대	영아반당 1개	
	• 매트(간이침대 등)	유아반당 5개	
	• 책상(교사용)	반당 1개	
	• 의자(교사용)	반당 1개	
	• 캐비닛(교사용)	시설당 2개	
	• 교탁	시설당 2개	

구분	교재 · 교구	소요기준	비고
주방용 기구	• 밥솥	시설당 1개	
	• 국솥	시설당 1개	
	• 급식판(1인용)	아동수당 1개	
	• 식기류	아동수단 1개	
	• 싱크대 세트	시설당 1조	
	• 냉장고	시설당 1대	
	• 살균소독기	시설당 1대	
	• 전자레인지	시설당 1대	
	• 가스레인지	시설당 1대	
	• 찬장	시설당 1조	
	• 전기밥솥	시설당 1조	
	• 온장고	시설당 1조	
비품	• 선풍기	반당 1대	
	• 카펫	유아반당 1개	
	• 전기장판(5인용)	시설당 1개	
	• 가습기	영아반당 1대	
	• 청소기	시설당 1대	
	• 체중기	시설당 1대	
	• 시력검사기	시설당 1대	
	• 색맹검사자료	시설당 1대	
	• 기저귀 갈이대	시설당 1개	
	• 좌변기	영아반당 1개	
	• 게시판	시설당 1개	
	• 환경판	반당 1개	
	• 책장	시설당 1개	
	• 에어컨	시설당 1개	
	• 환풍기	시설당 1대	
	• 코팅기	시설당 1대	
	• 세탁기	시설당 1대	
	• 짤순이	시설당 1개	
	• 복사기	시설당 1개	
	• FAX	시설당 1개	
	• 전기난로	시설당 1개	
	• 칫솔걸이	반당 1개	
	• 우산꽂이	시설당 1대	
	• 신발장	시설당 1대	
	• 메가폰	시설당 1대	
	• 약품 및 의료기구 보관함	시설당 1대	
	• 음료대	시설당 1대	

2) 선정기준

유아교육은 교사와 유아 간, 유아와 유아 간, 유아와 교구 간의 상호작용으로 이루어진다. 그중 유아와 교구 간의 상호작용은 활동실 내·외에 어떠한 비품이나 교재·교구를 설비해 놓고 어떻게 활용하느냐에 따라 상호작용의 질이 달라진다. 전항에서 밝힌 바와 같이 교육부나 보건복지부에서 각 기관에 최적한 비품이나 교재·교구의 품목을 설비기준으로 제시하면 각 비품, 교재·교구 생산업체에서 제품을 생산하여 각 유아교육기관에 안내하면 각 유아교육기관의 교육과정이나 프로그램의 특성과 성격 그리고 확보예산에 따라 일정한 선정기준을 설정하고 선정기준에 따라 비품이나 교재·교구를 선정 구입해야 되는데, 이때 구입의 준거로 삼아야 할 선정기준은 다음과 같은 사항이 고려되어야 한다.

(1) 유아교육기관의 입장에서

① 예산에의 적합성

당해 유아교육기관에 책정된 예산의 범위 내에서 구입해야 한다. 아무리 좋은 교재·교구라 할지라도 예산이 없으면 구입할 수 없다. 구입하려는 교재·교구를 선정하고 구입에 따른 소요예산을 검토해야 한다.

② 구입절차의 합리성

구입절차가 합리적이어야 한다. 담당교사가 임의로 교재·교구를 선정하고 구입해서는 안 된다. 필요한 교재·교구의 목록을 작성하고 작성된 교재·교구 가운데 구입의 우선순위를 결정하고 소요예산을 확보하여 교재·교구 심의과정을 거치는 등 일련의 구입과정이 합리적이어야 한다.

③ 보관 장소의 적절성

아무리 좋은 교재·교구라 할지라도 당해 유아교육기관 내에서 보관할 수 있는 공간이 없다면 구입해서는 안 된다. 따라서 교재·교구를 구입할 때는 편리하게 보관하고 활용할 수 있는 비품을 먼저 구비하는 등 보관장소의 적절성을 검토해야 한다.

(2) 교육적 기능 면에서

① 교육목표 구현의 적합성

유아교육기관에서는 국가 수준의 교육과정을 지역실정을 고려하여 설정된 교육목표에 따라 유아교육기관의 교육과정 운영계획이나 프로그램을 편성 · 지도하여 당해 유아교육기관의 교육목표를 구현하게 되므로 모든 교재 · 교구는 당해 유아교육기관의 교육목표를 구현하는 데 필수적인 품목을 우선적으로 선정해야 한다.

② 유아발달단계의 적합성

비품, 교재 · 교구는 유아의 발달수준이나 요구 · 흥미 등을 고려하여 선정하여야 한다. 유아의 발달 수준에 맞지 않아 너무 단조롭거나 혹은 너무 활용방법이 어려운 경우 유아의 선택을 받지 못하여 활용성이 낮아 결국 사장되고 만다.

③ 호기심 · 심미감

교재 · 교구는 유아들에게 호기심을 유발할 수 있어야 유아들의 선택을 받아 학습에 적극적으로 활용될 수 있다. 또한, 교재 · 교구는 심미적인 즐거움을 줄 수 있도록 모양이나 색깔이 미적이어야 유아들의 흥미와 호기심을 자극한다.

(3) 교재 · 교구의 제작 면에서

① 생산업체의 신뢰성

교재 · 교구는 관계기관에 등록된 업체로서 교재 · 교구 제작 경험과 시장도가 높은 업체로서 품목에 따라 계속적으로 A/S가 가능한 업체이어야 한다.

② 내구성 · 경제성

교재 · 교구는 언제, 누가, 어느 때나, 어떠한 장소에서, 어떻게, 활용하든 간에 모형이 틀어지거나 마모, 멸실되지 않고 활용될 수 있어야 한다. 이렇게 한번 구입해서 오래 사용할 수 있으면 자연히 내구성과 경제성이 높다.

③ 안전성

교재 · 교구 자체에 위험요소가 없는지 확인해야 한다. 활용 도중 유아들을 다치게 하거나 제작재료의 유독성이 없어야 한다.

3) 연령별 소요 교재 · 교구

(1) 1세 영아를 위한 놀잇감 및 교재 · 교구

① 일상생활영역

1세 영아를 위한 놀잇감 및 교재 · 교구를 일상생활영역과 놀이영역으로 구분하여 제시한다.

〈표 III-8〉 일상생활영역별 놀잇감 및 교재 · 교구

일상생활영역별	놀잇감 및 교재 · 교구
1. 개인사물함	• 서랍장이나 사물함 • 영아 개인의 사진이 부착된 이름표 • 수첩 및 통신문
2. 휴식영역	• 부드러운 느낌이 나는 베개와 담요 • 폭신한 의자나 가구, 바닥깔개, 드리우는 천(캐노피) • 헝겊그림책, 인형
3. 수유영역	• 냉장고, 수유준비 테이블, 우유병과 젖꼭지 소독을 위한 도구 • 폭신한 의자나 베개 • 낮은 책상이나 영아용 식사 테이블
4. 기저귀갈이영역	• 매트, 기저귀, 물휴지, 파우더, 일회용 장갑, 폐기용 비닐, 휴지통 • 수납장이나 선반 • 거울, 모빌 • 영아용 변기(영아용 변기 뚜껑) 또는 이동식 변기, 개수대 • 휴지, 물비누, 수건(종이수건)

② 놀이영역

〈표 III-9〉 놀이영역별 놀잇감 및 교재 · 교구

놀이영역 구분	놀잇감 및 교재 · 교구
1. 신체영역	• 잡고 걸을 수 있도록 벽을 따라 설치된 봉 • 잡고, 서로 밀고 걸을 수 있는 바퀴 달린 장난감 • 실내의 미끄럼틀, 그네, 흔들말, 세발자전거나 붕붕차 • 낮은 계단과 경사로 건너뛰거나 통과하는 장애물 • 영아용 침대에서 사용 가능한 놀이기구 • 스펀지 블록, 공 등
2. 언어영역	• 낮은 소파나 푹신한 등받이 쿠션, 방석, 책상이나 상자 • 단순한 그림책, 감각적 그림책, 스펀지 책, 헝겊책 등 영아용 그림책 • 손 인형, 그림이나 사진, 끄적거릴 도구 • 모형 전화기나 카세트
3. 감각 및 탐색영역	• 모빌, 딸랑이, 손에 쥘 수 있는 놀잇감, 오뚝이 • 건드리면 다양한 소리가 나는 장난감, 엄자바 블록, 누르면 작동하는 놀잇감 • 다양한 질감의 인형, 여러 가지 질감과 크기의 공 • 모양 블록, 모양 끼우기 통, 고무나 플라스틱 재질의 고리 끼우기 등

4. 역할 및 쌓기 영역	• 다양한 인형(인형놀이를 위한 인형, 봉제인형) • 밀고 당기는 놀잇감(쇼핑용 손수레, 유모차, 자동차) • 부엌용품, 청소용품 등의 역할 놀잇감 • 다양한 크기, 색, 모양의 쌓기 놀잇감 • 쌓기놀이에 함께 할 수 있는 모형 자동차 및 인형

(2) 2세 영아를 위한 놀잇감 및 교재 · 교구

2세 영아를 위한 놀잇감 및 교재 · 교구를 일상생활영역과 놀이영역으로 구분하여 제시한다.

① 일상생활영역

〈표 III-10〉 일상생활영역별 놀잇감 및 교재 · 교구

일상생활영역별	놀잇감 및 교재 · 교구
1. 개인 사물함	• 서랍장이나 사물함 • 영아 개인의 사진이 부착된 이름표 • 영아 부모와의 소통을 위한 수첩 및 통신문
2. 휴식영역	• 부드러운 느낌의 베개 및 담요 • 폭신한 의자나 가구, 바닥깔개, 드리우는 천(캐노피) • 헝겊 그림책, 인형
3. 간식 및 식사영역	• 낮은 책상 • 물휴지 • 행주
4. 화장실	• 영아용 변기(영아용 변기 뚜껑) 또는 이동식 변기, 개수대 • 휴지, 물비누, 수건(종이수건), 휴지통 • 변기사용방법, 손 씻는 순서와 방법에 대한 사진이나 그림

② 실내 흥미영역

〈표 III-11〉 흥미영역별 놀잇감 및 교재 · 교구

놀이영역 구분	놀잇감 및 교재 · 교구
1. 신체영역	• 실내 미끄럼틀, 종합놀이대 • 이동식 목마, 자동차, 끌차 • 공, 후프, 볼풀 놀이대 • 낮은 계단과 경사로, 건너뛰거나 통과하는 장애물
2. 언어영역	• 낮은 소파나 폭신한 등받이 쿠션, 방석, 책장 • 다양한 주제의 그림책, 사진책

놀이영역 구분	놀잇감 및 교재 · 교구
	• 포스터, 동시판, 노래판, 팸플릿, 전단지, 메뉴판 • 칠판이나 전지 및 끄적거릴 도구(분필, 크레파스, 색연필, 사인펜 등) • 녹음기, 마이크, 카세트
3. 감각 및 탐색영역	• 여러 가지 조작 놀잇감(소형 블록, 구슬 꿰기 놀잇감, 레고 등) • 퍼즐 및 분류 놀잇감 • 실내에서 키울 수 있는 동식물, 돋보기 • 교구대와 바구니, 쟁반
4. 역할 및 쌓기 영역	• 다양한 인형(인형놀이를 위한 인형, 봉제인형) • 밀고 당기는 놀잇감(쇼핑용 손수레, 유모차, 자동차) • 부엌용품, 청소용품의 역할 놀잇감 • 크기가 너무 작지 않은 다양한 재질과 크기의 블록 • 동물, 자동차, 사람 등의 소품
5. 미술영역	• 다양한 크기와 모양의 종이, 색종이, 그릴 수 있는 재료 • 끄적거릴 수 있는 도구(크레파스, 색연필 등) • 물감, 붓 • 사진이 많은 잡지책, 모루, 수수깡, 빈 과자상자나 봉투 • 안전가위, 풀, 접착용 테이프 • 명화, 아름다운 그림이나 사진 • 밀가구 반죽, 풀 물감, 찍기 놀이 도장, 스티커
6. 음률영역	• 카세트나 녹음기 • 리듬, 악기(북, 트라이앵글, 마라카스, 탬버린, 캐스터네츠 등)

(3) 3~5세 유아를 위한 교재 · 교구

3~5세 유아를 위한 흥미영역별 교재 · 교구를 다음에서 제시한다.

〈표 III-12〉 **흥미영역별 교재 · 교구**

영역	교재 · 교구 종목	규격	소요 기준	비고	
				필수	권장
1. 쌓기	① 유니트 블록 (Unit Block)		급당 1	○	
	② 공간 블록 (Hollow Block)		급당 1	○	
	③ 쌓기 블록	2종(우레탄블록, 종이벽돌, 탑블록, 헝겊블록 등) 1조	급당 1		○

영역	교재 · 교구 종목	규격	소요 기준	비고	
				필수	권장
	④ 쌓기 놀이용 블록	5종(교통신호표지, 주유소, 사람, 동물, 모형, 수레, 지게, 미니카, 끌차, 운전대 등) 1조	급당 1	○	
	⑤ 조작놀이용 블록	5종(소형 끼우기 블록류) 1조	급당 1		○
2. 역할	① 의상	5종(우리나라 전통의상, 경찰, 군인, 간호사, 요리사, 각 나라의 전통의상, 소방관 등) 1조	원당 2	○	
	② 놀이에 필요한 소품	5종(민속소품, 소방호스, 마이크, 카메라, 가발, 옷장, 화장대, 다리미, 식탁 등) 1조, 병원놀이 세트, 인형, 유모차 등	원당 2	○	
	③ 일상 주방용품 모형	3종(가스레인지, 믹서, 싱크대, 냉장고, 저울, 전통찻잔, 장기판, 각종 그릇 등) 1조	급당 1	○	
3. 조형	① 이젤	유아용	급당 1		○
	② 그리기 자료	5종(물감, 먹물, 파스텔, 유성매직, 마블링, 붓, 사인펜 등) 1조	급당 1	○	
	③ 만들기와 꾸미기 자료	만들기에 필요한 다양한 재료 (빈 용기, 핑킹가위, 구멍 뚫는 도구, 펀지, 스테이플러, 여러 종류의 종이, 헝겊, 스카치테이프, 풀, 색모래, 찰흙 등)	급당 1	○	
4. 언어	① 테이프(녹음테이프, 비디오테이프)	10종(자연의 소리, 민요, 전래동요, 효과음, 동시, 동화, 동물소리 등) 1종	원당 1	○	
	② 융판과 융판자료		급당 1	○	
	③ 인형류	2종(손가락인형, 손인형, 테이블인형, 막대인형 등) 1조	급당 1	○	
	④ 인형극 틀		원당 1		○
	⑤ 동화책	3질 이상(질)	급당 1	○	
	⑥ 그림 백과사전	동식물(질)	원당 1		○
	⑦ 카드 세트	10종 이상	급당 1		○
	⑧ 게임자료	세트	급당 10	○	
	⑨ 퍼즐	세트	급당 10	○	
5. 수학	① 퍼즐	종	급당 10	○	
	② 게임자료	세트(분류, 비교, 서열, 공간 개념 형성자료)	급당 10	○	
	③ 수놀이자료	종(수개념 형성자료)	급당 10	○	

영역	교재 · 교구 종목	규격	소요 기준	비고	
				필수	권장
6. 과학	① 실험 및 관찰도구	세트	원당 2	○	
	② 측정도구	세트(무게, 질량, 부피, 크기 등)	급당 1	○	
	③ 요리도구	가열기구, 조리기구, 주방기구 등	원당 1	○	
	④ 감각상자	2종(무게, 소리, 촉감, 후각상자 등)	급당 1	○	
	⑤ 동식물 표본	1종 이상	원당 1		○
	⑥ 동물사육	사육용 기구 포함	원당 1		○
	⑦ 식물재배	재배용 기구 포함	원당 1		○
7. 음률	① 전통악기	5종(소고, 장고, 북, 꽹과리, 징, 피리 등)	원당 1	○	
	② 리듬악기	5종(탬버린, 캐스터네츠, 마라카스, 리듬막대, 트라이앵글, 우드블록, 방울 등)	급당 1	○	
	③ 가락악기	2종(실로폰, 멜로디언, 리코더, 크로마하프, 기타 등)	급당 1	○	
	④ 피아노	오르간이나 전자피아노 대치 가능	급당 1	○	
	⑤ 신체표현 소품	리본, 스카프, 줄 등	원당 20	○	
8. 물놀이	① 물놀이도구	5종(양동이, 물뿌리개, 호스, 투명용기, 깔때기, 인형 등) 1조	원당 1	○	
9. 모래놀이	① 모래놀이도구	5종(트럭, 삽, 채, 계량컵, 밀대, 여러 가지 모양 틀 등) 1조	원당 1	○	
10. 목공놀이	① 목공놀이도구	세트(망치, 톱, 자키, 나사, 못 등) 1조	원당 1	○	
	② 테이블		원당 1	○	
11. 대근육	① 유니바	10개 1조	원당 1		○
	② 매트		원당 2	○	
	③ 평균대		원당 1	○	
	④ 놀이기구	5종(공, 줄넘기, 후프, 굴렁쇠, 줄 등) 1조	원당 1	○	
	⑤ 대근육게임 자료	생활주제와 관련	원당 5	○	

4) 교재 · 교구의 확보방법

교재·교구를 확보하기 위해서는 먼저 유아 교수·학습지도에 필수적인 교재·교구 품목을 선정한 후 교재·교구별로 기준량에 따른 현 보유량을 파악하고, 부족 시에는 다음 표와 같은 요령으로 교재·교구 현황 및 확보계획을 세워야 한다.

〈표 Ⅲ-13〉 교재 · 교구 현황 및 확보계획(예)

영역	교구품목	소요기준	기준량	현 보유량	확보량 유무	부족량 확보시기
1. 시청각 기기	① 카세트녹음기	학급당 1	7	7	○	
	② VTR	원 당 1	1	1	○	
	③ 사진기	원 당 1	1	1	○	
	④ 슬라이드 환등기	원 당 1	1	0	×	2017년
	⑤ 컴퓨터	원 당 1	1	7	○	
2. 블록(쌓기)	① 유니트 블록 세트	학급당 1	7	7	○	
	② 끼우기 블록 세트	학급당 2	3	3	×	2018년
	③ 쌓기 블록 세트	학급당 2	7	7	×	2018년
	④ 블록 세트 소품	학급당 3	4	4	×	2018년

각 유아교육기관에서는 위와 같이 전 흥미영역별로 교재·교구 현황 및 확보계획을 세워 구입, 수집, 제작하여야 한다.

4. 비품, 교재 · 교구의 배치 · 보관 · 관리

비품이나 교재·교구가 확보되면 유아활동에 활용의 효율성을 제고시키고 활용 연한을 극대화시킬 수 있도록 적절히 배치하고 체계적으로 보관·관리해야 한다.

1) 교재 · 교구 자료실에 배치

배치란 확보된 교재·교구에 대하여 교사나 유아가 활용의 효율성을 극대화하고 활용 연한을 극대화하기 위해 교재·교구를 체계적으로 보관·배열·전시하는 일체의 활동을 말한다. 이런 배치를 효율적으로 하기 위해서는 교재 · 교구 자료실을 설치 · 운영해야 한다.

(1) 교재 · 교구 자료실 설치의 필요성

① 흥미영역별 활동자료를 체계적으로 분류 · 보관함으로써 교재 · 교구의 파손, 이동, 활용의 효율성을 높이기 위함이다.

② 현재 전개되고 있는 주제학습에 당장 활용하지 않는 교재 · 교구 및 자료는 교재 · 교구 자료실에 보관하고 현재 주제학습에 관련된 교재 · 교구 및 자료만 흥미영역에 진열하면 학습활동 주제에 따라 교재 · 교구 및 자료가 수시로 바뀌어 유아들에게 호기심과 신비감을 갖게 한다.

③ 유아교육기관에는 교사가 제작한 교재 · 교구가 많다. 이를 소홀히 취급하면 훼손의 우려가 많아 교재 · 교구 자료실에 안전하게 보관한다.

(2) 교재 · 교구 자료실 설치

① 교재 · 교구 자료실은 활동실에서 떨어진 별도 공간에 앵글이나 목재로 자료 상자를 넣을 수 있는 공간을 다음 그림과 같이 40~50개 정도 제작한다.

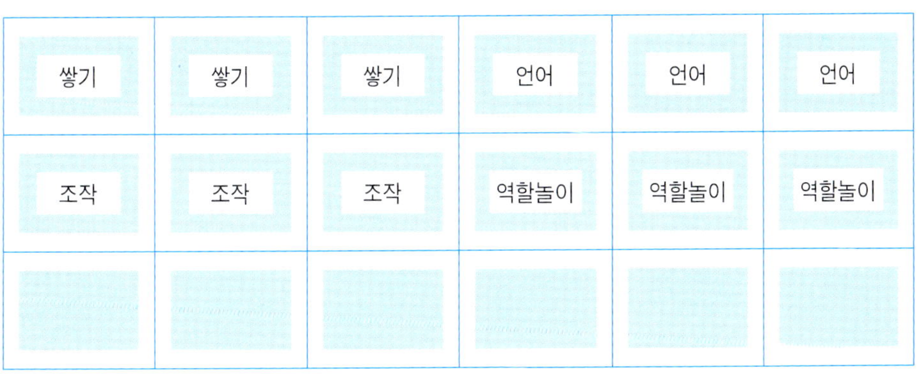

〈그림 III-4〉 교재 · 교구 자료대

② 각 공간은 앞이나 뒤에서 자유자재로 자료 상자를 넣고 뺄 수 있도록 개방식으로 제작한다.

③ 자료상자는 교재 · 교구 자료실에 설비된 공간의 크기를 고려하여 가벼운 플라스틱 제품으로 공간 수만큼 준비한다.

④ 흥미영역별 교재·교구 및 자료의 양을 고려하여 전 공간을 다음에 계시한 영역으로 분류하여 스티커를 부착해 둔다(13개 영역). 13개 영역 분류는 다음과 같다.
• 시청각 기기 • 블록(쌓기) • 언어 • 조작 • 역할놀이 • 수 • 과학 • 음률 • 대근육 • 조형(미술) • 모래놀이 • 물놀이 • 목공놀이 등

(3) 교재 · 교구 자료실 활용요령

① 블록(쌓기) 교재·교구 및 자료의 경우, 4개의 바구니에 유니트 블록, 끼우기 블록, 쌓기 블록, 블록 세트 소품으로 구분하여 담아 교재·교구 자료대에 넣는다. 이런 요령으로 위에서 제시한 13개 영역에 걸쳐 모두 분류 보관한다.

② 현재 학습하고 있는 주제에 관련된 교재·교구 및 자료를 각 흥미영역에 배치하여 일정 기간 자유선택놀이활동에 활용한 후 활동주제가 바뀌면 관련 교재·교구 및 자료를 다시 재배치하고 기 활용한 교재·교구 및 자료는 교재·교구 자료실에 이동하여 보관한다.

③ 교재·교구대에 들어갈 수 없는 비교적 중·대형의 교재·교구는 다른 공간에 별도 보관한다.

④ 파일 형식으로 제작된 자료는 별도 파일 자료대를 제작하여 보관한다.

2) 흥미영역에 배치

활동실 내에 여러 개의 실내 흥미영역을 설치하고 학습활동 주제와 관련하여 각 영역별로 관련 교재나 교구를 배치해 놓고 유아들이 자유선택놀이활동을 하도록 한다. 학습활동 주제가 바뀔 때마다 관련 교재·교구로 대체한다. 교체되는 교재·교구는 전항 교재·교구 자료실에 보관한다.

3) 기타 배치방법

교재·교구 수납장, 교재·교구 보관장, 선반, 진열대를 설치하여 배열하는 방법 등이 있다.

4) 보관관리(교재·교구·자료 관리대장 비치활용)

비품, 교재·교구·자료는 새로 구입하거나 사용한 후에는 훼손이나 파괴되지 않도록 보관 관리하여 사용 연한을 극대화해야 한다.

보관관리란 '교재·교구를 사용한 후 또는 새로 구입한 교재·교구에 대한 활용의 효율성을 도모하고 활용 연한을 극대화하기 위하여 훼손, 파괴의 예방, 방지, 수선, 보충을 시행하고 누가적인 장부기록을 통하여 활용의 간편성을 유지하기 위한 일체의 활동'이다.

교재·교구의 보관관리에서 특히 유의할 사항은 다음과 같다.

① 교재·교구 및 자료 관리대장을 작성하여 교재·교구와 자료를 종별로 언제 얼마에 구입하여, 현재 그 수량이 얼마나 되는가를 일목요연하게 이해하기 쉽게 구입한 교재·교구 및 자료를 누가적으로 기록해 나갈 수 있도록 다음 표와 같이 관리대장을 작성하여 활용한다.

〈표 Ⅲ-14〉 교재·교구 및 자료관리대장

고유번호	품목명	구분		수량	가격	구입처	배치 영역	비고
		교구	비품					

② 교재·교구 및 자료 관리대장을 작성하여 교재·교구 및 자료를 교사들이 대여해 가는 경우에는 반드시 관리대장에 기록하고 반환 후에는 반환 여부를 기록하여 교재·교구 및 자료의 행방을 늘 확인할 수 있도록 한다.

〈표 Ⅲ-15〉 교제·교구 및 자료 차용 및 반한대장

영역	품목명	수량	차용			반환			비고
			차용일	차용자	확인	반환일	반환자	확인	

③ 교재 · 교구 및 자료에 대하여 주기적으로 점검하여 도색하고 파손된 부분은 수선해 두어야 한다.

④ 교재 · 교구 및 자료를 관리할 때는 열, 빛, 습도 등을 고려하여 보관해야 한다.

⑤ 교재 · 교구 및 자료는 학습의 효율성을 극대화할 수 있도록 적절한 장소나 공간에 비치하여야 한다.

⑥ 유아들에게도 교재 · 교구 및 자료의 관리방안에 대하여 지도하여야 한다.

⑦ 파손되기 쉬운 교재 · 교구는 유아들의 통행이 빈번한 곳은 피하고 손이 닿지 않는 곳에 둔다. 또한 사고예방을 위한 개방공간을 둔다.

⑧ 교재 · 교구는 유아 수를 고려하여 충분한 양을 확보한다. 그렇지 않으면 특정 교재 · 교구에 대하여 경쟁적으로 활용하려는 데에서 파괴되기 쉽다.

⑨ 유아들에게 교재 · 교구사용법을 철저히 이해시켜 파손을 줄이고 파손 시에는 즉시 보수한다.

제 IV 부

교직원의 직무수행 여건관리

유아교육기관이 노리는 교육목표를 효율적으로 구현하기 위해서는 교직원들이 합리적으로 직무수행을 할 수 있는 제반 여건을 체계적으로 관리해 주어야 한다.

교육목표실현에 주는 영향요인에는 교직원의 역할, 시설·설비, 교재·교구, 재정상황, 지역사회와 학부모의 협력 등 아주 다양한데, 그중 교직원의 역할이 제일 중요하다. 아무리 훌륭한 시설·설비, 교재·교구, 재정상황 등이 잘 정비되었다 하더라도 이들을 효율적으로 활용하고 관리하는 교직원의 역할과 임무가 제대로 수행되지 않는다면 그들의 기능과 역할을 제대로 발휘할 수 없을 것이다. 한 유아교육기관 교육의 질적 수준은 당해 기관에 소속된 교직원의 능력수준을 능가할 수 없음은 당연한 일이다. 또한 교직원의 능률적이고 효율적인 직무수행을 지원하기 위해서는 다양한 여건이 필요한데, 그중 인사·복무관리, 조직관리, 업무관리, 부모·지역사회 간의 협력관리는 특히 중요하다. 제IV부에서는 이상 4가지 영역에 걸쳐 효율적으로 운영하고 관리하는 방안을 중심으로 기술한다.

제1장 인사 복무관리

본 장에서는 유아교육기관 교직원의 자격기준과 자격취득을 위한 절차와 절차에 따른 방법 및 처리요령에 대하여 알아보고 또한 보육교사 자격소지자가 어린이집에 임용되는 절차와 과정 그리고 이에 따른 관계서류 등을 알아보며 보육교사가 어린이집에서 합리적으로 복무하는 데 알아야 할 관계 규정 및 태도 등에 대하여 알아보도록 한다.

1. 보육교사, 어린이집 원장의 자격기준 및 취득

1985년 '유아교육진흥법'이 공표되면서 우리나라의 유아교육에 대한 사회적 인식의 보편화에 따른 유아교사의 양성이 이에 따르지 못하여 1980년대에는 유아교육기관에서 무자격원장, 무자격 교사들이 유아교육을 담당함으로써 유아교육의 질적 수준 저하는 물론 수많은 문제점이 야기되었으나 지금은 유자격 원장, 유자격 교사의 확보는 물론, 유능한 원장이나 교사의 능력계발을 위한 국가 차원의 다양한 정책과 시책들이 강구·적용되고 있다. 다음에서 이에 따른 어린이집 보육교사와 원장 그리고 유치원 교사, 원감, 원장의 자격기준과 자격취득방법에 대하여 알아본다.

1) 보육교사의 자격기준 및 취득

(1) 보육교사의 자격기준

보육교사의 자격기준은 '영유아보육법 시행규칙' 제12조 제1항 관련 [별표 4]에 의한다. 보육교사 자격기준은 다음 표와 같다.

〈표 IV-1〉 보육교사 자격기준

등급	자격기준
보육교사 1급	1. 보육교사 2급 자격을 취득한 후 3년 이상의 보육업무경력이 있는 사람으로서 보건복지부장관이 정하는 승급교육을 받은 사람
	2. 보육교사 2급 자격을 취득한 후 보육관련대학원에서 석사학위 이상을 취득하고 1년 이상 보육업무경력이 있는 사람으로서 보건복지부장관이 정하는 승급교육을 받은 사람
보육교사 2급	1. 전문대학 또는 이와 같은 수준 이상의 학교에서 보건복지부령으로 정하는 보육관련 교과목과 학점을 이수하고 졸업한 사람
	2. 보육교사 3급 자격을 취득한 후 2년 이상의 보육업무경력이 있는 사람으로서 보건복지부장관이 정하는 승급교육을 받은 사람
보육교사 3급	1. 고등학교 또는 이와 같은 수준 이상의 학교를 졸업한 사람으로서 보건복지부령으로 정하는 교육훈련시설에서 정해진 교육과정을 수료한 사람

위의 표에서 보는 바와 같이 처음에 보육교사가 되기 위해서는 보건복지부령이 정하는 교육훈련시설수료(3급), 보육관련 전문대학 이상을 졸업(2급)하면 보육교사자격을 취득할 수 있고 그 이후 일정기간 경력 또는 보육관련 대학원 석사학위 취득 후 일정기간 경력을 쌓은 후 보건복지부장관이 정하는 승급교육을 받으면 상위급의 보육교사 자격증을 취득할 수 있다.

(2) 보육교사 자격증 취득

보육교사가 되기 위해서는 국가로부터 자격증을 받아야 하는데, 2005년 '영유아보육법' 개정 이전에는 보육교사 인정자격제로 보육교사교육원이나 대학의 졸업(수료)증서로 대신하였다. 그러나 2005년 4월 '영유아보육법' 개정으로 국가자격인정제도로 전환됨에 따라 어린이집 원장 및 보육교사의 자격검정은 '영유아보육법 시행령' 제21조 [별표 1]에 의한 자격기준을 갖추었는지 여부를 신청자가 제출한 서류를 심사하여 검정한다. 자격검정 및 자격증 발급(취득)과 관련된 중요한 사항은 보육교직원 자격검정위원회에서 심의・의결한다.

보육교사자격증 교부(취득)절차를 그림화하면 다음과 같다.

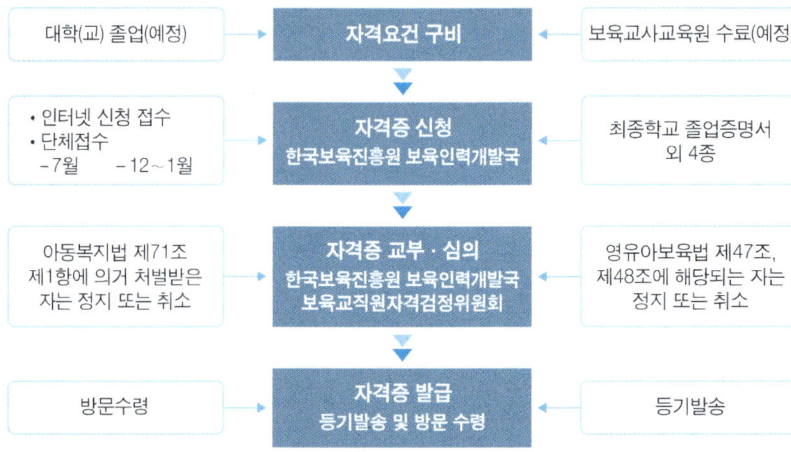

〈그림 Ⅳ-1〉 보육교사자격증 교부(취득)절차

위 그림에서 보육교사자격증 교부(취득)절차를 보면 보육교사를 희망하는 사람은 자격요건을 구비하기 위하여 보육교사양성대학이나 보육교사교육원에서 수학하여 자격요건을 갖추고 관련 자료를 구비하여 인터넷이나 또는 단체로 한국보육진흥원 보육인력개발국 보육교직원자격검정위원회에 제출한다. 또한 관계서류를 접수한 보육교직원

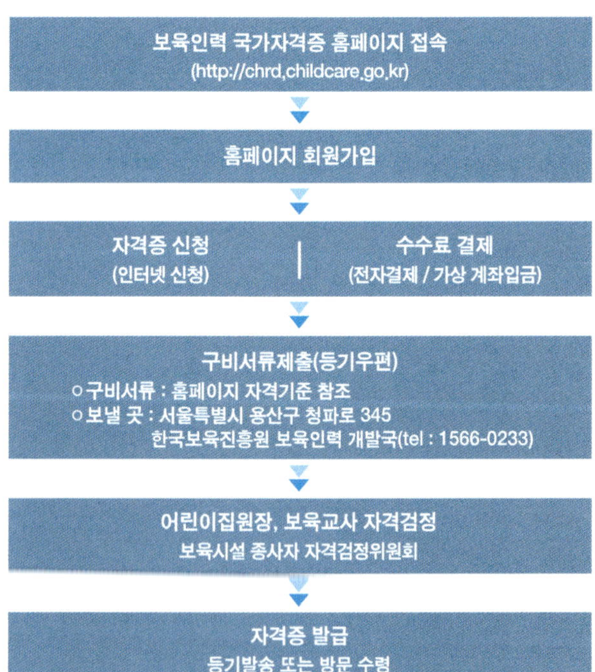

〈그림 Ⅳ-2〉 자격증 발급 신청 및 교부절차

자격검정위원회에서는 관련서류를 중심으로 심의한다. 이때 '영유아보육법' 제47조, 제48조, '아동복지법' 제71조 제1항에 해당되는 자는 심의대상에서 제외되며 심의를 마친 자격증은 등기발송이나 한국보육진흥원 방문을 통해서 해당 예비교사에게 전달된다. 또한 인터넷을 통한 자격증 교부(취득)절차를 그림화하면 다음과 같다.

2) 어린이집 원장의 자격기준 및 취득

어린이집 원장은 시설장으로 불리다가 원장으로 바뀌면서 원장의 자격기준은 '영유아보육법 시행령' 제21조에 의거 자격기준에 해당하는 자로 보육교사와 같이 자격검정 보육시설 종사자자격검정위원회의 검정을 통해 보건복지부장관이 수여하는 국가자격증을 받은 자이어야 한다. 특히, 2004년 '영유아보육법' 개정과 동시에 종전 규정에 의해 원장의 자격기준도 변경 강화되었는데, 그 내용을 정리해 보면 다음과 같다.

〈표 IV-2〉 어린이집 원장 자격기준 주요 변경 내용

종전	현행
• 인정자격제도	• 국가자격제도
• 일반, 40인 미만의 자격(2종)	• 일반, 가정, 영아전담, 장애아전문 어린이집으로 대학 또는 교육훈련시설이 운영, 대학 또는 교육훈련시설이 운영
• 보육교사 1급 자격 취득 후 5년 이상의 사회복지 업무경력 • 초・중등정교사 자격 취득 이후 5년 이상의 사회복지업무 또는 교육법에 의한 교육업무경력 10년 이상	• 보육교사 1급 자격 취득 후 3년 이상의 보육 등 아동복지업무경력 • 초등학교 교사자격 취득 이후 5년 이상의 보육 등 아동 복지업무경력 • 중등학교 교원자격은 기준에서 삭제
• 사회복지사 2급 이상 자격으로 3년 이상의 사회복지 업무경력	• 사회복지사 1급 자격취득 후 5년 이상의 보육 등 아동복지 업무 경력
• 의사 및 간호조무사 면허소지자	• 의사 및 간호조무사 면허 소지자에 대한 자격기준은 삭제
• 국가 또는 지방자치단체 7급 이상의 공무원으로 3년 이상의 사회복지에 관한 행정업무경력	• 국가 또는 지방자치단체 7급 이상의 공무원으로 5년 이상의 보육 등 아동복지업무 경력
• 종교시설 등에 부설어린이집을 설치할 경우, 종교시설의 장이 원장 겸직	• 겸직 규정 삭제 및 어린이집 원장의 전임규정 강화 • 종교시설의 장은 어린이집 원징을 겸직하지 못함

위와 같이 어린이집 원장의 자격기준을 강화하면서 어린이집 원장 자격별 세부기준은 다음과 같다.

〈표 IV-3〉 어린이집 원장 자격기준

기준	자격기준
일반기준	• 보육교사 1급 자격을 취득한 후 3년 이상의 보육 등 아동복지업무 경력이 있는 사람 • 유아교육법에 의한 유치원 정교사 1급 자격을 취득한 후 3년 이상의 보육 등 아동복지업무 경력이 있는 사람 • 유치원 원장의 자격을 가진 사람 • 초·중등교육법에 의한 초등학교 정교사 자격을 취득한 후 5년 이상의 보육 등 아동복지업무 경력이 있는 사람 • 사회복지사법에 의한 사회복지사 1급 자격을 취득한 후 5년 이상의 보육 등 아동복지업무 경력이 있는 사람 • 의료법에 의한 간호사 면허를 취득한 후 7년 이상의 보육 등 아동복지업무 경력이 있는 사람 • 국가 또는 지방자치단체에서 7급 이상 공무원으로 보육 등 아동복지업무에 5년 이상의 근무한 경력이 있는 사람
가정어린이집	• 일반기준에서 정한 자격을 갖춘 사람 • 간호사 면허를 취득한 후 5년 이상의 아동간호업무 경력이 있는 사람
영아전담어린이집	• 일반기준에서 정한 자격을 갖춘 사람 • 간호사 면허를 취득한 후 5년 이상의 아동간호업무 경력이 있는 사람
장애아 전담 어린이집	• 일반기준에서 정한 자격을 갖춘 사람으로서 다음의 어느 하나에 해당하는 사람 – 대학(전문대 포함)에서 장애인 복지 및 재활관련학과 전공한 사람 – 장애아 보육시설에서 2년 이상의 보육업무경력이 있는 사람
대학 또는 교육훈련 시설이 운영하는 어린이집	• 일반기준에서 정한 자격을 갖춘 사람 • 어린이집을 운영하는 대학의 전임강사 또는 교육훈련시설의 전임교수 이상으로서 보육관련교과목에 대하여 3년 이상의 교육경력이 있는 사람

위 어린이집 원장자격기준에 따라 어린이집 유형별 원장의 자격기준에 대하여 간단히 기술하기로 한다.

(1) 20인 이하 어린이집 원장

일반기준에서 정한 자격을 갖추었거나 보육교사 1급 자격을 취득한 후 1년 이상 보육업무 경력 후에 원장자격증을 취득 신청할 수 있다. 그리고 21인 이상 어린이집 원장자격을 취득하기 위해서는 원장으로 1년 이상의 경력을 쌓아야 한다.

(2) 자격소지별 소요 경력연수

자격소지별 소요 경력연수는 다음과 같다.

〈표 IV-4〉 자격소지별 소요 경력연수

소지자격	소요 경력연수(보유 등 아동복지업무)
• 보육교사 1급	3년 이상
• 유치원 1급 정교사	3년 이상
• 유치원 원장자격	경력 필요 없음
• 초등학교 1, 2급 정교사	5년 이상
• 사회복지사 1급	5년 이상
• 간호사 면허	7년 이상
• 7급 이상 공무원	6년 이상

(3) 만 3세 미만의 영아 20명 이상 영아전담어린이집

일반기준자격에 간호사 자격을 취득한 후, 5년 이상 병원의 소아청소년과, 신생아실, 보건소, 모자보건센터, 초등학교보건실 등에서 아동간호 업무경력 소지자에게 원장자격을 부여한다.

(4) 장애영유아 20명 이상 장애아전담어린이집

일반기준자격 외에 대학(전문대포함)에서 장애인 복지 및 재활관련 학과를 전공하였거나 장애아 어린이집에서 2년 이상의 보육업무경력자에게 원장자격을 부여한다.

(5) 대학, 대학교육 훈련시설이 운영하는 어린이집

대학의 전임강사 또는 교육훈련시설의 전임교수 이상으로서 보육관련 교과목을 3년 이상 강의 경력이 있는 사람에게 원장자격을 부여한다.

2. 유치원교사, 원감, 원장의 자격기준 및 취득

1) 유치원교사 자격기준 및 취득

(1) 유치원교사 자격기준

우리나라 유치원교사자격에 관한 법적 근거는 '유아교육법' 제22조 제2항의 조항에 따르는데, 유치원교사 자격증 취득과정은 보육교사 자격증 취득과정보다 단순하여 2년제, 3년제, 4년제 대학에서 자격취득에 필요한 교양과정, 교직과정, 전공과정을 이수한 후 자격검정을 통하여 자격증을 취득하게 된다. 유치원교사의 자격기준은 다음과 같다.

〈표 Ⅳ-5〉 유치원교사 자격기준

자격 / 종별	자격기준
정교사 1급	• 유치원 정교사(2급) 자격증을 가진 자로서 3년 이상의 교육경력을 가지고 소정의 재교육을 받은 자 • 유치원 정교사(2급) 자격증을 가지고 교육대학원 또는 교육부장관이 지정하는 대학원의 교육과정에서 유치원교육과정을 전공하여 석사학위를 받은 자로서 1년 이상의 교육경력이 있는 자
정교사 2급	• 대학에 설치하는 유아교육과의 졸업자 • 대학(전문대학 및 이와 동등 이상의 각종 학교와 '평생교육법' 제31조 제4항에 따른 전문대학, 학력인정 평생교육시설을 포함한다) 졸업자로서 재학 중 소정의 유아교육과 교직학점을 취득한 자 • 교육대학원 또는 교육과학기술부 장관이 지정하는 대학원의 교육과정에서 유치원 교육과정을 전공하고 석사학위를 받은 자 • 유치원 준교사 자격증을 가진 자로서 2년 이상의 교육경력을 가지고 소정의 재교육을 받은 자
준교사	• 유치원 준교사 자격검정에 합격한 자

유치원교사는 정교사(1급, 2급), 준교사로 자격기준에 해당되는 자는 대통령이 정하는 바에 따라 교육부장관이 검정·수여하는 자격증을 부여한다.

① 2급 정교사

대학(전문대학 및 이와 동등 이상의 각종학교를 포함) 졸업자로서 재학 중 소정의 유아교육과 교직학점을 취득한 자 및 교육대학원 또는 교육부장관이 지정하는 대학원의 교육과정에서 유치원교육과정을 전공하고 석사학위를 받은 자, 유치원 준교사 자격증을 가진 자로서 2년 이상의 교육경력을 가지고 소정의 재교육을 받은 자를 말한다. 또한 초등학교 교사 자격을 가진 사람이 유치원 교사를 할 수 있는 길도 열려 있다.

② 1급 정교사

1급 정교사는 2급 정교사 자격증을 가진 자로서 3년 이상의 교육경력을 가지고 소정의 재교육을 받거나 교육대학원 또는 교육부장관이 지정하는 대학원의 교육학과에서 유치원교육과정을 전공하여 석사학위를 받고 1년 이상의 교육경력이 있는 자가 1급 정교사가 될 수 있다.

③ 준교사

유치원 준교사 자격검정에 합격한 자

④ 수석교사

수석교사는 유아교원자격증소지자로서 15년 이상의 교육경력을 가지고 교수·연구에 우수한 자질과 능력을 가진 교사 중에서 대통령령으로 정하는 바에 따라 교육부장관이 정하는 연수이수 결과를 바탕으로 검정·수여하는 자격증을 받은 사람이어야 한다.

(2) 유치원 교원자격 취득

① 유치원 교원자격에 관한 법적 근거는 '유아교육법' 제22조 제2항의 조항에 따르며 유치원교원자격검정에 관한 사항을 심의하기 위하여 교육부장관 산하에 유치원교원자격검정위원회를 운영한다.

② 유치원 교원의 자격취득은 국가자격인정제도에 의한 자격기준에 해당되는 자가 제출한 서류를 근거로 심사하여 무시험검정에 의하여 자격증을 교부한다.

③ 유치원교사는 2년제, 3년제 전문대학, 4년제 사범대학이나 일반대학의 유아교육과 및 관련학과 졸업자 그리고 대학원의 교육학과에서 유치원 교육과정을 전공하고 석사학위를 받은 자에게 유치원 2급 정교사자격증을 부여한다.

④ 자격검정의 합격기준은 전공과목 50학점 이상, 교직과목 22학점 이상 취득하고 전공평균 75점, 교직과목 평균 80점 이상이어야 한다.

2) 유치원 원감·원장 자격기준 및 취득

유치원 원감·원장의 자격기준은 다음과 같다.

〈표 Ⅳ-6〉 유치원 원감 · 원장 자격기준

자격 종별	자격기준
원감	• 유치원 정교사(1급) 자격증을 가지고 3년 이상의 교육경력과 소정의 재교육을 받은 자 • 유치원 정교사(2급) 자격증을 가지고 6년 이상의 교육경력과 소정의 재교육을 받은 자
원장	• 유치원의 원감자격증을 가지고 3년 이상의 교육경력과 소정의 재교육을 받은 자 • 학식 · 덕망이 높은 자로서 대통령이 정하는 기준에 해당한다고 교육부장관의 인정을 받은 자

위 표에서 보는 바와 같이

(1) 원감은 유치원 1급정교사 자격증을 가지고 3년 이상 교육경력자, 2급 정교사 자격증을 가지고 6년 이상 교육경력자로서 소정의 재교육을 받은 자에게 서류에 의한 무시험검정으로 자격증을 부여하고 있으나 원감 수요에 비해 해당 자격자가 많아 유치원교사의 원감승진은 지극히 어려운 실정이다.

(2) 원장은 원감자격증을 가지고 3년 이상의 교육경력과 재교육을 받은 자를 대상으로 서류에 의한 무시험검정으로 자격증을 부여하나 제2항인 학식과 덕망이 높은 자의 원장자격증 부여에 관한 법규는 정실에 흐르고 악용될 우려가 있어 많은 비판을 받고 있으며 이 규정에 의한 원장 자격취득은 극히 어려운 실정이다.

(3) 원장의 자격취득도 유치원교사자격취득방법과 동일하다. 즉, 국가자격인정제도에 의한 자격기준에 해당되는 자가 제출한 서류를 근거로 심사하여 무시험검정에 의하여 자격증을 교부한다.

3. 보육교사의 임면

보육교사의 임면이란 보육교사를 임용하고 상황에 따라 면직하여 보육교사직을 수행할 수 없도록 하는 일이다. 임용과 면직의 과정은 어린이집이니 시 · 군 · 구청장이 같이 처리해야 할 과정으로 본 서에서도 같이 다룬다.

1) 보육교사의 임용

보육교사의 임용은 일정자격('영유아보육법 시행령' 제21조)을 갖춘 예비교사 중에서 보육교사로서의 자질과 능력이 적합한 예비교사를 선발하여 당해 어린이집의 보육교사직을 수행하도록 맡기는 과정이다. 보육교사의 임용은 보육교사 채용공고 후 예비교사의 채용이 결정된 후 시·군·구청장의 적격성 확인, 신용조회, 경력관리시스템 입력관리를 거쳐 종료되는데, 이 과정을 표로 나타내면 다음과 같다.

〈표 Ⅳ-7〉 **보육교사 임용절차**

주관처	절차, 과정	내용
어린이집	보육교직원 채용공고	• 보육교직원 채용공고 : 채용조건, 제출 서류, 면접 일정 등
	보육교직원 채용	• 채용주체 : 어린이집 설치자 • 채용조건 : 어린이집에서 제시하는 자격기준을 갖춘 자
	보육교직원 임면 보고	• 임용 보고절차 : 어린이집 → 시·군·구청장 • 임용 보고 시 구비서류 : 인사기록카드 외
시·군·구청장	보육교직원자격의 적격성 확인	• 확인주체 : 시·군·구청장 • 확인대상 : 어린이집 원장, 보육교사 외 • 확인방법 : 각 자격별 자격 증명서류 및 보육통합 정보시스템
	보육교직원 신원조회	• 신원조회주체 : 시·군·구청장 • 내용 : 교직원결격사유(법 제20조)
	경력관리시스템 입력관리	• 교직원 임면사항을 경력관리시스템에 입력관리

출처 : 보건복지부(2013). 보육사업 안내.

위 보육교사 임용절차에 따라 간단히 설명하기로 한다.

(1) 보육교직원 채용공고

보육교사의 채용은 공개경쟁을 원칙으로 한다. 따라서 보육교직원을 채용하기 위해서 어린이집에서 제일 먼저 해야 할 일은 보육교직원 채용공고를 하여야 한다. 채용공고는 임면권자인 어린이집 원장이 채용에 관한 구체적인 내용을 예비보육교사를 양성하는 대학이나 보육교사 양성교육원 및 보육정보센터 등에 공고함으로써 시작된다. 채용공고문에는

① 서류접수: 접수기간, 접수방법, 제출서류

② 전형방법: 1차 서류심사, 2차 면접 및 실기수업(1차 합격자에게 개별 통보)

③ 응시자격 및 제출서류 등에 대하여 구체적으로 안내한다.

(2) 보육교직원 채용 절차

어린이집에서는 채용공고를 낸 후 공고를 접한 예비교사는 필요한 서류를 제출하고 면접을 거치는 등 공정하고 객관적인 채용과정을 밟는다.

① 서류심사

서류심사에서는 이력서, 졸업증명서, 성적증명서, 자기소개서 등을 검토한다.

② 면접

면접은 인터뷰나 포트폴리오 등을 활용할 수 있다. 면접을 통하여 지원자의 성품이나 자질, 직무수행능력, 직무에 대한 흥미나 만족도, 전문직상의 목표를 파악하고 예비교사와의 생각과 느낌에 대한 교류도 동시에 이루어져야 한다.

③ 근로계약

서류심사와 면접의 과정을 통해 채용이 확정되면 임면권자와 채용예정 예비교사 간에 근로계약을 체결해야 하는데, 근로계약 내에는 계약 당사자, 급료, 근무시간, 근로조건 등이 명시되어야 하나 부당한 내용, 예를 들면, 결혼, 출산, 육아휴직 등으로 인한 퇴직요구 등이 포함되지 않도록 한다.

④ 구비서류 요구

임면권자는 보육교사 채용 시에는 인사기록카드, 주민등록등본, 채용신체검사서, 국가자격증 사본을 제출받아 적격성을 검토한 후 보관해 둔다. 또한 성범죄 경력 조회를 관할경찰서에 요청하여 그 결과를 통보받아 문제가 있으면 채용을 유보한다.

⑤ 보육교직원 임면 보고

어린이집 원장은 보육교사 채용이 종료되면 임용 상황을 보육통합종합정보시스템에 등록하고 또한 14일 이내에 시·군·구청장에게 채용할 보육교사의 임용사항을 구비서류를 갖추어 보고하여야 한다. 임용보고 시 구비서류는 인사기록카드, 채용신체검사서, 자격증사본, 성범죄경력조회결과서 등이며 자격증사본은 일정자격이 필요한 자, 즉 간호사, 영양사 등에 한하며 원장 및 보육교사는 보육통합정보시스템으로 확인 가능한 경우는 제외한다.

⑥ 보육교직원 자격의 적격성 확인

시·군·구청장은 어린이집에서 임용대상 예비교사에 대한 채용 보고 시 접수된 관련 자료들을 통하여 보육교직원자격의 적격성을 확인한다. 확인방법은 각 자격별 자격증명서류와 보육통합정보시스템을 통하여 확인한다. 보육교직원 자격의 적격성 확인대상은 어린이집원장, 보육교사, 치료사, 영양사, 간호사 등 모두 해당된다.

⑦ 보육교직원신원조회

시·군·구청장은 관련 자료와 보육통합정보시스템을 통해 확인하고 최종적으로 교직원 결격사유(법 제20조)를 확인하기 위해 관련기관에 신원조회를 의뢰한다. 또한 시·군·구청장은 조회기관으로부터 회보가 송달된 경우, 반드시 관련대장에 기록, 관리하고 다음과 같은 결격사유가 해당되는 자가 있을 경우, 반드시 해당 어린이집 원장에게 통보하여 채용을 취소하도록 한다.

㉠ 법 제16조 각호의1에 해당하는 자(어린이집을 설치, 운영할 수 없는 자)

㉡ 법 제46조 및 제47조의 규정에 의하여 자격이 정지 중인 자

㉢ 법 제18조 규정에 의하여 자격이 취소된 후 1년이 경과하지 아니한 자 등이다.

⑧ 경력관리시스템 입력

시·군·구청장은 교직원 임면사항을 경력관리시스템에 입력 관리한다.

2) 보육교사의 면직

면직이란 사전적 의미로는 '일정한 직위나 직무에서 물러나게 함'을 말한다. 면직 유형은 다양하다.

(1) 면직의 유형

① 의원면직

본인의 청원에 의하여 직위나 직무를 해임하는 것으로 이 경우는 본인이 직무를 정상적으로 수행하기가 어려울 때 이루어지는 것으로 일반적으로 본인이 직접 '사표' 또는 '사직서'를 제출함으로써 이루어진다.

② 직권면직

보육교사 자신의 의사와는 상관없이 기관장이 일반적인 의사에 따라 보육교사의 직위나 직무에서 물러나게 하는 경우인데, 이때에는 신체나 정신에 이상이 있을 경우, 근무성적이 아주 나쁠 경우, 직제나 정원의 개폐, 또는 성추행 등에 연루되었을 때 이루어진다.

③ 당연퇴직

'근로기본법' 제23조 제1항에 해당되는 자로서 형사유죄판결 시 당연히 퇴직이 이루어져야 한다.

④ 해임

보육교사가 직무수행 중 잘못을 저질렀을 때 교사를 강제로 퇴직시키는 중징계를 말한다.

⑤ 파면

보육교사가 잘못을 저질렀을 때 직무나 직업을 그만두게 하는 중징계를 말하는 것으로 해임과 파면의 다른 점은 파면은 '임명의 철회'를 해임은 '보직의 철회'를 말한다.

(2) 보육교사의 면직사유

보육교사가 면직, 즉 의원면직을 제외한 직권면직, 당연퇴직, 해임, 파면 등의 처분을 받게 되는데, 면직사유는 일반적으로 다음과 같은 경우이다.

① 대리감독자로서의 책임소홀

영유아가 보육기관에 머무르는 동안은 보육교사가 법정감독의무자인 부모를 대리하게 되므로 보육기관의 기관장과 교사가 안전사고에 대한 책임을 져야 한다(민법 제755조 제2항). 또한 보육교사는 시간적으로 볼 때 어린이집에 도착하여 귀가할 때까지 보호감독이 있다. 따라서 일일교육활동, 즉 수업시간뿐만 아니라 수업시간 이전이나 이후, 점심시간, 휴식시간, 놀이시간, 등·하원시간 등 일일 일과활동시간에 일어나는 모든 사고에 대하여 전적으로 책임져야 하므로 사안의 정도에 따라 면직사유가 된다.

② 고의, 과실로 불법행위자로서의 책임소홀

보육교사는 영유아가 보육기관에 머무르면서 보육활동을 전개하는 동안 보육교사의 고의 또는 과실로 인해 안전사고가 발생하거나 피해를 당했다면 보육교사는 모든 사고에 대하여 전적으로 책임져야 하므로 사안의 정도에 따라 면직사유가 된다.

③ 보육교사의 자격이 정지되거나 취소되었을 때

보육교사가 자격이 정지되거나 취소가 될 만한 사유가 발생하여 시・군・구청장으로부터 보육교사 자격이 정지되거나 취소된다면 자동적으로 해당교사는 무자격교사로 당연 퇴직될 수밖에 없다. 그런데 공립유치원, 초・중・고등학교 교사의 경우에는 직권면직, 당연퇴직, 해임, 파면이 되더라도 해당 교사자격증이 정지, 또는 취소되지 않는 것이 어린이집의 보육교사 자격증과 다르다.

예를 들면, 공립유치원이나 초・중・고등학교 교사는 해임이 되면 당해 교사는 해임이 된 이후 3년, 파면된 경우 5년이 경과하면 교사자격증이 정지 또는 취소되지 않았기 때문에 교사직 임용을 신청할 수 있다는 것이다. 그러나 임용되는 사례는 거의 없다. 이는 신원조회를 통해 해임 또는 파면의 전력이 밝혀지면 임용권자가 임용을 거부하기 때문이라고 추측된다.

ㄱ. 보육교사의 자격정지('영유아보육법' 제47조)

보육교사에 대한 자격정지처분은 아래와 같은 행정처분 세부기준에 의거 해당지역 시・군・구청장이 자격정지처분을 내릴 수 있다.

〈표 IV-8〉 보육교사의 자격정지 세부기준

위반행위	근거 협조문	처분기준		
		1차 위반	2차 위반	3차 위반
가. 보육교사가 업무수행 중 그 자격과 관련하여 고의나 중대한 과실로 손해를 입힌 경우 1) 영유아에게 중대한 생명・신체 또는 정신적 손해를 입힌 경우	제47조 제1호	자격정지 1년	자격정지 1년	자격정지 1년
2) 비위생적인 급식을 제공하거나 영유아안전보호를 태만히 하여 영유아에게 생명 신체 또는 정신적 손해를 입힌 경우	제47조 제2호	자격정지 6개월	자격정지 6개월	자격정지 6개월
3) 그 밖의 경우		자격정지 2개월	자격정지 2개월	자격정지 2개월
나. 법 제23조2에 따른 보수교육을 연속하여 3회 이상 받지 아니한 경우		자격정지 1개월	자격정지 1개월	자격정지 1개월

출처 : 보건복지부(2013). 보육사업 안내.

ㄴ. 보육교사의 자격취소('영유아보육법' 제48조)

시·군·구청장은 다음의 사유에 해당하는 경우, 자격을 취소할 수 있다.

가. 거짓 또는 그 밖의 부정한 방법으로 자격증을 취득한 경우

나. 자격취득자가 업무수행 중 당해 자격과 관련하여 고의 또는 중대한 과실로 손해를 가하고 금고 이상의 형의 선고를 받은 경우

다. '아동복지법' 제29조의 금지행위를 위반하여 동법 제40조의 규정에 의한 처벌을 받은 경우

라. 다른 사람에게 자기의 성명이나 어린이집의 명칭을 사용하여 어린이집 원장 또는 보육교사의 업무를 수행하게 하거나 자격증을 대여한 경우(법 제22조 제2항 위반)

마. 자격정지처분기간 종료 후 3년 이내에 자격정지처분에 해당하는 행위를 한 경우

바. 자격정지처분을 받고도 동기간 이내에 자격증을 사용하여 자격관련 업무를 행한 경우

사. 자격정지 처분을 3회 이상 받은 경우

아. 거짓이나 그 밖의 부정한 방법으로 보조금을 교부받거나 보조금을 유용하여 금고 이상의 형을 받은 경우

ㄷ. 보육교사자격 정지 및 취소를 위한 청문회 및 절차

가. 청문회

'청문'이란 '행정기관이 규칙제정·쟁송을 해결함에 이해관계인이나 제3자로부터 의견을 듣는 것을 말하며 청문을 위한 모임을 청문회'라 부른다. 구체적인 조치의 결정 등에 의하여 영향을 받거나 불이익을 입게 될 당사자 또는 이해관계인에게 자신의 의견을 표명하거나 유리한 증거를 제출할 기회를 제공하는 것을 말한다. 따라서 청문회는 당사자들이 직접 주재자 앞에서 의견이나 자료들을 제출할 수 있는 기회를 주어 공권력을 행사하기 전에 이해관계인에게 사안을 알려 이해관계인으로 하여금 그 권한에 대하여 주장할 수 있는 기회를 주는 절차이다. 따라서 보육교사의 자격정지 또는 자격취소처분권자인 시장, 군수, 구청장은 자격정지 또는 취소를 위해서는 반

드시 청문을 실시해야 하며 청문결과를 바탕으로 시·군·구청장은 보육교사의 자격정지기간을 정하며 다음 사항이 고려되어야 한다(이순형 외, 2015).

㉠ 청문대상자가 정당한 사유 없이 이에 응하지 아니하거나 청문이 사실상 불가능한 경우에는 그러하지 아니한다.

㉡ 위반행위의 횟수에 따른 자격정지기준은 그 위반행위가 있는 날 이전 3년간 같은 위반행위로 자격정지처분을 받은 경우에 적용한다.

㉢ 위반행위가 둘 이상인 경우에는 그중 무거운 처분기준의 2분의 1까지 늘릴 수 있되, 이 경우 각 처분기준을 합산한 기간이나 1년을 초과할 수 없다.

㉣ 시장, 군수, 구청장은 위반행위의 동기, 내용 및 횟수 등을 고려하여 자격정지 기간을 2분의 1의 범위에서 가중하거나 감경할 수 있다. 단, 가중하는 경우에도 자격정지의 총기간이 1년을 초과할 수 없다.

나. 청문회 자격 정지 및 취소 절차

보육교사 자격정지, 취소에 따른 절차는 다음과 같다.

〈그림 Ⅳ-3〉 청문회, 자격정치·취소 절차

4. 보육교사의 복무

1) 복무와 복무규정의 개념

복무란 사전적 의미로는 '어떤 직무, 임무에 힘씀', '몸 바쳐 이바지함'으로서 보육교사의 복무란 '당해 어린이집에서 부여받은 보육업무에 몸 바쳐 이바지하여 보육의 효율성을 도모하는 일'이라고 볼 수 있다. 또한 복무규정이란 '어린이집의 업무운영에 관련하여 지켜야 할 사항을 정한 규칙'이다.

2) 복무규정의 기본양식자료

복무규정은 다수의 인원으로 조직되어 공동의 목표를 추구하는 모든 기관이나 조직에는 업무의 효율성을 제고시키기 위하여 소속직원의 복무규정을 제정하여 준수하도록 하고 있는데, 각 기관이나 집단의 복무규정을 제정할 때 일반적으로 들어가야 하는 기본양식자료는 다음과 같은 내용들, 즉 목적, 적용범위, 책임완수, 성실의무, 직무이탈의 금지, 청렴결백, 신고, 손해배상, 겸직금지, 질서유지, 기관의 이익을 저해하는 행위 등의 금지, 인격도야 및 인화친절, 품행, 언행, 전화예절, 복장, 두발 등, 근무시간 및 휴게시간, 출근, 휴일, 휴일근무, 휴가, 월차휴가, 연차휴가, 공가, 병가, 공상휴가, 청원휴가, 생리휴가, 포상휴가, 연월차보상수당, 휴가의 승인과 출근명령, 당직, 당직근무, 출장명령, 출장자의 의무, 출장복명, 취임, 사무인계 등이 각 기관의 업무의 성격이나 특성에 맞게 포함시킨다.

3) 복무규정의 제정

당해 어린이집에서는 보육교사 복무규정을 제정하여 활용해야 하는데, 복무규정은 '영유아보육법', '근로기준법', '공무원복무규정'과 전항에서 밝힌 복무규정의 기본양식자료를 근간으로 히여 제정한다. 다음은 '꼬꼬마어린이집'의 복무규정을 예로 들어 소개한다.

보육교사 복무규정

이 복무규정은 근무 시 지켜야 할 복무기준에 관한 제반사항을 규정하여 질서를 유지하고 성실한 자세로 효과적인 보육을 달성함을 목적으로 한다.

1. 보수 및 보험
   가. 보수는 매월 말일에 지급한다. 단, 지급일이 공휴일인 경우에는 그 전일에 지급한다.
   나. 1년 이상 근무하고 퇴직할 때에는 퇴직금을 지급한다.
   다. 모든 종사자는 4대 보험에 가입하며, 보험료부담은 법정부담비율에 의한다.

2. 휴가
   가. 휴가, 휴일, 휴식 등 근로시간과 관련 있는 사항에 대해서는 근로기준법의 규정을 준용한다.
   나. 고용, 산전 후 휴가, 육아휴직 등과 관련이 있는 사항에 대해서는 남녀고용평등법의 규정을 준용한다.
   다. 휴가(월차포함)는 보육공백을 최소화할 수 있도록 순번제로 실시하고 보수교육, 출산휴가 등으로 공백이 생기는 경우에는 대체교사를 배치할 수 있다.
   라. 연차휴가는 '근로기준법'과 보육사업 지침상의 기준 일을 준수하되 어린이집 운영에 지장을 주지 않는 범위 안에서 여름과 겨울 일정 기간을 정하여 집중적으로 사용하는 것을 원칙으로 한다.
   마. 종사자나 직계존속의 결혼, 사망 등 경조사에 대한 휴가는 원장과 협의하여 따른다.
   바. 근로자의 날(5월 1일)은 보육에 지장을 주지 않는 범위 내에서 교사 배치를 조정하여 운영하되 근무자의 날 근무자에 대하여 관련법에 의거하여 휴일 근로수당을 지급한다.

3. 근무시간
   가. 보육교사 및 기타 종사자의 근무시간은 1일 8시간을 원칙으로 하고, 보육시설의 운영시간(7 : 30~15 : 30)을 고려하여 출퇴근 시간을 탄력적으로 운영할 수 있다.
      ※ 근무시간 : 평일 09 : 00~18 : 00, 토요일 09 : 00~15 : 00
   나. 휴게시간 : 근무시간 중 1시간
   다. 기준시간을 초과하여 근무하는 경우에는 근로기준법 등 관련법령 규정에 의해 시간 외 수당을 지급한다.
   라. 종사자가 퇴직하고자 할 때는 최소 1개월 전에 통보하여 후임자 채용에 차질이 생기지 않도록 하여야 하며 징계나 원의 운영사정상 부득이 해고될 시에도 1개월 전에 통보받는 것으로 간주한다.

4. 종사자의 겸임제한
   가. 보육시설종사자는 전임이어야 하므로 다른 시설의 업무를 겸임할 수 없다.
   나. 보육교사는 휴일, 휴가 등으로 근무를 하지 않는 날을 제외하고는 근무시간 동안 보육시설에 상주하며 상시 해당직무에 종사하여야 한다. 특별한 사유(회의 참석 등)로 외출한 경우에는 근무상황부에 기록, 관리하여야 한다.

출처 : 꼬꼬마어린이집

또한 보육교사 복무규정 내에 들어 있지 않은 내용은 위에 제시된 관계법령에서 규정한 법을 준용한다. 다음에서 보육교사 복무규정 내에서 중요한 내용에 대하여 간추려 설명하기로 한다.

(1) 근무시간

근무시간에 관한 관련 법령규정(근로기준법)은 다음과 같다.

제50조(근로시간) ① 1주간의 근로시간은 휴게시간을 제외하고 40시간을 초과할 수 없다.
② 1일의 근로시간은 휴게시간을 제외하고 8시간을 초과할 수 없다.
제54조(휴게) ① 사용자는 근로시간이 4시간인 경우에는 30분 이상, 8시간인 경우에는 1시간 이상의 휴게시간을 근로시간 도중에 주어야 한다.
② 휴게시간은 근로자가 자유롭게 이용할 수 있다.

보육교사의 근무시간은 '영유아보육법 시행규칙' 제10조와 '근로기준법' 제50조에 1일 근로시간은 휴게시간을 제외하고 평일 8시간 이상 근로자에게는 휴게시간을 근로시간 중에 근로자가 자유스럽게 이용할 수 있도록 규정하고 있고, 기준시간을 초과하여 근무하는 경우에는 초과 근무수당을 지급하도록 되어 있다. 그러나 실제 운영상황을 보면 법규와 실제상황이 달라 보육교사는 법 규정에 의한 보호를 받지 못하고 있고 또한 근무시간을 일률적으로 설명하기 어렵다.

① '영유아보육법 시행규칙' 제23조에 의하면 어린이집은 주 6일 이상, 하루에 12시간 이상 운영을 원칙으로 하고 있으나 직장어린이집의 경우, 근로자의 출퇴근시간 및 근무여건에 따라 조정하여 이루어지고 있다.

② 설립주체, 즉 국·공립사회복지법인, 법인·단체, 직장, 가정, 부모협동, 민간어린이집에 따라 근무시간이 다를 수 있다.

③ 연령이나 대상에 따라 구분되는 영아전담, 장애전문, 장애통합 어린이집 등의 특성에 따라 근무시간이 다를 수 있다.

④ 시간연장형 어린이집(24시간 어린이집, 휴일어린이집, 시간 연장 어린이집) 일시보육 등의 특성에 따라 근무시간이 다르다.

최근자료인 육아정책연구(2013) '표준보육료산출연구' 보고서에 의하면 국·공립어린이집 1일평균 근무시간은 9.8시간으로 나타나 법정근로시간을 초과하고 있는 설정으로 이를 해결하는 방안으로 원장이나 대체 보육교사 투입과 초과근무수당 지급방안 등이 강구되어야 한다.

〈표 IV-9〉 어린이집 유형별 보육교사의 1일 근무시간

구분	어린이집 유형				
	국·공립	법인	민간	가정	계
1일 근무시간 (어린이집 제외)	9.5 (745)	10.3 (439)	9.8 (445)	9.8 (342)	9.9 (1971)

(2) 휴가(연가, 병가, 공가)

보육교사의 휴가는 연가, 병가, 공가의 3종류가 있다. 이에 대하여 다음에서 간단히 설명하기로 한다.

① 연가

연가란 법률적인 용어로는 연차유급휴가로서 쉬는 시간에도 통상임금이 지급된다. 연차유급휴가(‘근로기준법’ 제60조)에 대하여 설명하기로 한다.

ㄱ. 제60조 제1항 : 1년에 80% 이상 출근한 보육교사에게는 15일의 유급휴가를 주어야 한다.

ㄴ. 제60조 제2항 : 근로기간이 1년 미만 또는 1년간 80% 미만 출근한 보육교사에게는 1개월 개근 시 1일의 유급휴가를 주어야 한다.

ㄷ. 제60조 제3항 : 최초 1년간의 근로에 대하여 유급휴가를 주는 경우 제2항에 따른 휴가를 포함하여 15일로 하고 보육교사가 제2항에 따른 휴가를 이미 사용한 경우에는 14일의 유급휴가를 준다.

ㄹ. 제60조 제4항 : 3년 이상 계속하여 근무한 보육교사에게는 제1항에 따른 휴가에 최초 1년을 초과하는 계속근로연수 매 2년에 대하여 1일을 가산한 유급휴가를 주되 가산휴가를 포함한 총 휴가일수는 25일을 초과해서는 안 된다.

ㅁ. 제60조 제5항 : 원장은 보육교사가 청구한 시기에 주어야 하고 그 기간에 대하여 통상임금 또는 평균 임금을 지급하여야 하며 보육교사가 신청기간이 어린이집 운영에 막대한 영향을 주는 경우에는 그 시기를 변경할 수 있다.

ㅂ. 제60조 제6항 : 다음과 같은 경우에는 출근한 것으로 본다.

가. 보육교사가 업무상의 부상 또는 질병으로 휴업한 기간

나. 임신 중의 여성이 제74조의 제1항(임산부의 보호), 제74조 제2항(태아 검진시간의 허용 등) 규정에 따른 휴가로 휴업한 기간 등이다.

다. 제61조(연차유급휴가의 사용촉진) 규정에서는 어린이집 원장이 6개월 전을 기준으로 10일 이내에 보육교사별로 사용하지 않은 휴가일수를 알려주고 교사가 그 사용 시기를 정하여 어린이집 원장에게 통보하도록 연차유급휴가의 사용을 촉진시키고 있으나 이 조항은 현실적으로 적용되지 않고 있다. 그러나 일반적으로 유치원, 초·중·고 교사, 보육교사들은 여름방학과 겨울방학기간을 활용하여 연가를 사용하도록 하고 있고 개인사정으로 인해 사용하지 못한 연가일수는 해당연도가 지나면 자연 소멸된다.

② 병가

병가는 정신적·육체적 질병으로 인하여 일정한 기간을 쉴 수 있도록 하는 휴가를 말하며 공무원의 병가에는 일반병가와 공무상병가의 2종류가 있다. 근로기준법상에는 병가에 관한 규정이 따로 없어 어린이집에서는 자체적으로 제정하여 활용하고 있는데, 공무원 복무규정으로 제정된 병가규정을 적용하는 것이 일반적이다.

③ 공가

보육교사에게 허용되는 공가는 투표에 참가할 때, 천재지변, 교통차단, 전염병 전염 등으로 출근이 불가능할 때 사용한다.

(3) 특별휴가(경조사휴가, 여성보건휴가), 육아휴직

특별휴가에는 경조사 휴가와 여성보건휴가의 2종류가 있고 육아휴직도 할 수 있다. 다음에서 이에 대하여 간략하게 설명한다.

① 경조사 휴가

경조사 휴가란 결혼, 출산, 입양, 사망 등 가정에서 일반적으로 일어나는 경조사에 대한 휴가로서 '근로기준법'에서는 제시된 규정이 없이 각 어린이집에서 자체적으로 제정하여 시행하는 데 일반적으로 '국가공무원 복무규정' 제20조 제1항 관련 [별표 2]를 따르고 있다. 경조사별 휴가일수는 다음 표와 같다.

〈표 IV-10〉 경조사별 휴가일수표

경조사별＼구분	대상	일수
결혼	본인	5
	자녀	1
출산	배우자	5
입양	본인	20
사망	배우자, 본인 및 배우자의 부모	5
	본인 및 배우자의 조부모 · 외조부모	2
	자녀 및 그 자녀의 배우자	2
	본인 및 배우자의 형제자매	1

입양은 '입양촉진 및 절차에 관한 특례법'에 따른 입양으로 한정하며, 입양 외의 경조사 휴가를 실시할 때 원격지일 경우에는 실제 왕복에 필요한 일수를 더할 수 있다.

② 여성 보건휴가

여성 보건휴가는 여성만이 겪고 있는 특수한 어려움, 즉 생리, 출산, 태아검진, 육아시간에 대한 보호를 위한 휴가로서 근로기준법에 규정된 내용은 다음과 같다.

ㄱ. 제73조(생리휴가) : 보육교사가 신청하면 월1일의 생리휴가를 줄 수 있다.

ㄴ. 제74조(임산부의 보호) : 출산 전후로 사용할 수 있는 휴가이다.

가. 제74조 제1항 : 임신 중 보육교사는 출산 전과 출산 후를 통하여 90일의 출산 전후 휴가를 주어야 하고 출산 후에 45일 이상이 배정되게 한다.

나. 제74조 제2항 : 보육교사가 유산의 경험 등의 사유로 출산 전 휴가를 청구할 수 있으며 이때 출산 후의 휴가기간은 연속하여 45일 이상이 배정되게 한다.

다. 제74조 제3항 : 보육교사가 유산 · 사산의 경우, 보육교사는 유산 · 사산 휴가를 신청할 수 있다.

라. 제74조 제4항 : 전항에 따른 휴가 중 최초 60일은 유급으로 한다.

마. 제74조 제5항 : 임신 중인 보육교사에게 시간 외 근로를 하게 해서는 안 된다.

바. 제74조 제6항 : 보육교사의 출산 전후 휴가 종료 후에는 휴가 전과 동일한 업무, 임금을 지급한다.

사. 제74조 제7항 : 어린이집 원장은 임신 중 보육교사가 1일 2시간의 근로시간 단축을 신청할 수 있다.

ㄷ. 제72조의2(태아검진시간 허용 등) : 임신교사는 정기건강진단을 받는 데 필요한 시간을 청구할 수 있으며 이에 따른 임금을 삭감하지 않는다.

ㄹ. 제75조(육아시간) : 보육교사는 1일 2회 각각 30분 이상의 유급 수유시간을 신청할 수 있다.

③ 육아 휴직

어린이집 보육교사는 '근로기준법' 제19조에 의거 만 6세 이하 초등학교 취학자녀(입양한 자녀포함)를 양육하기 위해 1년 이내의 육아휴직을 신청할 수 있다. 육아휴직은 근속시간에 포함되어, 육아휴직을 마친 후에는 휴직 전과 같은 업무 또는 같은 수준의 임금이 지급되는 직무에 복귀할 수 있다.

제 2 장

업무관리

유아교육기관에서의 핵심적인 활동은 당해 유아교육기관에서 설정한 교육목표를 구현하는 활동으로 이것은 교사가 유아들을 대상으로 전개하는 교수·학습지도를 통해서 이루어진다. 그러나 이 교수·학습지도는 그냥 이루어지는 것이 아니라 유아교육기관 내에서 인적·물적·정신적·재정적 지원과 협력을 통하여 효율적으로 이루어진다. 다시 말하면, 훌륭한 교수·학습지도를 통하여 당해 유아교육기관이 노리는 교육목표를 구현하기 위해서는 효율적인 교수·학습지도를 돕는 지원과 협력이 필수적이다. 이러한 지원과 협력은 업무관리를 통해 이루어지는데, 유아교육기관에서의 업무관리의 내용은 아주 다양하며 그중에서도 사무관리, 행정(업무)관리, 문서관리, 재정관리가 특히 중요하다.

1. 사무관리

1) 사무의 개념

사무는 본래 유아들의 모든 교육활동에 지·간접적으로 영향을 준다.

이러한 사무는 교육을 위한 업무로 그 자체가 독자적인 목적이 있는 것은 아니지만 효율적인 유아교육기관이나 학급 경영을 위한 준비이며 수단이다. 따라서 이와 같은 학급사무는 유아지도에서 절대적으로 필요하다. 이상과 같은 기능을 중심으로 학급사무란 '일반적으로 학급 내에서 유아지도를 위하여 야기되는 제반 활동을 수행하는 과정에서 수반되는 제반기록과 장부의 작성 및 보관에 관한 문서위주의 업무'를 말한다.

2) 사무 내용

유아교육기관의 교사는 유아들을 직접 지도하는 교수·학습활동 외에 유아들을 효율적으로 지도하기 위해 처리해야 하는 사무가 있다. 여기에는 기관사무와 학급사무의 두 종류가 있는데, 사무의 주기성에 따라 매일 할 일, 매주 할 일, 매월 할 일, 매학기 할 일, 매학년 할 일 등이 있다. 10개 유아교육기관의 교사 30명을 통해 수집한 유아교육기관의 사무 내용과 학급 사무 내용을 종합하여 정리해 보면 다음 표와 같다.

〈표 Ⅳ-11〉 기관 · 학급 사무의 종류

구분	순	분류	내용
학급 사무	1	표 부류의 기록 정리 사무	생활기록부, 출석부, 신체검사부, 구강검사부, 생활통지부
	2	보고류의 통계 처리 사무	출석 월말 통계자료, 신체검사 통계자료
	3	학습지도에 관한 사무	교육과정계획, 연간계획, 월간계획, 주간계획, 일간계획,
	4	조사 · 검사 · 관찰에 관한 사무	유아 조사, 가정 조사, 환경 조사, 지역 조사, 체질 · 체격 검사, 성격 검사, 흥미 검사, 지능 검사, 소시오그램, 유아 관찰기록, 일일 관찰 기록, 사례 연구, 학급 경영안, 학급일지, 가정통신
기관 사무	5	기관 경영 일반에 관한 사무	가정통신 사무, 어린이활동 사무, 학예활동 · 경영활동에 관한 사무, 직원협의회 사무, 부모회 운영사무
	6	기관 비품 · 교구 관리 · 보관에 관한 사무	문고 사무, 교실 비품 관리 사무, 운동 용구, 청소 용구, 시청각 교구, 학습자료, 게시 전시품, 책상, 걸상, 보건시설, 정서 순화시설 등 사무
	7	기관 사무 분담에 의한 사무	교무 분장에 의한 사무, 지역사회 발전에 관한 사무
	8	교사 연구에 관한 사무	교육 연구, 연구 발표, 수업 연구, 유치원 사무 분장에 의한 활동 연구 사무

위 표에서 보는 바와 같이 유치원과 어린이집에서 공통적으로 시행하는 사무, 일부 유치원에서 시행하는 사무 또는 일부 어린이집에서만 시행하는 사무 등 아주 다양하다. 따라서 각 유치원과 어린이집에서는 각 유아교육기관의 성격, 교원 수 등을 고려하여 위에 제시된 기관 및 학급 사무 중에서 시급하고 필수적인 사무를 우선적으로 취사선택하여 시행하여야 한다.

3) 학급 사무관리

학급에서 교사가 처리해야 할 사무는 위에 열거된 바와 같이 많은데, 여기에서는 대부분의 유아교육기관에서 시행하고 있는 생활기록부에 한해 관리요령을 기술하기로 한다.

(1) 생활기록부 작성 활용

생활기록부는 '유아교육법' 제14조, '영유아보육법' 제29조의 2항에 의거 모든 유아교육기관에서 작성 비치해야 되는 법정장부로서 유아들이 유아교육기관에서 수학하는 동안 인적사항, 학적사항, 성장과 발달상황, 출결상황 등을 종합적으로 평정·관리하는 유아지도를 위한 기초적 정보 문서이다. 또한 관계법에서는 영유아의 학습, 생활지도와 초등학교와의 연계지도에 활용하도록 규정하고 있으며 다음과 같은 성격을 가지고 있다.

첫째, 법정 장부로서의 생활기록부는 반드시 기록해야 하는 공식문서인 동시에, 기록하도록 되어 있는 사항은 반드시 기록해야 하는 강제성을 띠고 있다. 또 생활기록부 서식의 개정 및 수정은 서식 제정 절차 규정에 의해 수행하도록 되어 있으며, 그 절차 또한 용이하지 않아 개정 및 수정에 있어 엄격성을 지니고 있다.

둘째, 기능적 측면에서의 생활기록부는 학생(원아)에 대한 교수-학습활동 및 생활지도를 위한 참고자료로 이용됨과 동시에 학생(원아)의 발달상황에 대한 증명으로서의 기능을 가진다.

셋째, 생활기록부는 유아교육기관에서 이루어지고 있는 대부분의 학생(원아)활동 결과를 기록하여 학생(원아)을 총체적으로 이해하는 데 도움을 주는 기록으로서의 기능을 가진다.

(2) 생활기록부 내용 및 기재

① 유치원생활기록부 내용 및 기재

유치원생활기록부 내용은 크게 인적 사항, 학적 사항, 출결사항, 신체발달상황, 성장발달상황, 기타 사항 등 6개 영역으로 되어 있다.

ㄱ. 유치원생활기록부 영역별 기재지침

각 영역별 기재요령은 생활기록부 관리지침에 다음과 같이 제시되어 있다.

〈생활기록부 관리지침〉

• 제6조(인적사항) 유치원생활기록부의 인적사항은 다음 각호와 같이 입력한다.
 1. 유아의 성명은 한글로 입력한다. 다만 부득이한 경우 해당국 언어로 입력할 수 있다.
 2. 성별은 해당하는 곳에 남, 여로 입력한다.
 3. 생년월일은 아라비아 숫자로 입력한다.
 4. 주소는 입학 당시의 주소와 변경된 주소를 차례로 입력하고, 졸업 당시의 주소를 최종적으로 입력한다.
 5. '가족상황'란에는 부모(보호자)의 성명, 생년월일을 입력한다.
 6. '특기사항'란에는 유아 이해에 도움이 될 수 있는 내용이 있는 경우 보호자의 동의를 받아 입력한다.

• 제7조(학적 사항)
 ① 입학 전 경험은 유치원과 어린이집 등의 기관 명칭과 재적기간을 입력한다.
 ② 입학, 전입, 전출, 퇴학, 졸업의 경우 연월일, 원명, 연령을, '특기사항'란에는 특기할 만한 사유를 입력한다.
 ③ '졸업 후의 상황'란에는 진학한 학교 등 유아의 진로상황을 입력한다.

• 제8조(출결사항)
 ① 출결상황은 각 항목에 따라 아라비아 숫자로 입력한다.
 ② 교육일수는 「유아교육법 시행령」 제12조의 규정에 의하여 원장이 정한 총 출석해야 할 일수를 입력한다.
 ③ 출석일수는 출석한 일수를 입력한다.
 ④ '의견'란에는 일주일 이상 장기 결석한 경우 사유 등을 간략하게 입력한다.

• 제9조(신체발달상황) 「학교건강검사규칙」 제4조(교육부령)에 따라 신체검사 결과를 다음 각 호와 같이 입력한다.
 1. 검사일자는 아라비아 숫자로 입력한다.
 2. '특기사항'란에는 유아의 신체가 학습활동에 영향을 미치는 내용이 있는 경우 보호자의 동의를 받아 입력한다.

• 제10조(유아발달상황)
 ① 유치원 교육과정은 신체운동・건강, 의사소통, 사회관계, 예술경험, 자연탐구 등 교육영역의 발달상황에 대한 관찰결과를 구체적인 문장으로 입력하며, 문장의 끝맺음은 '~함' '~임' 등으로 통일하여 입력한다.
 ② 기술내용은 유치원 교육과정에 제시된 세부 내용을 준거로 입력하고, '종합발달상황'란에는 유아의 발달상황에 대한 종합적 평가를 간략하게 입력한다.
 ③ 「초・중등교육법」 제14조 제1항에 따라 초등학교 취학을 유예한 경우에는 별지 1호를 추가하여 입력할 수 있다.

• 제11조(기타 사항)
 ① '졸업대장번호'란은 만 5세아 및 만 6세아가 졸업할 경우에만 아라비아 숫자로 졸업학년도 및 졸업대장번호를 입력한다.
 ② '수료대장번호'란은 만 3세아 및 만 4세아가 수료할 경우에만 아라비아 숫자로 수료연도 및 수료대장번호를 입력한다.
 ③ '사진란'에는 상반신 컬러 사진을 입력한다.

ㄴ. 생활기록부 양식

(전면)

생 활 기 록 부

구분 \ 연령	만 3세	만 4세	만 5세	* * *	사진 (3×4)
수료 · 졸업대장번호	20–	20–	20–		
반					
담임 성명					

1. 인적사항

성명		성별		주민등록번호	–
주소					

가족상황	구분 \ 관계	부	모	특기사항
	성명			
	생년월일			

2. 학적 사항

	특기사항
20 년 월 일 유치원 만 세 입학	
20 년 월 일 유치원 만 세 전출	
20 년 월 일 유치원 만 세 전입	
20 년 월 일 유치원 만 세 퇴학	
20 년 월 일 유치원 만 세 수료	
20 년 월 일 유치원 만 세 수료	
20 년 월 일 유치원 만 세 졸업	
졸업 후의 상황	초등학교 진학, 기타 :

3. 출결사항

연령 \ 구분	수업일수	결석일수	특기사항
만 3세			
만 4세			
만 5세			

(후면)

4. 신체발달상황

구분 / 연령	1학기			2학기			특기사항
	검사일	키	몸무게	검사일	키	몸무게	
만 3세	20 . . .	cm	kg	20 . . .	cm	kg	
만 4세	20 . . .	cm	kg	20 . . .	cm	kg	
만 5세	20 . . .	cm	kg	20 . . .	cm	kg	

5. 유아발달상황

연령	영역별	발달상황
만 3세	신체운동 · 건강	
	의사소통	
	사회관계	
	예술경험	
	자연탐구	
	종합발달상황	
만 4세	신체운동 · 건강	
	의사소통	
	사회관계	
	예술경험	
	자연탐구	
	종합발달상황	
만 5세	신체운동 · 건강	
	의사소통	
	사회관계	
	예술경험	
	자연탐구	
	종합발달상황	

② 어린이집생활기록부 내용 및 기재

다음에서 어린이집생활기록부 작성원칙과 생활기록부의 양식을 제시하기로 한다.

ㄱ. 어린이집생활기록부 작성원칙

1. 현황
   1) 아동의 이름은 한글로 기재한다.
   2) 성별은 남·여 중 해당되는 곳에 O표로 표시한다.
   3) 생년월일은 주민등록등본상과 일치한 일자로 기재한다.
   4) 주소는 입소 당시의 주소와 변경된 주소를 차례로 기재한다.
   5) '보호자'란에는 부·모가 있을 경우, 양자 모두 기재한다.
   6) '기타'란에는 부·모 이외의 가족상황을 기입한다.
   7) 보육료 감면혜택이 있을 경우 해당되는 곳에 O표로 표시한다.
      (1) 원아의 성명은 호적상의 기록과 일치해야 하며, 생년월일은 주민등록등본과 일치하여야 한다.
      (2) 주소란에는 입소 당시의 주소를 연필로 기재하였다가, 졸업 당시의 주소를 흑색으로 기재하도록 한다.
      (3) 부모성명은 호적상의 부모성명을 한글로 기재한다. 입소 전 부모 사망은 성명란에 '사망'으로 기재하며, 재학 중 부모사망은 좌상우하로 적선 삭제한다.
      (4) 부모의 이름 및 직업, 근무지는 상세히 기재한다.

2. 생활습관, 원아의 평상시 생활습관
   1) 수면, 배변, 식사, 성격, 기타를 상세히 기록한다.

3. 전염병 예방접종
   1) 전염병 예방접종 시 종류에 따라 회기 란에 접종시기를 기록한다.
   2) 추가접종 시 종류에 따라 접종시기를 기록한다.

4. 병명기록
   1) 병명란에는 병명을 기록한다.
   2) 입소 전에 발병하였는지, 입소 후에 발병하였는지를 기록한 후, 질병의 정도를 상세히 기록한다.

5. 성장에 관한 기록
   1) 18개월 미만의 아동은 2개월마다 신장과 몸무게를 측정하여 측정시기를 기록한다.
   2) 18개 이상의 아동은 6개월마다 신장과 몸무게를 측정하여 측정시기를 기록한다.

ㄴ. 생활기록부 양식

(전면)

생 활 기 록 부(영아)

1. 인적사항

어린이집명					
아동	이름	(한글) (한자)	성별	남・여	사진 (3X4cm)
아동	생년월일		입・퇴소일	입소 퇴소	
아동	주 소				
아동	전화번호		혈액형		
보호자	아동과의 관계	부	모	형제(자매)	기타
보호자	이름				
보호자	직업				
보호자	근무지 (전화번호)				
보호자	근무시간 평 일				
보호자	근무시간 토요일				
보호자	근무시간 일요일				
데려오고, 데려가는 사람		(성명 : 관계 :) (성명 : 관계 :)			

※ 비고 : 보호자란 중 부모가 있을 경우 양자 모두 기재

2. 기본생활습관 및 발달상황

영역 \ 연령		0세	1세	2세
기본생활습관	수면			
기본생활습관	배변			
기본생활습관	식사			
활동발달	신체운동			
활동발달	사회관계			
활동발달	의사소통			
활동발달	자연탐구			
활동발달	예술경험			

(후면)

3. 국가필수 예방접종

종류	접종차수	접종일자	접종기관
BCG(피내)	1회		
B형간염	1차		
	2차		
	3차		
DTaP (디프테리아, 백일해, 파상풍)	1차		
	2차		
	3차		
	4차(추가)		
	5차(추가)		
폴리오	1차		
	2차		
	3차		
	4차(추가)		
MMR (홍역/유행성이하선염/풍진)	1차		
	2차(추가)		
수두	1회		
일본뇌염(사백신)	1차		
	2차		
	3차(추가)		
	4차(추가)		
인플루엔자	사백신		
	생백신		
장티푸스	고위험군에 한함		
기타 임시예방접종 등	명칭 기재		
	명칭 기재		

4. 병력기록

병명	질병발생 연월일 및 질병의 정도	
	입소 전	입소 후

5. 신체발달상황

측정시기 / 구분								
신장(cm)								
몸무게(kg)								

비고 : 18개월 미만의 영아는 2개월마다, 그 이상의 영아는 6개월마다 측정-기록한다.

기록관리자 (인)

(전면)

생 활 기 록 부(유아)

1. 인적사항

<table>
<tr><td colspan="3">어린이집명</td><td colspan="2"></td><td>졸업대장</td><td></td></tr>
<tr><td rowspan="4">아
동</td><td colspan="2">이름</td><td>(한글)
(한자)</td><td>성별</td><td>남 · 여</td><td rowspan="4">사진
(2.5X3cm)</td></tr>
<tr><td colspan="2">생년월일</td><td></td><td>입 · 퇴소일</td><td>입소
퇴소</td></tr>
<tr><td colspan="2">주 소</td><td colspan="3"></td></tr>
<tr><td colspan="2">전화번호</td><td></td><td>혈액형</td><td></td></tr>
<tr><td rowspan="7">보
호
자</td><td colspan="2">아동과의
관계</td><td>부</td><td>모</td><td>형제
(자매)</td><td>기 타</td></tr>
<tr><td colspan="2">이름</td><td></td><td></td><td></td><td></td></tr>
<tr><td colspan="2">직업</td><td></td><td></td><td></td><td></td></tr>
<tr><td colspan="2">근무지
(전화번호)</td><td></td><td></td><td></td><td></td></tr>
<tr><td rowspan="3">근무
시간</td><td>평 일</td><td></td><td></td><td></td><td></td></tr>
<tr><td>토요일</td><td></td><td></td><td></td><td></td></tr>
<tr><td>일요일</td><td></td><td></td><td></td><td></td></tr>
<tr><td colspan="3">데려오고, 데려가는 사람</td><td colspan="4">(성명 : 관계 :) (성명 : 관계 :)</td></tr>
</table>

2. 출결상황

연령 구분	3세	4세	5세
보육일수			
결석일수			
의견			

※ 비고 : 보호자란 중 부모가 있을 경우 양자 모두 기재

3. 국가필수 예방접종

<table>
<tr><th>종류</th><th>접종차수</th><th>접종일자</th><th>접종기관</th></tr>
<tr><td rowspan="2">DTaP
(디프테리아, 백일해, 파상풍)</td><td>4차(추가)</td><td></td><td></td></tr>
<tr><td>5차(추가)</td><td></td><td></td></tr>
<tr><td>폴리오</td><td>4차(추가)</td><td></td><td></td></tr>
<tr><td>MMR(홍역/유행성이하선염/풍진)</td><td>2차(추가)</td><td></td><td></td></tr>
<tr><td>일본뇌염(사백신)</td><td>4차(추가)</td><td></td><td></td></tr>
<tr><td rowspan="2">인플루엔자</td><td>사백신</td><td></td><td></td></tr>
<tr><td>생백신</td><td></td><td></td></tr>
<tr><td>장티푸스</td><td>고위험군에 한함</td><td></td><td></td></tr>
<tr><td rowspan="2">기타 임시예방접종 등</td><td>명칭기재</td><td></td><td></td></tr>
<tr><td>명칭기재</td><td></td><td></td></tr>
</table>

(후면)

4. 신체발달상황

연령 / 구분	3세	4세	5세
신장(cm)			
몸무게(kg)			
의견			
특이사항			

5. 활동발달상황

성명	

연령 / 영역별	3세	4세	5세
기본생활습관			
신체운동 · 건강			
의사소통			
사회관계			
예술경험			
자연탐구			
종합의견			

③ 유아발달상황(유치원), 활동발달상황(어린이집) 기입요령

유치원의 유아발달상황과 어린이집의 활동발달상황은 유아들이 유아교육기관에 입원한 후 유아교육기관에서 제공하는 다양한 유아교육 프로그램의 영향으로 성장발달한 변화된 행동으로 신체운동·건강, 사회관계, 예술경험, 의사소통, 자연탐구, 종합발달상황 기록의 예를 제시한다.

신체운동 · 건강

- 활동적인 놀이 후에는 적절히 휴식을 취하고 사고나 위험에 처했을 때에 적절한 방법으로 대처함
- 도구를 다양하게 활용하여 몸을 율동적으로 움직이는 활동에 참여하며 활동적인 방법으로 대처함
- 도구를 다양하게 활용하여 몸을 율동적으로 움직이는 활동에 참여하며 활동적인 놀이 후에 휴식을 취할 수 있음
- 손과 이를 깨끗이 하는 습관이 잘 형성되어 있으며 계절과 상황에 맞게 스스로 옷을 입을 수 있음
- 적당한 양의 음식을 골고루 잘 먹고 음식물을 소중히 여기나 날씨 상황에 따라 알맞게 옷을 입는 데에는 어려움을 느낌
- 다양한 놀이기구를 능숙하게 잘 다루며 도움이 있으면 두 가지 감각을 협응하여 활동할 수 있으나 규칙적인 생활은 힘들어 함
- 공간을 이용하여 자신의 움직임을 조절할 수 있으나 소근육활동의 경험이 필요함

사회관계

- 자기가 활동한 것에 만족하며 긍정적인 자아개념이 형성되어 있음
- 물건을 잘 간수하고 아껴 쓰며 정직하게 말하고 행동하나 남을 이해하고 양보하는 마음이 요구됨
- 하루일과를 알고 계획을 세워 활동하고 무엇이나 잘할 수 있다는 자신감을 가지고 있으며 정직하게 말하고 행동함
- 어른에 대한 예절이 바르고 차례를 잘 지키며 새로운 일에 적극적으로 참여하여 활동함
- 마음대로 하면 안 되는 것이 무엇인지 알고 행동하며 다른 사람과 약속을 잘 지킴
- 정해진 곳에 쓰레기를 분리하여 버릴 줄 알며 자기중심적인 생각과 행동이 점차 개선되어 가고 있음

예술경험

- 한두 가지 소재를 이용하여 소리를 만들기 시작하였으며 동화·동시를 듣고 그림으로 표현하기를 좋아함
- 다양한 도구로 그림 그리는 것에 관심이 많고 노래를 즐겨 부르며 자유롭게 몸을 움직여 보려 고 노력함
- 전래동요 듣기 및 리듬악기 활동을 매우 즐기나 자연이나 사물을 감상해 보는 경험이 필요함
- 우리 가락에 관심이 많으며 극놀이활동에 적극적으로 참여하나 여러 가지 도구를 사용하여 그림으로 표현하는 활동은 어려워함
- 좋아하는 노랫말을 반복해 부르고 다양한 조형 작품에 관심을 가지나 동화·동시를 듣고 그림으로 표현해 보는 경험이 요구됨
- 우리나라 전통예술에 관심이 많고 자연이나 주위 환경의 소리를 듣고 구별해 보려고 하나 교사의 권유가 있어야 꾸미기 활동에 참여함
- 극화하기를 즐기며 리듬악기로 리듬을 만들려고 노력하나 자연이나 주위 환경에 나는 소리에 무관심함
- 경험한 것을 그림으로 표현하는 활동에 적극적이나 전통음악에 친숙해질 수 있는 경험이 요구됨

의사소통

- 그림, 글자 등 다양한 형태를 이용하여 자신의 생각을 잘 표현하나 질문에 대하여 바르게 대답하지 못함
- 책에 관심을 가지고 책 보기를 즐기나 듣는 사람을 바라보며 말하는 태도가 필요함
- 그림책의 글자에 관심을 가지고 책 보기를 즐기며 말할 차례를 지켜 바른 태도로 말하나 가끔 주제에서 벗어난 이야기를 할 때도 있음
- 읽어 주는 글에 관심을 가지고 그림 그리기나 긁적거리기로 자신의 생각을 표현하게 되었으며 주변에서 친숙한 글자를 찾고 즐거워함
- 궁금한 것을 알기 위해 책을 찾아보며 읽어 준 글의 내용에 대해 서로 이야기를 나누는 데 주도적인 역할을 함
- 이야기를 듣고 궁금한 것에 대하여 묻고 여러 가지 낱말과 문장을 적절히 활용하여 말할 수 있음

자연탐구

- 새로운 상황에 대하여 스스로 질문하고 알아보며 가끔 남과 다른 독특한 생각을 제시하기도 함
- 크기와 모양이 다른 사물을 순서대로 놓을 수 있으며 물체의 반쪽을 보고 전체를 알 수 있음
- 일상생활 경험과 관련된 시간의 흐름을 대체로 알고 있으며 사물을 준거에 따라 비교할 수 있음
- 다양한 모양을 이용해 여러 가지 형태를 구성하며 일상생활에서 친숙한 자료를 모아 정리하고 분류할 수 있음
- 날씨와 계절의 변화에 관심을 보이며 물체가 움직이는 이유에 호기심을 갖고 관찰함
- 눈으로 볼 수 없거나 형체가 없는 물체에도 관심이 있으며 측정과 관련된 용어의 뜻을 이해하고 사물을 비교할 수 있음

종합발달상황

- 자신에 대해 긍정적으로 생각하고 친구들과 사이좋게 지내며 일을 스스로 계획하고 완성함
- 시작한 활동에 열중하여 끝까지 마무리를 잘하며 다른 사람이 하는 말을 귀담아 들음
- 감각기관의 협응이 잘되며 노래를 즐겨 부르고 표현활동에 있어 흥미를 갖고 참여하며 발표도 잘함
- 자연현상과 변화에 대한 호기심이 많으며 자기 의사를 바르게 표현하고 온순하며 친절함
- 조용하고 차분한 성격으로 다른 사람을 잘 배려하며 그림 그리기를 즐김
- 솔직하고 양보를 잘하며 그리기와 만들기에 창의성이 엿보이나 정리·정돈하는 태도가 아쉬움

2. 행정(업무)관리

교사는 당해 학급의 사무 외에 유아교육기관 운영에 따른 업무를 담당하게 되는데, 학급 사무가 당해 학급 운영의 효율성을 높이기 위한 필수적인 업무라고 한다면 유아교육기관의 사무는 당해 유아교육기관 운영의 효율성을 높이기 위한 업무이므로 학급 사무와 유아교육기관의 사무가 서로 유기적인 관계를 맺고 업무가 처리되어야 유아학급과 유아교육기관이 효율적으로 운영되고 종국적으로는 영유아들의 바람직한 성장·발달을 도모할 수 있다.

또한, 학급사무가 유아 개개인에게 직접적으로 영향을 줌에 반하여 유아교육기관의 사무는 기관 내 전 유아학급과 전 유아를 포함한 유아교육기관의 운영을 돕는 일로서 이를 일반적으로 행정(업무)관리라고도 한다.

유아교육기관에서의 행정(업무)관리가 효율적으로 이루어지기 위해서는 운영 조직이 합리적으로 이루어져야 하는데, 여기에 대표적인 조직으로는 직원회의, 교무분장(업무분담), 유아교육기관운영위원회 등이 있다.

1) 직원회의

(1) 개념

유아교육기관이 노리는 교육목표를 효율적으로 구현하기 위해서는 유아교육기관의 운영 자체가 민주적이고 합리적으로 운영되어야 한다. 또한 민주적이고 합리적인 운영이란 기관의 모든 운영계획 수립과 실천에 전 직원의 참여가 적극적이며 필수적인데, 이런 기능을 촉진하는 조직이 직원회의이다.

따라서 직원회의란 '유아교육기관 경영상의 주요 문제를 협의하고 교직원의 자질 향상을 위한 교직원의 모임'이다.

(2) 성격

직원회의를 통하여 유아교육기관 운영상 중요한 문제를 토의하는데, 문제는 유아교육기관 운영에 있어서 어느 정도까지 교사의 참여를 인정하느냐이다. 확언하면, 직원회의가 자문기관이냐, 심의기관이냐, 또는 의결기관이냐 등이다. 일반적으로 직원회의는 직원의 경영참가를 인정하면서 부분적인 의사결정을 허용하는 원장의 자문기관으로 본다.

따라서 교사는 실지로 결정을 내리지 않는다.

교사들은 각종 문제에 대하여 몇 개의 안을 제시하고 그 결과에 대하여 여러 가지 의견을 제시할 따름이다. 즉, 교사들은 이 정도로 결정을 내리기 위한 준비에 참여할 뿐이다.

(3) 목적

직원회의의 목적은

첫째, 원활한 유아교육기관 운영도모

유아교육기관에서 전반적인 운영을 하는 데 있어서는 직원회의를 통하여 여러 가지 사항에 대하여 지시나 전달을 받고 또한 중요한 문제는 협의한다. 유아교육기관을 운영하는 데 있어서 중요한 일은 직원회의에서 교사들로 하여금 이해와 협력을 얻는 일이 중요하다.

둘째, 교사의 전문적 성장도모

교사는 직원회의를 통하여 교수·학습지도 기술, 생활지도 기술, 교재·교구제작 기술을 체득한다. 이와 같이 다양한 유아지도를 위한 전문적 기술을 체득하기 위해서는 직원회의를 수업연구, 사례발표, 시범수업, 연구협의, 업무협의 등 다양한 방법으로 운영한다.

셋째, 교사들 간의 인화도모

직원회의는 교사들의 집합체로서 서로 간의 접촉을 통하여 우의를 돈독히 하고 단체정신, 즉 팀워크를 굳게 하는 좋은 기회가 된다. 특히, 신임교사를 당해 유아교육기관에 쉽게 적응하도록 돕는 오리엔테이션도 직원회의를 통해 이루어진다.

(4) 효율적인 방안

직원회의를 효율적으로 운영하기 위해서는 다음 사항을 고려해야 한다.

① 직원회의 목적을 뚜렷이 해야 한다

ㄱ. 업무추진을 위해 전 직원의 협력이 필요할 때

ㄴ. 직원회의에서 다루어야 할 공통목적이나 관심사가 있을 때

ㄷ. 집단의 사기나 의사교환이 안 될 때

ㄹ. 집단의 회합을 원할 때

② 직원회의의 내용이나 과정을 잘 알고 있어야 한다

직원회의에서 다룰 내용이나 절차, 방법을 잘 이해해야 한다. 그러기 위해서는 회의에 필요한 자료를 적어도 회의 개시 2일 전에 전 직원에게 배부하여 사전검토를 할 시간을 충분히 제공해주이야 한디.

③ 직원회의는 사전에 충분한 사전협의가 이루어져야 한다

직원회의에 앞서 사전협의가 이루어져야 하는 내용은

ㄱ. 직원회의에서 다루어져야 할 내용에 관한 유인물을 준비한다.

ㄴ. 회의장소

회의장소는 비공식적인 분위기를 느낄 수 있는 회의실, 환경정비가 잘된 활동실, 회의 내용과 관련된 자료나 정보가 있는 장소 등을 선정한다.

ㄷ. 회의시간

회의는 정규시간 내에 하고 회의시간을 일률적으로 정할 수는 없으나 어떤 문제에 대한 결정을 내리려면 1시간 이상이 필요하다. 회의 빈도는 특별한 문제가 없는 한 정기직원회의는 월 1회, 기타 소위원회는 필요에 따라 갖는다. 특히, 직원연수를 목적으로 하는 직원회의는 수시로 가짐으로서 교원의 전문성을 계발하는데 도움이 된다.

ㄹ. 인화유지

교사들 간의 인화를 조성하기 위하여 친목회, 사교회, 다과회를 준비한다.

④ 직원회의의 사회는 윤번제로 한다

교사는 직원회의를 통하여 유능한 지도능력을 향상시킬 수 있다. 따라서 모든 교사가 윤번제로 직원회의의 사회를 담당하도록 한다.

사회자의 역할은

ㄱ. 회의가 안락하고 그러나 질서 있는 분위기를 조성하는 일

ㄴ. 토의의 원활한 흐름을 돕는 일

ㄷ. 질문을 분명히 하도록 하고 질문은 바르게 정리해 주는 일

ㄹ. 주제에서 벗어나지 않게 진행하는 일

ㅁ. 토의 내용을 정리하는 일 등이다.

⑤ 직원회의 자체를 부단히 평가해나간다

직원회의 자체를 수시로 평가하여 합리적이며 효율적인 직원회의가 되도록 노력한다.

(5) 업무협의 중심 직원회의의 '예'

① 목적, 유형, 내용

동료교사들이 어린이집 또는 학급행사 및 당면과제, 상부기관 또는 원장의 시시사항, 기타 제반업무 등을 공동협의를 통해 해결방안을 찾아 시행함으로써 업무수행의 효율성을 도모하기 위함이며, 업무협의 중심 직원회의의 유형에는

ㄱ. 어린이집에서 추진하는 각종 업무, 행사, 당면과제 등을 해결 또는 시행하기

위해 이루어지는 업무협의

예) 신입원아 입학식 개최에 따른 업무협의

ㄴ. 학급에서 돌발적으로 발생한 긴급현안과제를 해결하기 위해 시행되는 업무협의

예) 감기 걸린 원아 급증에 대한 대책

ㄷ. 상부기관 또는 원장이 지시한 과제해결을 위해 시행하는 업무협의

예) 원아모집을 위한 어린이집 홍보자료 작성방안

ㄹ. 특정 업무추진에 따른 세부계획을 어린이집의 최고책임자인 원장의 결재를 득한 후 시행에 앞서 전 교사에게 시행계획을 주지시켜 시행에 따른 협조를 구하기 위한 업무협의

예) 봄 현장학습 계획시달 등을 들 수 있다.

업무협의 중심 협력으로 이루어지는 업무 내용은 어린이집이나 보육실 내에서 이루어지는 모든 업무, 즉 행사, 당면과제, 상부기관 또는 원장의 지시사항 외에도 견학 및 참관, 방과후 활동, 교육계획 수립 및 지도, 특별활동지도, 생활지도, 학급경영, 교육기자재 및 자료 활동, 컴퓨터 활용, 교육연구, 학부모・지역사회관계, 교육정보수집 등 유아교육기관에서 이루어지는 모든 교육활동으로 범위가 아주 광범위하다.

② 협의형태

업무협의 중심 협력을 위한 공식적인 직원회의 협의형태의 '예'를 들면 다음과 같다(염지숙 외, 2015).

〈표 IV-12〉 업무협의 중심 직원회의 협력형태

협력형태	내용
동 학년협의회	같은 하년 담임교사들로 팀을 구성, 주로 학급경영, 교육과정 운영, 자료개발 및 제작, 수업방법 개선 등의 내용을 중심으로 이루어지는 협의 중심 형태
동 연령협의회	비슷한 연령의 교사들끼리 팀을 이루어 교과지도 및 자료개발 등의 목적을 중심으로 이루어지는 협의 중심 형태
특정 분야관련 협의회	현장교육활동, 교육자료 제작, 동화 구연 등 특정 분야에 관심 있는 교사들끼리 조직하여 상호 정보교환의 협력을 하는 형태
동 공간협의회	교실이 위치하고 있는 장소에 따라 업무를 배정받아 추진 실행하는 형태

2) 교무분장(업무분담)

(1) 개념

유아교육기관이 노리는 교육목표를 구현하기 위한 구체적인 활동은 첫째로 교사가 유아를 대상으로 직접적으로 지도하는 교수·학습활동이고 또 하나는 교수·학습활동의 효율화를 위해 지원해주는 경영업무이다. 따라서 효율적인 교수·학습활동 못지않게 이를 지원해 주는 경영업무 또한 중요하다. 그런데 이 경영업무는 어떤 특정 교사만이 담당하는 것이 아니라 소속직원이 균등하게 업무를 분담하여 추진하게 되는데, 이것을 교무분장이라 한다. 따라서 교무분장이란 '유아교육기관 운영을 위하여 소속직원들이 담당해야 할 관리 사무적인 면의 업무를 조직화한 것'이다.

(2) 교무분장(업무분담) 요령

업무분담 시 고려할 점은 다음과 같다.

① 직원 수와 업무 내용을 고려하여 일부 교사에게 업무가 편중되지 않도록 전 직원에게 공평하게 부여해야 한다.

② 업무를 분담하기 전에 교사들로부터 1희망부터 5희망까지 써 내도록 하여 가급적이면 교사의 희망이 고려되도록 한다.

③ 업무분담은 교사의 희망을 중시하되 전 교사가 타 업무를 한 번씩 전담하여 어린이집 운영의 전반을 이해함으로써 어린이집 관리자가 되었을 때 업무의 조정, 통제, 지휘가 원활해지도록 한다.

④ 업무분담에서 특수한 영역은 교사의 특기나 전문성을 고려하여 원장이 해당 교사의 동의를 얻어 희망을 무시하고 분담할 수도 있다.

⑤ 업무를 분담하기 전에 업무분담원칙을 교사들에게 주지시킨 후 업무를 분담함으로써 업무분담에 의한 교사들의 불만을 최소화시킬 수 있다.

위와 같은 요령으로 업무를 분담함으로써 유아교육기관 운영의 효율성을 도모할 수 있다. 업무분담의 한 예를 들면 다음과 같다.

〈표 IV-13〉 교무분장(업무분담)표

담당자	반	업무명	업무 내용	비고
원장	·	통할		
원감	·	관리	• 인사업무 • 포상 • 성과 상여금 • 공문 배부	
	조약돌반	교무	• 각종 행사계획(현장체험학습) • 학사문서 관리 및 법정 장부 관리 • 원아 입 · 퇴학 관리 • 원아 모집, 신입생 오리엔테이션 • 결손 수업 관리 • 각종 시상 관리 • 주간 업무계획 • 교원평가	
	물건반	연구	• 교육계획 수립 및 추진 • 연수 및 장학업무 • 원내자율장학 추진 및 평가 관리 • 시범유치원 운영 • 유치원 평가 • 교육실습생 관리	
	모래반	부모 교육	• 부모교육계획, 부모면담계획 • 부모회 운영 • 학부모 모니터링제 운영 • 자원봉사자 활동계획 및 추진 • 노력중점계획 및 추진	5세반 주임
	샘물반	정보 홍보	• 정보관련 업무 • 유치원 홍보 및 문자 알림 업무 • 홈페이지 관리 • 방송시설 관리 • 교원단체 관련 업무 • 가족사랑 행복 페스티벌	4세반 주임
	옹달샘반	자료 도서	• 교수-학습자료 구입 및 자료실 관리 • 도서, 간행물, 장학자료 관리 • 평가자료 수집 및 통계 • 독서 프로그램 운영(독서교실 운영, 독서도우미 관리, 도서실 관리)	3세반 주임
	호수반	생활 안전	• 기본생활습관 통합지도(애국조회(월 2회) 시 지도) • 기초체력 다지기 계획 및 추진	

담당자	반	업무명	업무 내용	비고
원감	호수반	생활 안전	• 교통안전지도 계획 • 특수교육 업무 • 실내 및 실외 놀이터 안전점검부 관리 • 꿈꾸러기 잔치 추진	
	강물반	보건	• 보건업무(보건위생지도, 식단표) • 체질, 체격, 구강검사계획 및 추진 • 성교육계획 및 추진 • 가족 참여수업 녹색장터	통합 학급
	등대반	환경	• 환경구성 계획 및 추진(복도 환경 및 게시판 관리, 현관, 신발장 및 실외 환경관리) • 유치원 행사 사진 및 앨범 관리 • 재료 및 소모품 구입 관리 • 녹색사업계획 및 추진 • 바다 잔치	종일반 주임

출처 : 군산 우리별유치원(2017).

(3) 교무분장에 의한 업무 처리요령

교사들은 교무분장(업무분담)이 이루어지면 다음과 같은 요령으로 업무를 처리한다.

① 해당 업무에 대하여 전년도에 이루어진 계획, 처리요령, 실적을 전년도 관계장부나 전년도 담당교사로부터 의견을 청취하여 해당 업무 처리요령을 터득한다.

② 해당 업무 처리를 위한 연간, 월간계획을 세워 원장, 원감의 결재를 받아 놓는다.

③ 해당 업무 처리를 위한 계획과 실적을 누가적으로 기록해 나갈 수 있는 장부를 제작한다.

④ 필요에 따라 업무 처리를 위한 제반 계획을 전 직원에게 숙지시키고 업무 처리에 대한 협조를 얻어야 한다.

3) 운영위원회

유치원과 어린이집에서는 유치원(어린이집) 운영위원회를 조직하여 운영함으로써 학부모와 지역사회가 보육공동체가 되어 당해 유아교육기관의 유아교육의 질적 수준 향상을 도모하도록 한다.

(1) 목적

유아교육기관 운영의 자율성과 투명성을 높이고 지역사회·학부모와의 연계를 통해 교육공동체를 조직하여 지역실정과 특성에 맞는 유아교육을 추진하여 유아교육의 효율성을 제고시키는 데 있다.

(2) 조직 및 심의 내용

〈표 IV-14〉 조직 및 심의 일정

구분 \ 기관별	유치원	어린이집
관련법령	• 유아교육법 제19조의3(유치원운영위원회 설치) • 유아교육법 제19조의4(유치원운영회의 기능) • 유아교육법 제19조의5(유치원운영위원회 구성·운영) • 유아교육법 제19조의6(유치원운영위원회 위원의 연수 등)	• 영유아보육법 제25조(어린이집운영위원회)
조직	• 구성위원 : 교원대표, 학부모대표 • 인원수 : 5명 이상, 11명 이내 ※ 병설유치원 : 교원대표, 학부모대표가 각각 1명 이상 포함되어야 함	• 구성위원 : 원장, 교사대표, 학부모대표 및 지역사회인사 • 학부모 대표 : 2분의 1 이상 • 인원수 : 5~10명 이내
필요사항 규정	• 대통령령	• 보건복지부령
심의 내용	1. 유치원 규칙의 개정에 관한 사항 2. 유치원 예산 및 결산에 관한 사항 3. 유치원 교육과정의 운영방법에 관한 사항 4. 학부모가 부담하는 경비에 관한 사항 5. 유치원 급식에 관한 사항 6. 방과 후 과정 운영에 관한 사항 7. 유치원 운영에 대한 제안 및 건의에 관한 사항 8. '교육공무원법' 제29조의3 제8항에 따른 공모원장의 공모방법, 임용평가 등에 관한 사항 9. '교육공무원법' 제31조 제2항에 따른 초빙교사의 추천에 관한 사항 10. 그 밖에 대통령령 및 시·도 조례로 정하는 사항	1. 어린이집 운영 규정의 제정이나 개정에 관한 사항 2. 어린이집 예산 및 결산의 보고에 관한 사항 3. 영·유아의 건강·영양 및 안전에 관한 사항 4. 보육시간, 보육과정의 운영방법 등 어린이집의 운영에 관한 사항 5. 보육교직원의 근무환경 개선에 관한 사항 6. 영유아의 보육환경 개선에 관한 사항 7. 어린이집과 지역사회의 협력에 관한 사항 8. 보육료 외 필요 경비를 받는 경우 제38조에 따른 범위에서 그 수납액 결정에 관한 사항 9. 그 밖에 어린이집 운영에 대한 제안 및 건의사항
기타	• 수시	• 연간 4회 이상

3. 문서관리

1) 문서의 개념

문서는 '행정기관 또는 공무원이 직무상 작성한 서류'를 말한다.

2) 문서관리 절차

문서관리를 위해서는 다음과 같은 절차를 밟는다.

(1) 문서의 기안

① 기안의 의의 : 기관의 의사를 결정하기 위하여 문안을 작성하는 것을 말한다.

ㄱ. 기안용지를 사용하는 일반 기안, 일괄 기안, 공동기안

ㄴ. 기안용지를 사용하지 않는 수정 기안, 서식에 의한 처리 등이 있음

② 기안자 : 직급에 관계없이 사무관리 규정 제5조의 규정에 의하여 분장받은 업무에 대하여 그 업무를 담당하는 자

③ 기안의 형식

ㄱ. 문서의 기안은 전자 문서로 함을 원칙으로 하며, 업무의 성격, 기타 특별한 사정이 있는 경우에는 종이 문서로 기안한다.

ㄴ. 기안 용지의 종류

가. 일반기안용지 : 대내·외 문서 + 내부 결재 문서

나. 일반간이서식 : 내부 결재 문서

다. 관계 서식이 따로 있는 경우 그 서식 사용

ㄷ. 일반간이서식은 보고서·계획서·검토서 등 내부 결재 문서에 한하며 시행문으로 변환하여 시행할 수 없다.

ㄹ. 시행을 전제로 한 문서는 반드시 일반기안용지를 사용하여야 한다.

ㅁ. 위 서식 외에 특별한 결재절차를 사용하기 위한 기안서식이 필요한 경우에는 서식을 따로 정하여 사용할 수 있다.

(2) 발의자 및 보고자 표시

① 기안문의 결재란에는 기안하도록 지시한 자 또는 지시자가 없는 경우, 스스로 입안한 자는 ★표시를, 결재 시 결재권자에게 보고하는 자는 ◉표시를 한다.

ㄱ. 지시 여부는 기안 내용의 구체성 여부를 감안하여 결정

ㄴ. 발의자와 보고자가 동일인인 경우에는 ★, ◉를 함께 표시

② 표시 생략 가능 문서

ㄱ. 검토 및 결정이 필요 없는 문서

ㄴ. 제 증명 발급, 회의록, 기타 단순 사실을 기록한 문서

ㄷ. 일상적·반복적인 업무로서 경미한 사항에 관한 문서

③ 표시 위치는 직위 또는 직급의 앞 또는 위

④ 전자 문서의 결재 등 결재권자에게 직접 보고하지 않는 경우에는 보고자 표시를 생략한다.

(3) 문서의 결재

① 결재(좁은 의미)는 법령의 규정에 의하여 소관사항에 대한 기관의 의사를 결정할 권한을 가진 자(주로 행동 기관의 장)가 그 의사를 결정하는 행위를 말한다.

② 전결은 행정기관의 장으로부터 사무의 내용에 따라 결재권을 위임받은 자가 행하는 결재를 말하며, 그 위임 전결사항은 당해 기관의 장이 훈령(임의 전결 규정 또는 지방자치단체의 규칙)으로 정한다.

③ 대결은 결재권자가 휴가, 출장, 기타의 사유로 결재권자의 사정에 의하여 결재를 할 수 없을 때에 그 직무를 대리하는 자가 행하는 결재를 말한다.

(4) 문서의 처리

문서의 처리는 문서의 접수, 기안 및 시행, 결재, 발송, 문서, 통제의 전 과정을 의미한다. 이러한 과정은 소정의 양식과 절차에 의하여 이루어진다. 문서 처리의 원칙에는 즉일처리의 원칙, 책임의 원칙, 적법성의 원칙 등이 있다.

3) 문서 작성의 기본원칙

(1) 문안 : 문서는 한글로 작성하되, 쉽고 간명하게 표현하고, 뜻을 정확하게 전달하

기 위하여 필요한 경우에는 괄호 안에 한자 그 밖의 외국어를 넣어 쓸 수 있다.

(2) 숫자 : 아라비아 숫자로 쓴다.

(3) 날짜 : 숫자로 표기하되 연 · 월 · 일의 글자 생략(예 : 2011. 2. 15).

(4) 시간 : 시 · 분표기는 24시각제에 따라 숫자로 쓰되, 시 · 분의 글자는 생략하고 그 사이에 쌍점(:)을 찍어 구분한다(예 : 오후 3시 20분 → 15 : 20).

(5) 금액 : 문서 및 유가증권에 금액을 표시하는 때에는 아리비아 숫자로 쓰되, 숫자 다음에 괄호를 하고 한글로 기재한다(예 : 금 15,790원(금 일만오천칠백구십원)).

4) 문서기안의 '예'

문서를 기안할 때는 다음과 같은 기안문서에 의하여 작성한다.

○○○○ 어린이집

수신자 : 내부결재
(경유)
제목 : **제10회 어버이 체육대회 개최**

제10회 어버이 체육대회를 아래와 같이 개최하겠습니다.

1. 목적
   - 부모님과 자녀들 간의 유대 강화
   - 부모님의 건강 증진

2. 일시 : 2017년 5월 10일 10 : 00~13 : 00 (3시간)

3. 장소 : 본원 운동장

4. 내용
   달리기 외 13종

5. 세부 계획은 별첨자료를 참고하기 바람

첨부 : 1. 제10회 어버이 체육대회 개최계획. 1부. 끝

협조자 : 전 직원
시행 : ○○○○어린이집-( ) 접수 ( )
우 573-390 ○○○도 ○○시 지곡동 4길 30번지 / http://www.ksjigok.es.kr
전화 / 전송 063-461-7186 /

5) 기타

(1) 용지의 여백

문서의 편철 및 관리상의 필요에 의하여 용지에 일정한 여백을 둔다.

① 위로부터 3cm

② 왼쪽으로부터 2cm

③ 오른쪽으로부터 1.5cm

④ 아래로부터 1.5cm

(2) 좋은 문서란

① 정확・간결・명료하며

② 알기 쉽게 표현되어

③ 상대방이 쉽게 이해할 수 있도록 작성된 것

※ 문서의 작성, 전달, 보존 등 연속되는 문서관리에 있어서의 올바른 절차의 준수는 당해기관의 대외적인 신뢰와 품위를 높인다.

(3) 공문서의 일반적 표기법

① 한글 사용(필요한 경우 한자, 외국어를 괄호 안에 병기)

② 숫자 : 아라비아

③ 날짜 : 2013. 6. 8(토) ※ 2013. 06. 08(×)

④ 시분 : 15 : 20, 14 : 05(24시각제) ※ 오후 3시 20분(×)

⑤ 금액 : 금 15,790원(금 일만오천칠백구십원)

※ 부적절한 예

- 인원 : 이십명 ⇒ 20명
- 일시 : 2017년 10월 24일(화). 12시 30분 → 2017. 10. 24(화). 12 : 30

4. 재정관리

유아교육기관을 안정적으로 운영하기 위해서는 재정운영이 합리적이어야 한다. 아무리 훌륭한 교사가 확보되고 최상의 교육목표와 이에 따른 교육 프로그램을 편성하였다 하더라도 재정 운영이 뒤따르지 않으면 사상누각일 수밖에 없다. 유아교육기관을 운영하는 설립자나 관리자 그리고 현장교사들이 유아들의 바람직한 성장발달을 도모하기 위한 기발한 아이디어를 가지고 있으면서도 재정적 지원이 없어 그 기발한 아이디어가 사장되고 재정적 열세 때문에 유아들의 건전한 성장·발달을 도모하지 못하는 사례들은 유아교육기관에서 늘 접하는 일이다. 따라서 한정된 재정을 효율적으로 관리하여 유아교육의 질적 성장을 기대하는 일은 더욱 중요한 일이다.

또한, 대부분의 유아교육기관에서 재정관리는 전문적 식견을 가지고 종사하는 특정 재정업무담당자가 있어 교사들에게 이에 대한 깊은 이해는 별로 필요가 없다. 유아교육기관에서 재정관리에 지나친 관심을 가지고 의견을 개진하는 교사는 오히려 관리자로부터 눈총을 받게 된다. 따라서 본 절에서는 재정관리에 대한 기초개념과 예산과정에 국한하여 개략적으로 기술하여 유아교육기관에서 이루어지는 재정관리에 대한 개략적인 이해를 돕기로 한다.

1) 개념

'유아교육법'에 의해 설립 운영되는 학교형태의 유치원과 '영유아보육법'에 의해 설립 운영되는 어린이집에서의 재정 확보 방법 및 재정관리를 위한 근거 관련 법령이 다르다 할지라도 양 유아교육기관은 한정된 재정을 효율적으로 관리하여 당해 유아교육기관의 교육이나 보육목표 구현에 주력해야 한다.

재정이란 사전적 의미로는 '국가나 지방공공단체가 맡는 일을 수행하기 위해 하는 경제활동'이다.

따라서 유아교육기관 운영과 관련하여 볼 때 '재정관리'란 '당해 유아교육기관에서 설정한 교육이나 보육목표를 구현하기 위하여 재원을 확보하고 확보된 재원을 효율적으로 지출하는 경제 행위'이다.

2) 특수성

유아교육기관에는 유치원과 어린이집 그리고 설립주체별로 그리고 재원지원처별로 볼 때 그 재정형태의 유형은 아주 다양하며 다음과 같은 특수성이 있다.

(1) 재정의 규모가 영세하다

유치원이나 어린이집은 국가나 지방자치단체가 운영하는 유아교육기관으로부터 법인이나 개인이 설립하는 유아교육기관까지 재정규모가 아주 다양하다.

국가나 지방자치단체가 운영하는 유아교육기관은 공석사금이 투입되어 기관 운영에 별로 어려움이 없으나 법인이나 개인이 설립한 유아교육기관은 약간의 국고지원금과 설립자의 투자나 수요자에게서 받은 보육료와 부담금으로 재원을 충당하기 때문에 재정규모가 영세하다.

(2) 재정관리의 투명성이 절대적으로 요구된다

유아교육기관 중 국가나 지방자치단체가 운영하는 국·공립 유아교육기관을 제외한 사립 유아교육기관의 운영 재원은 소규모의 개인 자산이나 대부분이 교육비(보육료)나 수익자 부담금으로만 운영하고 있어 재원 제공의 주체인 학부모들에게 재정관리상황을 공개하게 되므로 재정관리의 투명성이 절대적으로 필요하다.

(3) 원아 확보 상황에 따라 재정건전성이 달라진다

사립 유아교육기관에서는 재원의 대부분을 수익자인 학부모의 교육비(보육비)와 부담금에 의존하기 때문에 확보된 원아 수에 따라 재원이 달라진다. 따라서 각 유아교육기관마다 원아 확보를 위한 경쟁은 또 하나의 사회적 물의의 요인이 되기도 한다.

(4) 재정관리의 건전성은 유아교육의 질적 수준을 결정한다

유아교육기관에서 충분한 재정을 확보하고 또한 효율적이고 합리적인 예산 편성과 집행, 합리적인 결산, 재정관리 상황의 공개 등 재정관리가 투명한 유아교육기관의 교육은 상대적으로 질적 수준이 높고 신뢰감이 높다.

3) 필요성

모든 기관이나 기업에서 기관과 기업이 노리는 목적을 구현하기 위해서는 각 기관이나 기업의 특성에 알맞은 독자적인 사업을 설정·추진해야 하고 사업을 추진하는 데 재정은 필수불가결한 요소이다.

특히, 유아교육기관에서는 교육이나 보육의 성과를 거양하기 위해서는 교육이나 보육에 관련된 사업을 선정·추진해야 하고 이러한 사업을 추진하기 위해서는 재원이 소요되기 마련이다.

특히, 유아교육기관에서 재정이 필요한 이유는

(1) 당해 유아교육기관이 설정한 교육이나 보육의 목표를 효율적으로 구현하기 위해서이다.

유아교육기관에서 설정한 교육이나 보육목표를 설정하고 이를 구현하기 위한 다양한 교육활동에 영향을 주는 인적·물적 자원을 관리하는 데 재정이 필요하다. 즉, 재정이 뒷받침되지 않는다면 설정된 교육목표 구현을 위한 제반사업을 효율적으로 추진할 수 있다.

(2) 재정의 건전성은 기관에 대한 신뢰감을 갖게 해준다.

사립유아교육기관 운영의 재원은 주로 학부모의 교육비(보육비)와 부담금에 의존하지만 필요에 따라서는 설립자의 재정적 투자가 있어야 하는 등 재정의 건전성이 확보된 유아교육기관은 학부모의 신뢰성이 높아 유아들을 마음놓고 위탁하게 되고 또한 재정의 건전성은 학부모들에게 자녀들의 성장·발달 면에서 만족감을 준다. 결과적으로 유아교육기관의 재정능력과 투명한 재정집행은 유아교육의 질적 수준 제고에 결정적인 영향을 준다.

4) 원칙

기관이나 기업 운영에 있어서는 최소한의 재정을 투자하여 최대한의 성과를 거양하는 일이 중요하다. 특히, 재정관리 성과는 유아교육기관이나 기업이 노리는 목표가 어느 정도 실현되었는가에 관점을 두어야 하는데, 유아교육기관에서 재정관리의 성과를 검증하는 데 있어서는 일반기관이나 기업 운영에서 재정관리의 성과를 검증하는 방법과는 많은 차이가 있다.

즉, 일반기관이나 기업 운영에서는 재정관리의 성과가 양적이며 가시적으로 나타나지만 유아교육기관에서의 재정관리의 성과는 유아의 성장과 발달에 달려 있으므로 비가시적이며 장기적인 성향이 있다.

따라서 유아교육기관에서의 재정관리는 일반기관이나 기업에서 적용되는 재정관리의 원칙과는 달리 유아교육기관의 독자성에 따른 재정관리 원칙이 적용되어야 한다. 다음에서 이들 원칙에 대하여 기술해 보기로 한다.

(1) 주체성

주체성이란 자율성, 책임성과 같은 개념으로 모든 일의 수행과정에서 외부의 간섭 없이 자기 스스로 결정하고 수행하고 그리고 나타난 결과에 승복하고 책임을 전적으로 자기가 지는 것을 말한다. 재정 운영에 있어서도 각 기관의 실정과 상황에 맞게 교육사업을 선정하고 이에 소요되는 예산을 확보하고 예산을 효율적이며 자율적으로 집행하는 과정에서 기관 구성원 외의 어느 누구의 간섭이나 지시 또는 관여 없이 해당 기관 구성원들이 주체적이며 자율적으로 운영함을 말한다.

(2) 합리성(공정성)

합리성이란 공정성과 같은 개념이다. 재정관리의 합리성이란 당해 유아교육기관에서 예산을 편성하고 편성될 예산을 진행하는 과정이 합리적이어야 한다. 재정관리가 합리적이기 위해서는 재정관리에 있어서 원칙과 기준이 있어 반드시 기수립된 원칙이나 기준에 의해 운영됨을 말한다. 원칙과 기준을 세우는 데 있어서의 그 준거가 되는 것은 당연히 유아의 바람직한 성장과 발달 도모에 초점을 맞추어야 한다. 유아의 성장·발달에 도움이 되지 않는 전시적이며 홍보적인 사업에 지나치게 재정을 투자하는 것도 합리성의 원칙에 위배되는 일이다.

(3) 경제성

경제성이란 능률성, 효과성과 같은 개념이다. 교육목표 구현을 위해 선정된 사업에 대한 예산 투자가 과연 투자된 예산에 상응할 만한 효과를 가져올 것인가에 대한 관점에서 재정관리를 해야 한다. 그러나 이것은 대단히 어려운 일이기는 하나 효율성을 지향하기 위하여 부단히 노력해야 한다. 왜냐하면 효율성을 측정하기가 어렵고, 또한 효율성이 좀 떨어진다 하더라도 교육에서는 모든 분야에 걸쳐 균형 있게 투자해야 하는 사업선정의 공정성을 기해야 되기 때문이다.

(4) 공개성(투명성, 객관성)

공개성이란 투명성, 객관성으로 모든 재정관리 상황이 비밀이 없이 공개적이어야 한다는 것이다. 특히, 사립 유아교육기관 재정의 대부분이 학부형이 부담한 교육비와 부담금으로 운영되기 때문에 수익자인 학부모에게 재정관리상황을 공개함은 당연한 일이다.

5) 기관별 재정관리 관련규정

모든 기관이나 기업에서 이루어지는 재정관리는 기관이나 기업이 노리는 목표실현을 위한 재정의 효율적인 배분, 집행 등에 초점을 맞추고 있음은 공통적인 사항이나 기관이나 기업의 특성에 따라 재정관리의 행태는 조금씩 다르다.

같은 교육기관이면서도 초・중・고등학교와 유아교육기관의 재정관리의 형태에는 차별성이 있고 유아교육기관 중 유치원과 어린이집, 그리고 국・공립유치원, 어린이집과 사립유치원, 어린이집 간에도 재정관리의 형태가 다르다. 이는 주관부처가 다르고 재원의 확보방법이 다르기 때문이다. 예를 들면, 국・공립유아교육기관에서는 국가나 지방자치단체에서 재정을 부담하고 재정집행지침을 주어 지침대로 재정관리가 이루어지나 사립유아교육기관은 재원이 학부모의 보육비나 부담금에 의해 이루어지므로 재정관리가 다를 수밖에 없다. 유치원과 어린이집의 재정관리 관련규정을 정리하면 다음과 같다.

〈표 IV-15〉 재정관리 관련규정

구분	관계 관련규정
유치원(공립)	• 지방재정법, 지방재정법 시행령 • 도급경비 사무처리 규칙
유치원(사립)	• 사립학교법 • 사립학교법 시행령 • 사학기관재무회계규치
어린이집	사회복지법인 및 사회복지시설 재무・회계규칙

유치원과 어린이집은 위 관련 규정에 따라 재정관리가 이루어진다.

6) 예산과정(예산절차)

유아교육기관에서 재정관리는 예산과정, 즉 예산절차에 의하여 이루어진다. 예산과정(예산절차)은 재정관리가 이루어지는 과정 또는 절차로서 예산편성, 예산심의, 예산집행, 예산결산 등의 과정을 거친다. 다음에서 위 과정에 따른 절차에 대하여 개략적으로 설명하기로 한다.

(1) 예산 편성

① 예산 편성의 개념

유아교육기관이 1년 동안 교육운영을 하기 위해서는 먼저 재정을 확보하고 다음에는 확보된 재정을 사업별로 배분한 다음에 사업별로 배분된 계획에 의해 배분된 예산을 집행하게 되는데, 이를 위해서 제일 먼저 예산을 편성하게 된다.

예산이란 유아교육기관이 1년 동안 기관을 운영해 나가는데 재원을 세입과 세출로 구분하여 나타낸 체계표이다. 따라서 예산을 편성하기 위해서는 제일 먼저 세입 예산을 세워야 한다.

② 예산 편성절차

어린이집 예산 편성 절차를 표화하면 다음과 같다.

〈표 IV-16〉 예산 편성절차

표	절차방법	대상			비고
		시설장	법인	구청	
1	예산 편성지침 제시			○	
2	예산편성자료 작성	○			
3	예산편성자료 수집 분류, 검토, 사업선정	○			
4	세입확정, 사업학정	○			
5	예산편성	○			
6	보육시설 운영위원회 보고	○			
7	이사회 심의 의결		○		
8	예산안 제출(수정)			○	
9	예산안 승인			○	
10	예산안 통보			○	
11	예산안 공고	○			

예산편성절차는 위 표와 같다. 예산편성과정에서 교사들이 직접 참여하는 작업은 2번 예산편성자료를 작성하여 재무담당직원에게 제출하면 되는데, 재무담당직원은 교사들로부터 제출받은 예산편성자료를 영역별로 분류하고 하나하나 검토한 후 최종적으로 내년도에 시행할 사업을 확정시킨다.

재무담당직원은 세입과 관련하여 예산을 편성한다. 그리고 재무담당자는 자신들이 편성한 예산계획을 교사들로 하여금 최종적으로 검토할 기회를 부여하여 교사들 각자가 자신이 제출한 사업의 선정 여부와 편성예산을 확인하도록 한다.

③ 예산서 작성

예산서는 예산 총괄표, 세입예산, 세출예산으로 구분하여 편성한다.

ㄱ. 세입예산서 작성

세입이란 1회계 연도의 모든 수입을 말한다. 세입이 확정되어야 세출예산을 편성할 수 있다.

세입예산은 유치원의 경우에는 사용료 및 수수료, 전입금, 원조보조금, 이월금, 과년도 수입, 유치원 운영지원비, 잡수익으로 편성된다.

또한 어린이집 세입예산은 입소자 부담금 수입, 과년도 수입, 잡수입, 보조금수입, 전입금, 이월금으로 편성되고 내용 하나하나를 과목이라고 하는데, 유치원과 어린이집의 세입예산서의 과목이 다르다.

다음에서 어린이집의 세입예산서의 양식을 제시한다.

〈표 IV-17〉 어린이집 세입 예 · 결산서

과목						예산액	전년도 예결산 잔액	증감	산출기초
관		항		목					
01	입소자 부담금 수입	11	입소비용 수입	111	보육료 수입				
				112	수익자 부담금				
02	과년도 수입	21	과년도 수입	211	과년도 수입				
03	잡수익	31	잡수입	311	이자 수입				
				312	후원금 수입				

과목						예산액	전년도 예결산 잔액	증감	산출기초
관		항		목					
				313	기타 잡수익				
04	보조금 수입	41	경상 보조금 수입	411	인건비 보조금				
				412	보육료 보조금				
				413	기본 보조금				
				414	기타자본금				
		42	자본 보조금 수입	421	자본 보조금				
05	전입금	51	전입금	511	전입금				
06	이월금	61	이월금	611	전년도 이월금				
				612	이월 사업비				

ㄴ. 세출예산서 작성

세출이란 지출 또는 현금지급행위를 말한다. 넓은 의미의 지출은 예산의 사용결정에서부터 지출원인행위에 의한 부담 채무를 이행하기 위하여 현금을 지급할 때까지의 일체의 행위를 말하며 좁은 의미의 세출은 지출원인행위에 의하여 분담한 채무를 이행하기 위하여 현금을 지급하는 행위를 말하는데(이인원 외, 2016), 이러한 세출을 하기 위해서는 세출예산서를 작성해야 한다. 세출예산서는 세입예산서가 작성된 후에 작성된다. 이는 세입예산액이 확정되어야 신학년도 사업과 사업추진에 소요되는 예산을 배분하고 확보하기 때문이다. 또한 세출예산은 과목별로 세우는데, 유치원의 경우, 세출에는 인건비(봉급, 정액수단, 퇴직금, 부담금), 관리 운영비(학교운영비), 재산조성비(시설비), 유치원 운영지원비(수익자 부담교육비 - 방과후 교육비, 현장 실습비, 급식비, 졸업 앨범비, 교통비, 간식비, 기타), 예비비(예비비) 등 과목별로 세출예산을 세운다.

또한 어린이집 세출예산과목에는 시설사업운영비(인건비, 업무추진비, 관리 운영비),

사업비(사업운영비), 재산조성비(시설비), 전출금(전출금) 등의 과목으로 분류되어 있고 과목별로 세출예산을 세워야 한다. 다음에서 어린이집의 세출예산서의 양식을 제시한다.

〈표 Ⅳ-18〉 어린이집 세출 예 · 결산서

구분						예산액	전년도 예(결)산액	증감	산출 기초
관		항		목					
100	시설 운영비	110	인건비	111	급여				
				112	일용잡급				
				113	제수당				
				114	퇴직금 및 퇴직적립금				
				115	사회보험 부담비용				
				116	기타 후생경비				
		120	업무 추진비	121	기관운영비				
				122	직책급				
				123	회의비				
		130	관리 운영비	131	여비				
				132	수용비 및 수수료				
				133	공공요금				
				134	제세공과금				
				135	차량비				
				136	연료비				
				137	기타 운영비				
200	사업비	210	사업 운영비	211	급 · 간식비				
				212	교재 · 교구비				
				213	행사비				
				214	수익자부담금 지출				
300	재산 조성비	310	시설비	311	시설비				
				312	자산취득비				
				313	원장 유지비				
400	전출금	410	전출금	411	법인회계 전출금				

ㄷ. 예산서 작성 시 고려할 점

예산서 작성절차나 요령은 유치원이나 어린이집이 동일하지만 양기관이 세입이나 세출과목이 다르고 관할 부서에서 주어지는 지침과 요구사항이 있어 다소 특수성이 있다. 다음에서 간략하게 기술하기로 한다.

가. 공통사항

유치원이나 어린이집에서 예산 편성 시 고려할 점은 다음과 같다.

㉠ 세입은 1년간 수입재원을 과목별로 구분하여 추정 편성한다.

㉡ 세출은 1년간 유아교육기관을 운영하는 데 필요한 경비를 추정하여 활동사업(과목)별로 편성한다.

㉢ 모든 수입은 세입예산에 편성하고, 수입을 직접 사용하지 못한다.

㉣ 각 유아교육기관 회계에 속하는 수입은 다른 회계에 전출하거나 대여할 수 없고 세출예산은 해당사업 이외의 목적으로 사용하지 못한다.

㉤ 회계연도는 매년 3월 1일에 시작하며 다음해 2월 말에 종료한다.

㉥ 예산편성은 전년도 실적을 감안하여 당초에 진실하게 편성함으로써 연도중에 빈번한 추가 경정 예산 편성을 하지 않도록 한다.

㉦ 교육에 직접 필요한 시설 · 설비를 위한 경비는 교직원의 인건비, 법정부담금, 운영비 및 예비비, 기타 유아교육기관교육에서 직접 필요한 제 경비를 공제하고 잉여재원이 있는 경우에 계상한다.

㉧ 세출예산의 예비비는 전년도 예산분석을 통하여 필요한 적정금액을 계상한다.

㉨ 산출기초는 예산목적에 따라 명확하고 상세하게 산출 기입해야 한다.

㉩ 전년도 결산잔액은 반드시 현학년도 예산이월금에 정확히 반영해야 한다.

㉪ 세입과 세출예산은 반드시 일치하여야 한다.

㉫ 예산의 금액단위는 '천 원', 결산의 금액단위는 '원'으로 한다.

㉬ 세입예산서의 1,000원 미만은 '절사', 매출예산의 1,000원 미만은 '절상'한다.

나. 유치원에서 특히 고려할 사항

사립학교법, 사립학교법 시행령, 사학기관 재무회계규칙에 의거 예산서 작성 시 고려할 사항은 다음과 같다.

㉠ 법인과 유치원의 출납은 회계연도 종료 후 20일이 되는 날에 폐쇄한다(규

칙 제9조, 출납폐쇄기간).

㉡ 법인의 예산은 이사장이 편성하여 매 회계연도 개시 10일 전까지 이사회의 의결을 얻어야 한다(규칙 제16조 제1항, 예산편성절차).

㉢ 이사장은 법인과 유치원 예산을 회계연도 개시 20일 전까지 이사회의 의결을 얻어 유치원장에게 송부하여야 한다(규칙 제16조 제9항, 예산편성절차).

㉣ 예산은 매 회계연도 개시 5일 이전에 관할청에 제출한다(영 제14조).

㉤ 수입과 세출은 모두 예산에 편입해야 한다(규칙 제11조, 예산총계주의원칙).

㉥ 법인의 이사장은 제4조에서 규정한 위치에 따라 매 학년도 개시 2월 이전에 그 법인과 학교의 예산편성요령을 정하여야 한다(규칙 제12조, 예산편성요령).

㉦ 유치원에는 다음 각 호의 장부와 서류를 비치한다(규칙 제53조, 유치원에 비치할 장부와 서류).

- 재산대장(학교용 재산)과 도면
- 비품수급부와 소모품 수급부
- 징수 대장
- 수입부
- 금전출납부와 세출내역부
- 수입, 지출의 현금 출납부, 보관물 수급부 및 유가증권 수납부
- 금융회사와의 거래 실적 입증서류
- 기타 이 규칙에서 정하는 서류로서 학교에 해당하는 서류

다. 어린이집에서 특히 고려할 사항

㉠ 법인 및 시설의 회계연도는 정부의 회계연도에 따른다(재무·회계 규칙 제3조, 회계연도).

㉡ 1회계연도에 속하는 법인 및 시설의 세입세출의 출납은 회계연도가 끝나는 날까지 완결하여야 한다(재무·회계규칙 제5조, 출납기한).

㉢ 법인 및 시설의 재무회계는 컴퓨터회계 프로그램으로 처리할 수 있다(재무·회계규칙 제6조의2, 정보통신 매체에 의한 재무·회계처리).

㉣ 예산에는 다음 각 호의 서류가 첨부되어야 한다(재무·회계규칙 제11조, 예산에 첨부하여야 할 자료).

- 예산총칙
- 세입세출명세서
- 추정대차대조표
- 추정수지계산서
- 임직원 보수일람표
- 당해 예산을 의결한 이사회 회의록 또는 해당예산을 보고받은 시설 운영위원회 회의록 사본

㉤ 회계연도 개시 전까지 법인 및 시설의 예산이 성립되지 아니한 때에는 법인의 대표이사 및 시설의 장은 시장·군수·구청장에게 그 사유를 보고하고 예산이 성립될 때까지 다음의 경비를 전년도 예산에 준하여 집행할 수 있다.

- 임·직원의 보수
- 법인 및 시설 운영에 직접 사용되는 필수적인 경비
- 법령상 지급의무가 있는 경비(재무·회계규칙 제12조, 준예산)

④ 추가경정예산

추가경정예산이란 예산이 편성된 후 생긴 사유로 인하여 경비와 과부족이 생길 때 추가 또는 변경한 예산을 말한다.

〈근거법령〉

- 유치원 : 재무·회계규칙 제18조(추가경정예산) 이사장과 학교의장은 예산확정 후 생긴 사유로 인하여 이미 성립된 예산에 변경을 가할 필요가 있을 때에는 제16조의 규정에 의한 절차에 준하여 추가경정 예산을 편성할 수 있다.
- 어린이집 : 재무·회계규칙 제13조(추가경정예산) ① 법인의 대표이사 및 시설의장은 예산 성립 후에 생긴 사유로 인하여 이미 성립된 예산에 변경을 가할 필요가 있을 때는 제10조 및 제11조의 규정에 의한 절차에 준하여 추가경정예산을 편성 확정할 수 있다.

(2) 예산집행

① 개념

예산과정은 예산편성, 예산집행, 예산결산의 과정 중 두 번째 과정이다.

예산집행은 예산과정의 핵심과정으로 당해 유아교육기관이 설정한 교육목표를 구현하기 위한 직접적인 활동으로 예산집행이란 확정된 예산에 의해 회계연도 개시와 더불어 수입을 조달하고 공공경비를 해당사업 목표구현을 위하여 지출하는 재정활동을 말한다.

② 예산집행과정

예산집행과정이란 예산안이 확정된 후에 수입의 조정, 납입의 통지수납, 지출원인 행위의 실행, 세출예산의 이용과 전용 계약의 체결, 물품의 주문, 물품의 검수, 예산의 지급, 각종 장부의 기재 등을 모두 포함하는 재정활동이다. 예산집행과정은 예산안에 의해 정당하게 이루어져야 한다.

먼저, 세입 예산은 정해진 법령, 조례 및 규칙에 근거하여 정해진 징수방법에 따라 수입처리하여 재원을 확보한 후 세출예산의 집행은 예산안에 계획된 사업의 내용과 책정된 예산의 범위 내에서 시기, 자금수급 등을 고려하여 지출이 이루어져야 한다. 예산집행과정은 세출예산 내의 항목에 계획된 사업내용의 성격에 따라 예산집행과정이 달라진다. 그중 교사가 할 수 있는 세출예산의 집행은 교수·학습지도에 필요한 교재·교구나 물품이 대부분이다. 다음에서 교사가 물품 구입 시 예산집행 처리과정을 표로 제시하기도 한다.

〈표 Ⅳ-19〉 물품 구입 시 예산집행 처리과정

순서	절차방법	대상			
		원장	원감	회계담당	교사
1	예산액 확인				○
2	구입물품 결정				○
3	품의서 작성				○
4	품의서 협조 및 결재	○	○	○	
5	품의서 이관			○	
6	지출결의서 작성				
7	물품 청구 및 검수			○	○
8	통장 잔액확인			○	
9	대금지급(계좌이체)			○	
10	관계장부정리(현금출납부, 지출 내역부)			○	
11	지출결의서 과목별, 일자 별 합철			○	

교사가 예산서에 반영된 사업 내용 중 교재·교구나 물품 구입 시의 예산집행 처리 과정을 제시하였는 데 교사가 특히 고려해야 할 사항은 다음과 같다.

첫째, 교재·교구나 물품이 교수·학습지도에 적기에 투입될 수 있도록 품의서를 작성한다.

둘째, 교재·교구나 물품 카탈로그를 보고 전항에서 밝힌 교재·교구 선정기준에 합당한 품목을 선정하여 품의서를 작성한다.

셋째, 품의서는 동료교사들에게 반드시 상의하며 협조 사인을 받으면 더욱 좋다.

(3) 예산결산

① 개념

예산과정(예산절차)의 마지막과정이 결산이다. plan(계획) Do(실행) See(평가)의 과정에서 See(평가)에 해당된다.

모든 사업수행과정에서 최종적으로 평가가 이루어짐으로써 성과를 확인하고 다음 계획수립을 위한 정보 자료를 확보할 수 있게 재정관리의 예산과정에서 세입예산과 세출예산으로 비교·검토해 봄으로써 차기계획 수립에 참고하고 예산집행을 통한 교육의 성과를 총체적으로 이해하는 등 그 가치가 크다. 이런 측면에서 예산결산은 매 회계연도가 종료되는 시점을 기준으로 한 회계연도에 있어서 기관의 재정활동 전반에 대한 수입과 지출의 실적을 확정적 계수로 표시하는 행위이다.

② 목적

예산 결산의 목적은(이인원 외, 2016)

첫째, 예산집행의 타당성 검토

결산은 예산의 이·전용, 예비비 지출 사유, 명시이월, 사고이월 등 예산집행에 관련된 제반 결산 관련자료를 검토하여 기관 예산집행의 타당성, 합리성을 평가하는 기준으로서 기관의 재정 운영에 대한 사후적 통제기능을 담당한다.

둘째, 장래의 재정계획수립의 합리성 도모

결산·심의결과는 장래의 예산 편성 및 심의의 참고자료로 활용하여 미래의 재정계획수립의 합리화를 도모할 수 있다.

셋째, 기관의 재정 운영의 자율성 유도

기관의 회계제도가 체계화됨으로써 관할청의 관여의 폭이 줄어들고 그만큼 기관의 재정 운영의 자율성이 보장된다. 따라서 수요자 위주의 예산 편성 및 집행이 가능해지며 또한 이를 올바로 유도하기 위한 통제장치역할을 한다.

넷째, 효율적 재원 배분유도

기관의 재정 운영의 결과인 결산을 공개하고 가치배분의 왜곡현상을 차단하며 효율적인 재원배분이 가능하도록 한다.

③ 결산의 절차

매회계연도가 종료되는 시점을 기준으로 기관의 재정활동 전반에 대한 결산을 하여 관할청에 보고할 때까지의 과정을 표화하면 다음과 같다.

〈표 IV-20〉 결산의 절차

순	절차	담당	비고
1	회계연도 종료	원장	
2	출납폐쇄	원장	
3	결산서 작성	원장	
4	예결산 자문위원회 자문	자문위원회	어린이집에서는 보육시설운영위원회
5	이사회 심의 의결	이사회	이사회
6	교육청에 제출	교육청	어린이집에서는 시·군·구청

④ 결산방법

유아교육기관을 운영함에 있어 편성한 예산서는 회계연도 종료 후 세입과 세출의 실적을 확정적 계수로 표시하는 결산을 하여 다음연도에 예산편성·집행의 효율성을 높이기 위해 결산을 하는데, 유치원과 어린이집에서 공통적으로 결산 시 고려할 점은 다음과 같다.

ㄱ. **공통사항**

가. 결산은 세입, 세출을 예산의 과목별로 세분하여 실시한다.

나. 결산금액단위는 10원 미만은 절사한다.

다. 산출기초는 구체적으로 상세하게 기재한다.

라. 결산 시의 과목은 반드시 당해연도 예산편성과목으로 결산한다.

마. 결산서 작성 시 예금 잔액 증명서를 첨부한다.

바. 결산서의 잔액과 예금 잔액 증명서의 잔액은 일치해야 한다.

사. 전학년도 결산잔액은 반드시 현학년도 예산 이월금에 정확히 작성해야 한다.

아. 결산서 작성 시 작성자의 직·성명을 기재하고 원장의 직인과 실인을 날인한다.

ㄴ. 유치원 결산

회계연도가 매년 3월 1일 시작하여 다음해 2월에 종료하는 바 회계연도 종료 후 20일 후인 3월 20일에 당해 회계연도에 징수행위 및 지출원인 행위가 될 사항의 세입금수납 및 매출금 지출은 마감한다.

가. 예산의 이·전용 내역, 이월경비 내역, 예비비 사용 내역을 첨부하여 세입, 매출 결산서를 제출한다.

나. 회계연도 종료 후 40일 이내에 이사장, 즉 유치원 설립자에게 결산서를 제출한다.

다. 이사회는 회계연도 종료 후 55일까지 결산의 심의를 확정한다.

라. 회계연도 종료 후 3개월 이내에 이사장(유치원설립자)은 법인(개인)이 설치, 경영하는 유치원 결산부를 관할 교육청에 제출한다.

마. 결산은 매년 2월 말일인 당해 회계연도에 징수행위 및 지출원인 행위를 중지하고 결산서를 작성한다.

바. 관할교육청에 결산서 제출 시에는 결산서, 결손처분액조서, 미수입액조서, 차입금명세서, 채무확정액조서, 예비비사용액조서, 감사의 감사보고서, 이사회회의록 사본을 제출한다.

ㄷ. 어린이집 결산

가. 회계연도가 매년 1월 1일 시작하여 12월 31일에 종료하는바 결산은 매년 12월 31일에 당해회계연도의 징수행위 및 지출원인행위를 종료하고 결산서를 작성한다.

나. 시설장은 당해연도예산에 맞춰 집행을 하고 출납완료 시 예산의 과목전용조서, 예비비 사용조서를 첨부하여 세입, 세출결신시를 제출한다.

다. 작성된 결산 안에 대하여 운영위원회의 보고를 거친다.

라. 당해시설의 게시판이나 홈페이지에 20일 이상 광고한다.

마. 관할관청에 결산보고 시에는 세입·세출결산총괄설명, 세입세출결산서, 연도 말 잔액증명서(거래은행 발령), 결산서보조서류, 퇴직적립금통상사본, 퇴직적립금, 예금잔액증명서를 제출한다.

제 3 장 학부모 · 지역사회 간의 협력

어린이집에서는 보육교사들이 상호 간에 원활한 의사소통과 협력으로 영유아보육을 이끌고 또한 학부모들과 원활한 상호작용과 인간관계를 맺어서 영유아보육활동에 적극적인 지원과 협력을 받는다. 또한 교사와 학부모는 지역사회의 구성원으로서 지역사회와 긴밀한 결연과 협력 속에서 지역사회자원을 적극 활용하는 등 지원과 협력을 받아 최종적으로는 영유아의 성장발달을 돕기 위한 보육공동체를 형성하게 된다. 다음에서 보육공동체로서 교사와 학부모 간의 협력, 교사와 지역사회 간의 협력방안에 대하여 기술하기로 한다.

1. 교사와 학부모 간의 협력

최근에 많은 연구에서 교사와 학부모 간의 협력과 일관성 있는 교육방법은 영유아 발달에 긍정적인 영향을 준다는 사실이 지지받고 있다. 교사와 학부모와의 협력은 영유아의 성장·발달에 관련된 각자의 역할을 촉진하기 위한 것으로 교사와 학부모는 영유아의 바람직한 성장·발달을 위하여 각자가 성공적인 협력이 이루어질 수 있도록 노력해야 한다. 따라서 다음에서 협력의 필요성, 효과, 부모에 대한 이해, 협력지침과 협력방안에 대하여 차례로 기술한다.

1) 협력의 필요성

어린이집과 가정에서 영유아지도를 위한 교육의 방법이나 기술에 많은 차이가 생기면 영유아는 학습활동에서 갈등을 느끼고 반면에 어린이집과 가정 간에 교육의 방법이나 기술이 일치된다면 영유아의 성장 · 발달에 긍정적인 영향을 주므로 교사와 학부모와의 협력은 필수적이다. 교사와 학부모 간에 협력이 필요한 이유를 정갑순(1983)은 다음과 같이 제시하고 있다.

(1) 부모는 자녀에 대하여 누구보다도 가장 잘 알고 있기 때문에 자녀의 개인적 요구나 정보를 교사에게 제공해 줌으로써 보육 프로그램 편성과 운영계획 수립에 큰 도움을 줄 수 있다.

(2) 교사는 자기 자녀와는 누구보다도 가장 많은 시간을 함께하고 또한 교사로서 자기 자녀에 대하여 잘 알고 있기 때문에 가장 적합하고 치밀한 계획을 수립하여 지도할 수 있다. 그러므로 부모-교사의 관계는 자녀를 위한 공동협력교사의 역할을 한다.

(3) 부모는 자녀가 현재 받고 있는 프로그램과 여러 가지 혜택에 대하여 직접적으로 비용을 지불하고 있으므로 자녀가 배우는 학습 내용과 방법에 대하여 알기를 원한다.

(4) 자녀가 받고 있는 프로그램의 성과에 대하여 자세히 알게 되면 부모는 프로그램이 더 오래 지속되고 확대될 수 있도록 하기 위해 최선을 다한다.

(5) 영유아 자녀를 위한 부모훈련은 대상 영유아뿐만 아니라 그 외 자녀들을 위해서도 매우 유익하다. 즉, 부모가 배운 영유아지도기술은 다른 모든 자녀들에게도 훌륭한 부모 · 교사 역할을 수행할 수 있도록 도와준다.

(6) 어린이집에서 진행하는 프로그램에 대하여 부모가 직접적이며 체계적으로 협력할 때 영유아의 학습 성과와 속도는 더욱 촉진된다.

2) 협력의 효과

교사와 학부모가 협력을 하면 부모, 교사, 영유아에게 어떤 효과를 가져오는지에 대하여 간단히 기술해 보기로 한다.

(1) 부모에 대한 효과

① 교사로서의 자질 함양

교사는 부모에게 가정에서의 자녀지도에 필요한 다양한 부모교육을 실시하고 또한 영유아지도에 직접적으로 참여시킴으로써 영유아의 바른 인성 및 성격, 기본생활습관, 교우관계, 의사소통기술 등을 지도하는 교수·학습방법, 행동수정기술 등을 습득하여 교사로서의 자질이 함양된다. 특히, 어린이집에서는 직접 영유아지도에 참여함으로써 이론과 실천적 기술을 동시에 접목시켜 학습하는 등 교사로서의 자질이 함양된다.

② 자기만족감 향상

부모가 교사와 협력관계를 맺는 것은 자녀교육을 위해서 맺어지는 자연적이며 인위적인 과정이고 부모는 직접적으로 교사와 공동협력을 통하여 자녀교육에 참여함으로써 부모 자신의 가치를 재발견하고 자녀교육에 대한 윤리적·사회적 책임을 이행했다는 만족감을 갖게 된다.

(2) 교사에 대한 효과

교사와 부모와의 협력이 교사에게 가져오는 효과는 다음과 같다.

① 영유아지도를 위한 정보나 자료 확보

보육교사가 영유아를 건강하게 성장·발달하도록 지도하기 위해서는 영유아에 대한 깊은 이해가 있어야 하고 다양한 정보를 많이 알고 있어야 하며 영유아지도에 따른 정보는 부모와 가족을 통해 수집 되는 부분이 많다. 가족과 부모는 영유아지도에 따른 각종 정보의 보고이자 성장·발달을 지원해주는 유일한 환경이기도 하다. 따라서 보육교사는 부모나 가족과 긴밀한 협력을 통하여 가정에서 작성한 제반기록물, 질문서 그리고 면접을 통하여 영유아지도에 필요한 다양한 정보나 자료를 확보할 수 있다.

② 보육교사의 자기관리

보육교사는 부모와의 협력을 위해 자주 접촉하면서 부모로부터 호감을 받기 위해 무한히 노력하게 된다. 예를 들면, 자신의 행동과 말, 몸가짐, 인사 및 태도 등에 대하여 예민하게 주의하게 되며 부적절한 점은 수정해가면서 교사로서의 품위를 유지해 나간다.

이와 같은 품위유지는 보육교사가 영유아보육에서 영유아에게 본보기와 모델링이 되는 등 유일한 교육적 환경으로 작용함으로써 부모로부터 신뢰와 인정을 받게 된다. 이와 같은 쌍방향적 협조를 통하여 보육교사는 자기관리와 부모의 신뢰와 믿음을 쌓게 된다.

③ 보육교사의 전문화

보육교사는 부모와의 협력을 통하여 영유아 이해를 위한 각종 정보와 자료를 확보할 수 있고 자신의 행동과 말, 몸가짐, 인사와 태도 등에 걸친 자기관리와 학부모의 신뢰와 믿음을 얻어 보육현장에서 가장 적절한 방법으로 영유아지도의 효율성을 제고시킬 수 있는 전문가가 되어간다.

(3) 영유아에 대한 효과

보육교사와 학부모 간 협력이 영유아에게 가져다주는 효과는 다음과 같다.

① 바람직한 성장 · 발달 도모

보육교사는 학부모로부터 수집한 다양한 정보와 자료, 신뢰와 믿음을 바탕으로 영유아지도에 대한 적극적인 참여와 지원을 받아 지도함으로써 영유아의 바람직한 성장 · 발달을 도모하게 된다.

② 영유아의 자신감 배양

영유아는 부모님이 교사와 원활한 의사소통을 하여 친분이 두터워지고 보육활동에 적극적으로 참여를 하면 유아 자신이 자긍심을 갖게 되어 학급 내의 모든 활동에 자신감과 적극성을 가지고 생활할 수 있다.

3) 협력방안

교사와 학부모 간의 협력방안을 먼저 교사의 학부모에 대한 협력방안과 학부모의 교사에 대한 협력방안으로 구분하여 차례로 기술하기로 한다.

(1) 교사의 학부모에 대한 협력방안

교사의 학부모에 대한 협력방안은 주로 학부모와의 원활한 의사소통을 위한 대책과 부모면담 2종이 있다. 이에 대하여 간략히 기술하도록 한다.

① 학부모와의 원활한 의사소통

교사의 학부모와의 원활한 의사소통을 위한 방안에는 일방적인 의사소통과 쌍방향적 의사소통방안이 있다.

ㄱ. 일방적 의사소통

일방적 의사소통은 교사가 학부모에게 부모의 반응을 요구하지 않고 일방적으로 부모에게 전달되는 메시지로 다음과 같은 방법이 있다.

가. 안내책자

영유아가 어린이집에 입학하기 전 취원 예정 부모님께 배부하기 위해 또는 어린이집을 처음 방문하는 방문객에게 어린이집의 운영철학, 보육목표, 보육방침, 보육 내용, 보육방법, 입학에 따른 준비사항 등을 안내하기 위한 내용으로 구성된다.

나. 가정통신문

가정통신문은 어린이집에서 월간, 주간, 일간 보육활동 내용이나 국가, 사회, 기관의 행사, 돌발적인 사건 등에 대한 중요한 정보나 자료를 각 가정에 통지함으로써 자녀지도 시 고려해 주기를 바라는 의미에서 발송한다. 가정통신문은 어린이집에서 부모에게 일방적으로 보내지는 안내문으로 가정과 어린이집 간의 일관된 교육지도를 위해 필요한 내용으로 구성된다.

다. 뉴스레터

어린이집의 계획에 따라 주 1회, 격월 또는 월 1회 정도 발송된다. 뉴스레터에는 어린이집에서 일어난 일들을 알리고 또한 내방객에 대한 소식, 어린이집활동에 관한 소식들을 전달할 수도 있다. 뉴스레터를 보면 부모들은 어린이집 내의 다양한 소식을 접할 수 있어 보육교사와 강한 공감대와 유대감을 형성할 수 있다.

라. 홈페이지

컴퓨터 활용은 대중화되어 있다. 어린이집 홈페이지에 들어가 유아교육기관에서 제공하는 다양한 활동 내용과 안내사항, 소식에 대해 알 수 있다.

마. 게시판

현관에 설치된 게시판은 부모와의 효과적인 의사소통 수단이다. 영유아가 등원하거나 하원할 때, 부모는 게시판을 통해 어린이집에서 진행하는 모든 활동상황에 대하여 이해할 수 있다. 게시판은 학습 활동주제, 식난·행사계획, 건강·위생, 생활지도안내 등에 대하여 글과 그림으로 구성하여 게시한다.

바. 생활 안내장

교사는 영유아의 특이한 행동이나 성취된 행동, 크게 변화된 행동이 나타나면 생활 안내장에 기록하여 부모에게 알린다. 예를 들면, '오늘 ○○이가 아픈 ○○을 잘 돌봐 주었어요.'와 같이 내용만 간단히 적어 보낸다.

ㄴ. 쌍방향적 의사소통

쌍방향적 의사소통은 교사와 학부모 간 상호작용이 동시에 이루어짐으로써 교사와 학부모 간에 교육적 정보를 교환하고 원활한 인간간계를 맺어주는 데 효과적이다.

가. 전화

전화는 시간과 공간의 제약을 받지 않고 교사와 부모 간에 쌍방향적으로 의사소통할 수 있다. 또한 직접 만나서 이야기하는 것보다 더 편하게 상대방에게 이야기할 수 있고 직장이나 가사로 인하여 바쁜 학부모에게는 아주 적절하다. 전화 사용 시 고려해야 할 점은

첫째, 가급적 5분 이상 초과하지 않는다.

둘째, 이야기 요지를 사전에 충분히 구조화하여 상대방이 이해하기 쉽게 통화한다.

셋째, 말소리의 크기를 잘 고려한다.

나. 이메일

컴퓨터가 대중화되어 감에 따라 이메일을 통한 의사소통도 일반화되어 가고 있다. 이메일은 모든 학부모에게 동시에 같은 내용을 전할 수 있어 경제적이며 편리하다.

다. 부모의 참여수업, 수업참관

어린이집에서 이루어지는 교수·학습활동에 직접 참여해 보는 활동으로 부모는 참여수업의 경험을 통하여 보육기관에서 이루어지는 보육 프로그램을 이해하게 된다.

또한 자녀의 어린이집 생활을 직접 체험하여 가정과의 연계가 이루어지도록 한다. 수업참관은 교사의 영유아지도방법을 쉽게 이해할 수 있는 가장 기본적인 부모의 수업연구방법으로 가급적 많은 학부모들이 참여하도록 유도해야 한다.

라. 신학기 학부모 오리엔테이션

신학기 학부모 오리엔테이션은 개학 1~2주 전에 학부모에게 어린이집의 특성, 운영목표, 운영방침, 보육 프로그램, 일과운영방법, 어린이집에 대한 협력사항을 안내하여 가정과의 유대를 강화시킨다.

② 학부모면담

학부모면담이란 교사와 학부모가 서로 대면하여 영유아의 어린이집 생활과 발달특성에 대한 의견을 교환함으로써 바람직한 영유아지도방법을 모색하는 활동이다. 이러한 학부모면담은 가정과 어린이집이 함께 영유아에 대한 효율적인 지도방법을 모색하는 기회로 이용할 수 있다.

학부모면담에는 개별면담과 집단면담이 있다.

개별면담은 교사와 학부모가 서로 대면하여 1 : 1로 정보를 교환하고 의논하는 면담이다. 일반적으로 학기 초와 학기 말에 면담시간을 정하고 면담일정을 계획하여 진행한다. 개인면담시간은 30분 내지 1시간 정도로 이루어지는 것이 좋다. 집단면담은 어린이집에서는 시간을 절약할 수 있고, 학부모들 간의 상호교류를 통해 자녀의 특성을 폭넓게 이해하며 학부모와 교사 간에 상호 유대관계 형성에 도움이 된다. 학부모면담을 효율적으로 운영하기 위해서는 같은 문제로 고민하는 학부모들을 한 팀으로 구성하여 운영할 때보다 효율적인 면담이 될 수 있다. 그리고 집단면담에서는 대체로 각 가정에서의 영유아행동, 친구관계, 놀이, 습관상의 특성 그리고 영유아에 대한 희망이나 건의사항 등 다양한 문제들이 다루어져야 한다.

(2) 학부모의 교사에 대한 협력방안

학부모의 어린이집과 보육교사에 대한 협력방안은 학부모의 직장상황에 맞게 이루어져야 한다. 또한 교사가 학부모에게 지나치게 무리한 협력을 요구할 때 오히려 어린이집과 교사에게 불신을 갖게 되므로 특히 유의하여야 한다. 학부모의 교사에 대한 협력방안에 대하여 다음에서 기술하기로 한다.

① 어린이집 운영위원회 참여

초·중·고등학교는 물론 유아교육기관에서도 '영유아보육법' 제25조에 어린이집운영위원회를 설치·운영하도록 규정하고 있다. 어린이집운영위원회는 어린이집 원장, 보육교사 대표, 학부모 대표 및 지역사회 인사를 포함하여 5인 이상 10인 이내로 구성되며 연 2회 정도 개최하도록 되어 있다. 어린이집 운영위원회에서는 어린이집 운영상황 전반에 걸쳐 논의하고 협의하여 어린이집 운영의 효율성을 도모하도록 한다.

② 교육정보 제공

학부모는 교사가 영유아지도를 위해 필요한 다양한 정보와 자료를 가지고 있다. 부모만큼 자녀에 대한 정보와 자료를 가지고 있는 사람은 없다. 영유아가 이 세상에 태어난 이후 가정에서 부모의 보살핌과 어린이집 입학까지 성장과정을 비롯하여 영유아의 생활습관, 성격, 흥미, 놀이, 교우관계에 대한 다양한 정보나 자료를 보육교사에게 제공하여 영유아지도에 활용하도록 한다.

교육정보를 제공하는 방법으로는 입학 시 어린이집에서 영유아 이해를 위한 각종 조사서에 성의껏 기재하여 제출해야 하고 필요에 따라 교사와의 면담으로 필요한 정보나 자료를 제공할 수 있다. 그리고 상황에 따라 전화나 생활 안내장을 통해 제공해 주어야 한다.

③ 자원 봉사

학부모가 상황에 따라 보육교사에게 협력을 자청하여 자원봉사자로 어린이집의 다양한 활동에 도움을 줄 수 있다.

ㄱ. 교재 · 교구 제작

영유아보육에서 보육교사가 교재·교구를 제작하여 활용하는 일은 필수적이다. 영유아활동에서 교재·교구 없이 보육활동을 진행하는 일은 거의 불가능한 일이다. 그런데 어린이집에서 유아교육활동에 필요한 모든 교재·교구를 구입하거나 제작하는 일은 어렵기 때문에 보육교사의 지도로 교재·교구 제작을 학부모가 지원해 줄 수 있다.

ㄴ. 행사 도와주기

어린이집에서는 연중 크고 작은 행사가 많이 이루어진다. 행사는 주제활동의 방법의 일환으로 이루어지고 가정과의 연계지도를 위해서도 필요한 일이다. 학부모가 어린이집의 행사에 협력하는 방안으로 예를 들면, 야외관찰 학습을 나가는 경우, 차량 승하차 지도, 현장 관찰학습 지도 시 영유아 점심 또는 휴식시간에 일정한 역할을 부여받아 수행하는 등 행사 준비나 행사 진행 시 보육교사를 지원할 수 있다.

ㄷ. 보조교사

학부모를 영유아학습활동 시 또는 각종 행사 시 단순한 봉사자나 협조자가 아닌 보조교사로서 학습활동의 역할을 수행하게 하여 교사를 돕는 일이다. 예를 들면, 꾸미기 활동을 할 때 한두 팀을 담당하여 꾸미기 활동을 직접 지도하는 경우를 말한다.

ㄹ. 주제활동 전개에 도움되는 자료 제공

주제활동에 필요한 다양한 자료(실물자료, 관련서적, 사전 등)를 어린이집에 모두 비치하거나 보육교사가 준비하여 유아학습활동을 진행하기란 지극히 어려운 일이다. 가정과의 연계 차원에서 각 가정에서 소장하고 있는 주제활동과 관련한 다양한 자료들을 어린이집으로 보내어 영유아학습활동에 활용하도록 한다.

④ 학부모 자원 활용

학부모는 영유아지도에 필요한 각종 정보나 자료만을 가지고 있는 것이 아니라 학부모의 대학전공분야, 직업, 흥미, 여가선용, 취미활동, 봉사활동 등에 걸쳐 전문적인 지식과 기술을 보유하고 있다. 이러한 전문적인 지식과 기술을 영유아보육활동에 활용하도록 유도하는 일이다. 여기에서는 주제활동 지도교사와 전문분야의 지식과 기술 지원받기 등이 있다.

ㄱ. 주제활동 지도교사

활동주제와 관련하여 많은 전문적인 지식과 기술을 보유한 학부모에게 주제활동 지도교사의 역할을 부여하고 보육교사는 보조역할을 수행해보는 협력학습방법이다. 영유아의 입장에서는 새로운 교사가 이끄는 학습활동에 참여함으로써 신비감과 호기심이 있어 학습활동에 적극적으로 참여할 수 있어 좋다. 예를 들면, '우리 고장의 고적과 유물'에 대하여 학습하는 경우, 고적유물 안내상담사를 활용할 수 있고, '관공서에서 하는 일'을 학습할 때는 시청에 근무하는 학부모의 도움을 받을 수도 있다.

ㄴ. 전문분야의 지식과 기술지원 받기

전항과 같은 주제활동 지도교사로서의 협력이 아니라도 관련되는 활동에 해당되는 학부모의 전문분야 지식과 기술을 지원받을 수도 있다. 예를 들면, '우체국에서 하는 일'에 대한 주제학습을 할 때 우체국에 근무하는 학부모를 모셔 우체국에서 하는 일에 대한 사진자료를 활용하여 이야기를 들을 수도 있다.

2. 교사와 지역사회 간의 협력

어린이집의 제반 보육과정에는 지역사회의 과제와 특성, 요구를 반영하여 운영해야 하고 지역사회 또한 어린이집에 필요한 인적·물적 자원을 제공함으로써 상호보완적 관계를 유지해야 한다. 또한 보육교사, 학부모가 각각 독립적으로 존재하는 것 같지만 사실은 지역사회라는 테두리 안에서 3자가 깊은 유대로 연계되어 보육공동체를 형성한다. 본절에서는 교사와 지역사회 간의 협력의 필요성, 협력을 통하여 얻어지는 효과, 협력지침과 협력방안에 대하여 차례대로 기술하기로 한다.

1) 협력의 필요성

협력의 필요성을 생태학적 관점, 영유아교육의 효율성 도모, 지역인재육성을 통한 지역사회발전 도모, 어린이집의 지역사회에 대한 선도적 역할 수행 등 4가지 측면에서 기술하기로 한다.

① 생태학적 관점

어린이집은 지역사회와 생태학적으로 깊은 관계를 맺고 끊임없이 서로 영향을 주고받고 있다. 따라서 이들 간에 어떻게, 어떤 영향을 주고받는가를 이해하여 긍정적인 영향은 극대화하고 부정적인 영향은 최소화하기 위해서 어린이집과 지역사회 간의 협력이 필요하다.

② 영유아교육의 효율성 도모

영유아교육의 효율성을 도모하기 위해서는 지역사회 내에 산재해 있는 다양한 정보나 자료를 현장학습 또는 인적 자원에 대한 초빙학습을 하거나 각종 정보나 자료를 어린이집으로 옮겨와 영유아보육활동의 효율성을 도모하기 위하여 어린이집과 지역사회 간의 협력이 필요하다.

③ 지역사회의 선도적 역할

어린이집은 지역사회의 선도적 역할을 해야 한다. 지역과제를 어린이집으로 이끌어 들여 이의 해결방안을 보육과정에 반영 지도하고 지역주민을 위한 프로그램을 개발 운영하여 지역사회 발전의 선도적 역할을 수행해야 하는데, 이를 위해서는 어린이집과 지역사회가 서로 협력해야 한다.

④ 우수인재 발굴로 지역사회 발전도모

어린이집은 훌륭한 인재를 배양하기 위한 최초의 사회교육기관으로 훗날 바람직하게 성장한 인재는 지역사회 속에서 살아가면서 지역사회 발전에 공헌할 수 있으므로 우수한 인재발굴을 위하여 어린이집과 지역사회의 협력이 필요하다.

⑤ 영유아보육 프로그램의 실천적용

영유아의 바람직한 성장발달을 위하여 전개하는 특정 영유아보육 프로그램은 지역주민의 협조를 얻어야 보다 효율적으로 진행할 수 있으므로 이를 위해서 지역사회와의 협력이 필요하다.

⑥ 지역사회기관 운영의 효율성 도모

어린이집의 교사는 지역사회 내의 각종 관공서를 비롯한 모든 기관이나 시설들의 효율적인 운영에 도움을 줄 수 있다. 즉, 어린이집에서 운영되는 부모교육과 교사 그리고 영유아를 통한 다양한 홍보 또는 계도를 통하여 각 관공서, 기관이나 시설 운영에 도움을 줄 수도 있다. 이를 위해 어린이집과 지역사회의 협력이 필요하다.

2) 협력의 효과

어린이집과 지역사회가 협력을 강화할 때 영유아, 보육교사, 지역사회에 미치는 효과를 생각해 보기로 한다.

(1) 영유아에게 미치는 효과

① 영유아의 존재에 대한 사회적 인식의 전환으로 영유아를 위한 다양한 시책들이 지역사회의 차원에서 마련된다.

② 어린이집과 지역사회 간의 강한 유대 속에서 영유아는 지역사회를 선도하고 이끌어갈 미래의 인재로서 바르게 성장·발달하게 된다.

(2) 교사(어린이집)에 미치는 효과

① 지역사회 자원의 활용, 학부모의 영유아교육에 대한 관심의 증대 등으로 영유아교육의 효율성을 도모할 수 있다.

② 지역사회 인재양성을 위한 최초 사회교육기관의 교사로서 사회적 인식이 제고됨으로써 교사를 존경하는 풍토가 조성된다.

(3) 지역사회에 미치는 효과

① 지역사회 주민을 대상으로 한 어린이집의 개방과 보육 프로그램 투입은 지역주민의 삶의 질을 향상시킨다.

② 어린이집에서 지역사회 과제해결을 위한 교육과정 편성 · 운영은 영유아에게 바른 공공의식과 태도를 길러주고 지역사회의 건전한 생활풍토 조성에 공헌한다.

③ 어린이집의 원장, 교사, 영유아가 지역사회의 다양한 활동에 참여하고 지역사회기관 및 사업에 대한 다양한 홍보로 지역사회기관 및 시설 운영에 도움을 준다.

3) 협력방안

어린이집과 지역사회가 성공적인 협력을 통해 영유아교육의 효율성과 지역사회의 성장 · 발전을 도모하기 위하여 어린이집과 지역사회가 지니고 있는 각각의 기능의 역할을 기반으로 상호협력해야 한다.

(1) 어린이집에서 지역사회에 대한 협력

어린이집이 지역사회의 발전을 위하여 협력할 수 있는 내용은 다음과 같다.

① 어린이집 개방

어린이집을 완전 개방하여 지역사회 주민들의 회의장소로 제공함은 물론 유원장의 놀이시설을 지역 영유아나 초등학교 저학년 학생들에게 개방하고 야간에 지역주민의 주차장으로 활용할 수 있도록 제공한다.

② 다양한 프로그램 운영

어린이집에서는 주민 중심 프로그램과 영유아 중심 프로그램 등을 다양하게 운영할 수 있다.

ㄱ. 주민 중심 프로그램 운영

어린이집에서 주민들을 대상으로 다양한 프로그램을 운영하여 주민들에게 사회생활에 필요한 다양한 정보와 기능을 제공할 수 있는데, 예를 들면 보건소와 연계하여 주민들을 위한 금연교육, 성폭력예방교육, 약물 오남용 예방 프로그램을 운영할 수도 있다. 이렇게 어린이집에서 주민 중심 프로그램 개설이 용이한 점은 부모교육이나 영유아교육행사 시 학부모나 지역주민의 참여가 자연스럽게 이루어지기 때문이다.

ㄴ. 영유아 중심 프로그램 운영

영유아 중심 프로그램은 영유아보육활동의 일환으로 영유아에게 유익한 교육적 경험을 제공하기 위해 운영하는 프로그램이다. 예를 들면, 노인복지센터나 양로원을 방문하여 노인공경 프로그램을 적용함으로써 어르신께 음식을 접대하고 노래와 춤 등으로 효행을 베푸는 경험을 갖는다. 이렇게 함으로써 영유아에게는 효행의 실천적 경험을 제공하고 노인들에게는 조손결연을 통한 바람직한 인성교육의 장으로 활용할 수 있다.

③ 지역사회 내 과제 해결

어느 지역사회를 막론하고 지역사회에는 시급히 해결하여야 할 과제가 많다. 그 과제는 정신적·심리적인 것으로 예를 들면, 주민들이 교통도덕을 지키지 않는다면, 교통도덕의 문제를 영유아보육과정에 반영하여 지도함으로써 교통도덕의식을 내면화시키고 교통도덕 준수생활태도를 확산시켜 주민들의 교통도덕실천생활태도를 계도하고 바람직하게 형성시켜 줄 수 있다. 이런 의미에서 어린이집은 지역사회 과제를 영유아보육과정에 반영 지도함으로써 지역사회가 안고 있는 과제해결을 통해 지역사회발전의 선도적 역할을 수행하게 된다.

④ 지역사회기관 시설 활용안내

어린이집에서는 학부모와 대면할 기회가 많기 때문에 학부모에게 관공서에서 이루어지는 사업에 대한 홍보를 하여 관공서 업무처리에 협조하도록 할 수 있다. 예를 들면, '지금 65세 이상 노인들에게 폐렴 예방주사를 보건소에서 접종하고 있으니 ○일 ○시까지 접종할 수 있습니다'와 같은 홍보를 할 수 있다. 또 어떤 영유아가 '난청'인 듯 싶으면 '○○이빈후과에 가서 검사를 받으시오.' 하는 요령으로 안내하여 지역사회 내의 기관이나 시설 활용을 안내할 수도 있다.

⑤ 전문가 모임참여

지역사회 내 각 관공서나 시설마다 그들 나름의 위원회, 협의회, 후원회, 지도위원 등 다양한 전문조직을 운영하고 있다. 따라서 어린이집 원장이나 보육교사가 전문조직에 참여하여 활동함으로써 지역사회기관의 운영을 돕고 어린이집을 홍보하는 기회를 마련할 수 있다.

(2) 지역사회에서 어린이집에 대한 협력

지역사회에서 어린이집에 대한 협력으로는 지역사회 자원을 활용하여 효율적으로 영유아지도를 할 수 있고 어린이집 원장이나 교사들이 지역사회의 전문가 모임에 참석하여 다양한 활동에 참여할 수 있다.

① 지역사회 자원 활용학습

지역사회는 '모두가 가르치고, 모두가 배우는 사회'이다. 또한 지역사회에는 인적 · 물적 · 사회적 · 문화적 · 자연적 자원 등 교육력이 풍부한 사회로서 이러한 자원들을 영유아교육에 적절히 활용함으로써 지역사회에 대한 이해는 물론 영유아의 사회화에 도움이 된다. 지역사회자료 활용학습에는 견학, 지역사회인사 초빙학습, 지역사회기관 자료 활용학습, 지역사회 시설활용학습 등이 있다.

ㄱ. 견학

견학이란 영유아가 직접 보고, 듣고, 느끼는 등 오감을 통하여 관찰, 자료수집, 추론, 결정할 수 있는 교육활동 기회를 제공하고 영유아로 하여금 환경에 친근감과 과학적인 탐구태도를 갖고 사회현상을 바르게 이해하여 그가 속한 사회의 구성원으로서 생활하는 데 필요한 지식, 가치, 태도, 기술을 형성해가는 직접적이고 일차적인 교육체험활동이다. 따라서 영유아들에게 지역사회 내의 다양한 교육적 자원에 대한 견학으로 사회적 학습을 이끌 수 있다.

ㄴ. 지역사회인사 초빙학습

지역사회인사를 어린이집으로 초빙하여 지역사회 내의 역사나 풍속에 관한 이야기를 듣기도 하고 직업에 관한 내용을 듣거나 보는 것도 영유아 사회교육을 위한 유용한 방법이며 영유아들에게는 생명력 있는 산교육이 된다. 다음과 같은 자원인사가 초빙인사가 될 수 있다.

가. 지역사회 봉사자 : 청소부, 소방관, 경찰관, 우편배달부, 수위 등

나. 특별한 기술을 가진 사람 : 직공, 도공, 공예가, 화가, 서예가 등

다. 특별한 직업인 : 의사, 간호사, 법조인, 서비스업 종사자(미용실, 이용사 등) 등

라. 특별한 취미를 가진 사람 : 수석채집가, 식물채집가, 박제수집가, 곤충채집가 등

마. 기타 : 할아버지, 할머니, 등산가, 여행가, 운동선수, 외국인 등

ㄷ. 지역사회 자료활용 학습

지역사회에 있는 관공서, 소방서, 은행, 우체국, 경찰서, 병원 등에는 현황, 조직, 역할, 임무, 홍보에 관한 각종 활동 모습 사진, 도표 등 다양한 자료들이 항상 각 기관에 전시·비치되어 있으므로 이러한 자료들을 어린이집으로 가져와 영유아교육자료로 활용한다.

② 지역사회 내 기관 및 시설에서의 협력

지역사회 내 기관이나 시설에서 어린이집에 대한 협력 내용은 다양하다. 예를 들면, 보건소에서 영유아에게 영양교육, 위생교육을 해주고 소방서에서 소방훈련을 해주며 치과병원에서 자매결연을 맺고 주기적으로 구강검사를 해주는 일 등 지역사회 내의 기관과 시설에서 영유아교육에 협력하는 내용은 아주 다양하다.

제 V 부

보육활동관리

유아보육기관에서는 당해 유아보육기관의 보육철학과 지역적 특성 그리고 학부모・유아의 요구와 기대 등을 고려하여 보육목표를 설정하고 설정한 보육목표 구현을 위한 보육과정을 편성하게 된다. 또한 편성된 보육과정은 월별・주별・일별 보육계획안으로 구체화되며 구체화된 보육계획안에 따른 다양한 보육활동을 통하여 당해 보육기관이 설정된 보육목표를 구현하게 된다.

또한 보육과정에는 국가수준의 표준보육과정이나 누리과정 내의 신체운동・건강영역을 비롯한 여러 영역 내의 핵심적인 내용을 중심으로 하여 영유아들의 일상생활에서 필수적인 건강, 식생활(영양), 안전관리에 관한 내용들이 포함되기 마련이다.

따라서 제4부에서는 월간, 주간, 일간 보육계획안을 중심으로 한 보육과정 편성방법, 편성된 보육과정의 운영방법 그리고 유아의 건강, 식생활(영양), 안전관리방안 등에 걸쳐 다룬다.

제1장 보육과정 편성

보육과정이란 보는 관점에 따라 다양하게 정의할 수 있겠지만 '당해 보육기관에서 설정한 보육목표를 구현하기 위해 영유아에게 제공하는 보육에 관한 경험의 총체'이다. 그리고 이 보육과정은 국가수준의 표준보육과정이나 누리과정에서 제시된 핵심적인 내용을 각 보육기관의 보육철학이나 특성을 고려하여 지역 수준 또는 어린이집 수준의 보육과정을 편성하게 된다.

또한 편성된 보육과정이 실제 유아들을 대상으로 지도되기 위해서는 보다 구체적인 계획, 즉 월별, 주별, 일별 보육계획안으로 작성되어야 한다. 따라서 다음에서 보육과정 편성에 대한 이해, 월별·주별·일별 보육계획안 작성요령과 그 '예'를 제시하기로 한다.

1. 보육과정 편성에 대한 이해

1) 의의

보육과정은 당해 유아보육기관에서 '당해 유아보육기관이 설정한 보육목표를 구현하기 위한 핵심적이며 총체적인 보육활동계획의 총체'로서 교사에게는 가장 중요한 업무이다. 보육과정 편성은 단순히 지식을 가르쳐주기 위한 계획이 아니라 당해 보육기관의 보육목표를 구현시켜 주고 유아 개개인에게는 그들의 잠재능력을 계발시켜 주는 데 의의가 있다.

2) 필요성

각 유아보육기관에서 보육기관별로 보육과정을 편성해야 하는 이유를 들면

(1) 보육의 효율성을 높이기 위하여

보육의 효율성을 높이기 위해서는 각 유아보육기관별로 보육계획과 이에 따른 최적한 교수·학습방법이 반영된 보육과정을 편성해야 한다.

(2) 보육기관이나 유아학급의 특수성을 고려한 지도를 위하여

보육과정은 유아보육기관, 학급, 유아의 수준에 적절해야 한다. 특히, 유아와 유아모들의 기대, 희망, 요구 등이 반드시 고려되어야 하기 때문에 보육기관별로 보육과정을 편성해야 한다.

(3) 원장, 담임교사의 철학과 소신을 반영하기 위하여

보육과정 편성 시에는 어린이집 원장의 보육철학, 경영방침 그리고 학급경영을 경영하는 담임교사의 보육철학과 소신을 최우선적으로 반영하여야 하기 때문에 보육기관별로 보육과정을 편성해야 한다.

3) 편성지침

0~2세 보육과정은 보건복지부 고시 2013-8호(2013. 1)에 의한 제3차 어린이집 표준보육과정 편성지침, 3~5세 어린이집의 보육과정을 편성하기 위해서는 누리과정 편성지침(교육과학기술부 고시 2012-16호(2012. 7. 10), 보건복지부 고시 2012-82(2012. 7. 10) 그리고 시·도 편성지침, 시·군 편성지침 등을 근간으로 하여 당해 어린이집의 보육과정 편성지침을 작성하고 이에 근거하여 당해 어린이집 보육과정을 편성하여야 한다.

다음에서 제3차 어린이집 표준보육과정과 3~5세 누리과정의 편성지침을 차례로 제시한다.

(1) 제3차 어린이집 표준보육과정의 편성지침

① 어린이집의 운영시간에 맞추어 편성한다.

② 표준보육과정에 제시된 각 영역의 내용을 균형 있게 통합적으로 편성한다.

③ 영유아의 발달특성 및 개인차, 경험을 고려하여 놀이를 중심으로 편성한다.
④ 영유아의 일과 중 일상생활을 포함하여 편성한다.
⑤ 어린이집과 보육실의 특성에 따라 융통성 있게 편성한다.
⑥ 성별, 종교, 신체적 특성, 가족 및 민족 배경 등으로 인한 편견이 없도록 편성한다.

(2) 3~5세 누리과정의 편성지침

① 1일 3~5시간 기준으로 편성한다.
② 5개 영역의 내용을 균형 있게 통합적으로 편성한다.
③ 유아의 발달특성 및 경험을 고려하여 놀이를 중심으로 편성한다.
④ 반(학급)특성에 따라 융통성 있게 편성한다.
⑤ 성별, 종교, 신체적 특성, 가족 및 민족 배경 등으로 인한 편견이 없도록 편성한다.
⑥ 일과 운영시간에 따라 심화·확장할 수 있도록 한다.

2. 보육과정 편성의 실제

1) 0~2세 표준보육과정 편성의 실제

(1) 편성절차 및 방법

0~2세 표준보육과정 편성절차는 ① 주제 선정, ② 교수·학습목표 설정, ③ 교수·학습 내용의 선정, ④ 교수·학습활동의 선택, ⑤ 교수·학습자료의 선정, ⑥ 교수·학습평가 내용의 선정의 순을 밟아 편성한다. 구체적인 보육과정 편성절차 및 방법은 3~5세 보육계획수립의 절을 참고하기 바란다.

(2) 지도계획

0~2세 보육과정 지도계획안은 연간보육계획안, 월간보육계획안, 주간보육계획안, 일일보육계획안이 있다. 본절에서는 연간, 월간, 주간, 일간 보육계획안의 '예'만을 제시하기로 한다.

① 연간보육계획안의 '예'

〈표 V-1〉 연간보육계획안 (만 1세)

월	주제	주	소주제	월	주제	주	소주제
3	즐거운 어린이집	1	어린이집에 왔어요.	9	여러 가지 탈것들/추석	1	땅 위로 다녀요.
		2	엄마와 웃으며 헤어져요.			2	보름달이 떴어요.
		3	선생님이 좋아요.			3	물 위로 다녀요.
		4	친구와 사이좋게 놀아요.			4	하늘 위로 다녀요.
4	신나는 놀이/봄	1	어떤 놀잇감이 있을까?	10	아름다운 가을	1	나뭇잎이 변했어요.
		2	무엇을 가지고 놀이할까?			2	낙엽으로 놀이를 해요.
		3	어떻게 놀아야 할까?			3	산책을 나가요.
		4	놀잇감의 자리를 알아요.			4	알록달록 가을나무
		5	봄이 왔어요.			5	주렁주렁 열매
5	나와 우리가족	1	내 이름을 알아요.	11	색깔나라 모양나라	1	무슨 색깔일까?
		2	내 얼굴에 있어요.			2	우리 주변의 색깔들
		3	엄마, 아빠처럼 해봐요.			3	무슨 모양이 있나요.
		4	우리는 가족이에요.			4	모양을 찾아보아요.
6	오감놀이/배변훈련	1	눈으로 보고 만져보아요.	12	하얀 겨울나라/크리스마스	1	날씨가 추워졌어요?
		2	소리를 들어보아요.			2	따뜻하게 입어요.
		3	냄새를 맡고 먹어요.			3	신나는 겨울놀이
		4	'응가'가 마려워요.			4	설레는 크리스마스
7	초록빛 여름	1	날씨가 더워요.			5	겨울잠 자는 동물들
		2	물놀이는 재미있어요. 1	1	동물은 내 친구	1	여러 가지 동물이 있어요.
		3	물놀이는 재미있어요. 2			2	동물과 친해져요.
		4	몸을 깨끗이 해요.			3	동물처럼 움직여요
		5	과일이 맛이 있어요.			4	내가 좋아하는 동물
8	우리 동네	1	병원 놀이	2	이만큼 자랐어요	1	혼자서도 할 수 있어요.
		2	미용실 놀이			2	나는 자랐어요.
		3	음식점 놀이			3	까치까치 설날은
		4	마트 놀이			4	즐거웠던 우리 반

(만 2세)

월	주제	주	소주제	월	주제	주	소주제
3	어린이집이 좋아요.	1	어린이집에 왔어요.	9	알록달록 가을	1	가을이 왔어요.
		2	내 자리를 알아요.			2	알록달록 단풍이 들어요.
		3	놀잇감을 알아요.			3	가을곡식을 알아요.
		4	약속을 지켜요.			4	가을나들이
4	따뜻한 봄	1	따뜻한 봄이 왔어요.	10	동물 친구들	1	여러 가지 동물이 있어요.
		2	새싹이 돋아났어요.			2	동물처럼 소리를 내어보아요.
		3	예쁜 꽃들이 피었어요.			3	동물처럼 움직여 보아요.
		4	봄에 볼 수 있는 곤충과 동물			4	좋아하는 동물
		5	봄나들이 가요.			5	엄마동물과 아기동물
5	나는요	1	나는 OOOO이에요.	11	알록달록 색깔 울퉁불퉁 모양	1	여러 가지 모양이 있어요.
		2	내 몸을 살펴보아요.			2	동물처럼 소리를 내어보아요.
		3	나는 느껴요.			3	모양으로 놀이해요.
		4	내가 좋아하는 것이 있어요.			4	재미있는 그리기 나라
6	나는 가족이 있어요.	1	엄마 아빠가 좋아요.	12	신나는 겨울	1	날씨가 추워졌어요.
		2	우리 가족을 소개해요.			2	건강하게 겨울을 보내요.
		3	우리 가족을 흉내 내요. 1			3	엄마아빠가 좋아요.
		4	우리 가족을 흉내 내요. 2			4	우리 가족을 흉내 내요.
7	친구가 있어요.	1	친구의 이름을 말해보아요.			5	겨울을 따뜻하게 보내려면
		2	친구를 도와줘요.	1	이만큼 자랐어요.	1	키도 쑥쑥 마음도 쑥쑥
		3	놀잇감을 나누어요.			2	혼자 할 수 있어요.
		4	친구와의 약속			3	친구와 함께 할 수 있어요.
		5	친구와 사이좋게 놀아요.			4	선생님을 도와줄 수 있어요.
8	재미있는 여름	1	첨벙첨벙 물놀이	2	형님반이 되어요.	1	즐거웠던 우리 반
		2	시원하게 지내요.			2	우리는 다섯 살(설날)
		3	건강하게 지내요.			3	형, 언니가 되어요.
		4	즐거웠던 여름여행			4	그리운 선생님과 친구들

② 월간보육계획안의 '예'

〈표 V-2〉 월간보육계획안

주제 : 두근두근 설레는 마음 (만 1세)

주 활동		1주	2주	3주	4주
		어린이집에 왔어요	엄마와 웃으며 헤어져요	선생님이 좋아요	반갑게 인사해요
등원 및 맞이하기		엄마와 웃으며 헤어져요	엄마와 웃으며 인사해요	선생님과 안으며 반겨요	선생님과 반갑게 인사해요
놀이활동	언어	어린이집에 왔어요	엄마, 아빠 사진 보기 그림책-곰돌이의 하루	선생님이 좋아요 그림책-헝겊책보기	친구야 안녕 그림책-우리는 친구
놀이활동	창의	색종이 구기기 어린이집에 갑니다	색점토 놀이 노래 들으며 짝짝짝 안녕	끄적거리기 스카프를 흔들어요 식사기도노래	손가락 찍기 봄의 느낌 표현 무엇이
놀이활동	탐색·조작	스카프까꿍놀이	놀잇감 탐색하기	선생님은 어떤 분일까	소리나는 놀잇감 눌러보기
놀이활동	신체	(대근육) 밀어 주는 붕붕카 타기 (소근육) 색종이 구기기	(대근육) 친구에게 공 던지기 (소근육) 손가락으로 큰북 두드리기	(대근육) 선생님에게 공 던지기 (소근육) 종이 찢기	(대근육) 신문지공 던지기 (소근육) 구멍에 뽕뽕이 넣기
놀이활동	쌓기·역할	내 베개 쌓기 아기인형 안아주기	스펀지 블록 쌓기 어린이집에 갑니다	종이블록 높이 쌓기 곰돌이 유모차 태우기	컵블록 쌓기 어린이집에 갑니다
놀이활동	실외활동	바깥놀이터에는 이런 것들이 있어요 붕붕카 타기	햇볕이 따뜻해요 풍선놀이	어린이집 주변 산책 모래놀이	친구와 손잡고 걸어요 친구 뒤 따라 걷기
놀이활동	대체활동	실내 작은 미끄럼틀 타기	종이 구겨 던지기	현관에서 바깥 공기 쐐기	스카프 놀이

주제 : 어린이집이 좋아요 (만 2세)

활동 \ 주		1주	2주	3주	4주
		어린이집에 왔어요	내 자리를 알아요	놀잇감을 알아요	약속을 지켜요
등원 및 맞이하기		선생님과 반갑게 인사하기	부모님과 웃으며 인사하기	친구와 인사를 나누어요	건강상태를 살피고 맞이하기
놀이활동	언어	(듣기) 여러 가지 인사 (말하기) 우리 반 이름 말하기 (읽기) 내가 하고 싶은 놀이 (쓰기) 여러 가지 쓰기 도구를 이용하여 끄적거리기	(듣기) 우리 반의 하루일과 (말하기) 손인형으로 인사해요. (읽기) 친구 이름 읽기 (쓰기) 친구와 함께 그림 그려요.	(듣기) 친구야 사랑해! (말하기) 누구일까요? (읽기) 동시-재미있는 장난감 (쓰기) 종이/신문에 끄적거리기	(듣기) 동화-'울지 말고 말하렴'을 함께 읽어요 (말하기) 약속을 말해요 (읽기) 선생님과 그림책 보기 (쓰기) 약속책 만들기
	창의	색깔 어린이집 꾸미기	우리반 이름 찍기	장난감 도장 찍기	스티커로 꾸며요
	음률	선생님과 음악 듣기	딩동딩동 실로폰	나처럼 해봐라 표현하기	약속 노래 부르기
	탐색·조작	(탐색) 알록달록 교실 (조작) 우리반의 놀잇감	(탐색) 선생님, 친구 얼굴 찾기 (조작) 촉감 기차 놀이	(탐색) 장난감 짝궁 찾기 (조작) 그림판 퍼즐 맞추기	(탐색) 친구 손과 비교하기 (조작) 색구슬 끼우기
	신체	(대근육) 길을 따라 걸어요 (소근육) 모양상자 끼우고 오기	(대근육) 데구르르 통통 (소근육) 털실 공 굴리기	(대근육) 친구와 낙하산 놀이 (소근육) 볼링놀이	(대근육) 둘이 살짝 손 잡고 (소근육) 친구와 스티커 놀이
	쌓기·역할	(쌓기) 블록교실 만들기 (역할) 소꿉놀이로 놀아요	(쌓기) 스펀지 블록 쌓기 (역할) 선생님 옷을 입어요	(쌓기) 높이 세우기 (역할) 생일 축하해요	(쌓기) 친구 키만큼 쌓기 (역할) 아기인형 돌보기
	실외 활동	어린이집 주변 둘러보기 짝꿍 손잡고 통통통	어린이집 주변 식물 관찰하기 실외 놀이터 이용하기	훌라후프 기차놀이 공놀이	새싹 찾아보기 자전거 타기
	대체 활동	손뼉을 칩시다 공 주고 받기	둘이서 한마음 고리 끼우기	종이벽돌 징검다리 걸어보기 기차놀이	신문지 놀이 통통통 체조

③ 주간보육계획안의 '예'

〈표 V-3〉 주간보육계획안 (만 1세)

주제	어린이집에 왔어요.				
목표	어린이집에 편하게 적응을 할 수 있도록 돕는다.				
요일 활동	월(3일)	화(4일)	수(5일)	목(6일)	금(7일)
등원 맞이하기	엄마와 웃으며 헤어져요.				
언어영역	어린이집에 왔어요.				
창의영역	색종이 구기기 · 어린이집에 갑니다.				
탐색 · 조작영역	스카프 까꿍놀이				
쌓기 · 역할영역	내 베개 쌓기 · 아기인형 안아주기				
신체영역	대근육–선생님이 밀어주는 붕붕카 타기 · 소근육–색종이 구기기				
실외 및 대체활동	바깥놀이터에는 이런 것들이 있어요 · 실내 작은 미끄럼틀 타기				
점심식사 및 낮잠	맛있게 먹어요 · 울지 않고 잠을 자요				
기본생활습관	친구와 선생님께 인사를 해요				
사회관계증진활동	엄마, 아빠께 "사랑해요"라고 말하기				
소그룹안전교육	교실에서의 안전(생활안전)				

새노래	공지사항
어린이집에 갑니다 짱짱 짱짱 해가 떴어요 어디 가세요 나는 어린이집에 갑니다	• 안녕하세요. 설렘 속에 배움의 첫발을 내딛는 친구들에게 신나고 재미있는 곳이라는 첫인상인 남았으면 좋겠습니다. • 원복과 체육복 입는 날입니다. ① 원복 - 월, 화, 목 ② 체육복 - 수 ③ 자유복 - 금 • 3월 14일까지 영유아 건강검진표와 구강검진표를 제출해 주세요. • 예방접종을 확인하려고 합니다. '아기수첩'을 3월 5일(수)까지 보내주세요. 아기 수첩은 복사한 뒤 바로 보내드리겠습니다. • 등원 시 음식물과 놀잇감을 가지고 오지 않도록 지도해 주세요. • 3월 한 달 동안은 이름표를 매일 착용해 주세요. • 아이들의 위생을 위하여 개인 빗을 사용하고 있으니 여자아이들은 개인 빗에 이름을 적어서 보내주세요. • 3월 식단표와 '나도 할 수 있어요'를 보내드립니다. • 학기 초여서 차량 시간이 다소 변경될 수 있으니 양해 바랍니다.

(만 2세)

<table>
<tr><td colspan="2">주제</td><td colspan="5">어린이집이 좋아요.</td></tr>
<tr><td colspan="2">목표</td><td colspan="5">새로운 선생님과 친구들을 만나 친숙해지며 적응한다.</td></tr>
<tr><th colspan="2">요일</th><th>월(3일)</th><th>화(4일)</th><th>수(5일)</th><th>목(6일)</th><th>금(7일)</th></tr>
<tr><td colspan="2">등원 맞이하기</td><td colspan="5">선생님과 반갑게 인사하기</td></tr>
<tr><td rowspan="10">실내자유놀이</td><td rowspan="4">언어영역</td><td colspan="5">듣기 : 여러 가지 인사</td></tr>
<tr><td colspan="5">말하기 : 우리반 이름 말하기</td></tr>
<tr><td colspan="5">읽기 : 내가 하고 싶은 놀이</td></tr>
<tr><td colspan="5">쓰기 : 여러 가지 쓰기 도구를 이용하여 끄적거리기</td></tr>
<tr><td>미술영역</td><td colspan="5">색깔 어린이집 꾸미기</td></tr>
<tr><td>음률영역</td><td colspan="5">선생님과 음악 듣기</td></tr>
<tr><td>탐색·조작
영역</td><td colspan="5">(탐색) 알록달록 교실·(조작) 우리반의 놀잇감</td></tr>
<tr><td>신체영역</td><td colspan="5">(대근육) 길을 따라 걸어요. ·(소근육) 모양상장 끼우고 오기</td></tr>
<tr><td>쌓기·역할
영역</td><td colspan="5">(쌓기) 블록교실 만들기 ·(역할) 소꿉놀이로 놀아요.</td></tr>
<tr><td colspan="2">실외자유놀이
대체활동</td><td colspan="5">실외자유놀이 - 어린이집 주변 둘러보기, 짝꿍 손잡고 통통통
대체활동 - 손뼉을 칩시다. 공 주고받기</td></tr>
<tr><td colspan="2">사회관계증진활동</td><td colspan="5">엄마, 아빠께 "사랑해요"라고 말하기</td></tr>
<tr><td colspan="2">기본생활습관</td><td colspan="5">친구와 선생님께 인사를 해요.</td></tr>
<tr><td colspan="2">안전교육</td><td colspan="5">생활안전 - 교실에서의 안전</td></tr>
</table>

<table>
<tr><th>새노래</th><th>공지사항</th></tr>
<tr><td>원 가

우리들 세상 모두가 모여
사랑의 웃음 함께 나누며
따뜻한 사랑
나누는 기쁨
우리 소룡 어린이집</td><td>• 안녕하세요. 설렘 속에 배움의 첫발을 내딛는 친구들에게 신나고 재미있는 곳이라는 첫인상이 남았으면 좋겠습니다.
• 원복과 체육복 입는 날입니다.
① 원복 - 월, 화, 목 ② 체육복 - 수 ③ 자유복 - 금
• 3월 14일까지 영유아 건강검진표와 구강검진표를 제출해 주세요.
• 예방접종을 확인하려고 합니다. '아기수첩'을 3월 5일(수)까지 보내주세요. 아기 수첩은 복사한 뒤 바로 보내드리겠습니다.
• 등원 시 음식물과 놀잇감을 가지고 오지 않도록 지도해 주세요
• 3월 한 달 동안은 이름표를 매일 착용해 주세요.
• 아이들의 위생을 위하여 개인 빗을 사용하고 있으니 여자 아이들은 개인 빗에 이름을 적어서 보내주세요.
• 3월 식단표와 '나도 할 수 있어요'를 보내드립니다.
• 학기 초여서 차량 시간이 다소 변경될 수 있으니 양해 바랍니다.</td></tr>
</table>

④ 일일보육계획안의 '예'

〈표 V-4〉 일일보육계획안 (만 1세)

주제	어린이집에 왔어요.		
목표	어린이집에 편안하게 적응을 할 수 있도록 돕는다.		
기본생활습관	친구와 선생님께 인사를 해요.	사회관계증진활동	엄마, 아빠에게 "사랑해요" 말하기
활동시간	**활동 계획 및 내용**		**준비물 및 유의점**
7:30~9:40 등원 및 통합보육 자유놀이	• 밝은 미소로 반갑게 영아를 맞이한다. • 영아의 건강상태를 살피고 관찰한다. • 자유로이 교구를 선택하여 놀이활동을 한다.		출석카드, 출석스티커
9:40~10:10 정리정돈, 기저귀 갈이 및 화장실 가기	• 교사가 먼저 정리를 하면서 영아도 제자리에 놓아보게 한다. • 기저귀 갈이 매트에서 기저귀를 갈거나 영아용 변기를 사용한다. • 손을 씻는다.		기저귀, 기저귀 갈이 매트, 물휴지, 위생장갑, 영아용 변기
10:10~10:30 오전 간식	• 바르게 앉아서 간식을 먹는다. • 먹고 난 후에는 간식접시를 정리한다.		간식접시, 포크, 컵, 식단표에 의한 간식
10:30~11:30 오전 실내 자유선택활동 및 정리정돈 화장실 가기 및 기저귀 갈이	언어	• 듣기, 말하기-어린이집에 왔어요 – 어린이집이 어떤 곳인지를 듣고 말을 해본다.	
	창의	• 미술-색종이 구기기 – 색종이를 마음껏 구기면서 창의적인 놀이를 한다. – 노래를 들은 후에 다 같이 불러본다.	색종이, 동요CD
	탐색, 조작	• 탐색-스카프 까꿍놀이 – 스카프를 이용해서 숨어 있는 친구가 누구인지 안다.	스카프
	쌓기, 역할	• 쌓기-내 베개 쌓기 – 베개를 높이 쌓아 보면서 쌓기의 의미를 안다. • 역할-아기 인형 안아주기 – 아기인형을 안아주면서 엄마의 편안함을 느낀다.	베개, 아기인형
	신체	• 대근육-밀어주는 붕붕카 타기 – 선생님이 밀어주는 붕붕카를 타보며 놀이를 한다. • 책상 두드리기 – 손가락으로 책상을 치고 두드리며 놀이한다.	붕붕카
	• 사회관계증진활동-엄마, 아빠에게 "사랑해요" 말하기 • 교사가 먼저 정리를 하면 영아도 제자리에 놓아보게 한다. • 기저귀 갈이매트에서 기저귀를 갈거나 영아용 변기를 사용한다. • 손을 깨끗이 씻는다.		기저귀 갈이 매트, 기저귀, 물휴지, 위생장갑, 영아용 변기
11:30~12:00 실외 자유놀이	• 실외 자유놀이-바깥 놀이터에는 이런 것들이 있어요. – 붕붕카 타기		실외놀이기구, 붕붕카, 작은 미끄럼틀

(일상생활관련활동) 및 화장실 가기		• 대체활동–실내 작은 미끄럼틀 타기 • 손을 씻는다.	
12:00~1:00 점심시간, 이 닦기 및 기저귀 갈이		• 영아의 식습관을 관찰하고 기분 좋게 점심을 먹을 수 있도록 즐거운 분위기를 조성한다. • 양치를 한 후 마무리를 도와준다. • 기저귀 갈이 매트에서 기저귀를 갈거나 영아용 변기를 사용한다. • 손을 씻는다.	식단표 참조, 식판, 양치컵, 칫솔, 치약, 기저귀, 기저귀 갈이 매트, 위생장갑, 물휴지, 영아용 변기
1:00~2:30 조용한 음악 듣기 및 낮잠 자기		• 조용한 음악을 들으며 편안하게 낮잠을 잘 수 있도록 한다. • 낮잠을 안 자는 영아는 개별적으로 조용히 자유놀이를 한다.	이불, 베개, CD(조용한 음악)
2:30~2:40 낮잠 깨기 및 화장실 가기		• 영아별로 기분 좋게 깨도록 안아주거나 관심을 갖는다. • 잠에서 깬 후 개별 침구를 정리하는 것을 돕는다. • 기저귀를 갈거나 영아용 변기를 사용한다. • 손을 씻는다.	영아용 변기, 기저귀, 기저귀 갈이 매트, 물휴지, 위생장갑
2:40~3:00 오후 간식		• 바르게 앉아서 간식을 먹는다. • 먹고 난 후엔 간식 접시를 정리한다.	
3:00~5:00 오후 자유놀이 및 귀가지도	언어	• 듣기, 말하기–어린이집에 왔어요 –어린이집이 어떤 곳인지를 듣고 말을 해본다.	
	창의	• 미술–색종이 구기기 –색종이를 마음껏 구기면서 창의적인 놀이를 한다. • 음률–어린이집에 갑니다 –노래를 들은 후에 다 같이 불러본다.	색종이, 동요 CD
	탐색, 조작	• 탐색–스카프 까꿍놀이 –스카프를 이용해서 숨어 있는 친구가 누구인지 안다.	스카프
	쌓기, 역할	• 쌓기–내 베개 쌓기 –베개를 높이 쌓아 보면서 쌓기의 의미를 안다. • 역할–아기 인형 안아주기 –아기 인형을 안아주면서 엄마의 편안함을 느낀다.	베개, 아기인형
	신체	• 대근육–밀어주는 붕붕카 타기 –선생님이 밀어주는 붕붕카를 타보며 놀이를 한다. • 소근육–손가락으로 책상 두드리기 –손가락으로 책상을 치고 두드리며 놀이한다.	붕붕카
		• 차 코스별 귀가지도(용모를 단정히 한 후 귀가를 한다)	
5:00~7:30 평가 및 귀가지도		• 실내 자유선택활동 • 맞벌이 부부 영아 자율 귀가 지도(개별적 귀가 지도)	종합평가
결석원아 및 결석사유			투약아동
안전사고 및 원아관리			비고

(만 2세)

<table>
<tr><td>주제</td><td colspan="2">어린이집에 왔어요.</td><td>일자</td><td>3월 3일 월요일</td></tr>
<tr><td>목표</td><td colspan="4">어린이집에서 새로 만난 선생님, 친구들과 친숙해지며 적응하고 즐거움을 느낀다.</td></tr>
<tr><td>기본생활습관</td><td colspan="2">친구와 선생님께 인사해요.</td><td>사회관계증진활동</td><td>엄마, 아빠에게 "사랑해요" 말하기</td></tr>
<tr><td>활동시간</td><td colspan="3">활동 계획 및 내용</td><td>준비물 및 유의점</td></tr>
<tr><td>7:30~10:00
등원 및 자유놀이,
정리정돈,
화장실 가기</td><td colspan="3">• 차 코스별 영아 개별적으로 따뜻하게 맞이한다.
• 영아의 건강상태를 살피고 관찰한다.
• 영아 스스로 옷, 소지품을 정리하도록 돕는다.
• 놀잇감을 가지고 자유롭게 놀이하도록 한다.
• 치우자 노래에 맞추어 놀잇감을 정리한다.
• 화장실을 다녀온 후 손을 깨끗이 씻는다.</td><td>출석카드, 출석스티커, 자유놀이자료, 수건, 비누</td></tr>
<tr><td>10:00~10:20
오전 간식</td><td colspan="3">• 간식 기도 후 간식을 바르게 먹도록 지도한다.
• 먹고 난 후 정리정돈한다.</td><td>식단표에 의한 간식</td></tr>
<tr><td rowspan="6">10:20~11:20
자유선택활동 및
정리정돈</td><td>언어</td><td colspan="2">• 듣기 : 여러 가지 인사
– 처음 만나 해보는 다양한 인사말을 들어본다.
• 말하기 : 내가 하고 싶은 놀이 말하기
• 읽기 : 우리 반 이름 읽어보기
– 우리 반 이름을 읽어본다.
• 쓰기 : 여러 가지 쓰기 도구를 이용하여 끄적거리기
– 여러 가지 쓰기 도구를 이용하여 끄적거리기를 해본다.</td><td>여러 가지 재질 책, 카세트, 색연필, 이면지, 스케치북, 색지 등</td></tr>
<tr><td>미술</td><td colspan="2">• 색깔 어린이집 꾸미기
– 어린이집 그림에 다양한 색칠도구를 이용하여 색칠해 본다.</td><td>사인펜, 색연필, 안전가위, 크레파스, 컬러점토, 스케치북, 다양한 종이 등</td></tr>
<tr><td>음률</td><td colspan="2">• 선생님과 음악 듣기
– 원가를 들어보며 허밍으로 따라해 본다.</td><td>카세트, 키보드, 여러 가지 악기, 악보 등</td></tr>
<tr><td>신체</td><td colspan="2">• 대근육 : 길을 따라 걸어요.
– 다양한 선을 따라 걸어본다.
• 소근육 : 모양상자 끼우고 오기
– 모양에 맞춰 상자를 끼어본다.</td><td></td></tr>
<tr><td>탐색
·
조작</td><td colspan="2">• 탐색 : 알록달록 교실
– 우리 교실을 둘러보며 어떤 물건들이 있는지 탐색해 본다.
• 조작 : 우리반의 놀잇감
– 반에 있는 놀잇감을 조작해 보며 놀이를 익혀본다.</td><td></td></tr>
<tr><td>쌓기
·
역할</td><td colspan="2">• 쌓기 : 블록교실 만들기
– 다양한 블록을 이용하여 교실을 만들어 본다.
• 역할 : 소꿉놀이로 놀아요.
– 소꿉교구를 이용하여 다양한 역할놀이를 해본다.</td><td></td></tr>
</table>

<table>
<tr><td colspan="2">11:20~11:30
화장실 다녀오기</td><td>• 주변 정리 후 화장실을 다녀온다.
• 손을 깨끗이 씻는다.</td><td>수건, 비누</td></tr>
<tr><td colspan="2">11:30~12:30
실외
자유놀이(일상생활 관련활동) 및
화장실 가기</td><td>▣ 실외 활동 – “어린이집 주변 둘러보기, 짝꿍 손잡고 통통통”
• 도입 : 아이들과 “올라간 손” 손유희로 주의집중시킨다.
• 전개 : 어떤 활동인지 이야기한다.
• 마무리 : 안전하게 활동을 즐긴다.
▣ 대체활동 – “손뼉을 칩시다. 공 주고받기”
• 주변 정리 후 화장실을 다녀온다.
• 손을 깨끗이 씻는다.</td><td>수건, 비누</td></tr>
<tr><td colspan="2">12:00~1:00
점심시간 및
이 닦기</td><td>• 식사기도 후 점심을 골고루 먹는다.
• 식판 정리대에 바르게 정리한다.
– 깨끗이 양치하도록 지도한다.
– 화장실을 다녀온다.</td><td>식단표에 의한 점심, 식판, 숟가락, 포크, 칫솔, 치약, 양치컵, 비누, 수건</td></tr>
<tr><td colspan="2">1:00~2:40
낮잠 자기
낮잠 깨기 및
정리정돈
화장실 다녀오기</td><td>• 잠자기 지도를 한다.
– 겉옷과 양말을 벗긴다.
• 낮잠을 자지 않는 유아는 개별적으로 자유놀이를 한다.
• 베개와 이불을 이불장에 정리한다.
• 화장실에 다녀와서 손을 깨끗이 씻는다.</td><td>이불, 베개,
CD(조용한 음악),
수건, 비누</td></tr>
<tr><td colspan="2">2:40~3:00
오후 간식</td><td>• 스스로 간식 기도 후 바르게 먹기
• 먹고 난 후 정리정돈하기</td><td>식단표에 의한 간식</td></tr>
<tr><td rowspan="4">3:00~5:00
오후 자유놀이 및
귀가지도</td><td>언어</td><td>• 듣기 : 여러 가지 인사
– 처음 만나 해보는 다양한 인사말을 들어본다.
• 말하기 : 내가 하고 싶은 놀이 말하기
• 읽기 : 우리반 이름 읽어보기
– 우리반 이름을 읽어본다.
• 쓰기 : 여러 가지 쓰기 도구를 이용하여 끄적거리기
– 여러 가지 쓰기 도구를 이용하여 끄적거리기를 해본다.</td><td>여러 가지 재질의 책, 카세트, 색연필, 이면지, 스케치북, 색지 등</td></tr>
<tr><td>미술</td><td>• 색깔 어린이집 꾸미기
– 어린이집 그림에 다양한 색칠도구를 이용하여 색칠해 본다.</td><td>사인펜, 색연필, 안전가위, 크레파스, 컬러점토, 스케치북, 다양한 종이 등</td></tr>
<tr><td>음률</td><td>• 음악 듣기
– 원가를 들어보며 허밍으로 따라해 본다.</td><td>카세트, 키보드, 여러 가지 악기, 악보 등</td></tr>
<tr><td>신체</td><td>• 대근육 : 길을 따라 걸어요.
– 다양한 선을 따라 걸어본다.
• 소근육 : 모양상자 끼우고 오기
– 모양에 맞춰 상자를 끼어본다.</td><td>모양상자, 색테이프, 카세트 등</td></tr>
</table>

	탐색, 조작	• 탐색 : 알록달록 교실 – 우리 교실을 둘러보며 어떤 물건들이 있는지 탐색해 본다. • 조작 : 우리 반의 놀잇감 – 반에 있는 놀잇감을 조작해 보며 놀이를 익혀본다.	돋보기, 살아 있는 곤충과 식물 등	
	쌓기, 역할	• 쌓기 : 블록교실 만들기 – 다양한 블록을 이용하여 교실을 만들어 본다. • 역할 : 소꿉놀이로 놀아요. – 소꿉교구를 이용하여 다양한 역할놀이를 해본다.	다양한 그릇과 음식, 여러 가지 재질의 블록 등	
	• 차 코스별 귀가지도(소지품 챙기기, 옷 입히기 등)			
5:00~7:30 평가 및 귀가지도	▣ 실내 자유선택활동 • 맞벌이 부부 영아 자율 귀가 지도(개별적 귀가 지도) • 오후 자유놀이는 과도한 자극을 줄이고 오전에 계획된 활동을 반복하거나 교실의 다른 공간으로 이동하여 놀이함으로써 변화를 준다.			
결석원아 및 결석사유			투약 아동	
안전사고 및 원아관리			비고	

2) 3~5세 보육과정 편성의 실제

3~5세 누리과정을 효율적으로 운영하기 위해서는 다양한 누리과정 지도계획을 수립해야 한다. 누리과정 지도계획을 수립하기 위해서

첫째, 보육일수 및 보육시간 운영계획을 수립하고

둘째, 보육계획안으로 연간보육계획안, 월간보육계획안, 주간보육계획안, 일일보육계획안의 순서로 수립해야 한다. 다음에서 이에 대한 방법과 절차에 대하여 기술하기로 한다.

(1) 보육일수 및 보육시간 운영계획 수립

① 보육일수 산정 및 학사일정

누리과정 지도계획을 세우기 위해서는 제일 먼저 보육일수를 연간 또는 월간, 주간으로 보육일수를 산정해야 한다. 보육일수가 산정되어야 월 주제, 주 주제에 대한 활동시간을 배정하는 등 지도계획을 수립할 수 있다. 보육일수를 산정하면서 동시에 학사일정도 계획해야 한다.

그 '예'를 들면 다음과 같다.

〈표 V-5〉 2017학년도 1학기 보육일수 및 학사 일정 1학기(2017. 3. 1~2017. 8. 31)

			1	화		1	목					1	화		1	금	방과후 방학
			2	수		2	금	인형극 관람	2	월		2	수				
3	월	입학식 교육과정 설명회	3	목					3	화		3	목				
4	화		4	금								4	금		4	월	방과후 운영
5	수								5	목					5	화	방과후 운영
6	목														6	수	방과후 운영
7	금		7	월		7	수					7	월		7	목	방과후 운영
			8	화		8	목					8	화		8	금	방과후 운영
			9	수		9	금		9	월		9	수				
10	월		10	목	집단면담			가족놀이 한마당	10	화		10	목				
11	화		11	금					11	수		11	금		11	월	방과후 운영
12	수					12	월		12	목					12	화	방과후 운영
13	목					13	화		13	금					13	수	방과후 운영
14	금		14	월		14	수					14	월		14	목	방과후 운영
			15	화		15	목					15	화				
			16	수		16	금		16	월		16	수				
17	월		17	목					17	화		17	목				

18	화		18	금	어울림 한마당				18	수		18	금				
19	수					19	월		19	목							
20	목					20	화	현장학습	20	금							
21	금		21	월		21	수					21	월				
			22	화	현장학습	22	목					22	화				
			23	수		23	금		23	월		23	수				
24	월		24	목					24	화	1일 캠프 (석교)	24	목	여름캠프			
25	화	현장학습	25	금					25	수		25	금	여름캠프 여름방학식	25	월	방과후 운영
26	수					26	월		26	목					26	화	방과후 운영
27	목					27	화		27	금					27	수	방과후 운영
28	금		28	월		28	수					28	월	방과후 운영	28	목	방과후 운영
			29	화		29	목					29	화	방과후 운영	29	금	방과후 운영
			30	수		30	금		30	월		30	수	방과후 운영			
31	월		*	*	*				*	*	*	31	목	방과후 운영			
수업일수		21	22			20			18			19			0		
휴일일수		10	8			11			10			12			31		

계				
계	휴일일수	토요휴업일 및 기타	26일	84일
		여름방학	24일	
		공휴일	34일	
	수업일수	수업일수	100일	100일

※ 1학기 수업일수 : 100일

② 하루일과시간 운영계획 수립

보육일수가 산정되면 하루일과시간 운영계획을 세워야 한다. 그 '예'를 들면 아래와 같다.

〈표 V-6〉 하루일과시간 운영

교육과정	
시간	활동명
07:30~09:00	• 등원 및 자유선택활동 (원아 맞이, 원아 건강 확인, 출석카드 확인)
09:00~10:10	• 놀이계획 및 실내 자유선택활동 (오전 간식)
10:10~10:20	• 정리정돈
10:20~11:00	• 대집단활동(선택활동 평가, 이야기 나누기 등)
11:00~12:00	• 바깥놀이 및 대·소집단활동(동화, 게임, 음률 등)
12:00~12:30	• 점심식사 및 이 닦기
12:30~13:10	• 휴식 및 자유선택활동
13:10~13:20	• 정리정돈
13:20~13:50	• 대·소집단활동(동시, 동극, 조형, 신체 등)
13:50~14:00	• 평가 및 방과 후 과정 연계
14:00~14:10	• 방과 후 교사와 인사
14:10~14:50	• 함께하는 활동(동화, 게임, 음률, 동시, 동극, 조형, 신체 등)
14:50~15:00	• 손 씻기 및 화장실 다녀오기
15:00~15:30	• 간식 및 휴식
15:30~16:30	• 창의활동(과학, 음악, 체육 활동)
16:30~16:50	• 자유선택활동(16:30 1차 귀가, 17:10분 2차 귀가)
16:50~19:30	• 개별활동 및 귀가(부모님이 오시는 대로 귀가)

(2) 보육계획안 수립

어린이집에서는 누리과정 지도계획안을 보육계획안이라고 하여 보육과정계획안에 수록한다. 보육계획안에는 연간보육계획안, 월간보육계획안, 주간보육계획안, 일일보육계획안 등이 있다. 이런 보육계획안들은 어떤 생활주제를 선정하는지, 주제에는 어떤 개념과 내용들을 포함하는지, 언제, 어떤 방법으로 유아들에게 제시하고 지도하는지를 구체적으로 안내해 준다. 보육계획안은 먼저 연간 또는 월간으로 수립하고 다시 주간, 일별, 시간대별로 수립해야 한다. 월간보육계획안은 상세히 계획하기보다는 한 달 전에 미리 안(案)으로 계획한다. 연간보육계획안과 월간보육계획안을 간략하게 융통성 있게 수립하고 주간보육계획안과 일일보육계획안을 구체적으로 수립한다.

① 연간보육계획안

연간보육계획안은 1년 동안 이루어지는 전체 프로그램에 대한 포괄적인 보육계획이다. 연간보육계획안은 어린이집의 전체 보육활동에 대한 윤곽을 보여 주는 것으로 밑그림에 해당한다.

연간보육계획안을 작성할 때는 다음 사항이 고려되어야 한다.

ㄱ. 연간보육계획안은 새 학년이 시작되기 전인 2월 중순경에 전체 교사회의에서 결정한다.

ㄴ. 연간보육계획안에는 생활주제와 주별 활동주제를 반드시 포함시켜야 한다.

ㄷ. 연간보육계획안에 관련지어 월간보육계획안과 주간보육계획안을 작성한다.

ㄹ. 연간보육계획안은 당해 어린이집의 보육활동 지도자료에 제시되어 있는 연간생활주제 및 활동주제를 계절과 학습활동의 용이성을 고려하여 배열한다.

ㅁ. 생활주제를 배열할 때에는 유아들이 친숙하게 접하고 있는 환경에서 구체적인 것을 선정하여 보육활동으로 구성하고, 점차 멀리 떨어져 있는 환경 및 추상적인 개념으로 확대해 나간다.

ㅂ. 유아들의 연령, 발달 정도, 보육기관 경험의 유무 등 유아들의 특성을 고려하여 적용기간을 가늠하고, 이를 연간보육계획안에 반영한다.

ㅅ. 국가나 지역사회에서 이루어지는 각종 행사들의 교육적 가치를 평가하여 생활주제로 선정하여 연간보육계획안에 포함시킨다.

ㅇ. 생활주제와 관련하여 견학, 부모참여 등의 특별활동을 연계성 있게 계획하도록 한다. 또한 생활주제와 관련하여 참관 또는 견학시기를 결정하여 연간보육계획안에 반영한다.

ㅈ. 연간보육계획안을 부모에게 배부하여 어린이집 보육계획을 알린다.

연간보육계획안의 '예'를 제시한다.

〈표 V-7〉 연간보육계획안 (3세반)

월	생활주제	주	주제
3	어린이집과 친구들	2	나의 마이꿈 어린이집
		3	즐거운 나의 하루
		4	나의 소중한 친구
		5	친구와 함께 놀아요
4	봄	1	봄을 느껴요
	동식물과 자연	2	궁금한 동식물
		3	동식물과 우리의 생활
		4	자연과 더불어 사는 우리
5	나와 가족	1	나의 몸과 마음
		2	소중한 나
		3	소중한 가족
		4	가족과 함께하는 추억
		5	행복한 우리집
6	우리 동네	2	우리 동네의 모습과 특산물
		3	우리 동네 생활
		4	우리 동네의 공공기관
7	건강과 안전	5	즐거운 운동과 휴식
		1	깨끗한 나와 환경
		2	맛있는 음식과 영양
		3	안전한 놀이와 생활
	여름	4	신나는 캠프

월	생활주제	주	주제
9	교통기관	1	즐거웠던 여름방학/ 여러 가지 육상교통기관
		2	고마운 육상교통기관
		3	우리가 좋아하는 자전거
		4	즐거운 교통생활
10	우리나라	1	우리나라 사람들의 생활
		2	즐거운 전통놀이
		3	우리나라 역사와 자랑거리
	가을	4	풍성한 가을
		5	즐거운 사랑·나눔·행복 잔치
11	생활도구	2	다양한 생활도구
		3	생활도구를 움직이는 힘
	환경과 생활	4	소중한 물
		5	소중한 흙
12		1	바람·공기와 우리 생활
	겨울	2	겨울의 생활
		3	즐거운 크리스마스
		4	겨울방학
2	형님 반에 가요	1	즐거웠던 겨울방학/어린이집 생활을 돌아보아요
		2	형님 반에 가요

(4세반)

월	생활주제	주	주제
3	어린이집과 친구	2	신나고 즐거운 마이꿈 어린이집
		3	어린이집에서의 하루
		4	어린이집에서 만난 친구
		5	함께 만드는 어린이집
4	봄	1	봄의 생활
	동식물과 자연	2	식물과 우리 생활
		3	자연과 더불어 사는 우리 생활
		4	동물과 우리 생활
5	나와 가족	1	나의 몸과 마음
		2	가족놀이 한마당
		3	소중한 가족
		4	소중한 나
		5	가족의 생활과 문화
6	우리 동네	2	우리 동네 모습
		3	우리 동네 생활
		4	우리 동네 사람들
		5	우리 동네 전통과 문화
7	건강과 안전	1	즐거운 운동과 휴식
		2	깨끗한 나와 환경
	여름	3	여름의 생활
		4	여름방학

월	생활주제	주	주제
9	교통 기관	1	즐거운 추석명절
		2	여러 가지 육상교통기관
		3	항공 해상교통기관
		4	즐거운 교통생활
10	우리 나라	1	우리나라 사람들의 생활, 자랑거리
		2	우리나라의 놀이와 예술
		3	세계 여러 나라 사람들의 생활
	세계 여러 나라	4	세계 여러 나라의 문화유산
	가을	5	마이꿈 가을축제
11		2	가을의 생활
		3	풍성한 가을
	환경과 생활	4	물과 우리 생활
		5	돌·흙과 우리 생활
12		1	바람·공기와 우리 생활
	겨울	2	겨울의 생활
		3	즐거운 크리스마스
		4	겨울방학
2	형님 반에 가요	1	즐거웠던 겨울방학/어린이집 생활을 돌아보아요
		2	형님 반에 가요

(5세반)

월	생활주제	주	주제
3	어린이집과 친구	2	우리는 '진정한 일곱 살'
		3	어린이집의 주인은 바로 나!
		4	너, 나, 우리 모두 친구
		5	모두 함께 즐거운 어린이집
4	봄	1	마이꿈에 내려앉는 봄
		2	봄꽃축제
	나와 가족	3	나의 마음
		4	소중한 나
5		1	소중한 가족
		2	가족의 생활과 문화
	건강과 안전	3	깨끗한 나와 환경
		4	즐거운 운동과 휴식 (가족한마당)
		5	맛있는 음식과 영양
6	우리 동네	2	우리 고장의 모습
		3	우리 동네 기관
		4	다양한 직업
7		1	함께하는 우리
	여름	2	여름날씨 알기
		3	여름풍경 즐기기
		4	여름방학

월	생활주제	주	주제
9	우리 나라	1	즐거웠던 여름방학/ 우리나라 역사, 자랑거리
		2	우리나라의 현대사 이야기
		3	우리의 명절 추석
		4	우리나라의 놀이와 예술
10	세계 여러 나라	1	세계 여러 나라 사람들의 생활
		2	세계 여러 나라와의 교류
		3	세계의 자연과 사회현상
	환경과 생활	4	물과 우리 생활
		5	공기와 우리 생활 (마이꿈 가을축제)
11	가을	2	가을 날씨 알기
		3	가을 풍경 즐기기
		4	풍성한 가을 지내기
	생활 도구	5	생활도구를 움직이는 힘
12		1	생활도구로서의 미디어 미래의 생활도구
	겨울	2	겨울의 생활
		3	즐거운 크리스마스
		4	겨울방학
2	초등학교에 가요	1	즐거웠던 겨울방학 어린이집 생활을 돌아보아요
		2	초등학교에 가요

② 월간보육계획안

월간보육계획안은 별도로 작성하지 않고 연간보육계획안에 포함시키거나 주간보육계획안으로 대체하는 경우도 있으나, 월간보육계획안은 월간 국가·사회·학급 행사 등과 관계되는 중요한 일들을 중심으로 월간보육계획안을 작성할 수도 있다. 월간보육계획안은 매월 셋째 주 금요일쯤에 다음 달의 보육계획안을 작성하며, 월말에 각 가정으로 안내하는 것이 효과적이다. 월간보육계획안을 가정으로 안내하는 것은 부모들이 가정에서 연계성 있는 지도를 할 수 있고, 미리 그 달의 행사를 알고 준비·협조하도록 하기 위한 것이다. 월간보육계획안에는 유아의 생일, 견학일, 공휴일 등을 구체적으로 표시하여 놓을 수 있다. 따라서 월간보육계획안은 학급 간에 공통점과 차이점이 다소 있을 수 있다. 다음은 월간보육계획안의 한 예로서, 명절이나 행사를 중심으로 계획한 것이다.

〈표 V-8〉 월간보육계획안의 '예'

1주	1	2	3	4	5	6
2주	8 어버이날	9	10	11	12	13
3주	15 생일 : 이진수	16	17	18	19	20
4주	22	23	24	25	26 자체연구수업 나비반	27
5주	29	30 생일 : 김희연	31			

③ 주간보육계획안

주간보육계획안은 연간보육계획안을 보다 구체적으로 수립한 것으로 연간보육계획안을 근거로 하여 수립해야 한다. 주간보육계획안은 1주 동안에 이루어지는 모든 보육활동을 한눈에 볼 수 있도록 세부적인 내용까지 포함한 보육계획이다. 교사는 주간보육계획안을 수립함으로써 다음 주간에 해야 할 모든 보육활동에 대하여 구체적으로 생각하고 미리 준비할 수 있다. 또 주간보육계획안을 보고 요일별로 다양한 활동, 특히 자유선택활동시간과 집단활동시간이 균형 있게 배정되어 있는지 쉽게 확인할 수 있다.

다음은 주간보육계획안을 작성할 때 고려해야 할 점이다.

ㄱ. 주간보육계획안은 매주 전체 교사회의를 거쳐 작성한다.

ㄴ. 주간보육계획안은 연간보육계획안에 기초하여 작성한다.

ㄷ. 당해 어린이집 보육활동 지도자료에 제시되어 있는 연간 생활주제 및 활동주제를 중심으로 통합적인 주간보육계획안을 작성하고 실행함으로써 유아의 전인적 발달을 도모한다.

ㄹ. 주간보육계획안 작성 시 유아의 특성과 능력, 어린이집 및 지역사회의 요구에 따라 적절한 활동주제를 선정하고 다양한 활동을 골고루 안배한다.

ㅁ. 주간보육계획안에는 요일별로 자유선택활동시간에 각 흥미영역에서 이루어지는 활동, 하루일과 중에 이루어지는 집단활동을 구체적으로 명시한다.

ㅂ. 주간보육계획안에는 보육활동뿐 아니라, 교사나 보조교사(교직원, 부모 자원자)의 이름과 임무를 구체적으로 적어 놓도록 한다.

주간보육계획안의 예를 제시하면 다음과 같다.

〈표 V-9〉 주간보육계획안의 '예' (4세)

<table>
<tr><th colspan="2">주제</th><td colspan="5">다양한 생활도구</td></tr>
<tr><th colspan="2">목표</th><td colspan="5">다양한 생활도구의 종류와 기능에 대하여 안다.
다양한 생활도구를 안전하게 사용하는 태도를 갖는다.</td></tr>
<tr><th colspan="2">기본생활
유관교육</th><td colspan="2">신호등을 잘 지켜요</td><td>교통안전교육</td><td colspan="2">찻길에서 놀지 않아요</td></tr>
<tr><th colspan="2">요일</th><td>월( )</td><td>화( )</td><td>수( )</td><td>목( )</td><td>금( )</td></tr>
<tr><th colspan="2">소주제</th><td>주변의 생활도구
알아보기</td><td>편리해진
생활도구</td><td>유치원에서 사용
하는 생활도구</td><td>안전하게
사용해요</td><td>생활도구의
변천과정</td></tr>
<tr><td rowspan="4">사유
선택
활동</td><td>언어</td><td colspan="3">생활 속의 ㄱㄴㄷ/ 글자를 만드는 노트북</td><td></td><td></td></tr>
<tr><td>수·조작</td><td></td><td>생활도구 패턴</td><td></td><td>지킬 수 있어요</td><td></td></tr>
<tr><td>쌓기</td><td colspan="2">내 책상을 만들어요</td><td></td><td></td><td></td></tr>
<tr><td>역할</td><td></td><td>부억놀이를 해요</td><td></td><td></td><td></td></tr>
</table>

	음률		가위 안전송			
	미술		사진기를 만들어요/연필접기			
	과학	편리한 깔때기			드라이버 사용하기	
함께 하는 활동	이야기 나누기	도구가 필요해요	점점 편리해져요	여러 가지 가방	아차! 조심해요	생활도구의 발견
	☆동화♧ 동시♤ 동극	♧맛있는 소리	☆신기한 요술 냄비	☆요술연필	☆내가 제일 멋진 도구야	☆먹이를 가져왔어
	음악	무엇이 필요할까요?			주전자	
	미술		생활도구 본뜨기	가방 만들기		
	신체			풍선놀이		
	게임	힘 센 보자기			안전 장갑 끼고 나르기	
	현장체험					우리 동네 마트 가요
	바깥놀이	받아라 바튼	편리한 도구 찾기	모래놀이 도구 이용하기	뚝딱뚝딱 길을 내자	훌라후프 놀이
	간식	우유/아몬드	우유/멸치	우유	우유/피스타치오	우유/아몬드
	점심식단	친환경클로렐라 잡곡밥 친환경콩나물국 돈육메추라기 장조림 미역줄기게맛살볶음 배추김치 한입붕어빵	친환경찰보리잡곡밥 오색떡국 국산콩두부조림 실파김무침 배추김치 무농약딸기주스	짜장면과 작은밥 맑은미역국 피자군만두 도토리묵상추무침 배추김치	친환경도마코펜밥 한우미역국 달걀찜 애호박볶음 배추김치 키위	친환경검정쌀밥 청국장찌개 춘천닭갈비 가지볶음 배추김치 단호박편
	새노래 무엇이 필요할까?			동시 맛있는 소리		
	가정과의 연계활동	주르륵 주르륵 비가 오는 날 무엇이 무엇이 필요할까요 그건 바로 우산 비를 막아주는 고마운 우산 우산		꼬르륵 꼬르륵 배꼽시계 울린다 송송송송 탁탁탁탁 도마 소리 보글보글 부글부글 냄비 우는 소리 지글지글 자글자글 프라이팬 소리 꿀꺽꿀꺽 냠냠쩝쩝 즐거운 식사시간		

④ 일일보육계획안

일일보육계획안은 하루 동안 이루어지는 모든 보육활동을 순서적으로 계획한다.

일일보육계획안은 주간보육계획안에 기초하여 수립된다. 일일보육계획안에는 생활주제, 보육목표, 활동명과 활동에 관한 각종 내용(소요시간, 준비물, 전개방법, 유의사항 등) 및 평가 내용을 기록한다.

일일보육활동계획 및 운영 시 고려할 점은 다음과 같다.

ㄱ. 일일활동 운영에 영향을 주는 요인들을 고려하여, 일일생활에 적합한 계획을 세운다. 일일활동 운영에 영향을 주는 요인들은 아래 표에 나타난 바와 같이 프로그램의 유형, 인적·물적 환경요인, 활동시기 등이다.

〈표 V-10〉 일일활동 운영에 영향을 주는 요인

수업시간	반일제 프로그램, 시간연장제 프로그램, 종일제 프로그램
인적 환경요인	교사, 보조교사, 교육실습생, 부모 자원자, 요원(관리인, 기사 등)
물적 환경요인	교실(흥미영역 종류, 놀잇감, 교재·교구), 강당, 운동장, 화장실
활동시기	학기 초, 학기 중간, 학기 말

ㄴ. 일관성이 있어야 한다. 이는 일과에 일정한 패턴이 있음을 의미한다. 예를 들면, 대체적으로 등원하면 놀이를 하고 정리정돈을 하며, 일정한 장소에 함께 모여 앉아 동화를 듣거나 이야기를 나눈 뒤 간식을 먹고, 다시 함께 모여서 노래를 부르거나 게임을 한 뒤 집으로 가는 등의 일일활동이 거의 유사하게 반복되는 것이다. 따라서 유아들은 일일활동과정에서 현재 활동에 이어 다음에 어떤 활동을 한다고 예견할 수 있다.

ㄷ. 유아의 신체적 요구나 리듬을 반영해야 한다. 일일보육활동계획에는 간식, 배변, 휴식 등 유아의 신체적·생리적 욕구를 해결하는 시간을 적절하게 계획해야 한다.

ㄹ. 유아의 흥미와 요구를 반영한다. 교사는 자신이 세운 계획에 유아들이 따라가도록 하기보다는 유아의 흥미와 요구를 반영할 수 있는 기회를 제공하여 유아들의 능동적 참여를 유도해 낼 수 있어야 한다.

ㅁ. 활동 간 균형을 맞추어 계획한다. 일과활동 안에는 동적 활동과 정적 활동, 실내 활동과 실외 활동, 개별 활동과 대·소집단활동, 교사선택활동과 유아선택활동을 균형적으로 계획한다.

ㅂ. 다양한 유형의 상호작용이 일어날 수 있도록 계획한다. 즉, 교사와 유아들과의 상호작용, 대·소집단활동 속에서 유아와의 상호작용, 유아와 유아 간의 상호작용, 유아와 교구와의 상호작용 등의 기회가 골고루 이루어질 수 있어야 한다.

ㅅ. 융통성 있게 재구성하고 활용할 수 있어야 한다. 일일보육계획안은 주간보육계획안에 기초하여 작성되나, 유아들의 흥미나 요구, 우발적인 사건 등을 간과해서는 안 된다. 교사는 순발력 있게 그러한 요소들을 반영하여 보육계획을 수정할 수 있어야 한다.

ㅇ. 활동과정과 활동결과에 대한 평가방법이 계획되어야 한다. 효과적인 일일보육활동계획은 실행 및 평가를 통하여 완성된다. 교사는 활동의 목표가 어느 정도 성취되었는지, 계획대로 실행되었는지, 차질이 있었다면 무엇 때문인지, 문제점은 무엇인지 등 일일일과활동에 대한 평가를 유아들과 함께 할 수 있게 계획하여야 한다.

일일보육계획안의 '예'를 제시한다.

〈표 V-11〉 **일일보육계획안의 '예'** (4세)

일시	6월 4일 월요일	
주제	주말과 휴일을 어떻게 지냈나요?	
목표	1. 주말과 휴일 동안 있었던 이야기를 발표해 본다. 2. 생활 주변의 여러 가지 일에 대해 관심을 갖고 알아본다.	
활동시간 및 활동주제	**활동 내용**	**자료**
7:30~09:00 등원 및 자유선택놀이	• 등원하여 선생님과 친구들에게 인사를 나눈다. • 소지품을 제자리에 바르게 정리한다. • 출석카드의 2일 자리에 월요일 도장을 찍는다. • 자유선택놀이영역에서 놀이를 한다.	소지품 정리장, 출석카드, 바구니, 요일도장, 스탬프, 스티커, 달력, 자유선택놀이영역의 교재, 교구
09:00~09:10 애국조회 일과계획 및 놀이계획	• 9시가 되면 놀던 것을 정리하고 모여 앉는다. – 오늘의 날짜, 요일, 날씨 알아보기(시제에 맞추어 어제와 내일의 요일도 알아보기) • 애국조회일(애국가, 국기에 대한 맹세) • 이번 주의 약속 정하기, 도우미 정하기 • 출석 확인하기 및 새 소식 전하기 • 위인동화 듣기(동화를 듣고 느낌에 대해 이야기를 나눈다) • 오늘의 활동순서 알아보기 – 새 교구 소개	시계, 달력, 이름카드, 녹음기, 테이프, 그림카드, 동화책, 놀이계획지, 필기도구, 퍼즐, 면봉, 물감, 붓, 종이

	– 여러 가지 직업 퍼즐 – 작업 소개 – 면봉 그림, 손가락 인형 • 놀이계획(어떤 놀이를 할 것인지 생각해 보고, 계획지에 계획한다)	
09:10~10:00 자유선택활동	• 계획지에 계획한 대로 놀이를 한다. • 놀이할 때 영역에 이름을 표시하고 놀이한다. • 여러 영역을 고루 돌면서 놀이한다. • 놀이 중에 자유롭게 화장실에 다녀온다.	흥미영역 이름표, 각 영역 교재·교구, 칫솔, 컵
10:00~10:30 정리·정돈 및 오전간식 먹기	• 악기 소리가 나면 정리정돈을 한다. • 정리정돈이 끝나면 놀이 평가를 한다. • 화장실에 다녀온 후 언어 영역에 모여 앉는다. • 손을 씻고 제자리에서 간식을 먹는다.	소고, 놀이, 평가지, 필기도구, 간식접시
10:30~12:00 이야기 나누기	• 이번 주의 활동주제를 알아본다. –여자와 남자 • 오늘의 이야깃거리를 소개한다(주말에 지낸 이야기 발표) • 내가 알아온 이야깃거리를 발표한다. • 궁금한 것들을 서로 토론해 본다. • 오늘의 이야기를 통해 알게 된 것을 종합한다.	이야깃거리, 융판, 화이트칠판, 필기도구, 그림자료
12:00~13:00 점심시간, 이 닦기	• 식습관을 관찰하고 기분 좋게 점심을 먹을 수 있도록 즐거운 분위기를 조성한다. • 양치를 한 후 마무리를 도와준다. • 손을 씻는다.	식단표 참조, 식판, 양치컵, 칫솔, 치약
13:00~14:00 조용한 음악 듣기 및 낮잠 자기	• 조용한 음식을 들으며 편안하게 낮잠을 잘 수 있도록 한다. • 낮잠을 안 자는 유아는 개별적으로 조용히 자유놀이를 한다.	이불, 베개, CD(조용한 음악)
14:00~15:00 실외 자유놀이	• 자유놀이기구를 선택하여 각자 놀도록 한다. • 규칙과 질서를 지키며 놀도록 지도한다.	실외 놀이기구
15:00~15:30 손씻기 및 오후 간식 먹기	• 손을 씻고 제자리에서 간식을 먹는다.	간식접시
15:30~18:00 자유선택활동	• 계획지에 계획안 놀이를 한다. • 놀이할때 영역에 이름을 표시하고 놀이한다. • 여러 영역을 고루 돌면서 놀이한다. • 놀이중에 자유롭게 화장실에 다녀온다.	흥미영역 이름표, 각 영역 교재, 교구
18:00~19:30 귀가 준비, 귀가	• 자유선택 활동에 대한 평가를 하도록 한다 • 맞벌이 부부 유아에 대한 귀가지도(개별적)	

(3) 편성 시 고려할 점

보육과정을 편성함에 있어서 중요한 과제는 유아가 배우고 이해하고 경험하도록 무엇을 도와줄 것인가를 생각해 보는 것이다. 다음에서 조순옥 외(2003)와 고정곤(2003)의 의견을 종합하여 고려할 점을 기술한다.

첫째, 유아에게 발달적으로 의미 있는 내용이어야 한다. 학습 내용이 유아의 인지·정서·사회·신체발달에 적합할 뿐만 아니라 특히 유아의 성장발달에 직결되어야 한다.

둘째, 교수·학습지도 원리를 반드시 고려하여야 한다. 보육과정을 편성함에 있어서 효율적인 보육방법의 기준이 되는 자발성의 원리, 개별화의 원리, 사회화의 원리, 직관의 원리, 통합화의 원리 등 교수·학습지도의 원리가 반드시 종합적으로 고려되어야 한다.

셋째, 유아의 흥미와 관심을 끌 수 있도록 해야 한다. 유아의 관심과 흥미는 의미 있는 학습으로 이끄는 동기를 제공한다. 따라서 보육활동의 근본은 유아의 직접적인 경험, 놀이, 자발적인 활동에 중점을 두어야 한다.

넷째, 보육목표 구현에 직결된 내용과 방법이어야 한다. 활동실에서 이루어지는 교수·학습활동이 단순히 그 시간에 학습되는 교재의 내용만을 중심으로 새로운 경험을 제공하는 주제활동이 되어서는 안 된다. 다시 말하면 지금 현재 진행하고 있는 학습활동은 궁극적으로 기관의 보육목표구현에 직결되어야 한다. 그러므로 보육과정 편성 시 당해 보육기관에서 구현하려고 하는 보육목적이나 보육목표가 구체적으로 반영되어야 한다.

다섯째, 유아의 문화적 배경, 개인적 경험을 기본으로 하여 유아들의 가족 및 지역사회와 통합되어야 한다. 이는 보육활동이 유아 개개인의 문화적 배경 및 유아의 가정, 어린이집, 이웃, 지역사회의 맥락 안에서 통합되어야 함을 의미한다.

여섯째, 모든 보육계획안은 과학적이고 합리적으로 수립되어야 한다. 현장 실정을 고려하여 현장성과 적용 가능성이 있는 계획이어야 한다. 또한 보육계획안들이 교사에 의해서 일방적으로 책상 위에서 전시용, 제출용, 장부용, 실적용으로 입안되어 현장성이 결여되어서는 안 된다.

일곱째, 지역사회 내의 다양한 자원을 조사하여 활용하도록 계획한다. 지역사회 내의 다양한 자원의 활용은 물론, 부모를 자원봉사자로 참여시키는 등 자원 활용의 다양화를 기해야 한다.

여덟째, 계획 수립절차와 내용은 일관성이 있어야 한다. 일관성이란 질서 있는 상호 관련성을 의미한다. 본시 학습활동 목표가 구현되어 자연스럽게 일일, 주간, 월간, 연간 보육목표가 구현될 수 있어야 한다.

아홉째, 교사, 유아, 부모, 지역사회 인사 등과 상호역동적인 관계 속에서 이들의 의견과 요구를 반영시키기 위한 다양한 방안을 강구하여야 한다.

열째, 보육활동에 영향을 주는 다양한 요인들을 연구하여 반영해야 한다. 즉, 교사의 역할, 유아학습심리, 유아발달특성, 학습 자체에 대한 특성과 원리, 교육에 대한 사회적 요구, 지역사회의 특수성, 학습이론과 교수·학습방법, 학습에 필요한 자료 등 유아교육활동에 직·간접적으로 영향을 주는 제 요인들이 보육과정 편성 시 반드시 고려되어야 한다.

제2장 보육과정 운영

보육과정 운영이란, 전장의 보육과정 편성과정을 통하여 편성된 보육과정을 어떻게 운영하느냐에 관한 관심이다. 결국, 보육과정의 운영은 교수-학습지도를 통하여 구체화된다. 그러므로 0~2세 영아를 위한 보육과정과 3~5세 유아를 위한 보육과정을 합리적으로 운영하기 위해서 당해 유아보육기관에서 보육과정 편성의 기준이 된 제3차 어린이집 표준보육과정(보건복지부 고시 제2013-3호)과 누리과정(과학기술부고시 제2012-16호)에 제시된 교수・학습방법 지침을 근간으로 하여 보육과정의 특성, 유아, 학부모, 지역사회의 기대와 요구 등을 고려하여 지도하여야 한다. 따라서 다음에서 국가 수준의 보육과정에서 제시한 교수・학습지도 지침 그리고 보육과정 운영에 따른 교수・학습방법, 일과활동별 전개방식에 대하여 기술하기로 한다.

1. 0~2세 영아의 보육과정 운영

0~2세 어린이집 제3차 표준보육과정에서 제시된 교수・학습방법 지침, 0~2세 영아 교수・학습활동 지도 시의 강조점, 0~2세 표준보육과정 영역별 시도원리에 대하여 기술하기로 한다.

1) 0~2세 교수・학습방법 지침

제3차 어린이집 표준보육과정에서 0~2세 영유아 교수-학습방법 지침을 다음과 같이 제시하여 6개 영역의 교과지도방법을 시사하였다.

(1) 주도적인 놀이를 중심으로 교수-학습활동이 이루어지도록 한다

① 영유아는 충분한 시간 동안 자발적이고 적극적으로 놀이에 참여하도록 한다.

② 교사는 영유아의 다양한 탐색과 자유놀이가 가능하도록 계획하고 실행해야 한다.

(2) 흥미를 중심으로 활동을 선택하고 지속할 수 있도록 한다

① 영유아는 흥미 있는 활동에 적극적인 참여자가 되고 이를 통해 학습이 일어난다.

② 교사는 영유아의 개인차를 고려하여, 이에 적합한 다양한 활동을 준비하여야 한다.

(3) 생활 속 경험을 소재로 하여 지식, 기술, 바람직한 태도를 기르도록 한다

① 영유아는 실제 생활 속의 경험을 통해 영유아가 의미 있는 내용을 습득하도록 한다.

② 가정 및 지역사회에서 얻은 영유아의 경험이 적합한 학습경험으로 연계될 수 있도록 지도한다.

(4) 교사와 신뢰감을 형성하고 개별적인 활동이 이루어지도록 한다

① 영유아를 존중하는 교사의 상호작용은 언어적 상호작용, 온정적이고 긍정적인 비언어적 상호작용을 포함하여, 집단활동과 개별적인 상호작용을 통해서, 영유아 개인과의 신뢰감을 형성한다.

② 영유아의 발달 차이, 기질, 경험 내용과 범위, 관심사, 학습능력, 가정문화 등의 개인차를 인정하고, 개별 영유아의 특성에 알맞게 놀이 및 활동 제공과 학습방식을 제공한다.

(5) 교사, 환경, 또래와 능동적인 상호작용이 이루어지도록 한다

① 영유아가 능동적이며 적극적으로 교사, 환경, 또래와 상호작용을 할 수 있도록 놀이 및 활동, 환경을 지원한다.

② 영유아의 이전 경험과 현재 영유아의 발달 수준, 사전 경험, 발달적 연계성 등을 고려하여 교사가 상호작용에 적용한다.

(6) 주제를 중심으로 여러 활동이 통합적으로 이루어지도록 한다

① 주제 중심의 통합은 영유아의 발달과 흥미, 학습에 적합한 주제를 선정한다.

② 주제 전개에 따른 전체 계획을 체계화하여 통합적으로 운영한다.

(7) 만 0~1세 영아, 만 2세 영아는 일상생활 및 개별활동, 휴식 등이 균형 있게 이루어지도록 한다

① 영아의 급·간식, 배변, 씻기 등의 일상생활과 개별활동, 휴식 등은 영아의 개별적·신체적 요구를 충분히 고려하여 균형감 있게 배치하도록 한다.

② 영아와 함께 하는 모든 놀이 및 활동은 영아의 월령이 낮을수록 개별 리듬에 맞추어 융통성 있게 조절하며, 개별활동으로 하는 것이 중요하다.

2) 0~2세 영아교육을 위한 교사의 역할

영아는 세상에 태어나자마자 각 가정에 자연스럽게 형성된 무릎학교(Mother's Knee School)에서 온 가족의 총애와 배려를 받으며 자기중심적으로 성장해오다가 인위적으로 형성된 최초의 학교인 어린이집을 접하게 되는데, 이것은 영아에게는 영아의 일생에서 가장 큰 충격적인 변화가 아닐 수 없다. 이러한 특수성이 있는 영아를 지도하는 보육교사는 다음과 같은 사항을 고려해야 한다.

(1) 영아에 대한 사랑

일반적으로 인간을 대상으로 하는 직업은 근본적으로 인간에 대한 사랑이 있어야 하며, 특히 교사의 정서적 신호에 민감하게 반응하는 어린 영아를 대상으로 하는 보육은 영아에 대한 사랑을 더욱더 절실하게 기대한다. 영아들이 바르게 성장하기 위해서는 교사로부터 사랑의 감정을 충분히 느끼도록 영아를 쓰다듬고 안아주고 뽀뽀해주는 등 다양한 방법으로 사랑의 감정을 전달해 주어야 한다. 특히, 다음과 같은 점을 유념하여 시도한다.

첫째, 따뜻하고 부드러운 피부 접촉을 통해서 영아에게 쾌감과 만족감을 느끼게 한다.

둘째, 영아들의 느낌이나 생각에 민감하고 항상 영아편에 서서 그들의 말과 그들의 요구를 절대적으로 수용한다.

셋째, 말로써 사랑을 고백하고 칭찬과 감사를 표현하며 늘 이름을 불러준다.

넷째, 사랑이 가득 담긴 인자한 눈은 영아의 마음을 부드럽게 하고 평안하게 해준다.

다섯째, 머리를 쓰다듬어 주고 손을 잡아주며 안아주기를 실천하여 촉각적인 효과를 준다.

여섯째, 영아들이 필요로 할 때는 즉시 뛰어갈 준비를 하고 있어야 한다.

일곱째, 사랑이 깃든 선물을 자주 전달한다. 크고 작음은 개의치 않는다.

여덟째, 사랑을 전달하는 최선의 방법은 영아들과 즐겁게 놀아주는 것이다.

아홉째, 영아는 무한한 가치와 존엄성을 지닌 인간으로서 존경해 준다.

(2) 온정적인 자세

교사의 온정적인 성품은 따뜻하고 포근하고 배려적이며 이해심이 강하고 수용적이며 또한 유머스러우면서도 친절한 성품이다.

영아들이 각 가정에서 영아 중심적으로 온 가족의 귀여움을 받고 생활하다가 갑자기 모든 것이 생소하며 낯설고 조직적으로 이루어지는 집단생활에 잘 적응할 수 있도록 하는 동인은 바로 보육교사의 온정적인 태도이다. 온정적인 태도는 영아들의 정서적인 불안감을 해소해주고 안정감을 주며 집단생활에 잘 적응할 수 있도록 하고 영아의 지지자, 격려자, 애정표현자, 불안제거자로서 영아의 어린이집 적응에 긍정적인 영향을 준다.

(3) 영아중심교육의 실천

영아중심교육은 아무리 강조해도 부족할 정도로 영아 본위로 각종 보육활동이 이루어 져야 한다. 3~5세 유아에게는 집단의식 배양을 위해 유아중심교육에 교사중심성이 상당부분 가미될 수 있으나 0~2세 영아에게는 최대한 영아중심성이 강조되어야 한다.

영아에게는 연령차뿐 아니라 동일 연령 내에서의 개인차와 사전 경험을 파악하여 영아중심교육을 실천해야 하며, 특히 다음 사항을 고려해야 한다.

첫째, 영아주도적 놀이를 시킨다. 교사는 3~5세 유아에게는 놀이를 학습의 수단으로 놀이중심의 통합지도(integrated learning)를 시도한다면, 0~2세 영아에게는 어린이집의 원활한 생활적응을 위해 놀이를 시킨다. 따라서 교사는 다양한 놀이를 제공해주고 영아들이 자신의 흥미와 요구, 기대 그리고 발달상황을 고려하여 놀이를 선택하고 자기주도적으로 이끌어 간다. 특히, 영아기 놀이는 한 가지 놀이에 오랫동안 몰입하면서 다양한 경험을 하도록 지도해야 한다.

둘째, 영아 개인별 맞춤식 프로그램을 적용한다. 3~5세 유아지도는 대집단, 중·소집단활동의 균형적인 통합지도를 통하여 학습은 물론 집단 규범과 의식을 자연스럽게 형성시킴에 반하여 0~2세 영아에게는 집단 규범과 의식배양교육은 배제되어야 한다. 가정교육의 연계선상에서 영아 개인의 발달 수준, 특성, 흥미, 요구는 물론 사전경험을 반영하여 해당 영아에게 알맞은 맞춤식 개별 프로그램을 편성 지도한다.

(4) 어머니와의 연계교육 실천

어머니는 가정교육의 대표자, 정보제공자로서 교사와 가장 쉽게 접할 수 있는 교육동지이다. 어머니와의 연계교육은 부모교육의 차원이 아닌 자녀 영아교육을 위한 참여교사 또는 보조교사로서의 기능이다. 부모는 해당 영아지도를 위한 각종 지식과 기술을 지니고 있는 자녀교육에 관한 정보의 보고이다. 어머니를 통하여 가정에서의 교육방법은 물론, 놀이의 성향, 식생활 습관, 배변, 휴식 등 일상생활에 관한 모든 정보를 제공받아 가정생활의 연속선상에서 어린이집 보육이 이루어져야 한다. 이를 위해서는 부모로 하여금 보조교사의 역할을 수행하게 하는 일이다. 예를 들면, 가정에서 주로 가지고 놀던 놀이기구가 무엇인가를 파악하여 해당 놀이기구를 활동실에 구입하여 비치하거나 가정에서 해당 놀이기구를 대여받아 비치할 수도 있다. 또한 영아가 가정에서 즐겨 사용하는 기구를 활동실 자유선택영역에 비치하여 가정과 같은 분위기를 조성하는 등 가정과의 연계교육을 위해 부모의 역할을 강화하는 것이다.

(5) 돌봄 위주의 균형적인 통합교육

영아들에게 주의 집중을 요구하고 놀잇감을 동료 영아에게 양보하게 하고 조용히 걷고 떠들지 말라고 하는 등 집단생활 규범을 지도하는 것이 아니라 가정에서와 같이 영아 자신이 자기주도적인 놀이를 통해 재미있게 놀 수 있도록 급·간식, 배변, 씻기 등의 일상생활과 개별 맞춤식 프로그램, 휴식 등 영아의 신체적·생리적 욕구를 충분히 고려한 돌봄 위주의 균형적인 통합교육이 되도록 노력한다.

3) 0~2세 표준보육과정 영역별 지도원리

0~2세 표준보육과정 영역별 지도원리를 0~1세, 2세로 구분하여 기술(제3차 어린이집 표준보육과정 교사용 지도서, 2014)하니 보육교사는 지도원리를 잘 이해하고 영아지도에 임해야 한다.

0~1세 표준보육과정 영역별 지도원리를 다음에서 기술하기로 한다.

〈표 Ⅴ-12〉 0~1세 표준보육과정 영역별 지도원리

영역	내용범주	내용	지도원리
1. 기본생활	1) 건강하게 생활하기	(1) 몸을 깨끗이 하기	① 영아의 쾌적함에 대한 기본적인 욕구를 충족시키도록 하고 몸이 깨끗할 때 기분 좋음을 알도록 교사가 적절한 도움을 제공하도록 한다.
		(2) 즐겁게 먹기	② 영아가 모유와 우유에서 시작하여 점차 다양한 음식에 적응해 가는 과정을 도와주며 먹는 것에 대한 즐거움과 도구를 사용해 보는 경험을 할 수 있도록 주안점을 둔다.
		(3) 건강한 일상생활하기	③ 영아가 수유 또는 식사, 수면, 휴식, 배변 등의 활동을 가정에서와 같이 편안하게 느끼도록 환경을 구성하며, 건강하고 즐겁게 일상생활을 경험하는 것에 중점을 둔다.
	2) 안전하게 생활하기	(1) 안전하게 지내기	① 영아가 안전하게 지내도록 영아의 발달에 적합한 안전환경을 구성하는 것에 주안점을 둔다.
		(2) 위험한 상황에 반응하기	② 다양한 상황에서 우선적으로 살펴보고 영아에게 위험한 것을 알려주고 피하도록 지도한다.
2. 신체운동	1) 감각과 신체 인식하기	(1) 감각적 자극에 반응하기	① 신체의 여러 감각기관을 인식할 수 있도록 시각, 청각, 촉각, 후각, 미각을 자극하며, 느낌에 반응할 수 있는 데 중점을 둔다.
		(2) 감각으로 탐색하기	② 주변 환경을 탐색하는 데 여러 감각기관을 동시에 사용하여 통합적으로 경험할 수 있도록 한다.
		(3) 신체 탐색하기	③ 손과 발 등 신체의 움직임을 통해 신체부분을 인식하고 움직임을 언어로 표현해 주는 데 주안점을 둔다.
	2) 신체조절과 기본운동하기	(1) 신체 균형 잡기	① 영아가 몸의 균형을 잡기 위해 다양한 시도를 할 수 있다.
		(2) 대근육 조절하기	② 몸을 조절하여 위치를 바꾸거나 몸의 움직임을 조절하면서 대근육을 조절하는 데 중점을 둔다.
		(3) 소근육 조절하기	③ 눈과 손을 협응하여 소근육 조절을 시도해 본다.
		(4) 기본운동하기	④ 배밀이, 기기 등의 이동운동을 시도하거나 팔다리 뻗기, 흔들기, 서 있기, 앉기 등의 제자리 운동을 시도하는 등 다양한 기본운동을 하도록 주안점을 둔다.
	3) 신체활동에 참여하기	(1) 몸 움직임 즐기기	① 영아가 실내·외의 다양한 활동에 참여하면서 자신의 몸을 움직여 보는 활동을 즐기는 데 중점을 둔다.
		(2) 바깥으로 신체 움직이기	② 바깥에서 적극적으로 신체활동을 경험하며 신체적·심리적 건강을 동시에 증진시킬 수 있도록 한다.
		(3) 기구를 이용하여 신체활동 시도하기	③ 기구를 이용한 신체활동을 통해 영아 자신의 신체에 흥미와 관심을 느끼고 다양한 움직임을 위한 활동에 참여하는 데 주안점을 둔다.

영역	내용범주	내용	지도원리
3. 의사소통	1) 듣기	(1) 주변의 소리와 말소리 구분하여 듣기	① 일상생활에서 영아가 익숙한 성인의 말소리에 집중하여 귀를 기울이고, 주변 소리와 말소리를 구분하며 말소리에 호기심을 느끼고 능동적으로 반응하는 데 중점을 둔다.
		(2) 경험과 관련된 말 듣고 알기	② 영아의 눈앞에서 직접적으로 일어나는 반복적인 경험과 그와 관련된 말소리의 의미를 연결하여 들려주는 것에 중점을 둔다.
		(3) 운율 있는 말 듣기	③ 운율 있는 짧은 말이나 리듬감 있는 이야기를 들려주어 다른 사람과의 의사소통이 즐겁다는 경험을 주는 데 중점을 둔다.
		(4) 말하는 사람을 보기	④ 영아가 말소리를 듣기 위해 몸을 돌려 성인을 응시하고 반응하는 데 중점을 둔다.
	2) 말하기	(1) 발성과 발음으로 소리 내기 (2) 표정, 몸짓, 말소리로 말하기 (3) 말할 순서 구별하기	① 여러 가지 소리 내기와 말소리 즐겁게 내기를 바탕으로 소리에 대한 반응을 모방하여 발음하기에 중점을 둔다. ② 표정과 몸짓 나아가 말소리로 의사표현하는 것에 중점을 둔다. ③ 일할 순서에 따라 표정, 몸짓, 말소리에 반응하는 것에 중점을 둔다.
	3) 읽기	(1) 그림책과 환경 인쇄물에 관심 가지기	① 그림책과 환경 인쇄물에 관심을 갖도록 다양한 감각책과 주변의 친숙한 환경 인쇄물을 제공하여 이를 탐색하는 데 중점을 둔다. ② 책을 읽어주는 교사의 목소리에 귀를 기울이고, 책보는 것에 재미를 느낄 수 있도록 친숙한 그림책을 반복적으로 보려는 영아의 시도를 격려하는 데 주안점을 둔다.
	4) 쓰기	(1) 끼적이기	① 마음대로 끼적이는 자세를 즐기며, 자신이 끼적거린 결과에 관심을 보이는 환경을 마련하는 데 초점을 둔다.
4. 사회관계	1) 나를 알고 존중하기	(1) 나를 구별하기 (2) 나의 것 인식하기	① 나의 모습에 관심을 가지거나 자신의 모습을 알도록 하는 데 중점을 둔다. ② 자신의 이름이나 물건 등 나에 대한 기본 특성에 대해 알아가면서 자기존중감을 형성하는 데 중점을 둔다.
	2) 나와 다른 사람의 감정 알기	(1) 나의 감정을 나타내기 (2) 다른 사람에게 주의 기울이기	① 영아가 여러 가지 감정을 나타내는 경험을 통해 자연스럽게 자신에 대해 알아갈 수 있도록 하는 데 중점을 둔다. ② 영아가 자신의 감정뿐 아니라 다른 사람의 욕구나 감정에도 관심을 갖도록 하는 데 초점을 둔다.
	3) 더불어 생활하기	(1) 안정적인 애착 형성하기 (2) 또래에 관심 갖기 (3) 자신이 속한 집단 알기 (4) 사회적 가치를 알기	① 영아가 주 양육자와 애정적인 유대나 정서적인 결속을 맺고 심리적인 안정을 유지하며 자신의 욕구와 관심을 표현하는 것에 중점을 둔다. ② 영아가 또래에 관심을 가지며 함께 지내는 경험을 하는 데 중점을 둔다. ③ 영아가 자신이 속한 반이나 담임교사를 알아볼 수 있도록 하는 데 중점을 둔다. ④ 영아가 사회관계에서 기본적으로 익히게 되는 사회적 가치를 일상생활을 통하여 경험해 보도록 하는 데 중점을 둔다.

<table>
<tr><th>영역</th><th>내용범주</th><th>내용</th><th>지도원리</th></tr>
<tr><td rowspan="3">5. 예술경험</td><td>1) 아름다운 찾아보기</td><td>(1) 예술적 경험에 호기심 가지기</td><td>① 영아가 주변의 다양한 소리, 움직임, 색, 모양에 호기심을 갖고 반응하는 데 중점을 둔다.</td></tr>
<tr><td>2) 예술적 표현하기</td><td>(1) 리듬 있는 소리로 반응하기
(2) 움직임으로 반응하기
(3) 단순한 미술 경험하기
(4) 모방행동 즐기기</td><td>① 영아가 리듬 있는 소리에 관심을 갖고 소리나 노래로 반응하는 것에 중점을 둔다.
② 다양한 자극에 대해 손발 흔들기와 몸의 움직임 나아가 간단한 도구를 활용하여 표현하는 데 중점을 둔다.
③ 감각적으로 단순한 미술활동을 경험하는 것에 중점을 둔다.
④ 영아가 일상생활 속에서 자주 접하는 행동을 흉내 내 보는 것에 중점을 둔다.</td></tr>
<tr><td>3) 예술 감상하기</td><td>(1) 아름다움 경험하기</td><td>① 영아가 일상생활에서 반복되는 소리나 노래를 즐겨 듣고, 익숙한 주변 환경 속에서 자연물이나 사물의 아름다움을 경험하도록 하는 데 중점을 둔다.</td></tr>
<tr><td rowspan="3">6. 자연탐구</td><td>1) 탐구하는 태도 기르기</td><td>(1) 사물에 관심 가지기
(2) 탐색 시도하기</td><td>① 자신과 주변사물을 시각, 청각, 촉각 등의 감각을 통해 경험하면서 관심을 갖도록 하는 것에 중점을 둔다.
② 감각을 통한 사물지각능력을 바탕으로 의도적으로 탐색을 시도하면서 주변 세계에 대해 더욱 정교하고 정확하게 알아가게 하는 데 중점을 둔다.</td></tr>
<tr><td>2) 수학적 탐구하기</td><td>(1) 수량 지각하기
(2) 주변 공간 탐색하기
(3) 차이를 지각하기
(4) 간단한 규칙성 지각하기</td><td>① 영아가 있고 없는 상황을 알게 되면서 '있다'와 '없다'를 구별하고, '한 개'와 '여러 개'의 수량을 지각하게 되는 데 중점을 둔다.
② 영아가 교사의 도움을 받아 보육일 창밖, 실외공간을 살펴보며 익숙한 물질의 위치, 장소, 모양을 탐색하도록 하는 데 중점을 둔다.
③ 영아가 주변의 익숙한 물건의 색, 모양, 질감, 크기, 길이의 차이를 감각적으로 느낄 수 있도록 하는 데 중점을 둔다.
④ 영아에게 규칙적으로 반복되는 하루 일과를 제공하고 반복되는 소리, 리듬이 들어가는 노래, 말들의 동작을 제공하여 간단한 규칙성을 경험하는 데 중점을 둔다.</td></tr>
<tr><td>3) 과학적 탐구하기</td><td>(1) 물체와 물질 탐색하기
(2) 주변 동식물에 관심 가지기
(3) 주변 자연에 관심 가지기
(4) 생활도구 탐색하기</td><td>① 일상생활 주변에서 시각, 청각, 촉각, 후각, 미각 등의 다양한 감각을 통해 탐색할 수 있는 친숙한 환경과 놀잇감을 제공함으로써 영아가 이에 관심을 갖고 탐색하도록 격려하는 데 중점을 둔다.
② 어린이집 실내나 주변 산책을 통해 움직이는 곤충이나 나뭇잎 등 친숙한 동식물을 볼 수 있는 기회를 자주 제공하여 모양, 소리, 움직임을 중심으로 상호작용해 주는 것에 중점을 둔다.
③ 주변 산책을 통해 여러 가지 자연물, 바람과 햇빛 등의 자연현상에 관심을 가질 수 있도록 기회를 제공하고 반응하는 것에 주안점을 둔다.
④ 하루일과 중에 영아가 익숙하게 사용하는 도구를 탐색해 볼 수 있도록 하는 것에 주안점을 둔다.</td></tr>
</table>

※ 1세 기본생활영역 외 2세 표준보육과정 영역별 지도 원리는 제3차 어린이집 표준보육과정지도서(2014)를 참고하기 바람

2. 3~5세 유아의 누리과정 운영

일반적으로 유아보육기관에서는 유아보육기관의 보육목표를 설정한 후 유아들이 보육목표를 구현하고 잠재능력을 계발시키기 위하여 합리적인 절차에 의해 편성된 보육과정을 운영하게 되는데, 운영 내용에는 교수·학습지도, 생활지도, 행사지도, 부모교육 등 다양한 활동이 포함된다. 그중에서도 3~5세 유아의 보육과정 운영은 대부분 교수·학습지도를 통하여 구현되기 때문에 다음에서 교수·학습방법 지침과 교수·학습방법을 중심으로 기술하기로 한다.

1) 교수·학습방법지침

3~5세 누리과정에서 다음과 같이 교수·학습방법 지침이 제시되어 있다.

① 놀이를 중심으로 교수·학습활동이 이루어지도록 한다.
② 유아의 흥미를 중심으로 활동을 선택하고 지속할 수 있도록 한다.
③ 유아의 생활 속 경험을 소재로 하여 지식, 기능, 태도 및 가치를 습득하도록 한다.
④ 유아와 교사, 유아와 유아, 유아와 환경 간에 능동적인 상호작용이 이루어지도록 한다.
⑤ 주제를 중심으로 여러 활동이 통합적으로 이루어지도록 한다.
⑥ 실내·실외활동, 정적·동적활동, 대·소집단활동 및 개별활동, 휴식 등이 균형 있게 이루어지도록 한다.
⑦ 유아의 관심과 흥미, 발달이나 환경특성 등을 고려하여 개별 유아에게 적합한 방식으로 학습하도록 한다.

2) 교수·학습방법

유아교육기관에서 교수·학습활동은 보육활동 가운데 가장 핵심적이며 중요한 활동 영역이다. 이것은 아무리 보육과정이 잘 편성되었다 하더라도 보육과정을 유아보육 현장에서 유아들에게 직접적으로 전달해 주는 교수·학습방법이 유아의 발달적 특성과 흥미를 고려하지 않았다면 보육의 효율성을 도모할 수 없기 때문이다. 또한 교수·

학습방법의 근간이 되는 것은

① 학습활동의 전개과정

② 일일 일과활동 운영으로 이에 대하여 구체적 기술한다.

(1) 학습활동의 전개과정

학습활동은 일반적으로 도입, 계획, 전개, 종합, 평가 등의 5단계로 이루어지기도 하나 일반적으로 가장 많이 사용하는 단계는 도입, 전개, 종결의 3단계이다. 특히, 유아교육기관에서 활동주제를 중심으로 한 교육활동은 도입단계(학습을 도입하는 활동), 전개단계(학습을 이끄는 핵심인 학습경험활동), 종결단계(학습경험활동을 종합하는 종결활동) 등 3단계로 이루어진다.

① 도입단계(도입활동)

학습이 이루어지기 위해서는 먼저 도입단계에서 활동주제를 도입해야 한다. 학습의 준비단계 또한 동기유발의 단계라고도 한다. 학습의 지도목표를 인식시키는 일에서부터 학습을 끝맺는 일까지의 활동을 강력히 추진시킬 수 있는 동기나 의욕을 불러일으켜 학습의 진행을 효과적으로 이끌어 가도록 하는 준비단계가 도입단계이다. 이 도입단계의 운영 여하가 바로 본시 학습의 성공 여부를 결정한다.

유아들에게 활동주제를 도입하기 위해서는 유아의 흥미를 자극하고 호기심을 일으키도록 동기유발이 필요하기 때문에 도입활동을 치밀하게 계획해야 한다.

교사는 다음과 같은 활동을 통해 활동주제를 적절하게 도입할 수 있다.

ㄱ. 교사는 유아들과 함께 토의하는 과정에서 활동주제를 도입할 수 있다. 교사는 활동주제와 관련지어 유아의 사고와 흥미를 자극하는 질문을 할 수 있고 직접 활동주제를 이야기해서 도입할 수도 있다.

ㄴ. 계획하지 않은 우연한 경험으로부터도 활동주제를 도입할 수 있다. 예를 들면, 놀이터에서 먼저 그네를 타겠다고 다투는 유아들이 있으면 자연스럽게 질서와 양보에 관한 활동주제로 학습을 이끌 수 있다.

ㄷ. 지역사회의 문화행사를 활동주제로 도입할 수 있다. 즉, TV, 영화, 슬라이드 등이 도입활동으로 사용될 수 있으며, 신문이나 잡지 등도 최근 이슈가 되는 활동주제에 대해 유아의 흥미를 자극할 수 있다.

ㄹ. 시청각자료를 통해 활동주제에 관련된 활동의 전개과정에서 새로운 활동주제

를 도입하는 계기가 될 수 있다. 예를 들면, 교통기관에 관한 활동주제에서 배가 다루어지고 바다에서 사는 생물, 항구의 모습이나 어민들의 생활에 관한 활동주제로 이어질 수 있다.

ㅁ. 교사가 주제에 관련된 새로운 환경을 구성해 줌으로써 그 속에서 활동주제가 도입될 수 있다. 즉, 교실 게시판에 활동주제에 관련된 실물이나 모형을 전시함으로써 유아의 흥미와 호기심을 자극하여 게시판의 게시물을 통해 새로운 활동주제로 도입할 수 있다.

② 전개단계(학습경험활동)

도입단계에서 학습목표가 학습자 자신의 문제로 확인되면 학습목표 도달을 위한 활동을 본격적으로 시작한다. 학습 전개단계의 학습활동이란 학습자의 흥미와 능력에 따라 공동학습, 분단학습, 개인학습 등으로 다양하게 이루어진다. 또한 개별활동, 소집단활동, 대집단활동을 균형 있게 계획하여 지도하기도 한다.

한편, 교사는 학습경험을 계획할 때, 보육목표에 부합되게 하기 위해 어떤 학습경험들이 있는지, 어떠한 학습경험이 추후 학습경험을 위한 근거를 제공하는지, 어떠한 학습경험이 유아들에게 지식이나 정보의 이해를 분명히 하고 지식이나 이해를 확장할 수 있는지를 고려해서 지도한다. 그리고 활동주제의 성격에 따라 거기에 최적한 교수·학습방법을 계획해서 지도한다.

③ 종결단계(종결활동)

유아들에게 제공된 학습경험을 마무리하기 위해서는 종결하는 활동이 필요하다. 학습경험을 종결하는 일은 활동주제에 관련된 개념들을 다시 생각하고 정리할 수 있는 활동으로 꼭 필요하다. 또한 종결활동은 각 영역으로 학습된 부분적인 내용이나 개념들을 함께 묶어 활동주제와 관련지어 종합적으로 정리할 수 있는 기회를 제공한다. 유아들과 함께 할 수 있는 종결활동은 활동주제에 대해 학습한 내용에 대한 느낀 점이나 생각한 점에 대해 함께 이야기 나누기, 활동과 관련된 경험 차트 만들기, 학습내용에 관련지어 책 만들기, 학습활동을 도와주신 분들께 감사편지 쓰기, 관련 경험 함께 나누기 등이 있다.

(2) 일일일과활동 운영

어린이집에서는 연간보육계획안에 근거하여 월간보육계획안, 주간보육계획안 그리고 일간보육계획안을 작성하여 최종적으로는 일일보육계획안에 따라 일일일과활동이 운영되는데, 일일일과활동을 운영하는 데 있어서 교사는 늘 무엇을(내용) 어떤 방법으로(교수·학습지도) 지도할 것인가에 대해 관심을 가지고 지도해야 한다.

일일보육계획안은 주간보육계획안을 근간으로 하여 작성된다. 활동실에는 주간보육계획안에 의거 이미 생활 주제와 활동주제를 중심으로 환경 구성, 자유선택활동, 집단활동 등이 통합적으로 구성되어 있기 때문에 일일보육계획안의 각 활동들은 서로 분리된 활동이 아니라, 주간활동주제를 중심으로 상호 관련이 있는 활동들로 통합적으로 연결되어 있다.

어린이집 일일일과활동 유형에는 크게는 대집단활동, 중집단활동, 소집단활동으로 구분할 수 있는데, 주로 많이 활용하고 있는 활동들에 대한 운영요령에 대해 기술하기로 한다.

① 대집단활동

가. 이야기 나누기

이야기 나누기는 하루의 보육활동 중에서 가장 중심이 되는 활동으로 교사와 유아가 함께 모여 앉아 교사가 유아에게 어떤 가치판단의 기회가 될 만한 상황을 제시하고 그 장면에 대하여 유아와 이야기를 나누는 활동으로 교사에게는 특히 이야기 나누기 기술이 있어야 한다.

㉠ 활동 내용

이야기 나누기 시간에서는 아래와 같이 일상생활에서 경험했던 일부터 주제와 관련된 활동, 또 교사가 전하고 싶은 개념이나 설명이 필요한 내용 등을 다룬다.

㉮ 정보 전달하기

㉯ 유아의 경험(봄나들이, 견학, 극기훈련 등) 발표하기

㉰ 활동실 내의 주요사항(새로운 규칙 결정하기, 하루일과 프로그램 계획하기 등) 해결하기

㉱ 주세 선성과 전개를 위한 질문목록과 조사방법의 토의

㉲ 주제에 따른 실물, 그림자료 제시

㉳ 특정 주제에 대해 토의하기

㉴ 자유선택활동이나 일과 운영을 위한 계획 수립

㉳ 자유선택활동시간의 활동결과 발표 및 평가 등

㉡ 교사의 역할

㉮ 쉽고, 명랑하며 유머 있는 말을 하고, 유아의 경험을 중심으로 문답식 질문을 한다.

㉯ 이야기 도중에 유아들의 의견을 무시하지 않으며 유아들이 말을 많이 하도록 동기유발을 잘한다.

㉰ 가르치고자 하는 것은 반드시 자료를 준비하고 실험을 할 경우에는 하루 전에 자료를 준비하도록 한다.

㉱ 이야기 내용을 극화하여 효과를 극대화할 수도 있다.

㉲ 이야기 나누기 시간은 반드시 매일 하거나 전체 학급의 유아가 동시에 참여해야 한다는 생각을 바꾸어야 한다.

㉳ 모든 유아들이 참여할 수 있도록 배려하고 발표 시 수줍음을 타는 유아에 대한 배려가 있어야 한다(예 : 손가락인형, 손인형, 막대인형 활용).

㉴ 유아들에게 주의를 집중시키는 다양한 기술을 강구한다.

㉵ 유아들에게 수렴적 질문과 확산적 질문을 적절히 사용하며 질문의 개별화로 유아 수준에 맞는 질문을 해야 한다.

㉶ 유아들에게 질문을 한 후에는 생각할 수 있는 시간(wait time)을 주어야 한다.

나. 동화 듣기

유아들은 구수한 옛날 이야기나 꿈과 희망을 주는 동화 등 모든 이야기 듣기를 좋아한다. 동화책은 가격이 저렴하고 언제나 어디서나 유아들이 쉽게 접할 수 있으며 활용성이 높기 때문에 모든 유아보육기관에서 많이 활용하고 있다.

㉠ 동화책 읽어 주기

㉮ 동화책을 읽어 주기 전에 이야기의 내용을 충분히 파악하고 있어야 한다.

㉯ 유아로 하여금 편안한 마음으로 감상할 수 있도록 환경을 배려한다. 즉, 동화책이 잘 보이도록 뒤에 앉은 유아들은 의자에 앉게 하는 것이 좋다.

㉰ 동화책은 교사의 왼쪽(오른쪽)으로 들고 보여 준다. 이때 동화책의 높이는 유아의 눈높이가 좋다.

㉱ 이야기의 내용에 맞춰 감정을 넣어 적당한 속도로 읽어주며, 유아에게

시선을 골고루 보낸다.

㉤ 교사는 이야기책을 다 읽어준 후 함께 토의할 수 있는 몇 가지 질문을 던진다.

㉥ 동화책을 읽는 도중 유아가 질문할 경우 적절히 판단하여 처리하는 것이 좋다.

㉡ 동화 구연하기

교사가 동화 구연 시 고려할 점은 다음과 같다.

㉮ 교사는 이야기의 내용을 완전히 이해하여 구연할 수 있도록 연습을 충분히 해야 한다.

㉯ 이야기의 내용에 따라 구체적인 제스처(gesture)를 생각해 보아야 한다.

㉰ 이야기는 너무 오랫동안 진행되어서는 안 된다.

㉱ 유아가 싫증을 내지 않도록 간단한 소품이나 배경 그림을 사용한다.

㉲ 내용 중간에 유아가 적당한 말이나 행동으로 참여할 수 있는 기회를 주는 것이 좋다.

㉳ 전체 유아들을 골고루 바라보면서 천천히 이야기한다.

㉴ 너무 과장된 제스처나 얼굴 표정을 지어서는 안 된다.

다. 노래 부르기

유아보육기관에서 교사들은 많게는 10여 회까지 노래 부르기를 지도하는 등 유아교육활동에서 많이 활용하고 있다. 따라서 교사는 유아들에게 적절한 노래를 많이 지도해 주어 유아들이 유아활동뿐만 아니라 일상생활에서 그때그때 느낌에 맞는 노래를 저절로 부르도록 지도해야 한다.

㉠ 노래 부르기의 효율적인 지도 방안 : 노래는 다음과 같은 단계적인 과정을 밟아 지도한다.

㉮ 동기유발

㉯ 교사의 시범 창

㉰ 이미 알고 있는 유아들이 노래 불러주기

㉱ '라라'와 같은 말 넣어 멜로디 부르기

㉲ 노랫말 붙여 부르기의 과정을 밟아 지도한다.

㉡ 유아 노래는 중앙 도(C)에서 다(A)까지의 6도 이내 음역을 가진 노래로서

노랫말, 리듬 형태가 반복적이며 리듬, 멜로디가 명확하고 기억하기 쉬워야 한다.

ⓒ 노랫말을 소개할 때는 이야기 들려주기 형식으로 융판막대자료를 이용하여 흥미를 끌게 하고 노랫말을 적어 함께 읽어 보게 하는 등 이야기 형식을 취한다.

ⓔ 노래를 부를 때 교사는 유아와 서로 눈을 마주쳐 즐겁고 따뜻한 분위기를 갖게 한다.

ⓜ 유아 노래는 비교적 짧고 반복적이므로 새 노래를 지도할 때는 전체를 익히는 것이 좋으나 한 번에 다 읽히려고 계속 부르게 되면 흥미를 잃을 우려가 있다.

라. 게임

게임은 유아보육기관에서 장소, 기구, 시간에 구애됨이 없이 자유스럽게 이루어질 수 있는 활동으로 게임 자체가 즐겁게 놀 수 있는 것이어야 하며 반복하는 중에 즐거움이 증대된다. 게임의 효율적인 지도방안은 다음과 같다.

ⓐ 게임의 내용에 따라 대집단 또는 중·소집단으로 나누어 실시한다.

ⓑ 학기 초에는 단순한 내용이나 규칙, 지시가 적은 원게임을 계획하고, 유아들이 게임의 규칙을 이해하고 이를 지킬 수 있는 능력이 발달하면 편게임을 지도한다.

ⓒ 게임의 방법이나 규칙은 교사가 설명하여 줄 수도 있으나, 유아들과 함께 정하는 것이 좋으며 이때에는 유아들의 의견을 더욱 수렴하고 게임 실시 후에 문제점을 찾아 유아들 스스로 게임방법이나 규칙을 수정·보완하도록 한다.

ⓔ 게임이 끝난 후에는 반드시 평가시간을 가져 게임의 결과보다 과정에 관심을 가지도록 함으로써 유아들이 협동하고 규칙을 잘 지킬 수 있는 능력 배양에 주력한다.

마. 휴식시간과 낮잠

일과시간 동안 유아들은 활동량이 많아 피곤해지기 쉽다. 특히, 종일제 프로그램을 운영하는 경우나 놀이를 한 후 여름에 날씨가 더울 때는 휴식이나 낮잠시간을 가짐으로써 유아들이 피로와 긴장을 풀고, 다음에 이어지는 활동에 새로운 힘과 여유를 가지도록 해야 한다. 휴식시간과 낮잠지도의 효율적인 방안은 다음과 같다.

㉠ 동적인 활동과 정적인 활동을 적절히 안배하여 휴식시간을 대신해 준다.

㉡ 더운 여름철이나 과격한 행동 뒤에는 15~20분 정도 휴식시간을 가지는 것이 좋다.

㉢ 낮잠시간의 길이는 3세 유아의 경우, 점심식사 후 1~2시간, 4, 5세 유아는 30분~1시간 정도가 적당하다.

㉣ 동시나 조용한 음악을 감상하거나 조용히 동화를 들려주면서 피로감을 풀고 심미감을 맛볼 수 있도록 해준다.

㉤ 적절한 장소와 준비물을 마련한다. 조용하고 아득한 곳에 쿠션, 깔개를 준비해 두어 유아들이 원하는 자세로 쉬도록 해 준다. 조명은 너무 밝지 않게 한다.

㉥ 유아 개개인의 다른 생리적 욕구를 인정한다. 휴식이나 낮잠을 원하지 않는 유아는 좋아하는 활동을 조용히 하도록 해 준다(예 : 동화 읽기, 만들기, 그리기, 음악 듣기 등).

바. 간식과 점심시간

유아기는 신체나 정신발달이 급속히 이루어지는 시기이므로, 정상 체위와 체격, 건강한 체질과 올바른 식생활습관을 형성하는 기초 단계로서 이 시기에는 균형 잡힌 식사와 간식이 제공되어야 한다. 간식과 점심의 효율적인 지도방안은 다음과 같다.

㉠ 간식

㉮ 유아들은 음식물이 위에서 오래 머물지 못하므로 오전 10시 30분, 오후 3시 두 차례 간식을 제공한다.

㉯ 간식은 적은 양으로 식사와 식사 중간에 제공한다.

㉰ 간식이 끝나면 조용히 밖에 나가 놀든지 책을 보게 한다.

㉱ 간식은 고정시간이 아닌 유아들의 입장에 따라 개별적으로 제공하는 것이 좋다(아침 결식 유아에 대한 대책).

㉲ 간식 전에 지켜야 할 사항을 유아들과 협의하여 실천하도록 한다.

㉡ 점심

㉮ 유아들의 식량을 고려하여 한꺼번에 많이 주지 말고 먹고 싶으면 더 먹도록 한다.

㉯ 잘 먹지 않는 음식을 줄 때에는 조금씩 먹어 보게 한다.

㉰ 축하일과 생일을 위한 특별 식단을 계획한다.

㉱ 같은 음식을 계속 주지 않도록 한다.

㉲ 유아들이 좋아하는 방식으로 음식을 요리하도록 한다. 일방적으로 유아들은 같은 재료라도 여러 가지 방식으로 만들어진 음식, 향긋한 채소, 과일주스, 너무 뜨겁거나 너무 차지 않은 음식, 느낌이 좋은 음식 등을 좋아한다.

사. 전이활동

전이활동은 하루일과를 진행하는 중에 한 활동이 끝난 후 다음 활동으로 이어주는 중요한 활동이다. 특히, 유아교육기관에서의 일일 일과활동은 많은 활동으로 통합되어 있기 때문에 한 가지 활동이 종료된 후에 다음 활동으로 이어지는 전이활동이 많다. 전이활동을 위한 교사의 역할은 다음과 같다.

㉠ 유아들에게 활동이 바뀐다는 것을 미리 알려준다.

㉡ 유아들에게 한 장소에서 다른 장소로, 한 활동에서 다른 활동으로 전이되는 방법을 알려준다.

㉢ 전이활동시간을 너무 급하게 서두르거나 길지 않도록 계획한다.

㉣ 전이활동시간에 유아들이 무엇을 해야 하는지에 대해 명확하게 알려준다.

아. 정리정돈활동

대개 정리정돈활동은 자유선택활동을 마무리하면서 또는 일과활동을 정리하면서 반드시 이루어져야 하는 활동으로 놀이가 끝난 다음에 유아들은 자신이 사용한 놀잇감이나 자료를 제자리에 정돈할 수 있어야 한다. 교사의 지도방법은 다음과 같다.

㉠ 자기가 사용하였던 물건은 항상 정리정돈할 수 있도록 유도한다.

㉡ 놀잇감을 어질러 놓거나 함부로 던져 놓는 물건이 있으면, 놀잇감을 어떻게 사용해야 하는지 유아들과 함께 이야기를 나누어 평가해 본다.

㉢ 자기가 사용한 물건은 왜 치워야 하는지 그 문제 상황에 대해 충분히 토의

한다.

㉣ 잘 정리할 수 있는 방법을 유아들과 함께 의논하여 알맞은 정리 장소를 마련한다.

㉤ 정리신호가 들려오면 자신이 놀던 놀잇감을 정돈하며, 먼저 정돈이 끝난 유아는 친구를 도와주게 한다.

㉥ 흥미영역별로 놀이 사용법을 익히게 하고, 놀이 후에는 영역별로 제자리에 정리하도록 한다.

자. 평가와 귀가

하루일과를 끝내면서 집으로 돌아가기 전에 반 전체 유아들이 모여 하루 활동에 대한 평가와 귀가지도를 한다.

㉠ 평가

㉮ 평가시간은 필요에 따라 5~10분 정도가 알맞으며, 이 시간 동안 교사는 유아들과 함께 하루를 지내면서 가장 재미있었던 일이나 힘들었던 일을 회상하여 보고 그 이유와 대책을 이야기해본다.

㉯ 놀이계획표 용지에 놀이계획을 세운 유아는 자신이 세운 계획대로 하였는지 평가지에 표시하게 한다.

㉡ 귀가

㉮ 귀가지도시간에는 특별한 전달사항이나 귀가 시 안전 등에 대하여 이야기하거나, 다음날의 활동을 미리 소개할 수도 있다.

㉯ 귀가할 때는 가방, 통지문이나 작품, 도시락 등의 소지품을 가지고 가도록 한다.

㉰ 교사가 부모에게 직접 또는 전화로 그날 있었던 상황에 대하여 자세하게 알리며, 누가 누구와 어떻게 귀가하였는지 확인한다.

② 중 · 소집단활동

가. 신체활동

신체활동은 크게 기본운동활동과 창의적 신체표현활동으로 구성된다. 기본운동활동은 주로 신체와 정신의 조화로운 발달을 도모하기 위한 기본동작으로 신체의식과 이동, 비이동, 조작운동으로 구성되는데, 여기에는 걷기, 달리기, 뛰기, 구부리기, 흔들기 등이 있다.

한편, 창의적 신체표현활동은 어떤 사물의 상태나 움직임을 모방하거나 상상을 통하여 유아의 창의적인 표현을 도모하는 중·소집단활동으로 개구리 뛰뛰기, 원숭이 흉내 내기 등이 여기에 속한다. 신체활동의 효율적인 지도방안은

㉠ 교사는 동작활동을 단순한 활동에서 복잡한 활동으로 전개한다.

㉡ 교사는 동작의 시범을 유아들에게 보여 준다.

㉢ 창의적인 표현활동을 위해 관찰의 기회를 제공한다.

㉣ 독창적인 사고로 창의적인 표현을 할 수 있도록 지도한다.

나. 동시

유아보육기관에서 동화·동극과 아울러 동시를 들려주고 동시를 짓게 하는 경험을 제공하고 있다. 이는 장소, 시간, 교구에 관계없이 실시하기에 용이한 유아활동으로 평가받고 있다. 동시의 효율적인 지도방안은

㉠ 동시는 생활 주변이나 자연현상에 관한 내용, 신비롭고 환상적인 내용, 유머가 담겨 있는 내용, 진행되고 있는 특정 주제와 계절에 관련된 내용, 말이나 의성어가 있는 내용, 리듬과 음률이 있는 내용을 선정한다.

㉡ 교사가 동시를 읽어줄 때는 적절한 음악을 배경으로 들려주어 시가 지니고 있는 느낌을 더욱 부각시킨다.

㉢ 동시를 듣고 난 후 그 내용과 관련된 유아들의 경험이나 동시에 대한 느낌 등을 자유롭게 이야기할 시간을 갖는다.

㉣ 동시의 내용을 쉽게 이해할 수 있도록 그림자료, 자석자료, 손인형 등을 이용하며 동시에 관련된 직접적인 체험이 있을 때 더욱 효과적이다.

㉤ 유아들이 동시를 지을 수 있으려면 실제로 구체적인 활동과 경험을 하고 느낌을 이야기해 보는 기회를 가져야 한다.

㉥ 유아들의 일상생활에서의 경험, 사고, 감정을 언어로 표현하는 기회를 많이 제공하고 유아의 미숙하고 어색한 언어표현은 수용하고 확장시켜 준다.

㉦ 동시란 유아들의 느낌이나 감정, 경험한 것을 짧은 말로 이야기하는 것임을 이해시키고 처음에는 유아의 언어표현을 교사가 받아 써 주어 지도한다.

다. 관찰활동

과학하는 과정(process)은 대체로 기술 습득을 위한 과학교육의 방법으로 이해된다. 과학하는 과정이란 관찰하기, 그룹 짓기, 분류하기, 순서 짓기, 의사 전달하기,

예견하기 등인데, 그중 관찰하기가 유아교육에서는 제일 많이 활용되는 방법이다. 관찰활동의 효율적인 지도방안으로는

㉠ 교사는 유아들이 감각기관을 통해서 다각도로 관찰활동을 하도록 지도해야 한다.

㉡ 관찰활동은 직접적인 관찰로 끝나는 것이 아니라 관찰결과를 기록하거나 그림이나 표로 나타내어 정리하도록 지도한다.

㉢ 관찰 시에는 뚜렷한 문제의식을 갖고 주의 깊고 정확하게 관찰에 임하도록 한다.

㉣ 관찰에는 일시관찰과 계속관찰이 있음을 이해시키고 필요에 따라 일시관찰과 계속관찰을 계속적으로 실시하도록 한다.

라. 동극

대개 교사는 간단하면서도 재미있는 행동중심의 이야기를 들려준 후 이야기에 나오는 주인공의 역할을 분담하고 환경을 구성하여 동극화하도록 한다. 동극의 효율적인 지도방안으로는

㉠ 교사는 유아들의 동극활동을 위해 적절한 동화를 선택할 수 있도록 지도한다.

㉡ 교사는 유아들의 동극활동을 위해 동화내용이 어떤 순서로 진행되었는지 유아들과 이야기한다.

㉢ 유아들이 동극을 즐기게 되면 유아들끼리 배역을 결정하도록 유도하여 유아들이 중심이 되어 동극활동을 전개하도록 안내한다.

㉣ 교사는 동극에 필요한 소품을 유아들과 함께 협의하여 제작한다.

㉤ 동극활동을 할 때 배역을 맡지 않은 유아는 앉아서 관람하고, 배역을 맡은 유아는 대사와 표정, 동작을 곁들여서 자신의 역할을 표현하도록 한다.

㉥ 동극을 마친 후에는 관람자의 태도, 동극의 내용에서 좋았던 점과 부족했던 점, 어려웠던 점 등에 대하여 토의한다.

마. 직업(협동놀이)

동물원을 견학한 후 그림이나 사진을 모아 동물에 대한 책을 만들어 본다. 시간이 지난 후에 묶어서 작은 그림책을 만드는 작업(협동놀이)은 유아들에게 협동심을

길러주는 활동으로 유아보육기관에서 권장할 만한 활동이다. 작업(협동놀이)의 효율적인 지도방안으로는

㉠ 어린이집 생활이 익숙해지고 원활한 교우관계가 형성된 후에 공동작업활동의 기회를 제공한다.

㉡ 공동작업 시에는 재료를 서로 나누어 쓰게 하며 서로의 작품에 대해 이야기해보게 하고 또한 계획을 세울 때에는 자기의 의견을 제시하고 남의 의견을 들어보게도 하며 잘 모르는 유아의 작업을 돕도록 지도한다.

바. 요리하기

유아들은 고구마를 삶고, 과일 껍질을 벗기고, 달걀로 음식을 만드는 등의 조리과정에서 많은 개념과 사실을 학습하다. 그래서 요리하기는 유아들이 좋아하는 활동이다. 요리하기의 효율적인 지도방안으로는

㉠ 요리하기에 관련된 여러 영역의 경험, 즉 음식의 종류와 그 가치를 알기, 사회교육(시장 보기 등), 수학교육(거스름돈 셈하기 등), 과학(열 등), 읽기 준비(요리법 읽기 등), 예술(상차림 등), 문화유산(음식에 대한 감사 등), 언어(즐거운 대화 등) 등 여러 영역의 경험을 체험시킬 수 있도록 통합교육으로 이루어져야 한다.

㉡ 조리과정에서 계획하고, 씻고, 준비하고, 자르고, 만지고, 맛보고, 냄새를 맡고, 보고, 듣고, 먹는 경험을 통해서 많은 개념과 사실을 학습하도록 유도한다.

③ 개별활동

가. 등원

유아보육기관에서의 하루 일과가 효율적으로 이루어지기 위해서는 유아를 맞이할 수 있는 등원 전의 준비, 일일보육활동을 전개하는 데 있어서의 유아에 대한 이상의 유무 확인, 가정과 유아보육기관 간의 유아에 대한 자연적인 전이활동 등이 효율적으로 이루어져야 한다. 등원의 효율적인 지도방안으로는

㉠ 교사는 유아가 도착하기 전에 실내·외의 모든 시설과 설비의 안전상태를 점검하고, 교구나 자료를 준비한다.

㉡ 유아가 등원하면 교사는 유아의 눈, 코, 입, 귀 등을 살펴보고 열이 있는지,

상처가 있는지 간단한 신체검사를 실시한다.

㉢ 유아가 집에서 전날 있었던 일에 대한 간단한 의견을 교환하며 유아지도에 반영한다.

㉣ 부모와의 개별적인 만남이 어려울 경우, 현관이나 교실 입구의 메모판에 유아에 대한 기록을 남기도록 한다.

㉤ 교사와의 개별적인 관심이나 애정을 보여 빨리 교사와 어린이집 환경에 적응하게 한다. 유아가 떨어지지 않으려고 할 때는 당분간 부모가 어린이집에 머무르면서 유아들이 어린이집 환경에 적응하도록 돕는다.

㉥ 유아들이 도착한 후에 윗옷, 도시락, 가방 등 소지품을 보관함에 정리하고 실내·외에서 자유롭게 놀도록 도와준다.

나. 자유선택활동

자유선택 또는 자유놀이활동은 유아가 유아보육기관의 실내·외에 설비된 다양한 종류의 흥미영역별 활동 중에서 자신의 요구와 흥미에 따라 영역을 선택하여 활동을 계획·수행하며 평가해 보는 시간이다. 자유선택활동의 효율적인 지도방법으로는

㉠ 자유선택활동 영역은 영역의 수나 자료의 양보다는 학습활동 진행과 관련하여 유아들에게 동기와 자극을 주고 호기심과 흥미를 끌어내도록 그때그때 자료를 지속적으로 첨가해 주거나 변화시켜 주어야 한다(이은화 외, 2003).

㉡ 도서·언어영역 : 언어적 상호작용을 할 수 있고 책 읽기, 이야기 듣기, 글씨 쓰기 등을 고루 할 수 있도록 해주며 그날그날의 주제나 이에 관련된 다양한 시청각자료도 곁들여 주고 헤드폰을 준비하여 타 활동에 지장을 주지 않도록 배려한다.

㉢ 수영역 : 구체물(바둑알, 구슬, 헌 단추, 색물감이 든 작은 화장품 병, 조개껍데기, 완구용 팔찌 등)을 다양하게 비치해 주어 함께 나누고 분류하는 활동을 유도한다.

㉣ 과학영역 : 유아들이 책임감을 갖고 자율적으로 자기가 맡은 동식물을 기를 수 있도록 실물 재배장이나 동물 사육장을 마련해 주어 관찰하고 생명의 존엄성을 느끼게 한다.

ⓜ 미술영역 : 미술영역에서 공동작업하며 함께 나누어 쓰고 자신을 표현함으로써 유아들은 정리정돈 태도와 공유하는 방법, 표현방법 등 사회적인 기술을 학습하게 된다.

ⓑ 목공영역 : 목공놀이는 유아들에게 실제적으로 공구를 다루는 긴장감과 공구 사용에서 오는 만족감을 느낄 수 있게 한다.

ⓢ 음률영역 : 여러 나라와 여러 계통에 다양한 음악을 듣고 표현함으로써 그 문화와 생활에 대한 이해를 돕고 감상태도를 기르며 여럿이 함께하는 율동을 통해 서로 협동하여 아름다움을 만들어 내는 기쁨을 느끼게 된다.

ⓞ 블록영역 : 블록은 유아들 여럿이 혹은 혼자서 한 형태를 창조하고 완성하게 함으로써 상호 의견 교환의 기회를 주며 다양한 감각과 운동기술을 습득하게 한다.

ⓙ 물·모래영역 : 물·모래놀이는 긴장감을 해소하고 감각적 접촉을 통한 심리적 안정에 중요한 역할을 한다. 유아들이 원할 때 축축한 모래로 구성하거나 창조적 놀이를 할 수 있으며 더 확장된 놀이로 발전시켜 줄 수 있다.

다. 화장실 가기

유아들의 화장실 사용은 신체적·생리적 욕구충족을 위해 절대적으로 필요한 활동으로 이에 대한 철저한 지도가 이루어지지 않는다면 교사는 어려움을 겪을 수도 있다. 화장실 가기의 효율적인 지도방법으로는

㉠ 교사는 다음 활동이 긴 경우나 간식 및 점심시간 전후에 화장실에 꼭 다녀오도록 지도한다.

㉡ 유아용 화장실은 남아용과 여아용으로 분리하는 것보다 공동으로 활용하게 하여 자연스럽게 성교육을 유도한다.

㉢ 화장실 사용의 지도와 감독을 위해 낮은 칸막이를 설치하고 문을 잠그지 않는다.

㉣ 화장실 가기에서 특히 지도할 내용은

㉮ 질서 지키기 : 차례대로 사용하기, 노크하기 등

㉯ 청결 : 용변 후 손 씻기, 수건 바르게 사용하기, 적당량의 휴지 사용하기 등

㉰ 용기 사용 : 물 내리기, 세면기 꼭지 잠그기 등

제3장 건강 · 식생활(영양) · 안전관리

영유아기는 발달과 성장이 급속도록 진행되어 모든 발달과 성장의 기초를 형성하는 결정적 시기로서 이 시기에 건강, 식생활(영양), 안전에 대한 교육과 건강한 생활을 영위하는 것은 대단히 중요하다. 따라서 유아교육기관에서의 유아의 건강, 식생활(영양), 안전관리에 대한 지도내용과 지도방안에 대하여 다음과 같이 생각해 보기로 한다.

1. 건강관리

인간은 누구를 막론하고 건강을 삶의 궁극적인 목표로 설정하고 이를 실현하기 위해 부단히 노력하고 있다. 유아교육기관에서도 유아의 건강관리를 유아교육기관 운영의 일차적인 목표로 설정하고 있다. 뿐만 아니라 '유아교육법', '영유아보육법'에서도 유아교육기관에서는 학부모와 연계하여 유아의 건강관리에 주력하도록 법적으로 강조하는 등 유아건강관리는 유아교육기관의 중심교육활동이나 일부 유아교육기관에서는 학부형의 책임으로 미루고 소홀히 다루고 있는 영역이기도 하다.

1) 개념

건강이란, 사전적 의미로는 '몸이나 정신에 아무 탈이 없이 튼튼함' 또는 '몸이 튼튼하고 마음이 편한 상태'로 정의되고 있다.

또한, 세계보건기구(WHO)의 헌장에서는 건강이란 '질병이나 단지 허약한 상태가 아닐 뿐 아니라 신체적, 정신적 및 사회적인 안녕상태'라고 정의되었다. 여기서 신체적 건강이란 인체에 질병 · 상처 등이 없을 뿐 아니라 정상체력을 갖는 상태, 질병에 걸리지 않고 질병에 걸려도 금방 회복할 수 있는 신체상태이다. 또한 정신건강은 마음이 건강한 상태, 즉 '생각과 감정 그리고 행동이 건실한 상태'를 의미한다.

그리고 사회적 안녕상태는 사회적 건강으로서 국가의 복지시스템이 잘 구비되어 사고나 범죄율이 낮은 환경에서 즐겁고 활기찬 분위기 속에서 원만한 성격으로 다른 사람들과 친밀하게 지내는 것으로 신체적 건강, 정신적 건강, 사회적 건강이 종합적으로 이루어질 때 건강하다고 한다. 이상의 개념들을 정리해 보면 건강관리란 '유아들의 건강에 관련하여 예방적인 서비스와 치료적인 서비스를 병행 제공하고 유아들의 신체적, 정신적 및 사회적으로 건강을 도모하여 정상적인 생활을 도모하는 일'이다.

2) 성격 및 중요성

여성의 사회적 진출기회의 확대, 유아기 교육의 중요성이 부각됨에 따른 유아교육의 보편화, 교육과 보육을 통합한 누리과정의 출현 등은 유아교육에 대한 사회적 인식의 변화와 함께 유아교육기관에 대한 기대는 더욱더 증대되어 가고 있다.

이러한 입장에서 유아건강의 성격을 살펴보면

① 유아들이 유아교육기관에 체류하는 시간량이 증대됨에 따라 상대적으로 유아교육기관이 유아들의 건강에 대한 관심과 책임이 증대되고 있다.

② 유아교육기관에서 유아에 대한 관심을 갖는 것은 담임교사만의 역할이 아니다. 원장, 원감, 양호교사, 조리종사원, 통합버스관계직원 등 전 직원의 이해와 관심 속에서 이루어져야 한다.

③ 유아들의 건강은 유아 스스로 주체적으로 관리하는 능력이 거의 없어 부모, 교사를 비롯하여 외부 성인에 의해 피동적으로 관리되고 있다.

④ 유아기는 질병 예방력이 부족하여 조금만 소홀히 하면 질병에 감염되어 치명적인 상처를 입을 우려가 있다.

⑤ 유아교육기관에서의 유아에 대한 건강관리는 유아의 가정에서의 병력을 확인하는 등 가정과의 연계지도가 필수적이다.

⑥ 유아교육기관에는 다양한 특성을 가진 유아들로 구성되어 현재 질병을 앓고 있는 유아로부터 감염이 되는 등 유아교육기관 내의 열악한 보건환경에 노출되어

있다.

⑦ 유아교육기관은 치료적 서비스보다 예방적 서비스에 더욱 치중한다.

이상의 유아건강의 성격에 따라 유아건강관리는 더욱 중요시되어야 한다.

유아건강의 중요성을 살펴보면 다음과 같다.

① 유아기는 일생 동안의 건강관리를 위한 기본적인 건강습관과 건강관리능력 형성을 위한 결정적 시기이다.

② 유아의 5대 영역발달의 기초는 신체발달영역이며 그중 건강관리가 제일 중요하다.

③ 유아기에 질병감염이나 소홀한 건강영역은 그 어느 시기보다 상처나 결손이 크며, 특히 성인기에 가서 치유가 불가능한 영역도 있다.

④ 유아건강은 자신에 대한 긍정적인 인식을 갖게 하고 대인관계에서 자신감을 갖게 한다.

3) 건강관리영역

유아교육기관에서 다루어야 할 유아건강관리영역에 대하여 이인원 외(2016)는 위생관리, 질병관리, 건강검진, 생활양식관리, 응급처치로 구분하고, 김영진 외(2007)는 예비적 서비스활동과 치료적 서비스활동으로 구분하고 있으나 본서에서는 유아건강과 교사건강으로 구분하여 다룬다.

(1) 유아건강

① 건강교육지도, ② 건강검진, ③ 병력조사, ④ 신체검사, ⑤ 일일건강검진, ⑥ 전염병 예방, ⑦ 응급처치

(2) 교사건강

① 건강검진, ② 정신건강관리 등이 있다.

4) 건강관리방안

건강관리방안을 유아건강과 교사건강으로 대별하여 기술하기로 한다.

(1) 유아건강관리

① 건강교육지도

건강교육은 주로 제3차 어린이집 표준보육과정의 신체운동영역과 누리과정의 신체·운동건강영역에 포함되어 있다. 신체운동·건강영역은 유아가 자신의 신체를 인식하고 신체활동에 즐겁게 참여함으로써 유아기에 필요한 기본운동능력과 기초체력을 기르고, 건강하고 안전한 생활을 실천하는 능력과 태도를 기르기 위한 영역으로 이 영역을 본장에서는 건강관리, 영양(식생활)관리, 안전관리로 나누어 지도방안을 제시하고 있으나 유아의 건강관리, 영양(식생활)관리, 안전관리는 편의상 구분하여 기술할 뿐 이 세 영역은 상호적으로 연관되고 서로 영향을 주고받으면서 궁극적으로 누리과정 5개 영역 내의 신체운동·건강영역 목표를 구현하고 있다.

누리과정 신체운동·건강영역에서 제시하고 있는 건강교육 내용은 다음과 같다.

〈표 V-13〉 신체운동 · 건강영역 지도 내용

내용범주	내용	지도영역
1. 신체 인식하기	• 감각능력 기르고 활용하기 • 신체를 인식하고 움직이기	건강관리
2. 신체조절과 기본 운동하기	• 신체조절하기 • 기본운동하기	건강관리
3. 신체활동에 참여하기	• 자발적으로 신체활동에 참여하기 • 바깥에서 신체활동하기 • 가구를 이용하여 신체활동하기	건강관리
4. 건강하게 생활하기	• 몸과 주변을 깨끗이 하기 • 바른 식생활하기 • 건강한 일상생활하기 • 질병 예방하기	건강관리 식생활(영양)관리 건강관리 건강관리
5. 안전하게 생활하기	• 안전하게 놀이하기 • 교통안전 규칙 지키기 • 비상시 적절히 대처하기	안전관리

위 신체운동·건강영역지도 내용을 보면 범주 1, 2, 3은 유아건강관리를 위한 기본운동능력과 기초체력을 기르기 위한 내용으로 구성되어 있고 식생활(영양)관리는 4. 건강하게 생활하기 영역 내에 '바른 식생활하기'의 내용에서 '적당량의 음식을 골고루 먹기', '몸에 좋은 음식을 선택할 수 있기', '음식을 소중히 여기고 식사예절 지키기' 등 3가

지 하위 내용만을 제시하고 있으나 유아 식생활(영양)관리의 중대성에 입각하여 제시된 3개의 하위 내용을 보다 구체적이며 풍부한 활동 내용으로 편성하여 지도해야 할 필요가 있다.

범주 5는 안전관리에서 구체적으로 다룬다.

② 병력조사

유아교육기관에서 유아에 대한 효율적인 건강관리를 위해서는 유아에 대한 과거 병력에 대한 정확한 정보를 가지고 있어야 한다.

ㄱ. 병력이해방법

과거 유아의 병력을 이해하는 방법으로는

가. 입원 관련 서류를 통한 이해

입원원서 접수 시 유아의 병력사항을 기재하여 제출하도록 한다.

나. 전 담임을 통한 이해

전 담임이 작성한 유아 관련 서류나 면담을 통하여 유아의 병력사항을 이해한다.

다. 부모면담을 통한 이해

학기 초에 부모와의 상담이나 전화연락을 통해 유아의 병력사항을 이해한다. 그 예를 들면 다음과 같다.

〈표 V-14〉 신입원아 발육과정 및 건강 면접자료

임신과정	정상, 큰 근심, 질병, 놀람, 영양실조, 기타( )
출생	정상분만, 조기분만 ( )개월, 인큐베이터, 순산, 난산
수유과정	모유, 모유와 인공영양, 인공영양, 유모
이유시기 및 방법	( )년 ( )개월 자연적으로, 강제로
양육자	어머니, 할머니, 유모, 아주머니, 기타( )
첫 이가 난 때	( )개월, 특이한 증상( )
앉기 시작	( )개월 만에
걷기 시작	( )년 ( )개월 만에

라. 다양한 설문조사를 통한 이해

다양하게 설문을 작성하여 유아의 병력사항을 이해할 수 있다.

그 예를 들면 다음과 같다.

〈예 1〉 **생활적응능력 설문조사서**

1. 어린이의 현재 적응능력 상태를 스스로 평가해 보시기 바랍니다.

이름(　　　　)

〈잘함, 보통, 도움 필요에 V표 하세요.〉

목표	영역	생활적응능력	수준		
			잘함	보통	도움 필요
자립 능력	용번처리 능력	혼자 손발을 씻을 수 있으며, 혼자 용변을 볼 수 있고 용변 뒤처리도 잘합니까?			
	식사능력	숟가락, 젓가락질, 음식물 구별, 밥 먹기를 스스로 할 수 있습니까?			
	의복관리	스스로 단추를 잠글 수 있고 지퍼를 사용할 수 있습니까?			
	용모처리	이 닦기, 빗질을 스스로 할 수 있습니까?			

〈예2〉 **유아 생활습관 설문지**

1. 식습관	① 혼자서 먹는다(　　) ② 좋아하는 음식만 먹는다(　) ③ 한 곳에 앉아서 먹는다(　　)	먹여줘야 한다(　　) 골고루 먹는다(　　) 식사 중 돌아다니면서 먹는다(　　)
2. 수면습관	① 스스로 잔다(　　) ② 혼자서 잔다(　　) ③ 일찍 잔다(　　) ④ 일어나는 시간이 규칙적이다(　　)	재워 줘야 한다(　　) 부모님과 잔다(　　) 늦게 잔다(　　) 일어나는 데 힘들어 한다(　　)
3. 배설습관	① 대변을 혼자서 해결한다(　　) ② 소변을 혼자서 해결한다(　　) ③ 소변을 자주 보는 편이다(　　)	도와줘야 한다(　　) 도와줘야 한다(　　) 소변을 가끔 본다(　　)

ㄴ. 병력 내용

유아의 건강관리를 위해서 기본적으로 이해하여야 할 병력 내용은 다음과 같다(신화식 외, 2010).

〈표 Ⅴ-15〉 병력 내용

영역	내용
1. 신체적 병력	• 영유아와 부모의 건강 내역 • 걸음마를 한 시기 • 말을 시작한 시기 • 이가 난 시기 • 이유식 시기 • 수면습관 • 대·소변 훈련시기 • 예방접종 기록 • 신장, 체중, 머리둘레 등에 대한 기록 • 시력, 청력 • 치아상태 • 영양상태 등과 관련된 검진결과 • 전에 앓았던 질병이나 손상 • 수술 경험 및 입원 경력 • 사고 전염성이 있는 질병에 걸렸던 기록 • 코피를 자주 흘리는가의 여부 • 특별한 약에 대한 반응
2. 심리적 병역	• 가족의 질병, 죽음, 사고, 이혼 등에 의한 심리적 충격의 유무 • 알레르기 반응을 보이는 식품 • 응급상황 시 연락처

③ 1일 건강검진(Morning inspection)

유아가 등원할 때 현관에서 교사가 유아를 대하는 태도는 3가지이다.

- 1일 건강검진(Morning inspection) : 유아들의 안색을 비롯하여 거동상태를 점검하는 등 건강상태를 확인한다.
- 생활지도(Guidance) : 등원 장면에서 과거에 지도한 기본생활습관의 이행상황을 확인·지도한다.
- 융화(Rapport) : 교사는 유아를 웃는 상태로 맞이하면서 친밀관계 형성에 주력하는 일인데, 위 3가지 내용이 치밀하게 이루어져야 하나, 그중 1일 건강검진이 제일 중요하다. 당일 유아의 건강상태는 당일 유아교육활동의 질을 결정해 주며 또한 아침에 미처 발견하지 못한 불건강 징후가 몇 시간 후에 큰 건강문제로 대두될 가능성이 있기 때문이다.

ㄱ. 1일 건강검진방법

가. 영유아에 대한 1일 건강검진은 머리에서 다리로, 앞에서 위로 하는 등 체계

적으로 실시한다.

나. 교사는 영유아의 눈높이로 낮추어 영유아의 목덜미를 쓰다듬으면서 관찰한다.

다. 초기 관찰이 끝난 후 교사는 필요한 경우, 손전등을 이용하여 입과 목을 검사한다.

라. 이상 징후가 나타나면 상태에 따라 학부모와 협의하여 처리한다.

마. 검진결과를 주기적으로 기록해 나간다.

ㄴ. 1일 건강검진 내용

1일 건강검진 시 점검해야 할 항목은 다음과 같다(신화식 외, 2010).

〈표 V-16〉 신체부위별 교사가 점검해야 할 항목

신체부위	점검해야 할 항목
일반적인 외모	체중의 변화, 피로감이나 이상한 흥분의 징후, 피부색 등
머리	가려워 긁는 표시, 이가 있는지, 종기, 탈모, 청결상태 등
얼굴	얼굴표정(두려움, 화, 즐거움, 근심 등) 얼굴색, 긁힌 자국, 멍, 뾰루지 등
눈	충혈 상태, 눈이 부었는지, 빛에 대한 감수성, 자주 비비는지, 다래끼, 상처, 눈 움직임의 이상 유무
귀	물이 있는지, 홍조, 소리를 듣거나 말을 걸었을 때의 적절한 반응 등
코	자주 비비는지, 충혈상태, 재채기, 콧물 등
입	치아 안쪽 상태, 충치, 상처, 입으로 호흡하는지 등
목구멍	편도선이 붓거나 붉은지, 목구멍이나 편도선에 해진 곳이 있는지, 숨 쉴 때 이상한 냄새가 나는지
목	갑상선이 부어 있는지
가슴	쌕쌕거리며 호흡하는지, 가래 끓는 소리가 나는지, 숨가쁨, 기침 등
피부	가슴과 등의 피부색 확인(창백한지, 또는 붉은지), 뾰루지, 긁힌 자국, 타박상, 멍, 흉터, 심한 열, 땀 등

④ 신체검사

ㄱ. 목적

의료기관에서 전문 의료진에 의해 정기적으로 유아의 신체발육상항을 비롯하여 구강, 기생충, 전염병예방접종 등을 실시하여 유아의 건강생활에 대한 종합적인 진단을 통해 다양한 건강정보를 수집, 분석하여 유아의 건강생활지도 자료로 활용하기 위함이다.

ㄴ. 시기 및 활용방법

신체검사는 매년 영아는 2개월, 유아는 6개월마다 정기적으로 실시하나 필요에 따라 비정기적으로 실시하여 다음과 같이 활용한다.

가. 검사결과를 생활기록부나 건강기록부에 기록하여 보존한다. 건강기록부는 법정장부에서 제외되었으나 가급적 활용하는 것이 좋다.

나. 학부모에게 통보하여 결과에 따라 병원치료 또는 가정치료를 하도록 한다.

다. 교사 또는 치료 경과나 결과를 관찰하여 그 결과를 건강기록부에 주기적으로 기록해 나간다.

ㄷ. 신체검사 내용

가. 유아의 발육·성장과정

나. 질병의 이상의 유무

다. 영양상태

라. 예방접종 실시상황

마. 심신의 발달상태

바. 기생충검사

사. 치아검사

아. 가정에서의 생활상태

⑤ 전염병예방 및 대책

ㄱ. 전염병의 특성

가. 전염병은 동시에 다발적으로 발생하여 유아 주요 사망원인의 하나이다.

나. 전염병은 적절한 예방과 치료를 강구하면 피해를 줄일 수 있다.

다. 부모나 교사가 부단한 관심을 가지고 늘 관찰하면 발병의 초기에 발견할 수 있다.

라. 대부분 전염성이 있는 질병과 관련된 발진은 가슴이나 등, 목, 팔 등의 부위에서 시작된다.

마. 법적으로 지정하여 국가 차원에서 예방과 치료 대책을 가지고 있다.

바. 법정 전염병 환자를 발견하면 관계기관에 신고해야 한다.

ㄴ. 법정전염병의 유형

우리나라는 1954년에 전염병 예방법을 처음 제정하여 법정 전염병의 종류를 정하고 전염병 환자를 발견한 사람은 신고하도록 의무화하고 있다.

〈표 V-17〉 법정전염병

전염병 종별	병명
제 1군 전염병	• 세균성이질, 콜레라, 장티푸스, 파라티푸스, 장출혈성대장균감염증, 페스트(6종)
제 2군 전염병	• 디프테리아, 파상풍, 백일해, 홍역, 유행성이하선염, 풍진, 소아마비, B형간염, 일본뇌염, 수두(10종)
제 3군 전염병	• 말라리아, 결핵, 나병, 성병, 성홍열, 수막구균성수막염, 레지오넬라증, 비브리오패혈증, 발진티푸스, 발진열, 쯔쯔가무시증, 렙토스피라증, 브루셀라증, 탄저, 공수병, 신증후군출혈열, 후천성면역결핍증, 인플루엔자(18종)

ㄷ. 전염병의 예방

전염병에 대한 예방요령은 다음과 같다.

가. 부모나 교사는 유아들을 부단히 관심을 갖고 관찰한다.

나. 생활환경을 위생적으로 개선하고 필요한 예방조치를 취한다.

다. 전염성이 있는 질병과 관련된 발진은 목과 팔 등의 부위에서 시작되기 때문에 이런 부위를 부단히 관찰해야 한다.

라. 예방접종 시에는 접종 전에 열, 설사, 감기가 있는 경우, 다른 질병의 감염 여부를 확인한다.

마. 유아 개개인에게 과거 예방접종 시 후유증이 있었는지 기록하여 두었다가 확인하여 대처한다.

바. 접종 후의 반응(예 : 발열, 발진, 구토, 경련, 부가, 기타 반응)을 확인하기 위하여 오전에 접종하고, 주말 접종은 가급적 피한다.

사. 예방접종 후 2~3일 정도는 목욕을 자제한다.

아. 소아학회와 보건복지부가 정한 기본예방접종과 추가접종을 적기에 실시하여 전염병에 대한 면역성을 기른다.

영유아의 예방접종 시기는 다음 표와 같다.

〈표 V-18〉 영유아의 예방접종계획표

분류	연령	예방의 종류
기본접종	0~1주	B형간염
	1~4주	BCG
	2개월	B형감염, DPT, 소아마비
	4개월	DPT, 소아마비
	6개월	DPT, 소아마비
	9개월	홍역
	15개월	MMR
	3세	일본뇌염
추가접종	4~6세	DPT, 소아마비
	5~7세	B형간염
선별접종	필요에 따라 소아과전문의와 상의하여 접종	인플루엔자, 장티푸스, 수두, 뇌수막, 염백신, 유행성 출혈열, 폐구균 백신, 공수병, 콜레라

ㄹ. 전염병 발생 시 대책

전염병에 걸린 유아에 대한 대책으로는

가. 전염병에 걸렸을 때 격리 문제로 유아교육기관과 학부모 간에 불필요한 갈등을 초래하지 않도록 주의한다.

나. 격리가 필요한 전염병에 걸렸을 때는 즉각적으로 격리를 취하고 학부모에게 전염병의 특성, 격리의 필요성 및 방법을 잘 안내한다.

다. 격리하는 방법으로는 아픈 영유아를 기관내 양호실이나 별도의 공간을 확보하여 보호해야 한다.

라. 유아교육기관에 설치된 공간에 격리시키는 경우, 일반 영유아 및 학부모들에게 전염병예방에 대한 교육을 병행시켜야 한다.

마. 유아교육기관 내 격리공간을 확보하지 못한 경우 가정에서 영유아를 격리하여 돌봐야 한다

바. 전염병 완치 후 의사 소견서를 유아교육기관에 제출하여 등원을 정한다.

⑥ 응급처치

ㄱ. 응급처치 개념 및 중요성

응급처치란, '영유아가 이미 발병하여 등원하였거나 불의의 사고로 발병하였을 때 전문적인 치료를 받을 수 있을 때까지 환자의 안정을 도모하고 병의 증세가 더 악화되지 않도록 취하는 조치'이다. 응급처치의 중요성은

가. 전문적인 병원치료를 받을 때까지 병의 증세가 악화되지 않도록 한다.

나. 발병한 유아는 교사의 간호와 지도로 심리적 안정을 얻을 수 있으며 완쾌될 수 있다는 확신을 갖는다.

다. 간단한 질병이나 상처는 양호교사나 담임교사의 치료로 완쾌시킬 수도 있다.

ㄴ. 응급처치방법

교사는 유아교육기관에서 응급처치를 요하는 각종 사고가 일어나지 않도록 노력해야 하지만 예기치 않았던 사고 발생 시에는 다음과 같은 요령으로 응급처치 하여야 한다.

가. 유아교육기관 내에서 사고가 발생하는 경우, 다음과 같은 내용에 대하여 응급처치요령을 사전에 매뉴얼화해 놓아야 한다.

㉠ 사고 유형별로 영유아가 치료받을 수 있는 병원과의 협조체제

㉮ 병원명, 위치, 전화번호

㉯ 진료시간, 점심시간

㉰ 운송방법

㉡ 영유아 부모와 가족에게 알려주기

㉯ 비상연락망, 전화번호

㉯ 전달 내용 및 전달요령

㉰ 전달자

㉢ 보상처리

㉮ 보상처리기관

㉯ 관련서류정비요령 및 신청방법

㉣ 사고처리 경과 기록

㉮ 기록 내용, 기록방법

㉯ 대처방안

나. 사소한 사고인 경우, 유아가 편히 쉴 수 있는 양호실을 이용하며 양호실은 본관의 1층에 설치하고 유아용 침대, 각종 침구보관장 등 의료시설과 의료기구, 의약품을 정비해 둔다.

다. 교사는 사고 유형별 응급처치요령을 충분히 이해하고 시행한다.

(2) 교사건강관리

교사의 건강은 유아교육에 직접적으로 영향을 주므로 교사의 건강관리를 위하여 유아교육기관은 물론 교사 자신도 각별히 주의해야 한다.

심신이 건강한 교사를 채용하고 정기적인 건강검진을 받는 것만으로 충분하지 않다. 신체건강관리와 정신건강관리를 위한 환경조성이 뒤따라야 한다.

다음에서 교사건강관리를 위한 건강진단과 정신건강에 대하여 기술하기로 한다.

① 건강진단

유아교육기관 내에서 교사에게 건강을 위협하는 요인을 크게 두 가지이다. 그중 하나는 업무 부담이고 또 하나는 업무조건이다.

업무 부담에는 교사들이 너무나 많은 업무를 담당하는 데서 오는 피로의 누적으로 건강을 해칠 우려가 많다. 많게는 10여 시간 근무에 업무특성상 종일 서서 걸어 다니거나 뛰어야 하고 공문서 처리, 교재·교구제작, 원내 업무처리 등이 지나치게 과중하다.

업무조건은 다수의 유아와 부모를 만나야 하는 교사에게는 늘 질병의 감염에 노출되어 있다. 교사가 늘 만나는 유아와 부모들 가운데에는 질병 보유자가 있기 마련이기 때문이다. 그리고 교사를 위한 휴게실, 탈의실, 모유실 등이 갖추어져 있는 유아교육기관이 그리 많지 않다. 따라서 교사는 주기적으로 건강진단을 받아야 한다.

② 정신건강

교사는 업무조건으로 인해 심한 스트레스의 위험에 노출되어 있다.

정신건강이란, 사람이 신체적, 정신적, 정서적으로 건강하며 건전한 성격을 가지고 일상생활을 영위하면서 갈등하지 않고 합리적으로 사고하며 환경적 스트레스와 내적 압력에 대응능력을 가지고 원만한 개인생활과 사회생활을 영위하면서 행복감을 느끼는 조건을 갖춘 상황이다. 이러한 보육교사 정신건강의 문제는 보육교사 개인의 문제가 아니라 보육교사가 담당하는 영유아에게 지대한 영향을 미치므로 사회적 의의를 갖는다. 영유아에 관련하여 보육교사의 정신건강이 중요한 이유는

ㄱ. 보육교사는 영유아에 무소불위의 막강한 권력과 지위를 가진 존재로서 정신이 건강하지 못한 교사가 가진 막강한 권력과 지위를 비이성적으로 행사한다면 그 상처는 평생 지울 수 없는 심리적 외상으로 남는다.

ㄴ. 보육교사는 영유아에게는 유일한 교육적 환경으로 어린이집에서 영유아는 매일 8~10시간을 보육교사와 상호작용을 하며 신체적·정신적·심리적 영향을 받는다. 정신적으로 건강한 교사는 따뜻하고 수용적이며 사랑으로 유아를 지도하여 바람직한 인성의 기초를 길러준다.

ㄷ. 보육교사는 영유아와 최초의 사회교육기관에서 만나는 인적 환경이다. 그러므로 사랑과 애정으로 일관된 돌봄과 보살핌 위주의 가정보육에서 벗어나 사회적 규율과 질서가 존중되며 영유아 요구와 기대를 상당부분 유보해야 하는 현실적 교육에 돌입하는 과정에서 어머니의 역할을 대행하는 보육교사는 정신적으로 건강해야 한다. 따라서 유아교육기관이나 교사 자신이 건전한 정신건강을 유지할 수 있도록 노력해야 한다.

2. 식생활(영양)관리

1) 식생활의 개념

유아들의 식생활은 적절한 영양을 섭취하여 신체발달은 물론, 행동에 영향을 주며 더 나아가서는 건전한 인격을 형성시켜주는 데까지 영향을 미친다. 그리고 이 시기에는 식사습관, 기호음식, 식사예절 등이 형성되는 최적기이므로 식생활과 영양관리는 올바른 식생활습관을 형성시켜주는 중요한 역할을 한다. 이러한 중요한 역할을 하는 식생활이란, '인간생활에서 먹는 것과 관련된 것을 총괄하여 이르는 말로서 인간의 생활 중에서 생명의 유지 및 생체활동에 필요한 영양분을 섭취하기 위해서 여러 가지 음식을 먹는 일로서 넓은 의미에서는 음식물과 이것을 가공하는 조리 및 조리에 필요한 기구와 식기 및 식사예법 등이 포함된다.'

2) 식생활의 중요성

식생활의 개념에서 식생활의 중요성에 대하여 부분적으로 언급하였으나 본 절에서는 식생활의 중요성에 대하여 종합적으로 정리하면

(1) 적절한 영양을 섭취하는 식생활은 유아의 건강유지와 신체발육에 직접적으로 영향을 준다.

(2) 유아기는 신체발달 중 기본적인 골격을 형성시켜주는 결정적 시기로서 이 시기의 합리적인 식생활은 일생의 건강생활을 결정해 준다.

(3) 신체발달은 다른 영역의 발달, 즉 언어발달, 사회성발달, 정서발달, 탐구력발달, 지능발달에 직접적인 영향을 준다.

(4) 신체발달은 여타 다른 영역의 발달을 도와 전인적 성장과 건전한 인격을 형성시키는 데 영향을 준다.

(5) 유아기는 식사습관, 기호음식, 식사예절 등이 형성되는 결정적 시기이므로, 올바른 식생활습관을 정착시키는데 중요한 역할을 한다.

3) 식생활교육 내용

식생활교육 내용은 누리과정 신체운동・건강영역의 '건강하게 생활하기' 내용범주의 '바른 식생활하기' 내용과 직결된다. 누리과정 '바른 식생활하기'는 유아가 건강을 유지하기 위해 음식을 골고루 적당량 먹고 몸에 좋은 음식에 관심을 가지며 구별할 수 있게 하는 내용이다. 따라서 식생활 실천목표를 영양식과 식사예절에 중점에 두고 아래와 같은 내용을 선정하여 지도해야 한다.

(1) 적당량의 음식을 골고루 먹기

① 음식 편식 않고 골고루 먹기

② 음식의 양을 스스로 조절하기

③ 거부하는 식품은 조리방법에 변화주기

④ 점심 급식시간에 유아의 연령, 음식선호도, 기피음식 등 개인차를 고려한 급식량 배식받기

(2) 몸에 좋은 음식을 선택하여 먹기

① 몸에 좋은 식품에 관심을 갖고 섭취하기
② 음식에 포함된 기본적인 영양분에 관심 갖기
③ 신체건강유지를 위해 필요한 음식을 알고 먹기
④ 몸에 좋은 음식을 선택하고 먹기

(3) 음식을 소중히 여기고 식사예절 지키기

① 수저 바르게 사용하기
② 식사 도중에 돌아다니지 않기
③ 음식을 꼭꼭 씹고 입에 넣은 상태로 말하지 않기
④ 입술을 붙이고 소리 나지 않게 씹기
⑤ 음식을 남기지 않기

(4) 청결습관지도

① 급 · 간식 전후 스스로 손 씻기
② 용변 후 손 씻기
③ 식사 후 양치질하기
④ 활동 전 · 후 손 씻기

4) 식생활지도방안

유아교육기관에서는 전항에서 밝힌 바와 같이 식생활에서 지도해야 할 내용이 아주 광범위하다. 따라서 식생활지도방안에서는 식생활지도계획, 영양교육, 급식 · 간식지도, 식재료관리, 부모교육에 걸쳐 기술하기로 한다.

(1) 식생활지도 계획

식생활지도를 위해서는 식생활지도 내용을 선정하고 선정된 내용을 중심으로 유아교육기관의 특성, 유아의 실태와 요구, 유아 개인별 특성을 고려하여 식생활지도계획을 세워 지도해야 한다.

다음에서 식생활지도계획의 '예'를 제시한다.

식생활습관지도계획

(○○어린이집)

목적

① 급·간식시간을 이용하여 유아의 건강한 심신의 성장과 발달을 도모한다.
② 올바른 식습관 형성 및 영양교육, 식사예절교육을 통합적으로 지도한다.
③ 건강의 중요성을 알고 건강한 유아가 될 수 있도록 바르게 지도한다.

방침

① 올바른 식사방법을 통하여 식습관을 개선하고 건강을 증진시키도록 지도한다.
② 음식을 '남기지 않고 알맞은 양 다 먹기'와 '골고루 먹기'가 습관화될 수 있도록 한다.
③ 가정에서 건강검진을 주기적으로 실시할 수 있도록 안내한다.
④ 매일매일의 활동 중에 이 닦기, 손 씻기 등 청결한 습관이 형성되도록 한다.
⑤ 간식재료는 계절식품 및 유기농식품을 선정하는 것을 우선으로 한다.
⑥ 보건소와 연계하여 구강, 영양, 운동, 아토피클리닉 등의 교육을 통하여 건강한 어린이가 될 수 있도록 한다.

추진 내용

지도요소	활동주제	활동 내용	지도시기
1. 올바른 식습관지도	1) 음식을 남기지 않고 먹기	• 급식시간에 식판에 있는 음식을 남기지 않고 다 먹기	연중
	2) 적당량의 음식을 골고루 먹기	• 음식을 편식하지 않고 골고루 먹기 • 음식의 양을 스스로 조절하기 • 거부하는 식품은 조리방법에 변화주기 • 급·간식시간에 여러 가지 음식을 편식하지 않고 골고루 먹기	연중
2. 청결습관 지도	1) 손 씻기 지도	• 급·간식 전후 스스로 손 씻기 • 용변 후 손 씻기 • 활동 전후 손 씻기	연중
	2) 양치질지도	• 식사 후에는 이 깨끗이 닦기	연중
3. 식사예절	1) 식사예절	• 수저를 바르게 사용하기 • 식사 도중에 돌아다니지 않기 • 음식을 입에 넣고 말하지 않기 • 소리나지 않게 씹기	연중
4. 건강한	1) 구강지도 2) 운동지도		4~6월

어린이	3) 영양지도 4) 아토피, 천식지도 5) 건강검진	• 보건소와 연계지도 • 연 1회 가정에서 건강검진 실시(가정과 연계지도)	9~11월 연중
5. 가정과 연계지도	1) 가정에서 연계지도 내용(예절)	• 상 차리는 것을 도와준다. • 깨끗이 닦은 손으로 이것저것 만지게 한다. • 다른 사람에게 방해가 되지 않게 한다. • 용변 후에는 반드시 손을 씻게 한다. • 자리에 앉아 식사가 준비될 때까지 앉아서 기다린다. • 식사 전에 '잘 먹겠습니다.'라고 말하도록 한다.	연중
	2) 가정에서 연계지도 내용(음식)	• 충분한 수분을 섭취한다. • 영양소를 균형에 맞게 골고루 섭취한다(탄수화물, 단백질, 지방, 비타민, 무기질 등). • 식사를 할 때 먹을 것에만 집중한다. • 오후 6시 이후에는 음식을 먹지 않는다. • 가공식품을 피하고 계절 채소를 직접 조리해서 먹는다. • 저지방 식품을 피하고 계절채소로 직접 조리해서 먹는다. • 먹는 것으로 스트레스를 풀지 않는다. • 식사는 거르지 말고 제때에 한다. • 너무 짜거나 자극적인 음식을 자제한다.	연중

기대효과

① 균형 있는 식단으로 유아들에게 충분한 영양을 공급해 주어 건강하게 자라도록 도와준다.
② 바른 자세로 앉아서 식사하기, 골고루 먹기, 음식 남기지 않기 등의 지도를 통해 올바른 식습관을 형성시킨다.
③ 건강한 새싹 만들기 프로그램을 통한 건강의 중요성을 알고 건강한 일상생활을 할 수 있게 한다.

(2) 영양교육

유아기의 영양상태는 일생동안 건강의 기초가 된다. 유아기는 성인기와는 달리 급속하게 성장·발육하는 시기이므로 이 시기에 영양이 부족하게 되면 성장·발육이 지연되고 여러 가지 질병에도 노출되기 쉽다. 따라서 유아기에는 그날그날의 생활과 활동에 의해 소비되는 영양분 외에도 성장·발육에 필요한 모든 영양분을 골고루 충분히 공급해주어야 한다. 유아는 일반적으로 신진대사가 성인들에 비해 크게 왕성하여 육체적 활동에 필요한 영양량도 많이 필요하다. 또한 유아들의 영양은 순전히 성인들로부터 피동적으로 공급받은 음식물에 의존하고 있으므로 부모나 지도교사들은 유아의 이런 특수성들을 잘 이해하고 올바른 영양식을 제공하도록 노력해야 한다.

① 영양소의 기능

1~3세 유아는 체중 1kg당 90~100칼로리, 4~6세 유아는 80~90칼로리가 필요하다.

또한 유아에게 필요한 영양소는 어른과 마찬가지로 대략 6종류이다.

단백질(흰자질), 지방(지질), 탄수화물(당질), 무기질(광물질), 비타민, 수분 등이다. 그러나 유아에게 특히 중요한 것은 단백질, 그중에서도 동물성 단백질과 비타민 및 무기질 등의 칼슘과 철분 등이다.

ㄱ. **수분**

수분은 음식물 중 가장 중요한 열 요소로서 대사물질의 운반, 체온조절, 이온의 평형 및 여러 가지 세포기능을 발휘하는 데 중요한 역할을 한다.

ㄴ. **단백질**

단백질은 내장, 근육, 피부, 혈액, 모발, 손톱 등을 만드는 데 필요하고 또 발육에 가장 필요한 영양소이다.

ㄷ. **지방**

지방은 세포를 구성하는 지방산의 원료로서, 에너지원으로 그리고 지용성 비타민(비타민 A, D, E, K)의 흡수를 위해 필요한 영양소이다.

ㄹ. **탄수화물**

탄수화물은 주로 에너지원으로 사용되는 영양소이며 간장이나 근육에 글리코겐의 형태로 저장되어 있다가 필요에 따라 이것을 포도당으로 변화시켜 이용하고 있다.

ㅁ. **비타민**

비타민은 칼로리의 근원이 되는 것은 아니지만 유아의 성장이나 신체기능을 유지하는 데 절대적으로 필요하다.

ㅂ. **무기질**

우리 몸의 성분으로 또는 생리기능을 조절하는 데 필요한 무기물질에는 약 12종이 있다. 이 무기물질은 출생 시에 체중의 약 3%이었던 것이 점점 증가하여, 어른이 되면 체중의 약 4.35%를 차지한다.

② 소요영양

또한 유아연령별 1일 영양 권장량은 다음과 같다.

〈표 V-19〉 유아 연령별 1일 영양권장량

구분 \ 연령	성인남자 (20~29세)	6~11개월	1~3세	4~6세	7~8세
열량(Kcal)	2,500	850	1,200	1,600	1800
담백질(g)	75	25	30	40	40
비타민A(R.E)	700	350	350	400	400
비타민D(ug)	10	10	10	10	10
비타민E(a-T.E)	10	4	5	6	6
비타민e(mg)	55	35	40	40	40
비타민B_1(mg)	1.4	0.4	0.6	0.8	0.8
비타민B_2(mg)	1.6	05	0.7	1.0	1.0
니아신	18	6	8	14	14
비타민B_6(mg)	16	0.5	0.6	0.8	0.8
염산	250	50	80	100	100
칼슘(mg)	900	500	500	600	600
인(mg)	900	420	500	600	600
철분(mg)	18	10	10	10	10
아연(mg)	15	5	10	10	10

출처 : 한국인의 영양권장량, 1955년 제6차 개정.

③ 식단

식단을 편성할 때는 위에서 제시한 1일 소요 열량과 영양소를 고려하여 편성한다. 식단의 예를 들면 다음과 같다.

3월 식단표

영양사 : 채민정 선생님

	3/3 (월)	3/4 (화)	3/5 (수)	3/6 (목)	3/7 (금)	3/8 (토)
오전 간식	대합죽	딸기	호두과자/우유	채소수프	초코시리얼/우유	감자수제비
중식	현미밥 얼갈이된장국 쇠고기버섯볶음 오징어채소조림 김치	잡곡밥 육개장 비엔나피망볶음 미역줄기볶음 무김치	닭고기달걀덮밥 건새우호박국 두부파프리카 샐러드 검은콩조림 김치	율무밥 해물순두부국 감자메추리조림 청경채나물 김치	흰밥 시금치된장국 부추채소전 구이김 김치	
오후 간식	스파게티/주스	호박수제비국	핫케이크/우유	피망잡채/주스	콩시루떡/식혜	
열량	850kcal	851kcal	858kcal	847kcal	853kcal	386kcal
	3/10 (월)	3/11 (화)	3/12 (수)	3/13 (목)	3/14 (금)	3/15 (토)
오전 간식	크림수프/모닝빵	떠 먹는 요구르트	닭영양죽	사과	누룽지	메추리알탕
중식	검은콩밥 달래된장국 함박스테이크/ 소스 호박나물무침 김치	흑미밥 어묵무채국 삼치조림 봄동나물무침 김치	카레라이스 조갯살미역국 연근조림 옥수수콘샐러드 단무지무침	현미밥 설렁탕 달걀채소찜 잔멸치땅콩볶음 무김치	잡곡밥 유부된장국 너비아니구이 팽이버섯볶음 김치	
오후 간식	고기손만두/ 주스	프루트탕수육/ 음료수	찹쌀바게트/ 우유	핫바/주스	조각피자/음료	
열량	860kcal	871kcal	851kcal	853kcal	859kcal	361kcal
	3/17 (월)	3/18 (화)	3/19 (수)	3/20 (목)	3/21 (금)	3/21 (토)
오전 간식	시리얼/우유	새우살죽	잼샌드위치/우유	단감	찐 달걀/보리차	채소볶음밥
중식	율무밥 북어채달걀국 돈사태떡찜 구이김 김치	흰밥 오징어무국 닭감자볶음탕 취나물무침 김치	콩나물밥/ 양념장 쑥된장국 프랑크햄볶음 김치	검은콩밥 쇠고기무국 새송이버섯조림 참나물무침 김치	흑미밥 청국장찌개 크래미게살볶음 우엉조림 김치	
오후 간식	손가락어묵탕	감자전/주스	무지개떡/수정과	새콤비빔면	패스츄리/우유	
열량	861kcal	857kcal	849kcal	847kcal	852kcal	344kcal
	3/24 (월)	3/25 (화)	3/26 (수)	3/27 (목)	3/28 (금)	3/29 (토)
오전 간식	채소수프	플레인요거트	과일샐러드	누룽지	프렌치토스트	두부조림 유부초밥

중식	현미밥 참치김칫국 사각어묵조림 숙주나물 오이무침	잡곡밥 맑은미역국 두부양념찜 시금치나물 김치	햄채소볶음밥 유부된장국 달걀치즈말이 마카로니샐러드 김치	율무밥 물만ent국 새우완자전 브로콜리된장무침 김치	흰밥 굴두부국 자반고등어찜 버섯들깨탕 김치	
오후 간식	치즈떡볶이/ 주스	미니햄버거/ 주스	핫바/주스	치킨/음료	조개칼국수	
열량	843kcal	846kcal	851kcal	855kcal	868kcal	350kcal

	3/31 (월)
오전 간식	
중식	달걀영양죽 검은콩밥 호박두부된장국 돈육동그랑땡 콩나물무침 김치
오후 간식	새우튀김/주스
열량	864kcal

※부식구입처 : ▶ 쇠고기 - 신삼성정육점[국내산(한우)] ▶ 닭고기 - 하림(국내산) ▶ 김치 : 국내산(배추, 고춧가루 등 직접 담아 사용) ▶ 돼지고기 - 신삼성정육점(국내산) ▶ 쌀 - 오부자하우스[국내산(저농약 쌀)]

3월 제철음식 : 봄동, 돌미나리, 달래, 냉이, 씀바귀, 고들빼기, 쑥, 고사리, 물미역, 톳, 굴, 바지락, 대합, 모시조개, 피조개, 도미, 임연수어, 딸기, 금귤

*위 식단표는 6~8세 열량 1,600kcal(8차 영양섭취기준)로 작성, 식사비율은 오전 간식 10%, 점심 30%, 오후 간식 10% 구성하였습니다.

*식단표는 어린이집의 사정에 따라 혹은 식재료 구입 여부에 따라 변경될 수 있습니다.

부속 소룡어린이집

(3) 급 · 간식지도

급식이나 간식은 성장발육기에 있는 유아에게 심신의 발달에 필요한 영양을 공급하며, 합리적인 식생활에 관한 지식과 태도를 길러줄 수 있는 시간이다. 유아기는 신체나 정신의 발달이 급속도로 이루어지는 시기이므로 정상체위와 체력, 건강한 체질과 올바른 식생활습관을 형성하는 기초단계로서 이 시기에는 균형 잡힌 식사와 간식이 제공되어야 한다.

① 교육적 의의

ㄱ. 급식

가. 유아발육에 필요한 균형적인 영양을 공급한다.

나. 식사에 대한 올바른 이해와 습관을 기르고 편식을 교정하여 신체의 균형적인 발육을 도모한다.

다. 올바른 식생활습관과 독립적인 식사습관을 배양한다.

라. 자유로운 대화를 통하여 친사화적 행동을 배양한다.

마. 집에서 먹은 음식과 유아교육기관에서 먹는 음식과의 관계를 알게 한다.

바. 다양한 음식의 맛 경험을 제공하여 시각, 미각, 후각 등 여러 가지 감각적 자극을 받을 수 있다.

사. 음식이 생명을 유지하고 활동의 원동력을 얻는 데 필요하다는 것을 안다.

ㄴ. 간식

가. 주식에서 부족한 영양을 제공해주고 휴식을 취하여 에너지를 축적하게 한다.

나. 간식시간을 통해 자유로운 대화를 하고 긴장을 완화하며 친사회적 행동을 기른다.

다. 신진대사가 왕성하고 활동이 많아 에너지 소모가 많으므로 이에 필요한 영양소를 공급한다.

라. 간식을 통해 생활의 즐거움을 맛본다.

② 운영방법

ㄱ. 급식

가. 유아 개인이 가정에서 먹는 음식문화, 가정의 사회·경제적 배경, 종교적 배경, 개인의 기호 등을 고려한다.

나. 유아들의 식사량을 고려하여 한꺼번에 많이 주지 말고 먹고 싶으면 더 먹도록 한다.

다. 잘 먹지 않는 음식을 줄 때에는 조금씩 먹어 보게 한다.

라. 음식의 질이나 색, 모양이 흥미를 끌고 유아의 입맛에 맞는 것으로 한다.

마. 유아의 하루 필요 열량을 고려하여 식단을 짠다.

바. 축하일과 생일을 위한 특별 식단을 계획한다.

사. 같은 음식을 계속 주지 않는다.

아. 유아들이 좋아하는 방식으로 음식을 요리하여 제공한다.

자. 신체적 · 정서적으로 안락하고 조용한 분위기를 조성해 준다.

차. 교사의 식습관이나 먹는 행동이 유아의 행동 모델이 되게 한다.

카. 유아들에게 알맞은 식사도구를 사용하도록 한다.

타. 음식을 줄 때는 너무 오래 기다리지 않도록 한다.

파. 식사 전에는 조용한 시간을 갖도록 한다.

하. 식사시간을 즐겁게 유지하도록 한다.

ㄴ. 간식

가. 유아는 음식물이 위에서 오래 머물지 못하므로 오전 10시 30분, 오후 3시경 두 차례 제공한다.

나. 적은 양으로 식사와 식사 중간에 제공한다.

다. 간식이 끝나면 밖에 나가 놀든지 책을 보게 한다.

라. 간식 전에는 지켜야 할 사항을 유아와 협의하여 실천하도록 한다.

마. 소화가 용이하고 정규 식사에 지장을 주지 않는 음식을 선정한다.

바. 계절식품으로 신선하고 시각적, 미각적 느낌을 줄 수 있는 음식을 선택한다.

(4) 부모교육

효율적인 식생활지도를 위해서는 가정과 연계지도방안으로 부모교육을 효율적으로 진행한다.

① 연계지도방법

ㄱ. 교육통신을 통한 연계지도

ㄴ. 부모교육을 통한 연계지도

② 연계지도 내용

유아들에게 가정에서 필수적으로 지도해 주어야 할 연계지도 내용은 다음과 같다.

ㄱ. 음식물을 골고루 먹기

ㄴ. 음식물을 남기지 않고 먹기

ㄷ. 몸에 좋은 음식과 나쁜 음식을 알기

ㄹ. 음식을 천천히 꼭꼭 씹어서 먹기

ㅁ. 음식을 먹기 전에 손 씻고, 먹은 후에는 이 닦기

ㅂ. 바른 자세로 음식 먹기

ㅅ. 음식을 자리에 앉아서 먹기

ㅇ. 음식을 먹기 전에 감사하는 마음으로 표현하기

ㅈ. 음식을 기쁘고 즐거운 마음으로 먹기

ㅊ. 다른 사람이 식사를 마칠 때까지 기다리기

ㅋ. 음식을 먹은 후에 자기 자리 및 그릇은 스스로 정리하기(조운주 외, 2014)

(5) 식재료관리

질 좋은 식단을 제공하기 위해서는 식재료 구입에서부터 보관 및 위생처리에 이르기까지 신경을 써야 한다.

① 식품 구입

ㄱ. 미리 계획된 식단표에 따라 일별, 주별, 월별계획에 의거 구입하고 반드시 기록해둔다.

ㄴ. 농·수산물은 되도록 제철에 생산된 것으로 값이 저렴하고 현지에서 생산한 것이어야 한다.

ㄷ. 유통기한을 확인하고 사용 시까지 유통기한이 초과하지 않도록 한다.

ㄹ. 식품의 성질, 저장공간과 필요량을 고려하여 구입하되 변질되기 쉬운 식품은 사용 당일 구입한다.

② 식재료의 보관 및 위생처리

ㄱ. 식품을 위생적으로 보관·저장할 수 있는 시설을 설비하여야 한다. 특히, 식품보관실과 소모품 보관실을 별도로 설치해야 되는데, 별도로 설치 못할 경우, 공간구획으로 구분하여야 한다.

ㄴ. 보존 및 유통 기준에 알맞은 온도를 유지해야 한다.

ㄷ. 요리기구, 식사도구, 주방용품 등을 깨끗이 씻고 소독하여 항상 청결을 유지해야 한다.

ㄹ. 보관실 바닥은 매끄럽지 않고 배수가 잘되고 물청소가 쉬운 재질로 만들어져야 한다.

ㅁ. 환기시설을 설비하여 통풍이 잘 이루어지게 한다.

ㅂ. 음식은 오래 차려 놓지 말고 그때그때 먹도록 한다.

ㅅ. 음식을 준비하거나 급식하는 사람은 피부병이나 기타 질병의 유무를 증명하는 건강진단서를 소지해야 하며 항상 청결해야 한다.

③ 급식시설 및 비품

위생, 청결, 조명을 위한 대책

ㄱ. 출입구, 창문에 해충 및 쥐의 침입을 막는 방충망 설치

ㄴ. 조리장 출입구에 신발소독기 설비

ㄷ. 조리장 내에서 발생한 냄새 제거를 위한 환기시설 설비

ㄹ. 바닥은 청소하기 쉽게 배수구와 덮개 설치

ㅁ. 조리장의 각 요소에 손 씻는 시설 설비

ㅂ. 조리장 내 온도, 습도관리를 위한 급배기시설, 냉·난방시설, 공기정화시설설비

ㅅ. 조리장 조명은 220럭스(LX), 검수구역은 540럭스(LX)로 조정

(6) 설비 · 기구

설비·기구는 다음과 같은 사항이 충족되어야 한다.

① 화재, 폭발위험성이 없는 기구

② 재질의 안정성, 기기의 내구성, 경제성을 고려하여 능률적인 기기 설치

③ 소독, 살균, 청결 유지가 쉽게 이루어지는 기구

④ 기급적 모든 기능이 자동적으로 이루어지는 기구

3. 안전관리

요즈음 안전사고는 우리 주변의 도처에서 빈번하게 발생하여 경제·사회적 피해가 막중한 실정이다. 따라서 이에 대하여 각계각층에서 다양한 안전교육을 강화하고 있으나 그 실효는 아직도 미흡한 실정이다.

특히, 유아교육기관에서의 안전관리는 특별히 강화되어야 한다. 유아기에 입은 안전사고에 의한 상처는 평생 치유될 수 없는 신체적·정신적 후유증으로 남는다.

1) 안전의 개념

안전교육이란, '상해, 사망 또는 재산의 피해를 일으키는 불의의 사고를 예방하는 것으로써 안전행동에 기여하는 기능, 태도 및 지식에 긍정적으로 영향을 미치는 경험의 총체'(한국교육개발원, 1995), '안전에 대한 바람직한 행동의 변화와 태도 및 능력을 기르는 것을 목표로 하는 교육'(서채문, 1994)으로 정의하고 있으나 유아와 관련하여 안전교육이란 '유아 스스로 위험으로부터 자신을 보호할 수 있도록 안전지식과 태도, 기능을 익히게 하여 건강한 생활을 영위할 수 있도록 도와주는 교육으로서 궁극적으로는 자신에 대한 보호뿐만 아니라 타인의 생명을 존중하는 인간 개개인의 존엄을 배우는 교육'으로 정의할 수 있다.

2) 유아안전사고 현황

현대의학의 발달과 생활 수준의 향상으로 질병으로 사망하는 사람의 수는 현저하게 줄고 있다. 그러나 문명의 발달로 인해 각종 이기가 생활의 편의를 제공해주는 반면에, 유아의 생활 주변에는 보다 많은 위험물이 산재하고 있으며, 사고나 안전관리의 부족으로 인하여 사망자의 수는 오히려 증가하고 있다.

뿐만 아니라 학대, 성폭력, 실종, 유괴상황과 재난 등 비상상황이 돌발적으로 일어난다.

특히, 괄목할 만한 일은 유아들이 유아교육기관에 입원하는 3월달에 안전사고가 연중 가장 많이 발생한다는 사실이다. 이에 따라, 모든 위험이나 사고로부터 유아들을 보호하는 일이 교사와 부모에게 매우 중요한 책임이 되었으며 그러기 위해서는 사후대책이나 처리보다 오히려 사고의 미연방지, 즉 안전사고예방에 대한 교육이 더욱 필요하다. 유아의 성장은 생활환경과 밀접한 관계가 있다. 최근, 통계청이 밝힌 사망원인은 우발적 사고가 많다. 우발적 사고의 빈도를 원인별로 보면 교통사고(35.9%), 추락(19.6%), 창상(12.7%), 화상(8.7%), 중독(6.3%), 이물질 흡입(6.2%) 순으로 나타났다. 또한, 유이사고의 대상 면에서 본 우발적 사고로서는 놀이시설에 의한 사고가 가장 많았고 그 다음이 책상, 가구와의 충돌, 물건 취급부주의에 의한 사고, 높은 곳에서 떨어지는 추락사고의 순이다. 다음에서 지역, 계절, 연령, 부모관심 여하에 따른 사고현황을 알아보기로 한다.

(1) 지역에 따른 사고현황

옥내사고는 지역적 차이가 없으나 옥외사고는 농촌과 도시에서 서로 다른 형태로 발생한다. 농촌지역의 유아사고로는 농약 중독이나 추락사고, 불놀이에 의한 화상이나 농기구로 인한 손상 또는 농수로에서의 익사사고 등 농촌지역의 환경적 특성으로 인한 사고가 많다.

반면에 도시지역에서는 교통사고, 고층건물에서의 추락, 또는 하수구에 빠지는 사고 등을 들 수 있으며 상가지역에 사는 유아나 교통이 빈번한 중심가, 도로주변의 유아, 또는 철도변의 유아에게는 그 생활환경 때문에 일어나는 사고가 많다.

(2) 계절에 따른 사고 현황

활동성이 많은 봄과 여름철이 비활동적인 겨울철보다 유아사고율이 높다. 또한 계절에 따라 사고의 종류와 빈도가 달리 나타나는데, 계절별로 특색이 있다. 겨울철에는, 빙판미끄럼에 의한 사고가 많으며 여름철에는 물놀이에 의한 익사사고가 많고 농촌의 경우, 여름철에는 농약사고가 많다.

(3) 연령에 따른 사고 현황

우발적 사고는 1~4세 유아가 가장 많고 남아가 여아보다 높으며 사고 유형별로는 추락, 낙상사고, 교통사고가 가장 많고 그 다음이 화상, 약물중독, 기도나 식도이물흡입의 순이며 기도나 식도 이물흡입에 의한 사고는 1세 이전에 많이 발생한다. 걸어다닐 수 있게 되면 구슬, 단추, 핀, 동전, 비닐제품조각 등 작은 물건이면 무엇이나 손에 닿는 대로 입 안에 넣어 삼킴으로써 질식사고가 많이 일어난다. 유아기에는 책상이나 식탁에 올라가다가 떨어지거나 계단에 올라가다가 추락사고, 뜨거운 물이나 난로에 의한 화상사고, 가위, 칼 같은 물건에 의한 상해사고, 약품 또는 유해물질에 의한 사고가 많으며 2세 이후에는 활동이 많아 교통사고가 급증한다.

(4) 부모의 관심 여하에 따른 사고현황

사고는 부모양육태도, 자녀에 대한 관심, 생활습관 등 가정환경과 밀접한 관계가 있으며 일반적으로 여유가 있는 가정보다는 저소득층에서 더 많은 사고가 발생한다. 말하자면 유아의 사고는 어른과 유아의 부주의가 함께 작용하는 가운데 일어난다고 볼 수 있으며, 유아사고의 대부분은 불가항력이라기보다는 세심한 주의와 철저한 안전지도로 예방할 수 있는 사고들이다.

3) 안전교육의 중요성

최근 사회의 변화로 인한 유아안전사고의 위험뿐만 아니라 사고발생률이 증가하고 있으므로, 다양한 안전사고에 대한 체계적인 교육이 요구되고 있으며, 특히 유아에 대한 안전사고예방교육은 더욱 절실하다.

유아의 안전을 위해서는 물리적 환경인 시설 설비를 안전하게 관리하고 유지하는 것이 우선되어야 한다. 그러나 아무리 안전한 환경이라도 유아가 안전하게 행동하지 않는다면 안전사고는 발생하게 된다. 따라서 유아가 주변의 위험상황에 대한 올바른 인식과 이를 예방할 수 있는 안전교육이 함께 이루어져야 한다. 안전교육의 중요성을 개괄하면

① 산업현장이나 도로 또는 가정에 안전사고에 대한 대책이 미흡하고 안전사고 의식이 빈약하여 사고가 빈번하게 일어나고 사망유아 수가 증가하고 있는 실정으로 체계적인 안전교육이 절실하다.

② 오늘날 안전사고가 부단히 일어나고 있어 위험이나 사고로부터 유아들을 보호하기 위해서는 사고를 미연에 방지하기 위한 안전교육이 사전에 다양한 방법으로 예방되어야 한다.

③ 유아들은 사물에 대해 호기심과 탐색에 대한 강렬한 요구가 많은 반면, 판단력이 부족하고 무엇이 안전한 행동인지를 식별하지 못하며 충동적으로 행동함으로써 순간적으로 안전사고가 발생하므로 사전에 체계적인 안전교육이 필요하다.

④ 대부분의 부모들이 직장에 나가므로 유아들의 안전사고에 대한 대책을 갖지 못하고, 일부 학부모들은 유아안전에 대한 의식이 빈약하여 학부모에 대한 체계적인 안전교육이 절실하다.

4) 안전교육 내용

안전교육 내용은 누리과정의 신체운동·건강영역에 포함되어 있다.

누리과정에서는 안전한 생활습관을 길러주기 위하여 교사는 주변 환경의 안전성을 지속적으로 관찰, 점검함으로써 적절히 관리해야 한다.

또한, 생활 속에서 안전교육을 반복 · 지도함으로써 유아가 안전하게 놀이하기는 물론, 교통 안전규칙 지키기를 실천할 수 있도록 한다.

이와 함께 유아가 일상생활에서 경험하는 잠재적 위험요소를 인식하고 비상시 적절히 대처할 수 있는 능력과 태도를 기르는 데 중점을 두고 있다. 안전교육 내용 중 유아들이 준수해야 할 실천목표를 누리과정의 신체운동 · 건강영역 내용을 중심으로 기술한다.

(1) 안전하게 놀이하기

① 놀이기구나 놀잇감, 도구의 바른 사용법을 알고 안전하게 사용하기
② 안전한 장소를 알고 안전하게 놀이하기
③ TV, 인터넷, 통신기기 등의 위해성을 알고 바르게 사용하기

(2) 교통안전규칙 지키기

① 교통안전규칙을 알고 지키기
② 교통수단을 안전하게 이용하기

(3) 비상시 적절히 대처하기

① 학대, 성폭력, 실종, 유괴상황 시 도움을 요청하는 방법을 알고 행동하기
② 재난, 사고 등 비상시 적절하게 대처하는 방법을 알고 행동하기

다음은 소룡어린이집의 안전교육지도 내용을 소개한다.

〈표 V-20〉 안전교육 내용

안전생활주제	지도 내용
내 몸의 소중함 알기	• 안전한 행동과 비안전한 행동 알기 • 안전사고가 내 몸에 미치는 심각성 알기 • 내 몸을 소중하게 다루기
유괴에 대한 안전	• 낯선 사람 따라가지 않기, 바깥에 나갈 때는 부모님께 반드시 허락받기 • 사람이 많은 곳에서는 어른을 잘 따라 다니기 • 혼자 집에 있는 때에는 낯선 사람에게 문을 열어 주지 않기
성학대에 대한 안전	• 좋은 느낌과 나쁜 느낌 구별할 줄 알기 • 상황에 대해 올바르게 대처하기 • 위험한 상황에 대해서 성인에게 반드시 알리기

안전생활주제	지도 내용
놀잇감 안전	• 위험한 놀잇감과 위험한 물건을 구별하기 • 위험한 놀잇감을 가지고 놀지 않기 • 안전한 곳에서 놀이하기
물에 대한 안전	• 물놀이 시 안전수칙을 알고 반드시 성인과 동행하기 • 물놀이 전에는 반드시 준비운동을, 후에는 알맞은 휴식을 취하기
운동안전	• 자전거나 롤러스케이트를 혼잡한 도로나 주차장, 모퉁이에서 타지 않기
교통안전	• 안전띠 매기를 생활화하기 • 차 안에서 안전한 생활하기 • 안전한 방법으로 차, 지하철 타고 내리기
보행자 안전	• 교통신호와 교통안전표지를 알기 • 길을 안전하게 건너기 • 안전한 횡단 • 안전한 길 • 살피고 다녀야 할 곳
떨어지거나 미끄러짐에 대한 안전	• 추락이나 미끄러짐의 위험성 알기 • 계단을 안전하게 오르내리기 • 미끄러워 넘어지지 않도록 놀이 후에는 반드시 정리하기 • 친구를 넘어뜨리거나 앞사람을 밀치고 지나가지 않기
위험한 물건에 대한 안전	• 위험한 도구의 종류를 알기 • 위험한 도구와 안전한 놀잇감을 구별할 줄 알기 • 위험한 소지가 있는 물건을 만지지 않기 • 위험한 상황에서 개인의 위험을 최소화하기
환경오염에 대한 안전	• 여러 오염물질을 알고 피해를 인식하기 • 자연을 아끼고 사랑하기 • 깨끗한 환경을 보호하기
화재에 대한 안전	• 실생활에서 화재의 원인을 알고 예방하기 • 비상시 대처행동을 인식하고 화재대피훈련을 몸에 익히기 • 화재 신고
전기에 대한 안전	• 전기의 이로움과 위험함을 알기 • 전기기구(콘센트, 플러그, 코드 뽑기 등)를 안전하게 사용하기

5) 안전교육지도계획

전항에서 안전교육 내용이 무엇인가에 대하여 다각도로 분석하여 보았는데, 안전교육 내용이 선정되면 다음은 안전교육내용을 중심으로 안전교육지도계획을 세워야 한다.

소룡어린이집에서는 놀이안전, 보행안전, 교통안전, 화재안전, 자연재해안전, 신변안전을 중심으로 안전교육지도계획을 세워 지도하고 있다.

그 '예'를 다음에서 제시한다.

〈표 V-21〉 **안전교육지도계획**

주제	구성 요소	하위 주제	활동명	활동 형태	연령	교육시기	
						월	주
놀이 안전	실내 놀이	장난감 사용	1. 안전하게 놀아요	그룹토의	3, 4, 5	3	2
		목공놀이	2. 재미있는 목공놀이	음률	5		3
	실외 놀이	모래놀이	3. 안전하게 모래놀이해요	그룹게임 · 동화	3, 4, 5		4
		실외 놀이기구	4. 놀이터에서는 안전하게 놀아요	그룹게임	3, 4, 5		5
	집밖놀이	안전한 놀이 장소	5. 조심, 조심	동시 짓기	5	4	1
			6. 어떤 일이 일어날까?	이야기 꾸미기	5		2
		동물을 만났을 때	7. 뽀삐도 화나면 무서워	동화	3, 4, 5		3
	물놀이장	물놀이	8. 안전하게 물놀이해요	그룹게임	3, 4, 5		4
			9. 튜브 모자	동화 · 그룹게임	3, 4, 5	5	1
보행 안전	보행자 안전	안전한 보행	10. 안전하게 오른쪽으로	신체활동	3, 4, 5		2
		안전한 길	11. 어떻게 할까요	그룹토의	5		3
		교통신호	12. 멈추고 가세요	그룹게임	5		4
		안전한 횡단	13. 선다 · 본다 · 건넌다	음률	5		5
		교통표지판	14. 건널까? 말까?	게임	3, 4, 5	6	1
		살피고 다녀야 할 곳	15. 멈춰서 살펴야 할 곳	그룹게임	3, 4, 5		2
교통 안전	차량안전	버스의 안전한 이용	16. 버스를 안전하게 이용해요	이야기 나누기	5		3
			17. 버스 타고 출발!	그룹게임	5		4
			18. 자동차는 내 친구	그룹게임	3, 4, 5	9	1
	차량으로 된 놀이기구	안전하게 자전거 타기	19. 자전거를 탈 때는	현장견학 · 동화	3, 4, 5		2
			20. 뱅글뱅글 신나요	동화 · 그룹게임	3, 4, 5		3
화재 안전 화재	화재신고 · 대피	불났을 때	21. 불이 나면 이렇게 하세요	이야기 나누기	3, 4, 5		4
		대피훈련	22. 비상구를 찾아보세요	조사활동	5	10	1
			23. 대피도를 그려 봐요	탐구활동	5		2
			24. 불이 났어요	대피훈련	3, 4, 5		3
		화재신고	25. 불이 나면 119	탐구활동	3, 4, 5		4

주제	구성 요소	하위 주제	활동명	활동 형태	연령	교육시기	
						월	주
		옷에 불이 붙었을 때	26. 멈추고 엎드려 구르기	신체표현	3, 4, 5		5
		연기가 가득 차 있을 때	27. 엉금엉금 기어가요	게임	3, 4, 5	11	1
	전기안전	전기의 안전한 사용	28. 아름이	이야기 나누기·동화	3, 4, 5		2
자연재해안전	수도사용	수도의 안전한 사용	29. 수도를 안전하게 사용해요	실습	3		3
	지진	지진 시 대피	30. 지진이 났을 땐	대피훈련	3, 4, 5		4
	홍수, 천둥, 번개 등	자연재해 시 안전	31. 번쩍이와 친구들	동극	3, 4, 5	12	1
신변안전	내 몸 소중함	내 몸의 소중함 알기	32. 내 몸이 왜 소중한가?	그룹토의	3, 4, 5	2	1
	유괴	유괴에 대한 안전	33. 유괴 대처법	그룹게임	3		2
	성학대	성학대에 대한 안전	34. 성학대 대처법	게임	5		3

6) 안전교육의 실제

안전교육의 실제에서는 생활개소별 안전생활지도방법, 응급처리절차 및 방법, 사고 유형별 응급처치방법에 대하여 기술하기로 한다.

(1) 생활개소에 따른 안전생활지도

유아 주변에는 위험개소들이 많이 산재해 있다. 그러나 유아들은 위험개소에 대한 판단능력이 성인에 비해 저조한 편이며, 호기심이 많아 어떠한 물건이든 간에 눈에 보이는 것은 만지고 탐색하려는 욕구가 강해 자칫 잘못하면 불상사로 이어질 우려가 있다. 특히, 유아기의 불상사로 인한 신체적·정신적 손상은 평생 지울 수 없는 상처로 남기 때문에 유아의 생활 개소에 따른 건강안전교육은 부단히 이루어져야 한다.

생활개소에 따른 안전생활지도방안을 다음과 같이 계획을 세워 지도한다.

생활개소에 따른 안전생활지도란 위험요소가 내재되어 있는 생활현장에서 직접적으로 안전교육을 시키는 현장 실천적 방법을 말한다.

〈표 V-22〉 생활개소에 따른 안전생활지도방안

영역	생활개소	위험요소	지도방안
1. 물리적 시설	1) 바닥	(1) 비닐장판을 물걸레 청소한 후 보행하다 미끄러져 넘어질 수 있음 (2) 비닐 장판이 떨어져 있을 경우, 유아 덧신에 걸려 넘어질 우려가 있음 (3) 바닥이 플로어링으로 깔려 있는 경우, 넘어지면 다칠 우려가 있음 (4) 바닥에 두꺼운 게시물을 부착했을 때 넘어질 수 있음	① 비닐장판청소는 유아들이 등원하기 전에 완료하고 물기가 없게 마른 걸레로 닦음 ② 특히, 문턱 옆의 비닐이 떨어질 염려가 있으니 떨어지면 즉시 보수함 ③ 플로어링 바닥 위에 카펫을 깔아줌 ④ 두께가 있는 게시물은 피하고 게시할 경우, 아스테이트지로 싸둠
	2) 스위치	(1) 물 묻은 손으로 스위치를 켜는 경우 감전사고가 일어날 수 있음 (2) 스위치 부근의 전기 내선이 노출되는 경우, 감전사고로 이어질 수 있음	① 물 묻은 손으로 스위치를 만지지 않음 ② 스위치 부근에 내선이 노출되었는가를 확인함
	3) 콘센트	(1) 콘센트에 젓가락 같은 전기가 흐르는 물건을 가까이 대면 감전사고를 일으킬 수 있음 (2) 주변에 먼지가 쌓일 경우, 정전기를 일으켜 화재 우려	① 사용하지 않은 콘센트는 덮개를 덮어 줌 ② 먼지 청소를 주기적으로 실시함
	4) 계단	(1) 경우에 따라 2층 이상 건물의 경우 오르내리다 넘어질 우려가 있음 (2) 호주머니에 손을 넣고 오르내리다 넘어질 우려가 있음	① 오를 때는 오른쪽 층계 난간을, 내려올 때는 왼쪽 층계 난간을 꼭 잡고 내려옴 ② 계단을 오르내릴 때는 반드시 주머니에 손을 넣지 않음
	5) 출입문과 창문	(1) 교실의 출입문과 창문을 열고 닫을 때 손 끼임사고가 일어날 수 있음	① 손가락 끼임 방지 처리가 되어 있거나 도어록이 설치되어야 함
	6) 놀잇감	(1) 놀잇감을 입에 넣었다가 삼켜 질식으로 이어질 수 있음 (2) 놀잇감이 파손되는 경우, 뾰족한 모서리가 생기거나 더욱 파손되면서 상처를 줌 (3) 놀잇감이 더러워져 비위생적임 (4) 특히, 천류로 제작된 놀잇감은 부패되어 비위생적임 (5) 놀잇감끼리 부딪치면서 신체손상으로 이어짐	① 놀잇감의 크기를 유아 수준을 고려하여 제작 활용하도록 함 ② 놀잇감을 수시로 점검하여 파손되지 않도록 함 ③ 놀잇감을 주말을 이용하여 물세척함 ④ 햇볕에 자주 말리거나 소독제를 뿌림 ⑤ 놀잇감을 가지고 장난하지 않도록 지도함
	7) 각종 기자재	(1) 각종 기자재(책상, 의자, 교구장)의 겉면 처리가 잘못되어 다칠 우려가 있음 (2) 각종 기자재의 모서리가 날카로워 유아가 넘어지는 경우 다칠 우려가 있음	① 비닐과 아스테이트지로 싸서 사용함 ② 모든 기자재의 모서리를 원형으로 제작함 ③ 자주 이동해야 하고 규모가 큰 기자재에는 바퀴를 달음

<table>
<tr><td></td><td></td><td>(3) 각종 기자재를 이동시키다가 넘어질 우려가 있음</td><td></td></tr>
<tr><td></td><td>8) 화장실</td><td>(1) 화장지가 없거나 물내리기 시설이 없어 크게 놀라는 일이 있음
(2) 화장실 출입문이 높은 경우, 화장실 내에서 위급한 상황이 돌발하여도 이에 대처하지 못함</td><td>① 화장지 비치 유무 확인, 물 내리기 시설 이상 유무 수시 확인
② 화장실 출입문을 낮게 하여 교사가 화장실 안을 들여다볼 수 있게 함</td></tr>
<tr><td rowspan="5">2.
등・하원</td><td>1) 도보등원</td><td>(1) 도보 등원 시 교통사고에 늘 노출되어 있음</td><td>① 인도로 걸어 다니기, 횡단보도로 건너기, 신호등 지키기 등에 대해 항상 교육이 이루어짐
② 부모와 연계하여 안전교육을 실시함</td></tr>
<tr><td rowspan="2">2) 차량등원</td><td>(1) 등원의 기쁨에 흥분하여 탑승 시 넘어졌을 때 부상 우려가 됨</td><td>① 버스가 도착하여 교사가 내릴 때까지는 줄을 서서 기다림
② 교사가 내리면 다함께 인사 나누고 한 명씩 탑승함</td></tr>
<tr><td>(2) 미처 나오지 못한 경우, 탑승하지 못할 수 있음</td><td>① 차량 승차 시각표를 작성하여 몇 시 몇 분에 어느 동에서 누가 타는지 명단 작성하여 학부모에게 안내함</td></tr>
<tr><td rowspan="2">3) 차량하원</td><td>(1) 하원의 기쁨에 흥분하여 내리다가 다칠 우려가 있음</td><td>① 교사가 먼저 내려 한 명씩 내려주고 서로 인사한 후 다음 유아를 내려 부모에게 인계함
② 버스에서 내린 후 부모님과 귀가하는 유아, 혼자 귀가하는 유아, 길을 건너 귀가하는 유아를 표시하여 귀가 지도함</td></tr>
<tr><td>(2) 미처 내리지 못할 경우를 대비한 계획</td><td>① 차량 하차 원아 명단을 몇 시 몇 분에 어느 동에서 누가 내리는지 명단을 작성하여 부모에게 통보함</td></tr>
<tr><td>3.
응급
처치</td><td>1) 응급처치</td><td>(1) 응급처치해야 할 상황을 미리 예견해 보고 대처방법, 도구 알아두기
① 놀이기구, 학용품 또는 소지품을 먹어 목에 넘어갔을 때
② 장애물에 넘어져 코피가 터지거나 이가 부러졌을 때
③ 벌레에 물려 부어오를 때
④ 급체했을 때</td><td>① 위험요소에 따른 방법, 도구를 사전에 확인하여 둠</td></tr>
</table>

자료제공 : 소룡어린이집

(2) 응급처리절차 및 방법

유아교육기관에서 불의의 사고가 발생했을 때 처치해야 할 내용은

첫째, 응급처치

둘째, 보상처리

셋째, 원인분석 및 대책수립 등이다. 다음에서 이에 대하여 간략하게 기술하기로 한다.

① 응급처치

유아교육기관에서는 크고 작은 안전사고가 발생하여 유아는 물론 교사나 학부모가 당황하는 일이 많다. 이런 경우, 교사나 학부모는 침착하게 응급처치를 하는 것이 급선무이다. 응급처치란 불의의 사고가 발생하여 다친 유아가 발생했을 때 병원에서 전문적 치료를 받기 전까지 유아에게 제공하는 임시 의료적 조치이다. 응급처치의 목적은

ㄱ. 적절한 응급조치는 유아의 고통을 덜어준다.

ㄴ. 상처의 회복을 빠르게 해주거나 치료를 쉽게 해준다.

ㄷ. 유아가 당황하지 않고 심리적 안정감을 갖게 된다.

응급처치 시 주의할 점은 다음과 같다(이인원 외, 2016).

ㄱ. 환자를 편안하게 안정시키고, 꽉 끼는 옷은 풀어주며 부상이 심한 경우에는 이를 부상자에게 보이거나 알려주지 않도록 한다.

ㄴ. 환자의 체온을 유지시키고, 출혈 시에는 즉시, 지혈하며 감염이 되지 않도록 이물질의 접촉을 피한다.

ㄷ. 의식이 없는 환자, 복부에 심한 상처를 입은 환자, 출혈이 심한 환자에게는 먹을 것이나 마시는 물 등을 주어서는 안 된다.

ㄹ. 부상자의 의식과 맥박상태를 재차 확인한다. 부상자의 머리 위에서부터 발끝까지 세밀하게 확인하여야 한다.

ㅁ. 부상자 운반 시에는 손상 부위에 충격이 최대한 적도록 한다.

ㅂ. 물에 빠진 환자는 물을 토하게 하고 필요하면 인공호흡을 시킨다.

ㅅ. 사고 발생 시에는 즉시 학부모에게 연락하고 부모와 상의해서 치료 가능한 가까운 병원으로 이송시킨다.

② 보상협의

유아치료가 종료되면 보상협의에 들어간다. 보상협의는 학교안전공제회(유치원)나 어린이공제회(어린이집)와 상해보험 등에 신고하고 사고발생경위서, 병원진단서 및 치료비 등 관련 자료를 제출하면 된다.

그리고 학부모들에게 유아의 입원 당시 모든 유아가 안전공제회에 가입되어 있음을 안내해 주어야 한다.

안내문의 '예'를 제시한다.

안내문

소룡어린이집은 안전공제회에 모든 영유아에 대한 배상, 상해보험이 가입되어 있습니다.

안전사고 발생 시 어린이집이 갖는 책임한계에 관한 규정

① 입소 시 알레르기나 약물 부작용, 기타 건강상 유의점이 있는 영유아는 반드시 교사에게 알려주시기 바랍니다(보호자가 미리 알리지 않아서 생긴 사고는 원에서 책임질 수 없습니다).

② 본 어린이집은 영유아의 안전사고에 만전을 기하며 모든 원아들은 입소와 동시에 유아교육기관 종합보험에 가입됩니다. 만일 사고가 발생하였을 때에는 필요한 응급처치를 즉각 취하며 보호자에게 즉각 연락합니다.

③ 보험의 종류 및 보상범위

구분 종류	보험 내용	시기	납부자	보험회사
상해 보험	모든 영유아를 상해 보험에 가입하고 보호자가 부담하는 것을 원칙으로 한다. 영유아들의 입소와 동시에 가입하여 안전사고나 기타 사고 발생 시 도움을 받도록 한다.	입소 시	보육시설에 재원 중인 모든 영유아	어린이집 안전공제회
배상 보험	모든 영유아의 상해에 따른 배상책임에 대비하여 배상보험에 가입할 수 있다.	입소 시	보육시설	어린이집 안전공제회

③ 원인분석 및 대책협의

사고원인에 대한 철저한 분석과 이에 대한 대책을 강구하여 기록으로 남겨 놓았다가 다음에 이런 사고가 다시 발생하지 않도록 한다. '예'를 들면 다음과 같다.

〈표 V-23〉 원인 분석 및 대책

사고일	유아명	사고 내용	원인	사고대책
2016. 4. 7	OOO	유아가 차량에서 내리다가 넘어져 다리가 다침	• 하원의 즐거움으로 유아가 뛰어내림 • 차 밖에서 어머니가 손을 흔드니까 기쁜 마음으로 빨리 내리려고 서두름 • 교사가 순간적으로 유아의 손을 놓침	• 유아는 승하차 시 항상 안정하도록 함 • 교사는 승하차시 유아를 손을 꼭 잡아줌 • 어머니는 침착하게 유아를 기다림 • 등하원 시 인계과정에 대한 규정을 제정하여 각 가정에 배부함

(3) 사고 종류별 응급처치방법

사고 종류별 응급처치방법은 다음과 같다.

① 외상

ㄱ. 피부에 생긴 가벼운 상처는 소독된 탈지면으로 소독약을 바르고 상처가 심하면 의사의 치료를 받도록 한다.

ㄴ. 불결한 곳에서 외상을 입으면 파상풍에 걸릴 우려가 있으므로 이에 대한 대책을 강구한다.

ㄷ. 출혈이 심하면 지혈을 시켜야 한다.

② 출혈

ㄱ. 상처에 2~3분간 출혈이 있는 경우는 무방하나 출혈이 심하면 특별한 조치를 취한다.

ㄴ. 소독된 거즈로 상처를 누르고 몸의 다른 부위보다 상처 부위를 높게 한다.

ㄷ. 지혈이 안 되면 상처를 누르고 붕대로 감아둔다.

ㄹ. 출혈이 심하거나 상처가 깊을 때는 의사의 치료를 받는다.

③ 화상

ㄱ. 1° 화상에는 피부 윤활제인 바셀린이나 붕산연고를 엷게 발라준다.

ㄴ. 화상을 입은 부분이 크면 2%의 탄산수소나트륨에 적신 깨끗한 거즈나 수건으로 싸서 마르지 않도록 적셔주며 의사의 치료를 받는다.

ㄷ. 물집을 터뜨리면 안 된다.

ㄹ. 옷을 강제로 벗기지 말고 가위로 잘라서 화상을 입은 피부에 자극과 손상을 주지 않도록 해야 한다.

④ 골절과 탈구

ㄱ. 유아를 움직이지 않게 하고 곧 병원에 가서 정형외과적 치료를 받는다.

ㄴ. 만약 이동시켜야 할 경우에는, 반드시 부목으로 골절된 부분을 고정시켜 뼈가 움직이지 않도록 한다.

⑤ 머리의 타박상

ㄱ. 타박상의 경우 15분 이내에 울음을 그치고 토하지 않거나 안색이 창백하지 않으면 안심해도 된다.

ㄴ. 몹시 아파하고 안색이 창백하고, 토하고 식욕이 부진하며 조는 경우, 뇌손상이나 뇌출혈을 의심하고 반드시 의사의 치료를 받는다.

⑥ 질식

ㄱ. 기관에 이물질로 인한 질식의 경우에는 곧 가까운 병원에 가도록 한다.

ㄴ. 일산화탄소 중독에 의한 질식의 경우에는 곧 신선한 공기를 마시게 하여 의식을 회복하도록 자극하며 심하면 병원으로 옮긴다.

⑦ 독충에 물렸을 때

ㄱ. 벌레나 곤충에 물렸을 때는 암모니아수나 2%의 탄산수소나트륨용액을 바른다.

ㄴ. 물린 자리가 부어오르면 항히스타민 피부용 연고나 올리브유 등을 바른다.

⑧ 개에 물렸을 때

ㄱ. 상처 부분을 깨끗한 물이나 과산화수소로 닦아 내고 주변의 피를 짜내도록 한다.

ㄴ. 만약 광견병에 걸릴 우려가 있을 때는 즉시 예방주사를 맞아야 한다. 개를 10일간 묶어두고 관찰해서 개에게 이상이 없으면 예방주사를 맞지 않아도 된다.

⑨ 귀에 이물질이 들어갔을 때

ㄱ. 미지근한 물을 귓구멍에 넣어 세척해 낸다.

ㄴ. 귀에 곤충이 들어갔을 때에는 전지로 귀를 비추어 나오게 하거나 물을 조금 떨어뜨려 곤충을 죽인 다음 귀를 씻어낸다.

ㄷ. 핀이나 철사 등으로 귀에 들어간 물질을 꺼내려 들면 안 된다.

제 VI 부

보육과정 평가 및 평가인증

유아보육기관에서는 유아보육기관의 보육목표를 설정하고 설정된 보육목표를 구현하기 위하여 유아보육기관에서 당초에 계획한 다양한 보육활동을 운영한 후 보육평가를 실시하고 보육목표구현 여부를 확인한다. 그리고 보육평가결과에 따라 수집된 정보나 자료를 활용하여 다음 연도에 이어지는 보육과정 편성이나 운영관리에 재활용해야 한다.

국가에서는 교육이나 보육의 보편적인 질적 수준을 향상시키기 위하여 다양한 시책을 강구하고 있는데, 그중 하나가 '영유아보육법' 제30조(어린이집평가인증)에 의해 보육서비스의 질적 수준 향상을 위해 어린이집 평가 인증을 실시하는 바 이에 대한 개요를 기술한다. 그리고 유치원에서 실시하는 어린이집의 평가인증제도와 유사한 유치원종합평가제도에 대하여 기술하기로 한다.

제1장 보육과정 평가

보육과정 편성과 운영에 이어 마지막 단계는 보육과정의 운영성과를 평가하는 단계이다.

유아보육기관에서는 유아보육목표를 설정하고 설정된 유아보육목표 구현을 위한 보육과정을 편성하며 편성된 보육과정을 운영하여 종국적으로 당해 유아보육기관의 보육목표의 실현 여부를 확인하는 유아보육평가가 이루어져야 한다. 이와 같은 유아보육평가는 보육목표 도달도의 확인뿐만 아니라 차후 시행되는 보육과정 편성을 위한 기초자료를 확보하는 데 그 의의가 있다.

다음에서 보육과정 평가의 이해, 보육과정 평가방법, 일일 일과활동 평가방법의 순으로 기술하기로 한다.

1. 보육과정 평가의 이해

보육과정 평가의 이해에서는 개념과 필요성, 유형 및 내용, 평가지침에 대하여 기술한다.

1) 개념 및 필요성

(1) 개념

보육과정 평가란 '유아보육목표의 도달도(목표와 결과의 일치도)를 확인해 보는 과정'이고 넓은 의미에서는 '유아보육에 관한 의사결정을 목적으로 보육활동의 가치와 효과를 결정하는 과정'이다.

(2) 필요성

보육과정 평가의 필요성은

① 유아의 보육목적과 목표의 달성도를 확인·반성한다.

② 유아의 보육 및 생활지도를 위한 기초 자료를 수집한다.

③ 어린이집의 보육활동에 대한 효율성을 점검하고 반성자료를 수집하여 활용한다.

④ 보육의 질 향상을 위한 유아보육기관 및 학급경영활동 전반에 관한 실태를 분석하고 자료를 수집·분석하여 보육과정 편성 및 운영에 활용한다.

2) 유형 및 내용

보육과정 평가는 대체적으로 다음과 같이 3가지 유형으로 이루어진다.

(1) 유아평가 : 유아의 종합적인 발달상황, 어린이집 표준교육과정 및 누리과정 5개 영역의 목표에 대한 도달도를 평가한다.

(2) 보육과정 편성 및 운영 평가 : 어린이집 표준교육과정과 누리과정의 편성 및 운영상황에 대하여 평가한다.

(3) 일일 일과 평가 : 유아교육기관에서 일상적으로 이루어지는 일일 일과활동의 효율성을 확인하기 위해 평가한다.

3) 평가지침

각 어린이집에서 보육과정의 평가방향을 바르게 정립하기 위해서는 제3차 어린이집 표준보육과정과 누리과정에 제시된 평가지침을 잘 이해해야 한다. 평가지침의 내용은 다음과 같다.

제3차 어린이집 표준보육과정 평가지침

가. 운영평가

1) 어린이집 표준보육과정의 목표와 내용에 근거하여 보육 내용이 적절히 편성·운영되는지 평가한다.

2) 어린이집 표준보육과정의 운영 내용 및 활동이 영유아의 발달 수준과 흥미, 요구에 적합한지 평가한다.

3) 영유아의 발달 수준, 흥미, 요구에 적합한 경험 및 학습을 촉진할 수 있는 다양한 활동과 교수·학습방법이 계획되고 통합적으로 운영되는지 평가한다.

4) 일과 운영 및 보육활동 구성 시 놀이 활동과 일상생활활동의 양과 내용이 영아 및 유아 각 연령의 발달에 적합하게 계획되고 운영되는지 평가한다.
5) 만 0~1세아, 만 2세아는 집단활동보다 개별적인 상호작용과 교수법을 중심으로 상호작용이 진행되는지를 평가한다.
6) 어린이집 표준보육과정 운영 평가결과를 수시로 반영하여 보육과정 운영계획을 수정·보완하거나 다음 연도의 계획 수립 및 운영에 반영하는지 평가한다.

나. 영유아 평가

1) 어린이집 표준보육과정의 목표와 내용에 근거하여 영유아의 특성과 변화 정도를 평가한다.
2) 지식, 기술, 태도 등을 평가한다.
3) 일상생활과 보육활동 전반에 걸쳐 평가한다.
4) 관찰, 활동결과물 분석, 부모면담 등 다양한 방법을 사용하여 종합적으로 평가하고, 그 결과를 기록한다.
5) 평가결과는 영유아에 대한 이해와 어린이집 표준보육과정 운영 개선 및 부모면담자료로 활용한다.

누리과정 평가지침

가. 누리과정 운영 평가

1) 운영 내용이 누리과정의 목표와 내용에 근거하여 평가·운영되었는지 평가한다.
2) 운영 내용 및 활동이 유아의 발달 수준과 흥미·요구에 적합한지를 평가한다.
3) 교수·학습방법이 유아의 흥미와 활동의 특성에 적합한지 평가한다.
4) 운영환경이 유아의 발달특성과 활동의 주제, 내용 및 효율성 등을 고려하여 구성되었는지를 평가한다.
5) 계획안 분석, 수업참관 및 모니터링, 평가척도 등 다양한 방법을 활용하여 평가한다.
6) 운영 평가의 결과를 반영하여 운영계획을 수정·보완하거나 이후 누리과정 편성·운영에 활용한다.

나. 유아 평가

1) 누리과정목표의 내용에 근거하여 유아의 특성과 변화 정도를 평가한다.
2) 유아의 지식, 기능, 태도를 포함하여 평가한다.
3) 유아의 일상생활과 누리과정 활동 전반에 걸쳐 평가한다.
4) 관찰, 활동결과물 분석, 부모면담 등 다양한 방법을 사용하여 종합적으로 평가하고, 그 결과를 기록한다.
5) 유아 평가결과는 유아에 대한 이해와 누리과정 운영 개선 및 부모 면담자료로 활용할 수 있다.

2. 보육과정 평가방법

유아교육기관에서 일반적으로 활용하고 있는 보육과정 평가방법으로 포트폴리오 평가, 유아작품 분석, 평정척도법, 자유선택활동 평가방법에 대하여 다음에서 자세히 기술하기로 한다.

1) 포트폴리오 평가

포트폴리오란 하나 또는 여러 영역에서 유아들의 노력·발전 또는 성과를 보여 주는 특별한 목적을 위해 모아진 유아들의 학습활동에 대한 체계적인 관찰기록과 학습활동의 결과물을 정해진 준거에 따라 교사와 유아가 협력하여 평가하는 방법이다.

(1) 평가영역

신체운동·건강, 의사소통, 사회관계, 예술표현, 자연탐구 등 전 영역의 평가가 가능하다.

(2) 평가절차

포트폴리오 평가는 개별화된 방법이므로 모든 유아교육기관과 유아에게 동일하게 적용할 수 있는 정형화된 평가절차를 제시하기는 어려우나 일반적으로 다음과 같은 절차를 밟아 시행할 수 있다.

① 기준의 설정

제1단계로 할 일은 포트폴리오를 만드는 목적이 무엇인지를 분명하게 결정하고 그 목적이 달성되었는지의 여부를 알 수 있는 기준을 설정한다. 그 예를 다음에서 제시한다.

〈표 VI-1〉 연령별 기준의 '예'

영역	구분	기준 내용	
		4세	5세
신체운동·건강	대근육 발달	• 발은 번갈아가며 계단을 내려올 수 있다. • 30cm의 높이에서 뛰어내릴 수 있다. • 상대방에게 공을 던지고 받을 수 있다.	• 음악리듬에 맞추어 몸을 움직일 수 있다. • 50cm의 높이에서 뛰어 내릴 수 있다. • 공을 던지고 잡고, 치는 행동을 능숙하게 할 수 있다. • 미끄럼 타기, 그네 타기 등을 능숙하게 할 수 있다.
	소근육 발달	• 단순한 형태를 잘라서 풀로 붙일 수 있다. • 주어진 글자나 숫자 꼴을 본뜰 수 있다. • 가위로 직선과 곡선을 자를 수 있다. • 블록이나 레고를 갖고 간단한 모형을 만들 수 있다.	• 색종이로 비행기나 배 모양을 접으려고 한다. • 숫자를 글자를 보고 따라 쓸 수 있다. • 잡지에서 자신이 원하는 그림을 자를 수 있다. • 마분지의 구멍을 통과하여 털실을 꿸 수 있다.

기준 설정요령은 다음과 같다.

ㄱ. 내용은 누리과정 5대 영역별 지도 내용에서 선정한다.

ㄴ. 기준을 설정할 때는 유아의 발달 수준을 충분히 고려한다.

② 작업표본 수집

작업표본은 포트폴리오의 핵심으로 활동의 결과물로 유아가 쓴 글, 그림, 읽은 책의 목록, 수학활동자료, 과학활동자료, 사진, 유아들이 이야기한 것을 받아 적은 것, 친구들과 협동 작업한 것, 유아들의 노래나 이야기를 녹음한 것 등을 들 수 있다. 포트폴리오자료를 수집할 때는 유아의 성취도를 확인할 수 있는 핵심 평가항목과 유아들의 개성을 알 수 있는 개별화 항목으로 나누어 수집한다.

〈표 VI-2〉 핵심 평가항목 선정의 '예'

영역	핵심 평가항목의 예	수집활동의 예
신체운동 · 건강	① 대 · 소근육활동에 대한 기록 ② 기본적인 생활습관에 대한 기록	• 실외활동 관찰기록 • 소근육활동 결과물 • 생활습관 관찰기록
사회관계	① 그림이나 대화를 통해 자신, 가족, 지역, 사회의 특징이나 역할을 인식한 기록 ② 사회적 성숙도를 나타내 주는 자료	• 역할놀이 사진자료 • 가족과 이웃에 관한 활동자료 • 자유선택활동기록지
언어표현	① 자신의 생각을 나타내는 쓰기 견본 ② 이야기를 듣고 이해하며 표현해 본 기록	• 도서계획표 • 글자가 2에 가까운 모양으로 나타낸 자료 • 유아의 이야기 녹음자료
예술표현	① 예술을 통해 느낌이나 이야기를 표현해 보려는 노력 ② 다른 사람들과 예술을 공유하는 노력	• 동작으로 표현하기의 자료 • 자신의 느낌을 나타낸 작품이나 활동자료 • 재료나 작품에 대한 유아의 생각에 관한 자료
자연탐구	① 수학적 문제해결을 위한 전략 사용하기 ② 과학적 세계에 대한 질문이나 생각에 대한 기록	• 수학활동한 자료나 사진 • 관찰기록표 • 요리활동 결과표 • 자료의 수집 · 분석에 사용한 차트나 그래프

작업표본 수집요령은 다음과 같다.

ㄱ. 1년에 3회 정도로 나누어 수집계획을 세운다.

ㄴ. 자료를 정기적으로 점검하고 수집한다.

ㄷ. 작업이 진행될 때의 배경과 맥락을 적도록 한다.

ㄹ. 유아와의 토론을 거치는 과정이 있으면 더욱 좋다.

ㅁ. 작업표본 외에 유아의 학습일지기록, 교사의 관찰자료 및 논평자료도 포함시

킨다.

ㅂ. 자료보관함을 개인별로 준비하고 시간에 따른 개별 유아에 대한 다양한 평가 자료를 수집한다.

ㅅ. 각 어린이집에서는 학기 말에 신학년도의 유아 평가를 위하여 포트폴리오 수집계획을 세워두어야 한다.

5개 영역별 평가를 위한 작업표본 수집계획의 '예'를 제시한다.

〈표 VI-3〉 포트폴리오 수집연간 계획의 '예' (3세)

영역	신체운동건강	사회관계	예술경험	의사소통	자연탐구
내용	• 교통안전 규칙 지키기 • 기본 운동하기	• 나와 다른 사람의 감정 알고 조절하기 • 친구와 사이좋게 지내기	• 움직임과 춤으로 표현하기 • 다양한 예술 감상하기	• 느낌, 생각, 경험, 말하기 • 쓰기에 관심 가지기	• 자연현상 알아보기 • 수와 연산의 기초개념 알아보기
3월			자유화 그리기		간식 수 세어보기
4월	신호등의 의미를 알기			주말 지낸 이야기 발표하기	
5월		놀이 관찰		내 이름 찾기	
6월	지시어에 맞게 움직이기				희망텃밭 관찰하기
7월			자유화 그리기		
9월	신호등 안전하게 건너기			주말 지낸 이야기 발표하기	간식 수 세어보기
10월		놀이 관찰		내 이름에 들어간 글자 찾기	
11월	자유롭게 움직이기		자유화 그리기		
12월					희망텃밭 관찰하기

③ 조직

전 항을 통해 수집된 자료를 평가하기 위해 조직하는 과정이다. 조직할 때는 다음과 같은 요령으로 한다.

ㄱ. 조직의 기준을 정한다.

ㄴ. 모든 자료에 날짜를 적어 놓는다.

ㄷ. 작품 자체보다 그 작품이 나온 사회적 맥락이나 작업의 진행과정, 평가 대상자의 의도 및 판단 등을 간략하게 기록한다.

ㄹ. 내용물을 놓을 장소를 준비하며 늘 조직하여 보관한다.

ㅁ. 평가목적의 대상인 자료의 수집 · 분류 · 보관 · 평가 작업은 매일의 학급활동에서 정규적인 일과가 되어야 한다.

④ 평가

평가에서 고려할 사항은

ㄱ. 포트폴리오에 포함된 양이 너무 많기 때문에 유아에 대한 평가에 앞서 자료를 편집하고 요약하는 과정이 필요하다.

ㄴ. 포트폴리오 요약은 한 학기 혹은 한 해 동안 포트폴리오에 수집된 많은 정보를 요약하여 서술문으로 작성한다.

ㄷ. 포트폴리오 요약을 통해 유아교사는 포트폴리오 내용을 체계적으로 살펴보게 되고 유아들의 성취와 발달을 기준에 비추어 보면서 방대한 포트폴리오를 평가한다.

ㄹ. 특히 유아가 가지고 있는 독특한 특성이 보이는지, 도움을 필요로 하는 부분이 있는지, 그리고 발달단계에 비추어 지나치게 뒤떨어진 부분이 있는지 등을 차례로 평가한다.

⑤ 요약서 정리

평가결과를 아래 요령으로 요약 정리한다.

포트폴리오 요약서

- **유아 이름 :**

- **전체 발달에 대한 의견**

- **5대 영역별 발달에 대한 의견**

1. 신체운동 · 건강 영역　　2. 의사소통 영역　　3. 사회관계 영역
4. 예술경험 영역　　5. 자연탐구 영역

2) 유아 작품 분석

유아 작품 분석은 유아들의 작품이나 학습결과물에 담긴 독창적인 생각이 무엇인가를 알아보기 위한 평가방법으로 유아와 교사 간의 언어적 상호작용을 통해 유아 스스로 학습결과를 자연스럽게 평가하여 학습능력을 신장시키는데 활용한다.

(1) 평가영역

언어소통, 예술경험영역의 평가가 가능하다.

(2) 평가방법

<table>
<tr><td colspan="9">☆ 색종이로 로켓을 접어 붙이고 우주공간을 꾸며 보세요.</td></tr>
<tr><td colspan="9">월 일 요일 반 이름 이름</td></tr>
<tr><td colspan="9"></td></tr>
<tr><th colspan="2" rowspan="2">구분</th><th rowspan="2">평가내용</th><th colspan="3">수준</th><td colspan="3" rowspan="2"></td></tr>
<tr><th>잘함</th><th>보통</th><th>노력</th></tr>
<tr><td rowspan="4">평가 관점</td><td rowspan="2">언어 소통</td><td>종이접기 순서에 따라 접기를 빠르게 할 수 있나요?</td><td></td><td></td><td></td><td colspan="3">활동한 후 느낌을 표시해요.</td></tr>
<tr><td>종이접기를 이용하여 다양한 생각을 표현하였나요?</td><td></td><td></td><td></td><td rowspan="2"></td><td rowspan="2"></td><td rowspan="2"></td></tr>
<tr><td rowspan="2">예술 경험</td><td>자기 생각을 모두 말할 수 있나요?</td><td></td><td></td><td></td></tr>
<tr><td>자기 생각을 조리 있게 말할 수 있나요?</td><td></td><td></td><td></td><td colspan="3"></td></tr>
</table>

3) 평정척도법

평정척도법은 질문지법의 한 유형이다. 질문지는 응답의 형식에 따라 개방식질문과 폐쇄형질문으로 나뉠 수 있다. 개방식 질문은 응답자에게 선택의 범주를 제시해 주지 않고 자유롭게 응답하도록 하는 형태의 질문이다. 그리고 폐쇄형 질문은 평가자가 제시하는 몇 개의 반응 범주(보기 또는 예) 중에서 응답을 선택하게 하거나 서열을 매기도록 만든 문항 형식이다. 폐쇄형 질문에는 응답하는 방식에 따라 ① 개방식질문형식, ② 찬부형식, ③ 선다형식, ④ 평정척도 형식, ⑤ 순위 형식 등 다섯 가지 유형이 있다. 그중 평정척도법은 응답자가 가진 의견이나 태도를 조사하고자 할 때 응답자의 생각을 사전에 정해진 척도에 따라 평정하여 척도치 중의 하나를 선택하도록 하는 방식이다.

(1) 평가영역

신체운동·건강, 의사소통, 사회관계, 예술경험, 자연탐구 등 전 영역의 평가가 가능하다.

(2) 평가방법

① 전 절에서 밝힌 바와 같이 5대 영역별 평가핵심 내용을 중심으로 평가관점을 선정한다.

② 평가관점에 따라 평가척도(잘함, 보통, 부족)를 정한다.

③ 위 과정을 통해 5대 영역별 행동발달 평정척도표를 작성한다.

④ 5개 영역별 행동발달 평정척도표에 따라 1년에 2회 정도 유아 개인별로 평정한다.

(3) 평가의 '예'

다음에서 평가의 '예'를 제시한다.

① 5개 영역별행동발달 평가척도표

5개 영역별행동발달 평가척도표는 신체운동·건강, 의사소통, 사회관계, 예술경험, 자연탐구영역의 행동발달상황을 척도표 한 장에 일목요연하게 평가할 수 있어 많이 사용하는 방법이다. 평정척도표를 작성할 때 다음 사항이 고려되어야 한다.

ㄱ. 전 절 (2) 5개 영역별 평가내용 중에서 가급적 선정한다.

ㄴ. 행동 특성을 잡아 구체적으로 제시한다.

② 5개 영역별행동발달 평정척도표의 '예'

다음에서 5개 영역별행동발달 평가척도표의 '예'를 제시한다.

〈표 Ⅵ-4〉 5대 영역별 행동발달 평정척도표의 '예'

관찰유아 : 생년월일 : (남, 여)

관 찰 자 : 관 찰 일 :

영역	평가관점	1학기 말			2학기 말		
		잘함	보통	부족	잘함	보통	부족
신체운동·건강영역	제시된 조건에 따라 몸을 다양하게 움직일 수 있다.						
	옷을 혼자 입고 벗을 수 있다.						
	젓가락을 자연스럽게 사용할 수 있다.						
	음식을 골고루 먹는다.						
	놀잇감, 도구, 시설을 안전하게 사용한다.						
사회관계영역	친구들에게 자기감정이나 의사를 적절히 표현한다.						
	자기가 하는 일에 자신감을 보인다.						
	자기가 시작한 일을 끝마친다.						
	친구와 잘 어울린다.						
	놀이에 주도적 역할을 한다.						
	문제 상황이 생겼을 때 말로 해결한다.						
	놀이나 작업을 할 때 협동을 잘 한다.						
	공동으로 사용하는 물건을 소중히 다루고 아낀다.						
예술경험영역	작업에 활용할 수 있는 재료와 도구를 스스로 찾는다.						
	자신의 생각과 느낌을 적절히 표현할 수 있다.						
	여러 가지 재료를 이용하여 다양한 방법으로 표현한다.						
	노래를 다양한 방법으로 부를 수 있다.						
	신체를 이용하여 주변의 여러 가지 모양과 움직임을 창의적으로 표현한다.						
	예술작품에 대한 생각과 느낌을 적절히 표현한다.						

의사소통영역	말하는 사람의 이야기를 주의 깊게 듣는다.						
	말소리를 정확하게 듣고, 변별할 수 있다.						
	분명한 발음으로 말한다.						
	여러 사람 앞에서 자신의 생각이나 경험, 느낌을 분명히 이야기할 수 있다.						
	문장을 구성하여 이야기할 수 있다.						
	혼자서 글자를 읽을 수 있다.						
	어른의 도움 없이 혼자 문장을 쓴다.						
자연탐구영역	사물을 주의 깊게 본다.						
	여러 개의 사물을 한 가지 준거에 따라 순서대로 놓을 수 있다.						
	두 집합의 사물을 1:1로 짝지어 보고 수의 크기를 안다.						
	시간과 관련된 용어(어제, 오늘, 내일, 전에, 후에, 방금....)를 적절히 사용한다.						
	문제 상황이 생겼을 때, 창의적으로 해결한다.						
	주변의 사물, 사건에 대해 새로운 생각을 한다.						

4) 자유선택활동 평가

어린이집 보육과 초등학교 교육을 비교해 볼 때 차별화되는 내용 중 어린이집에는 자유선택활동이 있는 점이다. 당초 자유선택활동(흥미영역활동)은 흥미중심 교육과정을 운영할 때 필수적인 시설이나 유아교육에서 자유선택활동의 중요성에 입각하여 우리나라의 모든 어린이집에서는 어떠한 유형의 프로그램을 적용하든 간에 자유선택활동을 의무화하고 있다. 제3차 어린이집 표준보육과정과 누리과정 지침서에도 보육과정 지원사업으로 '흥미영역' 설치와 '부모교육'을 강조하고 있다.

자유선택활동이 어린이집에서 강조해야 되는 이유는

첫째, 유아 자신이 자기의 흥미와 요구에 맞는 자유선택활동영역을 선택하여 활동함으로서 즐거운 마음으로 학습활동에 참여하며 개별화학습이 가능하고

둘째, 유아 자신에게 각 영역에 대한 주도적인 선택권이 주어져 유아기부터 자기 행동에 대한 책임의식을 배양하여 민주시민의 자질을 형성시켜주는데 도움이 된다는

점이다.

(1) 평가영역

신체운동·건강, 의사소통, 사회관계, 예술경험, 자연탐구 등 전 영역의 평가가 가능하다.

(2) 평가방법

평가방법에는 유아 자가 평가와 교사평가로 나뉠 수 있다.

① 유아 자가평가

유아 자가평가는 유아 자신이 매일 유아 자신이 선택하여 활동한 자유선택놀이 영역에서 활동 후의 느낌을 3단계로 구분하여 표시한다.

② 교사평가

교사는 유아 자유선택놀이활동을 관찰하거나 유아 자유선택놀이영역에서 유아와의 상호작용을 하면서 관찰한 사항이나 인지한 결과를 누가적으로 기록하여 일정한 기간이 지난 후에 종합 분석하여 결과를 각종 유아지도에 활용한다.

과학영역에서 유아와 교사의 상호작용을 통한 평가의 '예'

가. 교사가 유아와 이야기를 하거나 유아 상호 간에 이루어지는 대화를 통하여 언어소통 영역의 발달상황을 체크한다.
나. 과학영역 활동 중에 유아들 간에 서로 나누고 협동하고 예의를 지키는 모습을 관찰하여 사회관계영역의 발달상황을 체크한다.
다. 과학영역 내의 각종 놀이기구를 가지고 활동하는 모습이나 제작·조립과정을 관찰하거나 교사의 언어적 상호작용을 통하여 자연탐구영역의 발달상황을 체크한다.
라. 과학영역 내의 각종 놀이기구 활용 시 안전의식을 확인하여 신체건강·운동영역의 발달 상황을 체크한다.

위와 같은 요령으로 자유선택놀이의 모든 영역에서 신체운동·건강, 의사소통, 사회관계, 예술경험, 자연탐구 등 5개 영역에 걸쳐 종합적으로 평가하는 방법을 강구한다.

다음에서 자유선택활동 계획 및 평가에 따른 참고자료를 제시한다.

자료 1. 자유선택활동 계획 및 평가

〈표 VI-5〉 자유선택활동 계획 및 평가(유아용)

▣ 반 ▣ 이름 : 평가 : ☺☺☺

요일 영역	월		화		수		목		금		비고
언어영역											
수・조작영역											
조형놀이											
쌓기영역											
역할영역											
과학영역											
음률영역											
주간 누계											
평가 관련교사 와의 상호작용											

자료 2. 자유선택활동 개인별 누가기록표(교사용)

〈표 VI-6〉 자유선택활동 개인별 누가기록표(교사용)

놀이 영역 주	언어	조작	미술	쌓기	역할	수・과학	음률	종합 평가
3월 3주								
3월 4주								
4월 1주								
4월 2주								
4월 3주								
4월 4주								
5월 1주								
1학기 계								

3. 1일 일과활동 평가

1) 개념

1일 일과로 편성된 여러 가지 활동에 대한 교수·학습의 효율성을 확인하기 위한 활동과정 중심의 평가이다.

2) 목적

1일 일과에 편성된 여러 가지 활동의 전개방식(교수·학습방식)에 따른 효율성과 문제점을 찾아 1일 일과활동에 대한 전개방법의 개선점을 모색하기 위함이다.

3) 1일 일과활동 평가방법

1일 일과활동은 이야기 나누기, 동화 듣기, 노래 부르기, 게임, 휴식, 귀가 지도, 동작활동, 동시, 관찰활동, 동극, 작업, 요리 등 다양하다. 이러한 활동들이 효율적으로 운영되기 위해서는 활동이 종료된 후에 적절한 평가를 실시하여 다음 활동지도 시 평가결과를 반영하여 지도방법을 개선하여야 한다. 다음에서 각 1일 일과활동별로 평가방법을 제시한다.

(1) 이야기 나누기

이야기 나누기 시간에는 일상생활에서 경험했던 일에서부터 주제와 관련된 활동, 또는 교사가 전하고 싶은 개념이나 설명이 필요한 내용들이 다루어질 수 있다. 이야기 나누기 시간에 이루어지는 활동은 다음과 같다.

① 정보 전달하기
② 유아의 경험 발표하기(예 : 봄 나들이, 견학, 극기훈련 등)
③ 교실 내의 주요 사항 해결하기(예 : 새로운 규칙 설정하기, 하루일과 계획하기 등)
④ 주제선정과 주제 전개를 위한 질문 목록과 조사방법 토의
⑤ 주제에 따른 실물, 그림자료 제시
⑥ 특정 주제에 대한 토의

⑦ 자유선택활동이나 일과 운영을 위한 계획 수립

⑧ 자유선택활동시간의 활동결과 발표 및 평가 등이 이루어진다.

이야기 나누기 활동에 대한 평가는 다음과 같이 이루어져야 한다.

〈표 VI-7〉 이야기 나누기 평가표

평가관점	평가세항	평점		
		상	중	하
이야기 선정	• 주제와 연관되는가? • 유아들의 경험과 연계되는가? • 유아들의 발달에 적합한가?			
대형	• 유아들의 앉은 대형이 이야기 나누기에 적절한가? (예 : 반은 바닥, 반은 의자) • 유아들을 자신이 원하는 자리에 자율적으로 앉게 하는가? • 유아들의 주의 집중을 위해 주변의 교구나 물건을 정리하는가?			
매체	• 그림, 사진, 실물 등의 자료를 사용하는가? • 수수께끼, 동화, 자료 설명, 경험 회상 등의 도입방법을 사용하는가?			
이야기 지도 과정	• 유아들의 다양한 반응을 유도하기 위해 적절한 질문을 하는가? • 유아들의 질문에 대답을 해주는가?(예 : 종합/확장/정보 제공/수정 등) • 유아들의 부적절한 반응이나 행동을 긍정적인 방법으로 조정하는가? • 유아들의 적절한 반응에 대하여 격려 혹은 칭찬을 하는가? • 유아들(과반수 이상)을 이야기 나누기에 적극 참여시키는가?			
소요 시간	• 유아의 수준에 따라 시간을 적절히 배정하는가? • 이야기 나누기 시간에 나온 내용을 종합 정리하는가?			
마무리	• 이야기 나누기 시간을 마무리하고 다음 활동이 무엇인가 알려주는가?			

(2) 게임

게임은 내용에 따라 대집단 또는 소집단으로 이루어지며 편게임은 다음의 단계를 밟아 실시한다.

① 1단계 : 유아들을 두 편으로 나누어 앉게 한다.
② 2단계 : 각 팀의 이름을 정한다.
③ 3단계 : 각 팀의 인원수를 확인한다.
④ 4단계 : 게임의 규칙을 정한다.
⑤ 5단계 : 게임의 시범을 보인다.
⑥ 6단계 : 게임을 진행한다.
⑦ 7단계 : 게임을 평가한다.

게임에 대한 평가는 다음과 같이 이루어져야 한다.

〈표 VI-8〉 **게임 평가표**

평가관점	평가세항	평점		
		상	중	하
게임 설정	• 생활주제와 연계되는가? • 유아발달에 적합한가? • 교육적 가치가 있는가?			
환경	• 게임을 할 수 있는 공간이 충분한가? • 게임을 진행하기에 안전한 공간인가?			
매체	• 게임에 필요한 자료가 준비되었는가? • 게임하기에 적절한 대형으로 앉았는가? • 편게임인 경우, 인원수를 확인하는가?			
게임 지도 과정	• 게임방법을 소개하는가? • 게임규칙을 정하는가? • 시범을 보여 주는가? • 속도, 규칙 지키기, 관전태도를 모두 고려하여 결과를 제시하는가? • 유아들이 흥미에 따라 게임을 반복하거나 중단하는가?			
마무리	• 유아들과 함께 게임에 대해 평가하는가? • 게임이 끝났음을 알리고 다음 활동을 소개하는가?			

(3) 동시

동시는 일반적으로 다음과 같은 과정을 밟아 지도한다.

① 동시를 들려준다.

② 느낌에 대한 이야기를 나눈다.

③ 유아들은 교사가 (자료를 사용하여) 들려주는 동시를 주의 깊게 듣도록 한다.

④ 유아들이 원하는 부분을 읊어 보고 나머지는 교사가 읊어본다.

⑤ 유아들과 교사가 바꾸어서 읊어본다.

⑥ 전체를 함께 읊어본다.

위 순으로 지도한 후에 동시에 대한 평가는 다음과 같이 이루어져야 한다.

〈표 VI-9〉 동시 평가표

평가관점	평가세항	평점		
		상	중	하
동시선정	• 생활주제와 연계되었는가? • 유아의 발달에 적합한가? (예 : 움직임에 대한 묘사나 독특한 운율이 있음)			
매체	• 적절한 매체(예 : 그림, 손 인형, 실물, 사진 등)를 사용하는가? • 배경음악을 사용하는가?			
사전활동	• 사전활동(관찰, 야외 학습 등)을 실시하는가? • 도입을 하는가? • 교사 혼자 낭송해 주는가? • 유아들이 느낌을 말해 보게 하는가?			
동시지도 과정	• 지은이/제목을 이야기해 주는가? • 교사와 유아가 나누어 낭송해 보는가? • 유아끼리 또는 혼자 낭송하게 하는가? • 교사와 유아가 함께 낭송해 보는가? • 제목을 지어보는가?			
마무리 사후활동	• 동시 시간이 끝났음을 알리고 다음 활동을 소개하는가? • 사후활동(그림, 동작으로 표현하기 등)을 실시하는가?			

(4) 동극

동극은 교사가 들려준 동화의 내용을 중심으로 극화해 보는 활동으로 유아보육에서 많이 활용되는 방법이다. 특히, 등장인물들의 행동이 단순하면서 문장이 반복되어 극적인 즐거움을 줄 수 있는 것이 좋고, 교사는 유아들에게 동화를 들려주고 등장인물의 대사나 동작을 표현해 보도록 한다. 배역은 유아 스스로 정하도록 유도하고 유아의 적극성 정도, 언어표현능력을 고려하여 수줍어하거나 평소에 표현을 잘하지 않는 유아는 대사나 동작이 적은 역을 맡도록 하고 동극을 마친 후 유아들과 함께 평가해야 한다.

동극에 대한 평가는 다음과 같이 이루어져야 한다.

〈표 VI-10〉 동극 평가표

평가관점	평가세항	평점		
		상	중	하
동극 선정	• 대사가 짧고 반복되는가? • 유아가 등장인물을 동일시할 수 있는가? • 전개과정이 뚜렷한가?			
대본의 적절성	• 절정(클라이맥스)이 있는가? • 설명 부분이 삭제되었는가? • 간접화법을 직접화법으로 바꾸었는가? • 대사가 짧고 반복되는가?			
동극 지도 과정	• 동화를 들려주는가? • 동화 회상 시간을 갖는가? • 동극의 배경이 되는 무대를 유아와 함께 꾸미는가? • 배역을 선정하는가? • 배역을 소개하는가? • 등장인물이 기다리는 자리를 확보해 놓는가?			
마무리 사후활동	• 평가시간을 갖는가? • 재공연을 하는가? • 동극이 끝났음을 알리고 다음 활동을 소개하는가?			

(5) 동화

유아들은 재미있는 신나는 이야기를 좋아한다. 특히, 어린이집에서는 동화책이나 특별한 보조자료 없이 교사의 음성만으로 이야기를 들려주는 동화 구연하기를 많이 활용한다. 동화 구연하기에 적절한 동화로는 단순하면서도 유아들에게 친숙하고 주인공과 함께 쉽게 동화될 수 있으며 이야기가 대화체로 리드미컬한 어휘가 많은 것이 좋다.

동화지도 시에는 다음 사항을 고려해야 한다.

① 동화의 내용이 진행 중인 활동 주제와 일치해야 한다.
② 유아에게 들려줄 동화를 사전에 점검해야 한다.
③ 동화활동 전후에 이야기를 들려주는 것이 좋다
④ 집단 구성을 고려한다.
⑤ 내용은 20분 이상이 초과되어서는 안 된다.

동화활동에 대한 평가는 다음과 같이 이루어져야 한다.

〈표 VI-11〉 동화 평가표

평가관점	평가세항	평점		
		상	중	하
동화 선정	• 생활주제와 연계되는가? • 주제가 교육적인가? • 내용과 주제가 흥미 있는가? • 내용과 그림이 문학적으로 가치가 있는가?			
대형	• 유아들이 앉은 대형이 이야기 나누기에 적절한가? (예 : 반은 바닥, 반은 의자) • 유아들은 자신이 원하는 자리에 자율적으로 앉는가? • 유아들의 주의 집중을 위해 주변의 물건이 정리되어 있는가?			
매체	• 전달 매체가 적절한가?			
동화 구연	• 내용을 완전히 이해했는가? • 시선은 적절한가? • 발음은 정확한가? • 속도는 적절한가? • 등장인물의 성격에 따른 성대모사가 적절한가?			
동화 지도 과정	• 동기 유발을 하는가? • 동화의 제목을 들려주는가? • 동화의 제목을 들려주고 내용을 추측하게 하는가? • 동화의 내용을 회상하게 하는가?			
마무리 사후활동	• 동화 시간이 끝났음을 알리고 다음 활동을 소개하는가?			

(6) 새 노래 지도

유아들은 노래 부르기를 즐겨하고 쉽게 익힌다. 심지어 텔레비전에서 방송되는 상업 방송 노래까지도 거의 익히고 있어서 이에 대한 비판도 적잖게 대두되고 있다. 특히, 유아들은 기존의 노래 곡을 부르기보다 새 노래 배우기를 더욱 즐긴다. 새 노래를 지도할 때는 단계적인 과정을 밟아서 따뜻한 분위기 속에서 지도되어야 한다. 짧은 시간에 지도하려고 무리하게 반복하면 오히려 유아들을 싫증나게 한다.

새 노래지도에 대한 평가는 다음과 같이 이루어져야 한다.

〈표 VI-12〉 **새 노래지도 평가표**

평가관점	평가세항	평점		
		상	중	하
노래 신청	• 생활주제와 연계되는가? • 유아들의 경험과 연계되는가? • 노래의 음역이 유아에게 적절한가? • 노래의 길이가 유아에게 적절한가? • 노래의 가사와 리듬이 반복적인가?			
대형	• 유아들이 앉은 대형이 노래 부르기에 적절한가? (예 : 반은 바닥, 반은 의자) • 유아들이 자신이 원하는 자리에 자율적으로 앉는가? • 유아들의 주의 집중을 위해 주변의 교구나 물건이 정리되어 있는가?			
매체	• 그림, 손 인형, 융판자료 등의 적절한 자료를 사용하는가?			
노래 지도 과정	• 도입(노랫말 소개)이 있는가? • 교사가 정확한 음으로 노래를 불러주는가? • '라라라' 등으로 멜로디만 다 함께 부르는가? • 교사와 유아가 노래의 일부분씩 나누어 부르는가? • 노래 전체를 다 함께 부르는가? • 확장(가사 바꾸어 부르기)해서 부르는가?			
마무리	• 노래 시간에 대한 평가를 하는가? • 노래 시간이 끝났음을 알리고 다음 활동을 소개하는가?			

(7) 요리

요리는 유아들이 매우 좋아하는 활동이며, 유아들은 요리하기를 통해 많은 개념과 사실을 학습한다.

특히, 유아들이 요리재료 준비부터 전 과정에 참여하게 하여 유아들에게 과학적인 개념, 또래와의 협동, 질서, 규칙, 만족감, 성취감을 갖도록 지도해야 한다.

요리에 대한 평가는 다음과 같이 이루어져야 한다.

〈표 VI-13〉 요리 평가표

평가관점	평가세항	평점		
		상	중	하
요리활동의 선정	• 생활주제와 연계되는가? • 유아의 발달에 적절한가? • 교육적으로 가치가 있는가? • 유아의 영양과 건강을 고려하였는가?			
환경 및 도구	• 환경 및 도구 공간이 충분한가? • 물이 가까운 곳에 있는가? • 전기가 가까운 곳에 있는가? • 안전을 고려하였는가? • 도구가 유아의 수준에 적절한가?			
요리의 순서도	• 요리 순서도가 있는가? • 필요한 양이 정확하게 기재되어 있는가? • 요리과정이 구체적으로 명시되어 있는가?			
집단의 크기	• 개별 또는 소집단으로 실시하는가?			
요리활동의 지도과정	• 사전활동(이야기, 동화)을 제공하는가? • 손을 씻도록 지도하는가? • 앞치마를 입도록 지도하는가? • 준비된 자료를 탐색해 보는 시간을 주는가? • 요리의 순서를 익히는 시간을 주는가? • 유아가 주도적으로 요리를 하도록 허용하는가? • 요리한 것을 그릇에 담도록 지도하는가? • 정리할 시간을 주는가? • 앞치마를 벗고 손을 씻도록 지도하는가? • 요리한 음식을 먹어볼 기회를 제공하는가?			
마무리	• 요리활동에 대한 평가를 하는가? • 요리활동이 끝났음을 알리고 다음 활동을 소개하는가?			

제2장

유아교육기관 평가인증

1. 어린이집 평가인증

어린이집 평가인증은 '영유아보육법' 제30조(어린이집평가인증)에 의하여 보건복지부장관은 보육서비스의 질적 수준을 향상시키기 위하여 어린이집 설치 · 운영자의 신청에 따라 어린이집의 보육환경, 보육과정 운영, 보육 인력의 전문성 등에 걸쳐 해당 어린이집에 대한 평가를 할 수 있다는 법률에 근거하여 유아보육기관평가를 실시한다. 그 개요를 정리하면 다음과 같다.

1) 기본방향

보육서비스에 대한 효과적인 질 관리 시스템을 마련하고, 부모들이 합리적으로 어린이집을 선택할 수 있도록 정보를 제공한다.

2) 법적 근거

'영유아보육법' 제30조에 근거하며 보건복지부장관은 보육서비스의 질적 수준의 향상을 위하여 어린이집에 대한 평가 인증을 실시하고, 업무는 공공기관 또는 민간기관 · 단체 등에 위탁하여 실시할 수 있다.

3) 사업개요

① 대상어린이집 : '영유아보육법'에 따라 설치한 모든 종일제 어린이집(방과후 전담 어린이집 제외)

② 인증지표 : 어린이집 정원·운영형태별 3종(40인 이상, 39인 이하, 장애아 전문)

※ 평가영역, 항목 등에 관한 세부사항은 한국보육진흥원에서 정함

③ 인증과정 : 3단계(참여 확정, 현장관찰, 심의)

④ 수수료

ㄱ. 신규인증·재인증 참여 수수료 45만 원(100인 이상), 30만 원(40인 이상), 25만 원(39인 이하)

ㄴ. 재참여 수수료 23만 원(100인 이상), 15만 원(40인 이상), 13만 원(39인 이하)

ㄷ. 확인방문 수수료 20만~60만 원(어린이집 규모 또는 확인방문 사유별 구분 적용)

※ 장애아 전문 어린이집도 정원에 따라 상기와 동일한 수수료 적용

ㄹ. 위탁수행기관 : 한국보육진흥원

4) 인증 운영체계 및 과정

〈표 VI-14〉 어린이집 평가인증체제

단계	내용	절차	관계기관
신청단계	상시 자체점검 상시 신청	신청 ↓ 평가인증 컨설팅 ↓ 기본사항 확인	어린이집 육아종합지원센터 지방자치단체
1단계 참여 확정 (2개월)	기본사항 확인 자체점검보고서 제출 및 참여수수료 납부 참여대상 확정	↓ 자체점검보고서 제출 참여수수료 납부 ↓ 참여대상 확정	어린이집 한국보육진흥원
2단계 현장관찰 (1개월)	현장관찰(현장관찰자) - 현장관찰 실시 - 현장관리보고서 작성 및 제출	↓ 현장관찰	한국보육진흥원

단계	내용	절차	관계기관
3단계 심의 (1개월)	인증심의(심의위원회) – 종합평가서 및 결과통보서 작성 – 인증결정	↓ 심의 ↓ 인증결과 발표 인증서, 인증현판 발급	

5) 평가인증 내용

(1) 기본사항 확인

① 필수항목 : 9항목

〈표 Ⅵ-15〉 **평가인증지표(기본사항 확인)**

항목	평점	평기기준
총 정원준수	준수	• 어린이집의 현원이 총 정원 이내의 경우
	미준수	• 어린이집의 현원이 총정원을 초과하는 경우
예결산서 및 회계 서류 구비	준수	• 예산서 외 결산서 및 회계 서류가 구비되어 있는 경우 ※ '영유아보육법 시행규칙' 제23조[별표 8] 참고
	미준수	• 예산서 또는 결산서가 없는 경우 • 회계서류가 전혀 없는 경우
안전사고에 대한 보험(상해, 화재, 배산, 보험)가입	준수	• 모든 영유아에 대한 상해보험과 어린이집에 대한 화재 및 보상보험에 가입되어 있는 경우
	미준수	• 영유아 상해보험에 가입되지 않은 경우 • 화재보험 또는 배상보험에 가입되지 않은 경우
'영유아 보육법' 관련 행정처분 등	준수	• 참여 확정 마감일까지 아래 행정처분이 종료되거나, 과징금 납부 또는 보조금 반환 명령이 이행 완료될 예정인 경우 – '영유아보육법' 제40조의 제2호, 제3호 – '영유아보육법' 제45조, 제45조의2 – '영유아보육법' 제40조 – '영유아보육법' 제47조 – '영유아보육법' 제48조
	미준수	• 참여확정 마감일까지 아래 행정처분이 종료되지 않거나, 과징금 납부 또는 보조금 반환명령이 이행될 수 없는 경우

항목	평점	평기기준
		– '영유아보육법' 제40조의 제2호, 제3호 – '영유아보육법' 제45조, 제45조의2 – '영유아보육법' 제40조 – '영유아보육법' 제47조 – '영유아보육법' 제48조
어린이집의 설치기준	준수	• 어린이집 내 영유아용 화장실, 목욕실, 조리실, 폐쇄회로 텔레비전이 설치되어 있는 경우
	미준수	• 어린이집 내 영유아용 화장실, 목욕실, 조리실, 폐쇄회로 텔레비전이 설치되어 있지 않은 경우 • 인가공간을 무단 적용하는 경우
	준수	• 인가 정원 대비 보육실의 면적이 설치기준을 충족한 경우
	미준수	• 인가정원대비 보육실의 면적이 설치기준 미만인 경우 • 인가 공간을 무단 전용하는 경우
보육교육직원배치기준	준수	• 보육교직원 배치기준 중 일반기준을 모두 충족한 경우
	미준수	• 보육교직원 배치기준 중 일반기준을 충족하지 못한 경우
보육교직원의 정기 건강검진	준수	• 모든 교직원에 대하여 연 1회 건강검진을 실시할 경우
	미준수	• 건강검진에서 누락 보육교직원이 있는 경우
비상대피시설설치	준수	• 비상시 각 층별로 양방향 대비가 가능한 대비시설을 구비한 경우
	미준수	• 비상시 각층별로 양방향 대피가 가능한 대피시설을 구비하지 않은 경우 – 어린이집이 1층, 2층 이상인 경우 모두 포함

② 기본항목

〈표 VI-16〉 **평가인증지표**(기본항목)

평점	구분	평점기준	감점
10점 만점에서 평점기준에 따라 감점처리	운영정지 또는 과징금 처분	'영유아보육법' 제45조 또는 45조의2	
		– 영유아보육법 제45주 제1항 제4호에 해당하는 경우	8점
		– 그 밖의 사유에 따른 운영정지 기간이 6개월 이상인 경우	6점
		– 그 밖의 사유에 따른 운영정지 기간이 6개월 미만인 경우	4점
		※ 제45조의2에 따른 과징금 처분을 갈음한 경우에도 운영정지 신청기준에 따름	

평점	구분	평점기준	감점
10점 만점에서 평점기준에 따라 감점처리	보조금 반환명령	'영유보육법' 제20조 제2호 또는 제3호	
		– 거짓이나 그 밖의 부정한 방법으로 보조금을 교부받거나 유용한 금액이 300만 원 이상인 경우	5점
		– 거짓이나 그 밖의 부정한 방법으로 교부금을 교부받거나 보조금을 유용한 금액이 300만 원 이하인 경우	3점
		– '영유아보육법' 제40조 제5호	2점
	원장자격 정지·자격 취소	'영유아보육법' 제46조	
		– 제46조 제1호 가목에 해당하는 경우	6점
		– 그 밖의 사유에 따른 자격 정지기간이 3개월 이상인 경우	5점
		– 그 밖의 사유에 따른 자격 정지기간이 3개월 이하인 경우	3점
		– '영유아보육법' 제48조	3점
	보육교사 자격정지 자격취소	'영유아보육법' 제47조	
		– 자격정지기간이 3개월이 이상인 경우	4점
		– 자격정지기간이 3개월 미만인 경우	2점
		'영유아보육법' 제48조	2점
		※ 보육교사 자격정지 및 자격취소의 경우, 어린이집 운영관리 및 교육과정상 발생한 고의과실과 무관한 경우 감점에서 제외	
	시정명령	영유아보육법상 시정명령 2건 이상	2점
		영유아보육법상 시정명령 1건	1점
	예·결산서 및 재무회계 관례	아래사항 중 충족하지 못한 항목이 1개 이상 있는 경우 – (세입, 세출)예·결산서구비 : 구체적 산출기초명기 – 수입·지출기록 명확 : 영수증 – 수입 : 금융기관을 통한 수납, 납부고지서 발급 – 지출 : 어린이집 전용 신용(체크)카드 결제, 계좌 입금 ※ 보육사업안내의 어린이집의 수입·지출 원칙을 준수하는지 확인	2점

☆ 참어확정 마감일로부터 직전 1년 이내에 발생하였거나, 발생예정인 경우

※ 전체 감점점수가 10점을 초과할 경우 10점까지만 감점처리

(2) 규모 및 유형별 평가지표

① 40인 이상 어린이집 평가인증지표

〈표 VI-17〉 40인 이상 어린이집 평가인증지표(6개 영역 70항목)

영역	하위영역
영역 1. 보육환경 (11항목)	가. 어린이집환경 (3항목) 나. 보육활동자료 (5항목) 다. 보육지원환경 (3항목)
영역 2. 운영관리 (12항목)	가. 어린이집의 운영관리 (3항목) 나. 보육인력 (3항목) 다. 가족과의 협력 (4항목) 라. 지역사회와의 협조 (2항목)
영역 3. 보육과정 (14항목)	가. 보육활동계획과 구성 (7항목) 나. 보육활동 (7항목)
영역 4. 상호작용과 교수법 (11항목)	가. 일상적 양육 (3항목) 나. 교사와의 상호작용 (6항목) 다. 교수법 (2항목)
영역 5. 건강과 영양 (12항목)	가. 청결과 위생 (8항목) 나. 질병관리 (2항목) 다. 급식과 간식 (2항목)
영역 6. 안전 (10항목)	가. 실내·외 시설의 안전 (5항목) 나. 영유아의 안전보호 (5항목)

출처 : 보건복지부(2013). 어린이집 평가인증서.

② 39인 이하 어린이집 평가인증지표

〈표 VI-18〉 39인 이하 어린이집 평가인증지표(5개 영역 55항목)

영역	하위영역
영역 1. 보육환경 및 운영관리 (11항목)	가. 어린이집 환경 (3항목) 나. 어린이집의 운영관리 (3항목) 다. 보육인력 (3항목) 라. 가족과의 협력 (2항목)
영역 2. 보육과정 (11항목)	가. 보육활동계획과 구성 (4항목) 나. 보육활동과 자료 (7항목)
영역 3. 상호작용과 교수법 (11항목)	가. 일상적 양육 (3항목) 나. 교사와의 상호작용 (6항목) 다. 교수법 (2항목)

영역	하위영역
영역 4. 건강과 영양 (12항목)	가. 청결과 위생 (8항목) 나. 질병관리 (2항목) 다. 급식과 간식 (2항목)
영역 5. 안전 (10항목)	가. 실내·외 시설의 안전 (5항목) 나. 영유아의 안전보호 (5항목)

출처 : 보건복지부(2013). 어린이집 평가인증지침서.

③ 장애아 전담 어린이집 평가인증지표

〈표 VI-19〉 **장애아 전담 어린이집 평가인증지표(6개 영역 75항목)**

영역	하위영역
영역 1. 보육환경 (14항목)	가. 어린이집 환경 (4항목) 나. 보육활동자료 (7항목) 다. 보육지원환경 (3항목)
영역 2. 운영관리 (13항목)	가. 어린이집의 운영관리 (4항목) 나. 보육인력 (3항목) 다. 가족과의 협력 (4항목) 라. 지역사회의 협조 (2항목)
영역 3. 보육환경 (15항목)	가. 보육활동계획과 구성 (7항목) 나. 보육활동 (8항목)
영역 4. 상호작용과 교수법 (10항목)	가. 일상적 양육 (3항목) 나. 교사와의 상호작용 (6항목) 다. 교수법 (1항목)
영역 5. 건강과 영양 (12항목)	가. 청결과 위생 (8항목) 나. 질병관리 (2항목) 다. 급식과 간식 (2항목)
영역 6. 안전 (10항목)	가. 실내·외 시설의 안전 (5항목) 나. 영유아 안전 보호 (5항목)

출처 : 보건복지부(2013). 어린이집 평가인증지침서.

2. 유치원 종합평가

유치원에서는 '유아교육법' 제19조(평가) 교육감은 유아교육을 효율적으로 하기 위하여 필요하면 유치원 운영 실태 등에 대한 평가를 할 수 있다는 근거에 의하여 어린이집의 평가인증과 같은 성격의 유치원 종합평가를 실시한다.

전국의 모든 유치원에 대하여 3년 주기로 유치원 운영 전반에 걸쳐 실시되는 유치원 종합평가에 대하여 소개하기로 한다.

1) 목적

(1) 유아교육기관으로서 장래 나라의 주역이 될 유아교육을 감당할 만한 제반 여건에 대한 정비상황의 점검
(2) 당해 유치원이 안고 있는 과제에 대한 공동해결방안 모색

2) 평가방법

유치원 자체평가보고서에 의해 당해 유치원에서 평가한 결과를 장학직이 현장에 와서 확인하는 방법으로 평가한다. 원칙적으로 장학직이 유치원 종합평가지에 의거 현장에서 평가기록함이 원칙이나 시간의 제약을 받기 때문에 당해 유치원에서 작성 제출한 평가보고서를 중심으로 장학직이 현장실적을 확인하는 방향으로 평가가 이루어진다.

3) 평가영역, 지표, 요소

지면관계상 평가영역, 지표, 요소만을 제시한다.

〈표 VI-20〉 유치원 자체평가보고서

평가영역 (배점)	평가지표 (배점)	평가요소
I. 교육과정 (30)	1. 교육목표 및 교육계획 수립의 적절성(10)	(1) 교육목표는 국가수준의 교육과정과 교육청의 운영지침을 근거로 유아의 전인발달, 교육을 지향하고 있다.
		(2) 연간(월간), 주간, 일일교육계획의 목표와 내용이 적절하며 연계성이 있다.
		(3) 일일교육계획안에는 소주제, 목표, 활동시간 및 내용, 자료, 평가 등이 포함되어 있다.
	2. 일과운영 및 교수·학습방법의 적절성(15)	(1) 교육계획에 따라 일과를 통합적이며 균형 있게 운영하고 있다.
		(2) 교육 내용·활동에 적절한 교수·학습방법 및 매체를 사용하고 있다.

<table>
<tr><th>평가영역
(배점)</th><th>평가지표
(배점)</th><th>평가요소</th></tr>
<tr><td></td><td>3. 평가방법 및 활용의 적절성(5)</td><td>(1) 유아평가 실시방법과 활용이 적절하다.
(2) 교육과정(누리과정) 운영 평가의 실시방법과 활용이 적절하다.</td></tr>
<tr><td rowspan="3">II.
교육환경
(15)</td><td rowspan="2">4. 실내・외 교육환경 구성 및 활용의 적절성(10)</td><td>(1) 실내공간에는 흥미영역의 구성이 적합하며 전시나 게시가 교육적이다.</td></tr>
<tr><td>(2) 실외공간에는 각종 놀이기구를 비롯하여 다양한 활동영역이 있다.</td></tr>
<tr><td>5. 교재・교구 제공 및 관리의 적절성(5)</td><td>(1) 유아의 발달수준과 주제에 적합한 교재・교구를 충분히 구비하여 제공하고 있다.
(2) 교재・교구의 사용이 용이하도록 정리・관리한다.</td></tr>
<tr><td rowspan="2">III.
건강 및 안전
(15)</td><td>6. 유아의 건강관리 및 지도의 적절성(10)</td><td>(1) 유아를 대상으로 청결・위생지도 등 건강교육을 실시하고 있다.
(2) 균형 있는 영향을 고려한 다양한 급・간식을 위생적으로 제공하고 있다.</td></tr>
<tr><td>7. 유아의 안전관리 및 지도의 적절성(5)</td><td>(1) 유아와 교사를 대상으로 안전교육을 실시하고 있다.
(2) 유아, 교직원 및 시설에 대한 보험에 가입하고 있다.
(3) 실내・외 시설 및 설비를 안전하게 설치・관리하고 있다.</td></tr>
<tr><td rowspan="4">IV.
운영관리
(30)</td><td>8. 교직원의 근무여건 및 전문성(10)</td><td>(1) 교직원 관련규정(인사・보수・복지)이 있으며 이를 준수하고 있다.
(2) 교직원의 전문성 제고를 위한 연수기회를 부여하고 있다.</td></tr>
<tr><td>9. 예산편성 및 운영의 적절성(5)</td><td>(1) 예결산서를 운영위원회 심의, 자문을 거쳐 확정하고 대외적으로 공개하고 있다.
(2) 입학금과 수업료와의 기타 경비관련규정을 마련하여 준수하고 있다.</td></tr>
<tr><td>10. 가정 및 지역사회와의 연계(5)</td><td>(1) 부모교육 및 참여활동을 체계적으로 계획・운영하고 있다.
(2) 유치원의 교육활동 및 유아발달상황을 학부모에게 안내하고 있다.</td></tr>
<tr><td>11. 방과 후 과정 운영의 적절성(10)</td><td>(1) 국가 및 시・도교육청의 방과 후 과정 운영지침에 따라 활동 및 프로그램을 적절하게 계획하여 운영하고 있다.
(2) 방과 후 과정을 위한 기본시설설비가 구비되고 있다.
(3) 방과 후 과정에 전담인력이 배치되어 있다.</td></tr>
<tr><td>V.
창의적
인재육성
(10)</td><td>12. 유치원 특색사업의 적절성(10)</td><td>(1) 특색사업이 교육과정과 조화를 이루고 있다.</td></tr>
<tr><td colspan="3">유치원 자체 평가 결과 종합의견서
◇ 우리유치원 우수사례
(제목 : 우수사례 특성에 맞게 창의적으로 선정)</td></tr>
</table>

참고문헌

강문회 외(1999), 유아교육기관운영관리, 창지사.

고승덕 외(1999), 유아보건관리학, 학문사.

고정곤(2004), 교육과정 및 교육평가, 양서원.

고정곤(2004), 한국유초등교육의 오늘과 내일, 양서원.

고정곤(2013), 교직실무, 정민사.

고정곤(2015), 교직실무, 정민사.

고정곤(2015), 보육과정, 양서원.

고정곤(2016), 유아교과교육론, 양성원.

고정곤(2017), 아동생활지도, 양성원.

교과부(2007), 2007년도 유치원 평가 매뉴얼.

교과부(2013), 3~5세 연령별 누리과정 교사용지도서, 한국시각장애인연합회.

교과부(2013), 3~5세 연령별 누리과정 해설서, 한국시각장애인연합회.

교과부(2013), 어린이집 교육과정, 한국시각장애인연합회.

권용은 외(2004), 영유아발달을 위한 보육환경의 운영과 실제, 창지사.

김경철(1991), 교육의 기회균등 측면에서 본 한국의 유아교육정책, 효성여자대학교 대학원 석사 학위논문.

김주건(1997), 유아교육기관의 운영관리, 창지사.

김혜경(2005), 영유아교육기관경영, 창지사.

보건복지부(2014), 제3차 어린이집 표준보육과정 교사용 지침서, 한국시각장애인연합회.

보건복지부(2014), 제3차 어린이집 표준보육과정해설서, 한국시각장애인연합회.

보건복지부(2015), 보육사업안내.

신현식 외(2010), 유아교육기관 운영관리, 양성원.

신현식(1999), 유아교육관련법의 현황과 과제, 한국전문대학교수협의회 제22회 학술대회 자료집.

어린이집평가인증사무국(2009), 제2차 어린이집 평가인증 추진방안 공청회 자료집.

이대균 외(1998), 유아교육기관의 운영관리, 양서원.

이미라 외(1997), 영유아안전관리 및 응급처치, 양서원.

이연숙(1997), 어린이집 실내 환경디자인 지침, 교육과학사.

이영자 외(2006), 유아교육기관 운영관리, 창지사.

이인원 외(2016), 유아교육기관 운영관리, 양성원.

임재택(1999), 유아교육기관 운영관리, 양서원.

전기옥(2004), 유아교육기관 경영관리, 교육과학사.

조경자 외(2004), 유아건강교육, 학지사.

조성일 외(2000), 유아교육기관 운영관리, 동문사.

주정일(1990), 한국탁아사업의 어제・오늘・내일, 보건사회부.

허혜경 외(1997), 유아건강교육의 이론과 실제, 창지사.

Decker. C. A. & Decker. J. R.(1992), Planning and administration early childhood Program(5Thed). N. : MacMillan Publishing co.

Day. D. E.(1983), Early childnood Education : A Human ecological approach, Glenview, Illinois : Scott. Foreman and co.

Frost, J. L.(1992), Play and Playscapes. Albany, NY : Delmar Publishing co.

Osmon, F. L.(1971), Patterns for Designing Children's Centers, New York, NY : Educational Facilities Laboratories, Inc.

저/자/소/개

▪고 정 곤

원광대학교 대학원 교육학석사
전라북도 교육청 교직과장・교육과장
군산 서해초등학교장, 서해대학교 겸임교수, 서울시교육청 유아교육위원
〈저서〉 아동생활지도, 유아교과 논리・논술, 보육교사론 외 다수

▪김 재 옥

한성대학교 교육대학원 유아교육석사
아이원어린이집 원장
현, 서정대학교 유아교육과 겸임교수

▪양 은 경

경희대학교 아동가족학과 박사 과정
현, 수원여자대학교 아동보육과 겸임교수, 청뜰어린이집 원장
〈저서〉 영유아교수방법론 외 다수

▪이 영 희

원광대학교 교육대학원 교육학석사
원광대학교 대학원 문학박사
현, 서해대학교 유아교육과 교수
〈저서〉 아동생활지도, 유아교과 논리・논술, 보육교사론 외 다수

▪이 은 희

성신여자대학교 대학원 교육학박사
현, 대전보건대학교 유아교육과 교수
〈저서〉 유아교육개론, 아동생활지도, 보육교사론 외 다수

▪장 지 현

건국대학교 대학원 교육학석사
안양대학교 대학원 교육학 박사 과정
현, 경인여자대학교 아동건강보육과 초빙교수
〈저서〉 영유아를 위한 현장실천중심의 보육과정,
예비교사가 알아야 할 보육실습의 이론과 실제 외 다수

유아교육기관 운영관리

1판 1쇄 인쇄 ― 2018년 8월 25일
1판 1쇄 발행 ― 2018년 8월 30일

저　　자 - 고정곤 · 김재옥 · 양은경 · 이영희 · 이은희 · 장지현
발 행 인 - 강철원
발 행 처 - 양성원
주　　소 - 경기도 파주시 검산로 173번길 29-20
전　　화 - 031-946-3861(代)
팩　　스 - 031-946-3864
이 메 일 - tnwpub@naver.com
홈페이지 - tnwpub.co.kr
출판등록 - 2015년 8월 31일 제 2015-000211 호

ISBN 979-11-6126-137-9

정가 20,000원